지식인문학자료총서
DB1

지식 생산의 기반, 지형 변화, 사회화를 위한

DB 구축 이론과 실제

이 책은 2017년 대한민국 교육부와 한국연구재단의 지원을 받아 수행 중인 단국대학교 일본연구소의 '지식 권력의 변천과 동아시아 인문학: 한·중·일 지식 체계와 유통의 컨디버전스(2017년 HK+ 사업, NRF-2017S1A6A3A01079180)'의 연구 결과로 출간된 것임.

지식인문학자료총서
DB1

지식 생산의 기반, 지형 변화, 사회화를 위한

DB 구축 이론과 실제

단국대학교 일본연구소 기획

허재영·김묘정·김우진·김효정·량야오중·박나연·유진희·임근실 지음

　이 책은 한국연구재단의 2017년 HK+ 인문기초학문 분야 지원 사업
에 선정된 단국대학교 일본연구소의 "지식 권력의 변천과 동아시아
인문학: 한·중·일 지식 체계와 유통의 컨디버전스" 사업 수행 결과물
을 정리·보급하는 차원에서 기획된 총서의 하나이다. 본 사업은 15세
기 이후 20세기 초까지 한·중·일 지식 체계의 형성·변화 및 지식 유통
의 메커니즘을 규명함으로써 그와 관련된 지식 권력의 형성과 지형
변화 등을 연구하는 데 목표를 두고 있다.

　지식이란 사물이나 대상에 대한 인간의 명료한 의식 전반을 일컫는
용어로, 실증적 학문 이론뿐만 아니라 때로는 종교적이거나 형이상학
적 인식을 지칭하는 용어이다. 동·서양의 지식 관련 담론과 서적은
이루 헤아릴 수 없을 정도로 많고 다양하다. 지식의 탄생과 진화, 지식
의 체계와 구조 등에 대한 연구 성과도 마찬가지이다. 이는 인간 사회
와 역사에서 지식의 영향력이 그만큼 크다는 것을 의미한다. 곧 지식
은 그 자체로서 이데올로기성을 띨 뿐만 아니라 권력과 밀접한 관련
을 맺고 있다는 뜻이다.

　본 연구소의 HK+ 사업팀이 15세기를 기점으로 동아시아 지식 지형
과 권력의 상관성을 키워드로 하여 한국 지식사를 규명하고자 한 의

도는 한국 학문 발전사뿐만 아니라 한·중·일의 지식 교류사, 지식의 영향력, 지식 사회의 미래 등을 집중적으로 연구할 수 있는 토대를 갖추고, 이를 기반으로 본 연구소를 세계적인 지식 담론의 생산처로 발돋움하게 하는 데 있다. 본 연구소에서 다루어야 할 지식 담론은 전근대의 한·중·일 지식 현상뿐만 아니라 본 대학이 위치한 경기 동남부를 중심으로 한 각 지역의 지역학, 이를 기반으로 한 국내 각 지방의 지역학 네트워크 구축, 인접 국가인 중국과 일본의 지역학 등을 포함한다.

  지식 인문학 자료 총서는 본 연구소가 지향하는 지식 담론의 주요 자료를 정리하고 소개하고자 하는 목적에서 계획되었다. 자료 총서 시리즈는 HK+ 사업과 관련하여 연구소의 특성과 아젠다를 반영하는 다종의 연속 자료로 구성할 예정이며, 자료의 유형에 따라 '교육 자료', '지역학 자료' 등과 같이 시리즈의 명칭을 부여하기로 하였다.

  DB 총서는 본 사업의 아젠다 특성화에 필요한 기초 자료를 목록화하고, 해제하며, 원문 자료를 제공하고, 궁극적으로 검색 기능을 갖춘 말뭉치로 전환하는 과정을 집약한 총서이다. 현재 1차 연도의 목표치인 5개 주제 기초 자료 목록을 작성한 상태이며, 추가로 15개의 주제를 연차별로 작성할 예정이다. 이를 바탕으로 주요 자료를 해제하며, 연구소 자체의 장비와 비용으로 스캔 작업을 거쳐 원문 제공이 가능한 수준까지 지속적인 DB 구축 사업을 진행한다.

  이번 DB 작업은 본 연구소의 박사과정 연구 보조원인 김효정 실장, 박나연 부실장을 비롯하여, 김묘정, 김우진, 량야오중, 유진희, 임근실 선생이 작업을 맡았다. 작업을 보조한 석사 과정 연구 보조원(김주성, 박난아, 박혜은, 송준영, 안지희, 원정인, 원종훈, 이수진, 이승빈, 이혜진, 정종호)과 연구소의 조교로 근무하는 김예인, 한라현 선생도 본 업무에 많은 도움을 주었다. 결과물이 나올 수 있도록 힘써 주신 모든 분들께 감사드린다. 아울러 연구소의 발전 계획과 HK+ 사업의 취지를 이해하고, 적극적으로 동참해 주시는 공동 연구원 교수님, 행정 직원 여러분의 노고에 감사드리며, 자료 총서를 출판해 주시는 경진출판의 양정섭 사장님께도 감사의 말씀을 올린다.

2019년 4월 3일
단국대학교 일본연구소장 HK+ 연구 책임자 허재영

이 책은 단국대학교 HK+ 사업 아젠다인 '지식 권력의 변천과 동아시아 인문학'을 특성화하기 위한 목적에서 작성된 DB 총서이다. DB 구축 과정에서 활용한 기본 항목, 소장처 등은 다음과 같다.

1. 데이터베이스 작성의 기본 항목

번호	자료명	유형	자료 형태	편저 역자	간행 정보	연도	소장처	해제	원문 보기	비고

(1) 번호
(2) 자료명
(3) 유형: 도서, 잡지, 신문 등으로 구분한다.
(4) 자료형태: 筆寫本, 木版本, 木活字本, 新活字本, 石印本, 石版本 등으로 구분한다.
(5) 편저역자: 저자=성명, 편자=성명(編), 역자=성명(譯), 선자=성명(選) 등으로 구분한다.
(6) 간행정보: 간행지역, 간행장소 등을 표기한다.
(7) 연도: 서기를 기준으로 하고, 괄호 안에 연호 또는 간지 등을 표기한다. 만약 간지만 있어 부정확한 경우엔 간지를 먼저 쓰고, 괄호 안에 추정 서기를 표기한다.
　　① 1501(成宗1) ② 1884(甲申) ③ 甲申(1824?, 1884?)
(8) 소장처: 본문에서 약식으로 표기하며, 일러두기 하단에 전체를 제시한다.
(9) 해제: 온라인에서 해제, 초록을 볼 수 있는 경우 'O'으로 표기한다.
(10) 원문보기: 온라인에서 원문을 볼 수 있는 경우 'O'으로 표기한다. (아카이브 형태의 DB를 구축할 경우 해당 자료는 서비스 주소를 링크할 수 있다.)
(11) 비고: 특이사항을 표기한다.
*각 항목 중 '미상'인 경우는 칸을 비운다. 원문에 표기되어 있는 언어로 표기한다.

2. 소장처 약명

원 기관명	약식 표기명
개인소장	개인소장
경기대학교 도서관	경기대
경상대학교 도서관	경상대
계명대학교 동산도서관	계명대
고려대학교 도서관	고려대
광주광역시립무등도서관	광주도
국립고궁박물관	국고박
국립중앙도서관	국도
국회도서관	국회
서울대학교 규장각한국학연구원	규장각
남평문씨 인수문고	남평문씨 인수문고
단국대학교 도서관	단국대
대구가톨릭대학교 도서관	대구 가톨릭대
동국대학교 도서관	동국대
동아대학교 도서관	동아대
동학농민혁명기념재단	동농혁단
명재윤증종가	윤증종가
미국클레어몬드대학 도서관	(미)클레어몬드대 도서관
미국하버드대학옌칭도서관	(미)하버드대 옌칭도서관
부산대학교 도서관	부산대
사우당종택	사우당종택
서울대학교 도서관	서울대
성균관대학교 존경각	존경각
성암고서박물관	성암박
안동대학교 도서관	안동대
연세대학교 도서관	연세대
영남대학교 도서관	영남대
원광대학교 도서관	원광대
용인대학교 도서관	용인대
이화여자대학교 도서관	이화여대
인하대학교 정석학술정보관	인하대
日本內閣文庫(國立公文書館)	(일)내각문고
日本蓬左文庫(名古屋市 教育委員會 蓬左文庫)	(일)봉좌문고

원 기관명	약식 표기명
日本小倉文庫(東京大)	(일)동경대 소창문고
日本阿川文庫(東京大)	(일)동경대 아천문고
日本龍谷大學圖書館	(일)용곡대
전남대학교 도서관	전남대
전북대학교 도서관	전북대
전주대학교	전주대
조선대학교 도서관	조선대
中國國家圖書館	(중)국도
中國北京大學校 圖書館	(중)북경대
中國首都圖書館	(중)수도도
춘호재	춘호재
충남대학교 도서관	충남대
프랑스동양언어문화학교	(프)동양언어문화학교
한국국학진흥원 도서관	국학진흥원
한국학중앙연구원 도서관	한중연
한국학중앙연구원 장서각	장서각
화성시 향토박물관	화성 향토박물관

목차

문지(文知) 유통의 사례로서 중국 시문 자료 ── 329

유진희

지식 인문학 활성화를 위한 DB 구축 대상과 방법

허재영(단국대학교 일본연구소장)

1. 서론

이 글은 단국대학교 일본연구소의 HK+사업 '지식 권력의 변천과 동아시아 인문학: 한·중·일 지식 체계와 유통의 컨디버전스'의 기초 연구를 위한 DB 구축 프로그램의 성격을 설명하는 데 목표를 두고 있다.

지식을 모으고 분류하며 해석하고 체계화하는 일은 연구 활동의 본질에 해당한다. 데카르트가 『방법서설』에서 '명증성', '분석', '종합', '매거(枚擧)'의 중요성을 강조한 이래, 연구 자료의 수집과 분류 작업은 명시적이든 암시적이든 연구 활동의 기본적인 태도로 간주되어 왔다. 특히 사회과학의 방법론이 발달하면서 인간 정신 발달의 최종 단계로서 실증적인 것과 비실증적인 것을 구별하고자 하는 태도가 일반화되

었고, 그 과정에서 '관찰', '실험', '비교', '역사적인 방법' 등이 강조되었다.[1]

연구 대상으로서 데이터는 연구의 범위와 한계를 지정해 줄 뿐만 아니라 연구의 양적, 질적 성과를 담보한다. 그렇기 때문에 지식의 진화 과정에서 데이터의 수집과 분류, 처리와 보존 방식은 매우 중요한 의미를 갖는다. 정도의 차이는 있겠지만 지식을 수집하고 분류하는 일은 문자의 발명 이후 지속되어 온 것으로 볼 수 있다. 동서양에서 다양한 사물 현상을 수집하여 박물지(博物誌)를 편찬한 일이나,[2] 다양한 문헌을 수집하여 정리하고자 한 일, 고대 그리스나 로마, 중세 이후 근대 서구의 각종 도서관, 중국과 한국, 일본 등지에 왕실 도서관이 존재했던 사실 등은 지식의 수집과 정리, 보급이 지식 진화 과정에서 본질적인 운동이었음을 증명한다.

여기서 중요한 것은 시대와 사회에 따라 지식을 수집하고 정리하는 방법이 동일하지 않았다는 점이다. 지식을 수집하는 사람, 수집 대상, 정리하는 방법 등은 모두 당대 사회의 지식관과 밀접한 관련을 맺고 있다. 어떤 때에는 사소한 것으로 간주되던 지식이 후대에 가치 있는 지식으로 탈바꿈하는 경우도 있고, 중요하게 여겨졌던 지식이 점차 무가치해지는 경우도 있다.

이 점에서 과학과 자연, 인간 활동에 관련된 모든 지식과 정보를 종합하고자 하는 백과사전식 지식 정리가 보편화되면서, 지식과 정보의 양적, 질적 정리 방법이 급속하게 발달했음은 두말할 필요가 없다. 그럼에도 시대와 사회에 따라 데이터를 수집하고 정리하는 방식은

---

1) 부정남, 『사회와 사회과학』, 나남출판, 1998, 43쪽.
2) 서양의 경우 플리니우스의 박물지, 중국의 경우 장화의 박물지가 유명하다.

끝없이 진화해 왔다. 특히 현대사회가 디지털화됨에 따라 그에 적합한 문서 또는 문헌 수집과 정리 방법이 발달되었다.

우리나라에서도 디지털 시대의 문헌 정리와 관련한 관심은 1990년대 이후 본격화되기 시작하였다. 이는 문헌정보학과 국어 정보화 사업의 발달 등과 밀접한 관련이 있다. 한국학술정보서비스에서 '문헌정보 시스템'을 키워드로 검색할 경우 대략 학위 논문 4만 편, 학술지 논문 4만 8천 편 등이 검색되며, 문헌정보학과 관련한 단행본만도 200여 종에 이른다. 그럼에도 고문헌 DB 구축과 관련한 학문적 성과는 크지 않은 것으로 보이는데, 이와 관련한 대표적인 연구로는 윤병태(1992)의 '문헌 정보기관에서의 고문서 정리', 강순애(1997)의 '한국 고문헌 정보시스템의 구축 및 전망'과 같이 1990년대의 정리 방침부터, 리상용(2000), 이남희(2003, 2005, 2006, 2010), 정진영(2003), 조형진(2006), 이정희(2012), 이수환(2016) 등과 같이 2000년대 이후 아카이브 구축 형태에 이르기까지 방법론적 차원의 접근이 많았다. 그럼에도 한국고문서학회나 한국문헌정보학회의 연구가 활발해지고, 한국연구재단의 토대 연구 과제가 활성화됨에 따라 고문서의 정보 처리와 관련한 학술적 성과3) 및 방법 면에서의 진보가 급속히 이루어지고

---

3) 이남희(2003)의 '디지털 시대의 고문서 정리 표준화'에서는 1950년대 이후 기록물의 서지 표준화 작업에 관심을 기울여 미국, 캐나다, 영국 등의 기록물 서지 표준화 작업 사례와 국내의 표준화 사례를 집중적으로 점검하였는데 주목할 성과로 평가된다. 이 논문에서는 미국, 캐나다, 영국을 비롯한 각국의 기록물 표준화 사례를 소개하였는데, 대표적인 것으로 1968년 단행본 서지 기술을 위한 USMARC(University of Southern Mindanao Agricultural Research Center), 1977년 SAA(The Society of American Archivists)의 NISTF(National Information System Task Force: 국가정보시스템 연구단), RLG(Research Library Group: 연구도서관 그룹), 1983년 APPM(Achives Personal Papers and Manuscripts), USMARC AMC(USMARC for Archives and Manuscripts), 1993년 미국 기록 전문가들의 웹을 통한 검색 도구 개발을 위한 표준 데이터 구조 개발 작업, 1995년 버클리 대학의 EAD(Encoded Archives Description) 등과 같은 작업이 있다. 특히 기록물 기술에서 내용 중심의 기술과 형태 중심의 기술을 구별하여, '본질'적인 측면과 '구조'적인 측면을 체계화하는 방안을

있는 상황이다.

지식 인문학 연구를 위한 DB 구축은 기존의 문헌 정보 시스템 구축의 연장선에서 이루어지는 작업이다. 그러나 이 작업은 본질적으로 DB 작업의 목적이 무엇인지를 결정한 상태에서 연구 대상과 범위를 설정하고, 연구 방법에 합당한 기초 자료를 구축해야 한다.

2. 문헌 정보 시스템 구축의 의미와 대상

우리 연구소의 아젠다는 글머리에서 밝힌 바와 같이 '지식 권력의 변천과 동아시아 인문학', 좀 더 구체적으로 말하면 15세기부터 20세기 전반까지 한·중·일 지식 체계와 유통 현상을 연구 대상으로 한다.

이 아젠다는 지식의 개념과 본질, 지식의 체계, 지식의 생산과 유통, 지식 지형의 변화, 지식의 사회적 영향력 등을 가치중립적인 차원에서 규명하고, 그 과정에서 인문학적 차원으로 제반 지식의 가치를 탐구하는 데 목표를 두고 있다. 이와 관련하여 허재영(2018)에서는 본 아젠다 수행을 위한 기초 작업으로 '지식이란 무엇인가?', '지식의 속성은 무엇인가?', '지식은 어떻게 생성되며 어떤 영향을 미치는가?', '지식의 영향력과 권력은 어떤 관계를 맺는가?', '지식 권력의 연구 대상은 어떤 것이 있는가?', '지식 권력을 연구하는 적절한 방법은 무엇인가?' 등의 근본적인 질문을 제기한 바 있다.4) 물론 이 질문에 대한 해답은 쉽게 도출되기 어렵다. 그렇지만 지식은 '앎', '인식', '의

검토하고 있는데, 이는 기록물의 성격을 고려한 구조화 작업으로 해석된다.

4) 허재영, 「지식 생산과 전파·수용에 따른 지식 권력 연구 방법론」, 『한국민족문화』 66, 부산대학교 한국민족문화연구소, 2018, 5쪽.

식', '사상' 등을 포괄하는 개념이며, '권력'이라는 용어도 그 자체가 사회학이나 법학만의 문제가 아니라 철학, 즉 인간 심리의 보편적인 문제에서 출발하고 있음은 분명하다.

문제는 다의적인 지식 개념과 사회학과 인문학을 포괄하는 지식 권력(좀 더 부드럽게 표현한다면 지식의 영향력)을 어떻게 객관화하여 적절하게 기술하는가에 있다. 객관화, 체계화의 차원에서 우선적으로 고려할 수 있는 방안의 하나는 사회학의 연구 방법론을 도입하는 길이다. 비록 '이데올로기 극복' 차원에서 제시된 것이기는 하지만, 카를 만하임의 지식 사회학의 방법론이나 다소 무질서하고 잡다한 형태로 보일 수 있는 박물학적 지식 수집의 동기는 존재하는 지식을 객관화하고자 하는 의도와 무관하지 않다.

데이터를 수집하는 방법은 시대와 사회에 따라, 또는 연구 방법과 대상에 따라 다양할 수밖에 없다. 과학적 학문 방법론이 제시된 이래 어떤 연구 결과이든 본격적인 연구를 시작하기 전에 연구 대상과 방법을 설명하는 것도 이 때문이다. 이는 우리 연구소가 추구하는 지식 인문학 연구도 마찬가지이다. 15세기부터 20세기 전반기까지 한·중·일 지식 현상을 어떻게 파악할 것인가, 그리고 유통 현상과 존재하는 지식을 어떻게 구조화하고 체계화할 것인가 등의 문제는 어느 한 개인이나 집단의 연구로 끝날 문제가 아니다.

이 점에서 일차적으로 고려해야 할 사항은 해당 시기의 지식 관련 데이터를 수집하는 일이다. 따라서 서적이나 문서류는 지식 현상을 표상하는 일차적인 자료로서 관심의 대상이 될 수밖에 없다. 그렇지만 존재하는 모든 서적과 문서를 모두 수집하는 일은 불가능하다. 그렇기 때문에 서적 수집과 분류에 관한 선행 작업을 살펴보는 일이 필요하다. 시대와 사회의 차이, 서적관이나 도서관의 발달 과정, 또는 고적 조사 사업 등 다양한 형태의 데이터 수집 노력을 살펴보는 일은 사회학적 차원의 지식 연구와 지식 인문학의 가치를 정립하는 데 기초가 된다.[5]

그러나 특정 시기와 사회를 고정하더라도 현존하는 모든 서적을 수집하여 분류하는 일은 불가능하다. 그러므로 학문 분류 체계나 선행 지식 체계에 관한 논의를 종합하여 일정한 기준을 세우고, 그 범주에 속하는 기초 자료를 최대치로 수집하여 분류 작업을 진행하는 것이 바람직해 보인다.[6] 여기서도 여러 가지 해결해야 할 문제가 남아 있다. 대표적인 것으로는 시대와 사회에 따라 인정하는 지식의 체계가 동일하지 않다는 것이다. 구가 가쓰토시(2009)의 『지식의 분류사』, 남태우(2015)의 『지식의 구조』 등과 같은 선행 연구에서도 확인할 수 있듯이,[7] 동·서양의 지식 체계에 대한 다수의 철학자들이 공유하는 지식 체계란 존재하지 않는다. 소광희 외(1994)에서 제시한 인문학, 사회과학, 자연과학, 실용과학 등의 학문 체계를 준거로 삼는다고 할지라도, 각 학문 분야와 세부 전공 등의 기준에 따라 문헌을 분류하면, 경계를 정하기 어려운 경우가 많으며, 때로는 어느 영역에 포함시켜야 할지 막연한 경우도 많다. 이와 같은 문제를 해결하

---

5) 박물학적 지식 수집 이외에 서적 수집과 분류의 역사는 동서양을 막론하고 지속되어 왔다. 이와 관련한 연구는 별도로 진행할 예정이다. 예를 들어 중국의 경우 『한서』 '예문지'를 비롯하여, 청대의 『사고전서』, 한국의 경우 1781년 정조 연간의 『규장총목(奎章總目)』, 1865년으로 추정되는 『서고장서록(書庫藏書錄)』 등은 서적 수집 및 분류 작업의 결과물로 볼 수 있다. 근대 이후 일제 강점기의 각종 도서 해제, 각 기관별 소장 도서 목록 작업 등도 지식 수집과 분류의 결과물로 볼 수 있다.

6) 이 문제는 본질적으로 우리 연구소의 아젠다 수행 원칙과 방향을 의미한다. 즉 아젠다 특성화의 주요 과제는 지식의 개념을 정립하고, 시대와 사회를 고려한 지식 체계 확립, 지식 지형의 변화를 기술하며, 이를 바탕으로 지식의 사회적 영향력(권력)의 문제를 설명하는 데 있다.

7) 김경남, 「지식의 유형과 지식 지형에 대한 인문학적 연구 방법론」, 『인문연구』 83, 영남대학교 인문과학연구소, 2018, 313~338쪽.

기 위한 기초 작업으로 우선적으로 고려할 수 있는 것은 '주제별 문헌 수집 방법', 즉 연구하고자 하는 주제에 합당한 문헌을 최대치로 조사하는 것이다.

지식 인문학은 근본적으로 '문학, 역사, 철학, 언어, 종교, 기타 각 분야의 실증과학'을 모두 포괄한다. 그렇지만 현대 학문의 분야별 체계를 설정하는 문제도 쉬운 문제는 아니다. 더욱이 현대 학문 체계에서 종교지나 형이상학지와 관련된 분야는 어느 분야로 다루어야 할지 고민스러울 때가 많다. 따라서 우리 연구소에서는 2017년 HK+ 사업 관련 DB 구축 작업에서 연구 책임자가 중심이 되어 수행했던 자료 구축 경험8)을 토대로 '지식 권력의 변천과 동아시아 인문학: 한·중·일 지식 체계와 유통의 컨디버전스'를 구현할 수 있는 다수의 주제를 설정하기로 하였다. 특히 한국학총서 개발 작업과는 달리, 15세기부터 20세기 전반까지의 '한·중·일' 지식 체계를 논의하기 위해서는 기존에 고려하지 않았던 다수의 주제를 찾아내고, 그와 관련된 문헌을 최대한 수집하여 정리하는 것이 필요하다. 이를 고려하여 우선적으로 연구해야 할 과제를 다음과 같이 설정하였다.

---

8) 자료 구축 경험은 연구 책임자가 2014년부터 2017년까지 한국학중앙연구원의 '한국학 총서 개발 프로젝트'의 하나로 수행했던 '한국 근현대 학문 형성과 계몽운동의 가치'를 의미한다. 이 프로젝트의 자료 가운데 일부는 허재영 엮음, 『근대 계몽기 학술 잡지의 학문 분야별 자료』 1~8, 경진출판, 2017로 출판되었으며, 권9 부록에서는 해당 프로젝트 수행 과정에서 산출한 목록을 엮었다. 이 프로젝트의 연구 결과물은 7권의 저서로 출간되었다.

(1) DB 주제 및 대상과 범위

	세부 주제	대상과 범위
1차 목표	한국 소학 교육 및 문자 학습 자료	한국에서 활용한 소학(동몽서), 문자 학습 (천자문, 어록해, 문자집, 필지, 운서 등)
	조선시대 여성 교육 자료	문집의 여성 관련 자료, 가승 필사 자료(여성 문학 자료를 포함함)
	한국 서원지·향교지 자료	서원, 향교 관련 문헌(추후 地誌 및 향토지 추가 예정)
	한국 종교 문헌 자료	서학과 서양 종교 관련 문헌, 근대 이후의 자생 종교, 전통 종교(불교) 문헌
	중국 시문 유통 자료	중국 시의 선집 또는 한국에서 간행된 중국 시 관련 자료
2차 목표	1차 목표의 중국, 일본 자료(5종)	중국과 일본의 소학교육·문자 학습 자료, 중국과 일본의 여학 자료, 중국과 일본의 전근대 교육기관 관련 자료, 산문(소설) 유통 자료 등
	근대 문헌과 매체 자료	근현대(1880~1945) 신문, 잡지, 단행본, 기타 문헌 유통 자료(추후 선별)

　　이 표에 제시한 주제는 해당 분야의 연구자들 사이에서도 비교적 오래 전부터 관심의 대상이 되어 온 것들이다. 각 분야의 연구사[9]를 검토할 때, 적지 않은 문헌이 발굴되었고 그 가운데 일부는 오래 전부터 인용되거나 전자 문서 형태로 열람할 수 있는 것들도 있다. 그럼에도 개별 연구자들이 활용한 문헌을 종합하고, 추가 발굴하며, 이를 분류하고, 온라인으로 접속하여 열람하는 데에는 어려움이 많다. 우리 연구소의 DB 구축 사업은 한국 지식사의 변천 과정과 지식 인문학의 토대 구축을 위해, 궁극적으로 접근 가능성이 높은 데이터베이스를 구축하는 데 목표를 둔다.

---

9) 각 주제별 연구사 또는 선행 DB 구축 사례는 구체적인 목록을 제시하기 전에 DB 구축을 진행하는 박사급 연구 보조원들이 설명할 예정이다.

3. 지식 인문학 연구를 위한 DB 구축 방법

현재까지 DB 구축에서 학리적으로 정해진 방법이나 이론이 존재하는 것은 아니다. 고문헌 DB 구축과 관련된 다수의 선행 연구를 살펴볼 때, 기본적으로 '고문헌이란 무엇인가?', '어느 범위까지 고문헌에 해당하는가?', '고문헌에는 어떤 유형의 것들이 있는가?' 등에 대한 공통된 함의를 찾는 것조차 쉽지 않다. 특히 개념과 범위, 유형 설정 등은 고문헌 DB 시스템 개발의 목적에 따라 다양한 형태의 논의가 이루어질 것이다.

이 점에서 고문헌 정보 시스템 개발과 관련한 몇 가지 사례를 살펴보는 것이 유용한데, 고문헌 정보 시스템 개발과 관련한 초기의 논의[10]에 해당하는 강순애(1997)에서는 고문헌 전산화 범위와 제도를 위해 해결해야 할 문제점으로 '전산화 주도 기관 선정', '책자형 및 전산 목록과 해제에 대한 수정과 보완', '내용의 표점, 주석, 색인, 번역 등 후속 작업과 연구', '고서 이외의 고문서와 필적 전산화를 위한 목록 규칙 개발', '국가적 차원의 계획 수립' 등을 제시하고, 하위 서브 시스템으로 네 가지 유형을 설명한 바 있다.[11] 이를 요약하면 다음과 같다.

---

10) 우리나라에서는 1997년 정보통신부에 의해 국가 디지털도서관 계획 사업이 수립 추진되었다. 당시 사업은 국립중앙도서관, 국회도서관, 연구개발정보센터, 카이트스 과학도서관, 한국학술진흥재단 등 5개 기관에 위임되었다. 이에 대해서는 강순애, 「한국 고문헌 정보 시스템의 구축 및 전망」, 『한국문헌정보학회지』 31(4), 한국문헌정보학회, 1997, 83~112쪽 참고.

11) 강순애(1997). 이 논문에서는 도서관 및 국가 기관을 중심으로 발행된 국내 소재 고서 목록 해제 및 색인 관련 자료 78종을 조사·비교하고, 이를 바탕으로 네 유형의 DB가 갖는 특징을 설명하였다. 여기에 제시한 표는 연구자가 강순애(1997)을 간결하게 정리하여 만든 것이다.

(2) 고문헌 정보 시스템 구축

유형	특징
목록 정보 시스템	문헌 자동화 목록법을 기준으로 고서, 고문헌 목록 전산화: 서명 기술 사항 표준화(책명 정하는 원칙, 異名同書 처리 등), 서지 사항(著, 撰, 造, 編, 纂, 修, 輯, 補, 校, 注/註/疏, 批/評, 譯, 節錄, 記, 懸吐/標點/訓點, 書, 畵, 刻 등), 판사항(版: 간행 순서, 異版, 판의 名稱과 유형), 간지 사항(간사지, 간사년), 형태 사항, 주기 사항 등을 갖춘 목록
해제 정보 시스템	편찬자, 학문적인 배경, 권수, 내용의 개요와 성격, 학설의 추이, 학문적 평가, 형태적인 특징(장정의 시대적 특징, 간사 종류, 이판의 차이, 版式, 지질), 소장 정보 등
원문 정보 시스템	텍스트 형식으로 축적하는 방법과 원문 이미지(그래픽) 형식으로 축적하는 방법
검색 정보 시스템	정보에 대한 요구가 발생할 경우 적합한 정보를 검색할 수 있는 시스템

이 네 가지 유형의 DB는 구축 목적에 따라 설정된 것이지만, 고문헌 정보 시스템의 발달 과정을 반영한 유형이라고도 볼 수 있다.

첫째, 지식사와 지식 인문학 연구를 위한 가장 기초적인 목록화 작업은 주제 설정에 따른 해당 문헌 파악, 문헌에 대한 기초 정보 등을 항목화하고, 소장처 및 이용 가능 정보를 조사하여 제시하는 형태에 해당한다. 이 점에서 해당 범주의 자료를 최대한 확인하고, 발굴 자료를 추가하여 목록을 만드는 일이 중요하다. 경우에 따라서는 특정 시대와 사회, 국가 등을 한정한 선행 목록을 확인하는 일도 중요하다. 예를 들어 국회도서관(1972)의『구한말 간행물 목록』, 한글학회(1972)의『50돌 기념 전시회』목록 속의 '한글학회 발행 도서', 서울대학교 부속도서관(1956)의『고도서 전시회 출품 도서 해설』등과 같은 책자나 사쿠라 이키치(櫻井義之, 1942)의『메이지 연간 조선연구 문헌지(明治年間 朝鮮硏究文獻誌)』(東京: 書物同好會) 등은 특정 시기, 특정 국가, 특정 주체 등을 고려한 문헌 서지 조사 사례에 해당한다.[12] 한국

---

12) 시대별 문헌 조사 사례는 일제 강점기 잡지에서도 다수 발견된다. 이와 관련하여 별도의 연구 논문을 준비 중이다.

연구재단이 지속적으로 추구해 온 '토대연구사업'의 자료 구축 사업 성과는 대부분 이 과정을 거쳤을 것으로 추정되며, 이 점에서 우리 연구소에서 구축하고자 하는 5개 범주의 DB 또한 해당 분야의 문헌에 대한 최대치 조사를 목표로 한다.

둘째, 해제 정보 시스템은 1997년 이후 급속도로 팽창되어 왔다. 특히 한국학중앙연구원의 '한국민족문화대백과사전'(encykorea.aks.ac.kr)에서 서비스하는 문헌 서지 정보나, 토대연구의 자료 구축 사업 가운데 상당수가 이를 포함하고 있다. 여기서 고려할 사항은 해제 정보를 어떻게 표준화하는가에 있는데, 정도의 차이는 있지만 '한국민족문화대백과사전'에서 기준으로 삼고 있는, 표준 DB에서는 '정의, 개설, 편찬·발간 경위, 서지 사항, 내용, 의의와 평가, 참고문헌'이다. 이 안은 해제의 기본 안에 해당하며, 경우에 따라 필요한 항목을 더 설정하여 연구에 활용할 수 있다.

셋째, 원문 정보 시스템은 해당 문헌 자료를 연구에 활용할 수 있도록 제공하는 시스템이다. 인터넷 정보 통신의 발달에 따른 다종의 아카이브 구축이 이에 해당하는데, 지식사 연구를 위한 아카이브 구축을 위해서는 해당 문헌을 확보하고 원문을 복원하는 작업이 시급하다. '인터넷 아카이브', '왕실도서관 장서각 디지털 아카이브', '국립중앙도서관 디지털 라이브러서' 등은 필요 정보를 확보하는 데 유용한 사이트이다. 이 점에서 우리 연구소에서는 현재 소장하고 있는 문헌 가운데 일차적으로 600종을 스캔하고, 첫째 유형과 둘째 유형의 작업을 진행하면서 활용 가능한 아카이브를 구축하는 데 최선을 다할 예정이다. 아카이브의 실제 활용은 서버 확보나 기술적인 뒷받침이 필요한 문제여서, 이와 관련한 논의는 추후 진행해야 한다.

넷째, 검색 기능을 추가한 정보 시스템은 상당수의 토대 연구 성과나 국사편찬위원회의 '한국사데이터베이스', '조선왕조실록' 등에서 확인할 수 있다. 검색 기능을 갖추기 위해서는 목록 작업이나 해제 과정, 아카이브를 구축하는 과정에서 메타 DB로서의 기능을 갖출 수 있도록 항목을 설정해야 한다. 특히 검색 결과에 대한 정보 처리를 위해서는 말뭉치를 고려할 필요가 있는데, 이를 위해서는 문헌 원문의 전산화와 태그 작업이 필요하다.

4. 결론

단국대학교 일본연구소의 HK+ 사업 아젠다인 '지식 권력의 변천과 동아시아 인문학', 좀 더 구체적으로 15세기부터 20세기 전반까지 한·중·일 지식 체계와 유통을 통한 지식 교류 양상, 그를 통해 특성화하고자 하는 '지식 인문학' 연구를 위해서는 수많은 자료와 씨름해야 한다. 본래 이 주제는 사회학적 연구 방법인 계량화와 비교, 역사적 맥락 등을 고려하여 설정되었다. 그러나 단순히 사회학적 연구 방법, 또는 이데올로기 극복을 위한 지식 사회학의 연구 방법만으로는 인문학적 가치를 구현하는 데 충분하지 않다. 따라서 사회학과 역사학 연구의 기초에 해당하는 자료 수집과 정리, 데이터 구축 등에 중점을 두고, 그 가운데 핵심 주제를 선별하여 인문학적 가치를 부여함으로써 '앎의 문제', '지식의 본질'을 규명해 가고자 한다. DB는 이를 위한 과정이며 토대이다. 이번에 제시하는 5개 범주의 목록 DB는 해제 작업을 거쳐 아카이브 형태를 띤 메타 데이터베이스로 확장될 것이다. 그뿐만 아니라 5개 범주 이외에 2차 작업으로 시대와 국가, 교류 등을 확인할 수 있는 별도의 주제를 추가로 설정하고, 본 작업과 동일한 과정의 DB를 지속적으로 구축해 나갈 예정이다. 이 작업은 궁극적으로 검색 기능을 갖춘 DB, 접근성과 활용성이 높은 말뭉치 형태의 DB를 지향해야 할 것이다.

참고문헌

단행본

국회도서관, 『구한말 간행물 목록』, 대한민국 국회도서관, 1972.

김세익, 『도서·인쇄·도서관사』, 아세아문화사, 2001.

김정근 엮음, 『우리 문헌정보학의 길 어떻게 걸어갈 것인가』, 태일사, 2002.

부정남, 『사회와 사회과학』, 나남출판, 1998.

서울대학교 부속도서관, 『서울대 개교 10주년 고도서 전시회 출품도서 해설』, 서울대학교 부속도서관, 1956.

양재한, 『문헌정보학개론』, 태일사, 2014.

정동열, 『문헌정보학의 이론과 원칙』, 한국도서관협회, 2010.

한국연구원, 『문헌선록』, 재단법인 한국연구원, 1976.

한글학회, 『한글학회 50돌 기념 전시회』, 한글학회, 1972.

홍윤표 외, 『한국어와 정보화』, 태학사, 2002.

홍윤표 외, 『국어 정보학』, 태학사, 2012.

末松保和, 『朝鮮硏究文獻目錄』, 東京大學 東洋文化硏究所, 1982.

櫻井義之, 『明治大正年間 朝鮮硏究文獻』, 東京: 龍溪書舍, 1992.

櫻井義之, 『明治年間 朝鮮硏究文獻』, 東京: 書物同好會, 1942.

논문

강순애, 「한국 고문헌 정보시스템의 구축 및 전망」, 『한국문헌정보학회지』 31(4), 한국문헌정보관리학회, 1997.

강순애, 「해외 소장 고문헌의 DB 구축과 공동활용 방안」, 『한국문헌정보학회지』 40(3), 한국문헌정보학회, 2008.

김경남, 「지식의 유형과 지식 지형에 대한 인문학적 연구 방법론」, 『인문연구』 83, 영남대학교 인문과학연구소, 2018.

남권희, 「기록물의 서지 기술」, 『고문서연구』 22, 한국고문서학회, 2003.

리상용, 「PDF를 활용한 고문헌의 원문 디지털화 방안에 관한 고찰」, 『한국문헌정보학회지』 34(1), 한국문헌정보학회, 2000.

윤병태, 「문헌정보기관에서의 고문서 정리」, 『정신문화연구』 15(1), 한국학중앙연구원, 1992.

이남희, 「고문서 정리 표준화와 데이터베이스 구축: 고문서 정리 카드 입력기 개발과 활용을 중심으로」, 『고문서연구』 29, 한국고문서학회, 2006.

이남희, 「고문헌 디지털 아카이브 구축과 한자 처리 문제」, 『영남학』 17, 경북대학교 영남문화연구원, 2010.

이남희, 「동아시아 세계문화유산 디지털화의 현황과 전망」, 『인문콘텐츠』 5, 인문콘텐츠학회, 2005.

이남희, 「디지털 시대의 고문서 정리 표준화」, 『고문서연구』 22, 한국고문서학회, 2003.

이수환, 「영남 지역 고문헌의 수집과 활용」, 『동아인문학』 36, 동아인문학회, 2016.

이정희, 「남명학 고문헌시스템 개발과 그 성과」, 『남명학연구』 36, 경상대학교 남명학연구소, 2012.

정진영, 「고문서 정리 카드와 서술 규칙」, 『고문서연구』 22, 한국고문서학
회, 2003.

조형진, 「고문헌의 디지털화 성과 연구」, 『한국문헌정보학회지』 40(3), 한
국문헌정보학회, 2006.

허재영, 「지식 생산과 전파 수용에 따른 지식 권력 연구 방법론」, 『한국민
족문화』 66, 부산대학교 한국민족문화연구소, 2018.

지식 생산의 기반과 소학(小學)·문자 학습 자료

박나연·량야오중

1. 소학(小學)·문자 학습 자료의 성격

소학은 아동이나 초학자를 대상으로 한 교육을 의미한다. 중국 송대 주자의 제자인 유자징이 『소학』이라는 책을 엮은 것처럼, 한국과 중국, 일본 등지에서 아동 교육용 소학 서적이 수없이 편찬되었다. 아동용 수신서나 초학자용 서적의 명칭도 매우 다양하다. '소학', '정학(正學)', '몽학(蒙學)' 등과 근대 이후 '동몽(童蒙)', '수지(須知)' 등 사용하는 용어뿐만 아니라 활판이나 필사의 형태도 몹시 다양하다.

그 경향은 문자 학습서도 마찬가지이다. 문자 학습은 초학자의 문식성을 기르는 수단일 뿐 아니라, 학습의 가장 기본적인 단계이다. '천자문'을 비롯하여, '어록해', 어휘 자료와 관련된 '유해류(類解類)', 서리(胥吏)의 문식성을 대상으로 한 '유서필지류(儒胥必知類)', 문자나

운을 집약한 '운서(韻書)' 또는 '자전(字典)' 등이 이에 해당한다. 여기서는 한국과 중국의 전통적 지식 생산의 기반을 이루는 소학서와 문자 학습서를 중심으로 기초 자료를 조사한다. 조사 자료는 한국과 중국으로 나누어 정리한다.

1) 한국

소학은 학문을 시작할 때 학습하는 책으로 두 가지로 나누어 볼 수 있다. 먼저 글자의 뜻을 고훈하는 문자 학습 자료로서의 소학[1]과 초학에 널리 학습된 '수신·제가·치국·평천하(修身齊家治國平天下)'의 입문서로 편찬된 소학으로 나누어 볼 수 있다.

문자 학습 자료는 전통시대의 지식 기반으로서 교육과 학문의 첫 단계를 위한 교육 자료라고 할 수 있다. 성리학 중심의 조선 사회에서 성리학의 기초 지식을 습득하기 위해서는 한자 학습을 익히는 과정이 필요했으며, 이는 지식인층의 고급문화를 향유할 수 있는 기반이 되기도 하였다. 또한 한자 문화권을 대표하는 중국과의 외교 관계와 교류를 위해서도 한자와 한어 교육은 반드시 선행되어야 했다. 중국과의 교류는 선진 문물과 지식을 습득하는 주요한 통로였기 때문이다. 문자 학습 자료는 '자서(字書)'와 '운서(韻書)' 그리고 '몽학서(蒙學書)'로 구분할 수 있는데, 먼저 '자서'는 한자를 속성으로 습득할 수 있도록 만든 아동을 위한 문자 학습서이다. '운서'는 한자의 음을 기준으로 분류하여 배열한 책으로 한시(漢詩)를 지을 때도 서로 압운(押韻)을 할 수 있는 한자들을 기준으로 삼아, 모든 한자들을 분류해서 엮은

---

[1] 『漢書』, 「藝文志」. "小學者, 是詁訓字義之書, 是以爾雅爲小學家之首."

일종의 발음자전(發音字典)이다. 또한 고려 이후부터 시부(詩賦)로써 과거가 실시되면서 한시와 한문이 조선시대의 양반 사회에서 필수 학습서가 되었다. '몽학서'는 8세~16세의 아동들을 대상으로 한 학습서로서 초학자들에게 한자와 기초 교양을 가르치기 위한 교재였으며, 유학의 일정한 원리를 이해하고, 그 방법을 익히기 위한 기초 교육서의 기능을 하였다.

다음으로 수신서로서의 『소학』은 흔히, 어린 아이들이 읽는 책, 학문의 초급자가 읽는 책이라고 하였다. 이 책을 만든 주희(朱熹)가 8세부터 읽는 책이라고 했으므로 틀린 말은 아니지만 반드시 그렇게 따른 것은 아니었는데, 그 내용이 쉽지 않았기 때문이다. 실제로 『소학』은 『논어(論語)』·『대학(大學)』·『중용(中庸)』·『맹자(孟子)』의 사서(四書)에 버금가는 비중을 지니고 있었다. 주자학(朱子學)의 세계로 나아가는데 반드시 갖추어야 할 능력을 습득함에 필요한 책이라고 하여 주희가 생애 말년에 만든 것이 이 책이었다. 그러나 중국의 여러 경전과 역사서, 학자들의 글에서 발췌하여 재구성한 『소학』은 결코 접근을 쉽게 허락하지 않았다. 『소학』을 이해하기 위한 주석서가 필요했고, 중국에서는 이 책 출현 이래 수십 종의 주석서가 등장하게 된다. 조선에서의 『소학』에 대한 이해 역시 마찬가지였다. 특히 조선에서는 언어의 장벽이 하나 더 있었다. 한문으로 만들어진 『소학』은 다른 한문 서적과 마찬가지로 한글번역서가 나올 수밖에 없었다. 또한 17세기 이후 국왕 권력과 결합하며 널리 보급된 점도 이 책이 가지는 특징이다. 숙종 대에는 숙종이 서문을 쓴 책이 간행되어 세자의 교재로 쓰였고, 이후 영조는 이 책을 바탕으로 『소학훈의(小學訓義)』라는 책을 편찬하여 보급했다. 이런 이유로 『소학』은 조선에서 가장 많이 읽힌 책 가운데 하나였다. 다양한 이름의 소학서가 활자와 목판으로 간행되고, 또

많은 사람들이 이를 필사하여 읽었다. 책의 간행과 보급은 대체로 국가 차원에서 이루어졌다. 양반들은 교양을 위해 그리고 과거를 위해 이 책을 읽었으며, 주자학의 깊은 공부를 원하는 사람들에게는 이 책 학습은 필수였다.[2]

문자 학습 자료와 수신서로서의 『소학』은 조선의 지식 사회의 기본 교육을 위한 자료이자 주자학을 이해하기 위한 첫걸음으로서 중요한 위치를 갖으며, 조선시대의 지식 기반을 이루는 하나의 요소라고 할 수 있다. 푸코에 따르면 '사회마다 나름의 진리 체제가 존재한다.'라고 했는데, 여기서 핵심은 특정 문화에서 발견되는 지식의 주요 형태나 제도가 그와 연관한 가치들과 함께 체계를 형성한다는 점이며, 한국과 중국에서는 전통적으로 이 체계를 유교와 과거시험이 독점하였다는 것이다.[3] 이에 따라 조선시대의 문자 학습은 조선시대의 교육과정이 관리 양성의 차원에서 경서를 읽고 시문(詩文)을 짓는 데 있었기 때문에 한문을 해독하기 위한 한자 학습을 중심으로 이루어졌으며, 교육과 학문의 출발점으로 인식되었다.[4] 특히 『소학』의 경우는 국가 차원에서 간행과 보급이 이루어짐에 따라 주자학의 사회적 확산을 이끌었으며, 이에 따라 유교 사회라는 지식 체계에서 그 기반을 형성하게 되었다.

한편 전통의 동아시아 세계는 한자 문화권 아래 유교 문화를 중심으로 지식 지형을 이루고 있었는데, 문자 학습 자료와 『소학』 역시 이러한 지식 지형의 기초를 담당하고 있었다. 특히 조선의 지식 사회

---

2) 정호훈, 『조선의 『소학』: 주석과 번역』, 소명출판, 2014, 3~5쪽.
3) 피터버크, 이성원 역, 『지식은 어떻게 탄생하고 진화하는가』, 생각의날개, 2015, 54~55쪽.
4) 허재영, 「조선 시대 문자, 어휘 학습 자료에 대하여」, 『한민족문화연구』 26, 한민족문화학회, 2008, 260~261쪽.

는 '주자학'을 중심으로 지식 체계가 형성되었는데, 중국으로부터 받아들인 주자학을 수용하고 이해하기 위해서는 한자의 기본 습득이 필요했다. 즉 주자학이라는 지식 지형을 이루기 위한 기본 자료로서 문자 학습 자료들이 편찬되었고, 활용되었던 것이다. 『소학』은 조선의 국가 성립 직후부터 주자학을 국정(國定) 교학(敎學)으로 세우고 이를 적극 보급하고자 하였으며, 이 책이 주자학의 기초 교재가 될 수 있도록 정책 또는 법적인 뒷받침을 아끼지 않았고, 양반 사대부들은 이 책을 적극 활용하여 공부하고 또 특권 신분으로 살아감에 필요한 교양을 쌓았다. 또한 『소학』의 경우는 원서의 난해함으로 인해 시대에 따라 여러 번역서가 출간되었는데, 번역은 『소학』이 담고 있는 유교 문화, 주자학의 지식을 조선인의 사유와 의식 속으로, 조선인의 일상 삶 속으로 끌어 들이는 중요한 수단이었다.5) 유교 문화, 특히 주자학이라는 지식 지형을 이루는 기본 교재로서 문자 학습 자료와 『소학』이 그 역할을 했으며, 외국어인 한문을 익히고 이해하기 위한 교재로서 지식 지형의 정체성을 갖는다고 할 수 있다. 나아가 『소학』은 시대에 따라 현실성을 반영한 여러 주석서와 번역서가 간행되고 유통되기도 하였는데, 이를 통해 『소학』 교육이 어떤 시의성에 따라 주석서와 번역서가 간행되었는지 파악하여 시대에 따른 지식 지형의 변화도 추론할 수 있을 것이다.

또한 문자 학습 자료와 『소학』은 중국에서 유입된 '주자학'이라는 지식이 조선의 지식 사회에 유입되고 새롭게 생산되어 유통되는 사회화 과정을 통해 조선의 지식 사회의 중심이 되었다. 조선의 지식 사회를 이루는 기본으로서 '주자학'과 이를 학습하는 지식 집단으로 구성

---

5) 정호훈(2014: 9~19).

된다고 할 수 있다. 주자학은 조선의 형성부터 그 존속과정 및 멸망에 이르기까지 국가·사회의 철학·이념으로서 결정적인 역할을 하였다고 할 수 있다.[6] 지식인은 주자학을 이념으로 받아들이고 학습하며, 다시 사회에서 생산·재생산하는 역할을 한 층위를 말한다. 문자 학습과 『소학』 교육은 조선의 지식 사회를 이루는 주자학과 지식인이 이를 학습하여 지식을 생산과 재생산을 반복하며, 지식을 사회에 유통하기 위한 기초교육으로서 중요한 위치를 차지하고 있었다. 한자 교육을 기본으로 하는 조선시대 문자 학습은 조선의 지식 사회를 이루는 지식 기반으로서 초학자들을 대상으로 실시 된 기초 교육을 이루는 기본 공구서였다. 『소학』은 주자학을 시작하는 기본서로서 지식인들은 과거와 교양을 위해 이 책을 공부했으므로 조선에서 가장 많이 읽혔으며, 간행과 보급도 국가의 주도로 이루어진 만큼 조선의 지식 사회에 널리 유통되었다. 이를 통해 문자 학습 자료와 『소학』은 조선의 지식 사회에서 주자학을 보급하는데 중요한 역할을 담당했음을 알 수 있다.

2) 중국

중국 고대에는 문자·훈고·음운 방면을 연구하는 학문을 소학라고 했다. 하구영(何九盈)은 『중국고대어언학사(中國古代語言學史)』에서 소학의 개념과 정의에 대해 서술한 바가 있는데, 그는 중국 고대 문헌에 따라 애초에 '소학'은 8세에서 14세까지의 아동이 다니는 학교를 가리

---

6) 김형찬, 「지식인 생산체계: 17~18세기 평산 신씨를 중심으로: 조선 시대 지식 생산체계 연구방법과 지식 사회의 층위」(특집: 조선 시대 지식), 『민족문화연구』 65, 고려대학교 민족문화연구원, 2014, 10쪽.

키는 것이라고 하였다.

　"태자가 조금 크고 여색에 대해 알게 되면 소학에 입학 시킨다. 소학
은 귀족자제들이 다니는 학교를 가리킨다."라고 했다. 노변(盧辯)은 "고
대에는 태자가 8세가 되면 소학에 입학하고 15세가 되면 태학에 입학한
다."라고 했다.[7] 한대(漢代) 최식(崔寔)의 『사민월령(四民月令)』에서는
"농사가 시작되기 전에는 15세 이상의 아동은 태학에 입학해 오경을 공
부하고, 8세에서 14세까지의 아동은 소학에 입학해 편장을 공부하도록
했다".[8]

　'편장(篇章)'은 한자를 익히는 『창힐편(蒼頡篇)』과 같은 부류의 교본
을 가리키는 것이다. 『창힐편』은 "60자를 한 장으로 하여 총 55장이
있다."[9] 하였으므로, '편장'은 이러한 자서를 지칭한 것이라고 할 수
있다.

　『한서(漢書)』「예문지(藝文志)」에서는 '소학'이라는 개념에 새로운
의미가 생겼는데, '학교'라는 의미에서 '학문'이라는 의미가 파생된
것이다. 『한서』「예문지」에서 "소학에 총 10명의 학자들이 저술한 45
편이 등재되어 있다."[10]라고 했다. '소학'은 이미 하나의 '학문' 영역이
되었으며, 그 내용은 모두 다 아동들이 글자를 공부하는 교본이었다.
『이아(爾雅)』와 『소이아(小爾雅)』 등과 같은 책들은 '소학'의 영역에 포

---

7) 『大戴禮記』 卷3, 「保傅」 第48. "及太子少長, 知妃色, 則入於小學, 小者所學之宮也." 盧辯注
　"古者太子八歲入小學, 十五入太學也."

8) 『四民月令』 卷1, 「正月」 第1, 漢崔寔'四民月令'說 "農事未起, 命成童以上入太學, 學五經, 命幼
　童入小學, 學篇章."

9) 『漢書』 卷30, 「藝文志」 第10. "斷六十字, 以爲一章, 凡五十五章."

10) 『漢書』 卷30, 「藝文志」 第10. "凡小學十家, 四十五篇."

함되지 않아 경서류 뒤에 두었다. 이처럼 한대(漢代)에 말하는 '소학'은 사실상 문자학에만 한정되었다. 구체적인 내용으로는 문자의 형체구조 해석, "고금의 문자 통달(通知古今文字)" 그리고 자음의 '정독(正讀)' 등이 포함되어 있다.

『수서(隋書)』「경적지(經籍志)」에는 '소학'의 개념이 이전 보다 확대되었다. 그 범위는 자서(字書) 외에 『설문(說文)』, 『자림(字林)』 등의 훈고나 음운 방면의 저작을 포함하였다. 그러나 『이아』, 『소이아』, 『방언(方言)』, 『석명(釋名)』 등은 여전히 '경의(經義)'의 부류이지, '소학'에 넣지 않았다. 『구당서(舊唐書)』「경적지(經籍志)」에서야 『이아』 등을 '소학'의 부류로 넣었다. 이때부터 '소학'의 기본적인 내용이 확립되어 갔다.

그런데 송대(宋代)에 들어와 '소학'을 '문자의 학문'이라고 보기도 하였는데, 송대 조공무(晁公武)가 『군제독서지(郡齋讀書志)』에서 말한 것이 바로 그것이다.

"문자학(文字學)의 범위는 3가지다. 그 하나는 체제(體制)로 점과 획이 종횡, 곡직의 차이가 있는 것을 말한 것이다. 둘째는 훈고(訓詁)로 고금, 아속의 차이가 있는 것을 말한 것이다. 셋째는 음운(音韻)으로 호흡이 청탁과 고하의 다름이 있는 것을 말한 것이다. 체제를 논한 책이 『설문(說文)』 등과 같은 것이고, 훈고를 논한 책이 『이아(爾雅)』, 『방언(方言)』 등과 같은 것이고, 음운을 논한 것이 심약(沈約)의 『사성보(四聲譜)』와 서역(불경) 반절의 학문 등이다. 이 3가지는 비록 각각의 학문 영역이지만, 사실을 모두 소학의 부류이다."[11]

---

11) 『郡齋讀書志』 卷1. "文字之學凡有三. 其一體制, 謂點畫有橫縱曲直之殊. 其二訓詁, 謂稱謂有古今雅俗之異. 其三音韻, 謂呼吸有清濁高下之不同. 論體制之書, 『說文』之類是也. 論訓詁之類,

조공무가 말한 3가지 범위의 내용은 자형(체제), 자의(훈고), 자음(음운)을 말한 것이다. 즉 통상적으로 말하는 문자학, 훈고학, 음운학을 말하는 것이다.[12]

나중에 소학이란 용어는 문자·훈고·음운을 연구하는 학문을 가리킨다. 중국 역사에서 각 시기마다 소학을 연구하는 사람이 있었으며 한대부터 청대까지 양웅(揚雄)·허신(許慎)·유희(劉熙)·이등(李登)·장읍(張揖)·심약(沈約)·안지추(顔之推)·육법언(陸法言)·육덕명(陸德明)·안사고(顔師古)·서현(徐鉉)·서개(徐鍇)·오잔(吳棧)·한도소(韓道昭)·주덕청(周德清)·진제(陳第)·방이지(方以智)·고염무(顧炎武)·강영(江永)·대진(戴震)·단옥재(段玉裁)·왕염손(王念孫)·왕인지(王引之)·강유고(江有誥)·진례(陳澧)·유월(俞越)·손이양(孫詒讓) 등과 같은 학자들이 대표적인 소학 학자이다.

한편 중국의 문자 학습 자료의 간행 과정과 조선으로의 유입은 지식의 유통을 통해 이루어진 범국가적 지식 지형을 보여준다고 할 수 있다. 한자 문화권으로 형성된 전통의 동아시아 국가들은 한자와 유학이라는 지식 체계를 이루고 있었다. 동일한 지식 체계의 형성을 통해 국가별 지식 집단 사이의 상호 관계와 네트워크를 확인할 수 있는데, 이에 대한 기반은 한자라는 같은 문자를 사용하며, 유학을 중심으로 한 사상 체계를 공유하는 데 있었다. 또한 문자 학습 자료를 시대와 공간에 따라 분류하여, 각 사회에서 지향하는 지식을 파악할 수 있으며, 각 나라의 지식 전통의 개별성과 보편성도 확인할 수 있다. 나아가 중국과 한국의 문자 학습 자료에 대한 연구를 통해 지식 기반

『爾雅』, 『方言』之類是也. 論音韻之書, 沈約『四聲譜』及西域反切之學是也. 三者雖各一家, 其實皆小學之類."

12) 何九盈, 『中國古代語言學史』, 北京: 商務印書館, 2013, 1~2쪽.

의 흐름에 따른 지식 사회의 변천 과정을 통시적인 지형도로 재구성
할 수 있을 것으로 기대한다.

2. 선행 연구 및 DB 구축 사례

1) 한국

조선시대의 소학·문자 학습 자료는 한문을 익히기 위한 한자 학습을
중심으로 이루어진 자료라고 할 수 있다. 그 이유는 조선 사회의 중심
인 유교 사상을 담은 경서(經書)를 통해 관리로 나아가는 과거 시험이
이루어졌기 때문이다. 이처럼 조선시대 문자 학습 자료는 유교를 중심
으로 하는 조선의 지식 사회의 기초 지식이라고 할 수 있고, 문자
학습 자료는 조선의 지식인과 지식 사회를 이해하기 위한 필수 자료인
만큼 관련 연구도 언어·문학·역사·서지학 등 다양한 분야에서 상당
부분 진행되었다. 선행 연구에 대해서는 '자서(字書)', '운서(韻書)', '몽학
서(蒙學書)'로 나누어서 연구 진행 상황을 살펴보도록 하겠다.

(1) 자서(字書)·운서(韻書)·몽학서(蒙學書)에 관한 연구

첫째 '자서(字書)'에 관한 연구이다. '자서'는 한자를 속성으로 습득
할 수 있도록 만든 아동을 위한 문자 학습서로 사용되었다. 한자의
만들어진 과정에 관하여 해설하기 위해서 한자를 의미별 또는 유별이
나 부별로 분류하여 그 의미를 기술한 책으로 소학과 밀접한 관련을
맺고 있다. '자서'에 관한 연구는 먼저 자서 편찬에 대한 역사 흐름과

자전에 대한 연구가 중심을 이루고 있으며, 조선시대부터 일제 강점기에 이르는 시기에 편찬된 한국의 자서들의 역사와 편찬배경, 언어학적 의미, 서지사항 등에 대하여 검토하고 있다.13) 한편 자서류에 속하는 『전운옥편(全韻玉篇)』, 『신자전(新字典)』, 『자전석요(字典釋要)』, 『강희자전(康熙字典)』 등에 대한 음운학을 비롯한 언어적 특징과 각 책의 편찬에 대한 역사·사회적 배경 등을 연구한 국어학·한문학 분야의 사례 연구도 있다.14) 이외에도 책의 편찬자에 대한 인물 연구를

---

13) 정영아, 「우리나라 辭典 소고」, 이화여자대학교 석사논문, 1961; 허벽, 「역대 자전을 통해 본 한자와 상용한자 소고: 특히 한중일 3개국의 경우를 중심으로」, 『인문과학』 39, 연세대학교 인문과학연구소, 1978; 김혈조, 「중국 공구서의 현황과 그 특징」, 『인문연구』 20, 영남대학교 인문과학연구소, 1999; 전일주, 「근대 계몽기의 사전 편찬과 그 역사적 의의: 특히 『국한문신옥편』을 중심으로」, 『대동한문학』 17, 대동한문학회, 2002; 서남원, 「중국 자서 편찬사에 대한 고찰」, 『동양학』 34, 동양학연구소, 2003; 전일주, 『한국 한자 자전 연구』, 중문출판사, 2003; 박형익, 「한국의 자전」, 『한국어학』 23, 한국어학회, 2004; 신상현, 「朝鮮後期 文字言語學 硏究 흐름과 字書 編纂」, 『한자한문연구』 5, 고려대학교 한자한문연구소, 2009; 박형익, 『한국 자전의 역사』, 역락, 2012; 이준환, 「中世·近代·開化期의 韻書 및 字書 편찬의 역사」, 『동양학』 57, 단국대학교 동양학연구원, 2014; 김억섭, 「한국 근현대 한자자전[옥편]에 대한 小考: 일제 강점기에 출간된 자전을 중심으로」, 『중국언어연구』 64, 한국중국언어학회, 2016; 양원석, 「규장각 도서 '經部-小學類-字書'의 서지사항에 대한 고찰」, 『한국문화』 74, 서울대학교 규장각, 2016.

14) Dormels, R., 「옥편류의 한자음 비교 연구: 『全韻玉篇』, 『新字典』, 『漢韓大辭典』, 『大字源』을 중심으로」, 서울대학교 석사논문, 1994; 오종갑, 「『신자전』의 한자음 연구: 특히 운모의 대응을 중심으로」, 『한민족어문학』 2, 한민족어문학회, 1975; 이효천, 「『신자전』에 나타난 새김말의 형용사 연구」, 계명대학교 석사논문, 1976; 최범훈, 「『자전석요』에 나타난 난해 자석에 대하여」, 『국어국문학』 70, 국어국문학회, 1976; 김병욱, 「『자전석요』의 음운 현상 연구」, 『명지어문학』 20, 명지대학교 국어국문학과, 1992; 박기영, 「『明治字典』의 한글 표기에 대하여」, 『진단학보』 89, 진단학회, 2000; 한종호, 「『자전석요』 知, 瑞 계자의 어음 변화: 어휘 확산 이론의 적용 가능성 검토」, 『중국학』 17, 대한중국학회, 2002; 여찬영, 「지석영 『자전석요』의 한자 자석 연구」, 『어문학』 79, 한국어문학회, 2003; 하수용, 「『육서 심원』의 부수 배열법과 속부자의 탐석」, 『한자한문교육』 11, 한국한자한문교육학회, 2003; 나현미, 「『육서심원』 연구」, 부산대학교 박사논문, 2005; 하강진, 「한국 최초의 근대 자전 『국한문신옥편』의 편찬 동기」, 『한국문학논총』 41, 한국문학회, 2005; 전일주, 「강희자전과 한국 초기 자전 비교 연구: 『字典釋要』와 『신자전』을 중심으로」, 『한문교육연구』 26, 한국한문교육학회, 2006; 강민구, 「조선 후기 類書의 『康熙字典』과 『韻府群玉』 인용 양상: 『松南雜識』의 경우」, 『한문교육연구』 31, 한국한문교육학회, 2008; 하강진, 「『자전석요』의 편찬 과정과 판본별 체재 변화」, 『한국문학논총』 56, 한국문학회, 2010; 김애영, 「『奇字彙』

통해 자서가 갖는 시대적 의의에 대해 검토한 연구도 있다.[15]

두 번째로 '운서(韻書)'에 관한 연구이다. '운서'는 한자를 운(韻)에 따라 분류하여 안배한 자전을 말하며, '운서'는 성조(聲調)와 운(韻)이 같은 한자들을 한 부(部)로 모으고 그 가운데 한 글자를 취해 표목으로 삼고, 각 글자에 대해서는 반절(反切)로 주음(注音)하는 방식을 취하고 있다.[16] 한편으로는 한자의 운만 수록한 것이 아니라 여러 문화적 사실들을 운별(韻別)로 분류하여 정리함으로써 유서(類書)의 기능을 지닌 것도 있다. 한편 근대 이전의 한국에서 지식인들은 운서를 일종의 독서물로 사용하기도 하였으며, 근대 이전의 시대에서 운서가 중시된 이유는 압운할 때의 시운 참조, 경서 및 고전의 주음(注音), 훈석(訓釋)의 확인 등에 있었다.[17] 이처럼 '운서'는 한문을 중심으로 하는 근대 이전이 지식인 사회에서 중요한 위치를 차지한 만큼 관련 연구

標題字形 源流 考察」, 『중국어문학논집』 72, 중국어문학연구회, 2012; 이준환, 「국어학: 『字典釋要』의 체재상의 특징과 언어적 특징」, 반교어문연구 32, 반교어문학회, 2012; 한미경, 「『강희자전』 전래본의 조사 분석과 현대적 활용 연구」, 『서지학연구』 54, 한국서지학회, 2013; 나도원, 「한국자전의 한자수용과 정리: 『자전석요』 心부를 중심으로」, 『중국학』 49, 대한중국학회, 2014; 서수백, 「『字類註釋』의 字釋 연구」, 『한민족어문학』 66, 한민족어문학회, 2014; 곽현숙, 「조선 시대 『字類註釋』에 나타나는 '俗字'의 존재 양상」, 『중국문학연구』 63, 한국중문학회, 2016; 김영옥, 「『康熙字典』과 한국 한자 자형의 영향 관계 연구」, 『동양고전연구』 69, 동양고전학회, 2017; 하강진, 「자전 체재에서 본 『국한문신옥편』의 한국자전사적 위상」, 『동양한문학연구』 50, 동양한문학회, 2018.

15) 하수용, 「『육서심원』의 저자 惺臺의 육서관」, 『한자한문교육』 10, 한국한자한문교육학회, 2003; 양원석, 「정조 「文字策問」에서의 문자학제설에 대한 논의 1」, 『민족문화연구』 45, 고려대학교 민족문화연구원, 2006; 하영삼, 「퇴계학과 퇴계학파: 한국 한자 字典史에서 許傳 『初學文』이 갖는 의의」, 『퇴계학논총』 24, 퇴계학부산연구원, 2014; 윤성훈, 「眉叟 許穆 手稿本 篆書 字典 기초 연구」, 『대동문화연구』 101, 성균관대학교 대동문화연구원, 2018.

16) 심경호, 「漢字辭典의 현재적 의미와 개선 방안」, 『東洋學』 71, 단국대학교 동양학연구원, 2018, 58쪽.

17) 심경호, 「한국의 韻書와 운서 활용 방식」, 『漢子漢文研究』 5, 고려대학교 한자한문연구소, 2009, 137~138쪽.

는 상당히 진행되었다. 먼저 '운서'에 대한 전반적인 역사 흐름을 다루는 연구로서 조선시대에 주로 활용된 '운서'에 대한 소개와 '운서'의 발전과정, 그리고 이에 대한 지식인층들의 이용양상에 대해 검토하고 있는 연구들이다.18) 한편 '운서'에 대한 전체적인 연구를 바탕으로 운서류에 속하는 『배자예부운략(排字禮部韻略)』, 『고금운회거요(古今韻會擧要)』, 『홍무정운역훈(洪武正韻譯訓)』, 『운부군옥(韻府群玉)』, 『동국정운(東國正韻)』, 『사성통해(四聲通解)』, 『규장전운(奎章全韻)』 등 책에 대해 검토한 연구가 있다.19) 이를 통해 각 책의 서지학적 사항과 편찬과정 및 그 내용, 나아가 각 시기별 특징 등에 대한 세밀한 연구가 진행되었다. '운서'에 대한 또 하나의 연구 방향은 '운서'가 한자의 음을 기준으로 분류하여 배열한 책인 만큼 한자음에 관한 언어학적

---

18) 兪昌均, 「韓國韻書의 形成과 發達過程」, 『민족문화』 5, 한국고전번역원, 1979; 김인경, 「朝鮮朝 韻書에 대한 小考」, 『중국학논총』 5. 한국중국문화학회, 1996; 하혜정, 「조선조 운서의 독자성 연구」, 중앙대학교 박사논문, 1997; 정경일, 「조선 시대 운서 이용 양상」, 『한국어학』 7, 한국어학, 1998; 강신항, 『한국의 운서』, 탑출판사, 2000; 심경호, 「한국의 韻書와 운서 활용 방식」, 『한자한문연구』 5, 고려대학교 한자한문연구소, 2009; 김혈조, 「漢字 讀音 硏究」, 『대동한문학』 35, 대동한문학회, 2011; 이준환, 「中世·近代·開化期의 韻書 및 字書 편찬의 역사」, 『동양학』 57, 단국대학교 동양학연구원, 2014; 김윤조, 「한국 漢詩 창작에 있어서 시기별 韻書의 변화 양상에 대한 연구」, 『동양한문학연구』 44, 동양한문학회, 2016.

19) 임창순, 「『大東韻府群玉』」, 『사총』 2, 고대사학회, 1957; 김경한, 「『大東韻府群玉』 小考」, 『국어국문학』 22, 국어국문학회, 1960; 강신항, 『사성통해 연구』, 신아사, 1973; 김경일, 「『용감수감』 소고」, 『중국어문학』 13, 영남중국어문학회, 1987; 윤인현, 「『운회옥편』고」, 『서지학연구』 2, 서지학회, 1987; 강신항, 「규장전운에 대하여」, 『규장전운·『전운옥편』』, 서광학술자료사, 1991; 강식진, 「조선의 운서 연구(1): 『배자예부운략』·『배자예부옥편』을 중심으로」, 『중국학』 8, 대한중국학회, 1993; 김이겸, 「『大東韻府群玉』의 編纂 및 板刻經緯에 관한 考察」, 『서지학연구』 10, 한국서지학회, 1994; 강식진, 「조선의 운서 연구: 『고금운회거요』를 중심으로」, 『인문논총』 59, 부산대학교 인문학연구소, 2003; 임형택, 「『大東韻府群玉』의 역사적 기원과 위상」, 『한국한문학연구』 32, 한국한문학회, 2003; 송희준, 「『朱子書節要』와 『大東韻府群玉』의 비교 고찰」, 『남명학연구』, 경상대학교 남명학연구소, 2004; 신상현, 「조선본 『용감수경』의 판본과 특징에 대한 고찰」, 『한문학보』 14, 우리한문학회, 2006; 정경일, 『규장전운·전운옥편』, 신구문화사, 2008; 신우선, 「『排字禮部韻略』, 『新刊韻略』及『排字韻』之間的關係」, 『중국어문학집』 62, 중국어문학연구회, 2010.

연구가 주를 이루고 있다는 점이다.[20] 언어학 분야의 연구에서는 중국으로부터의 한자음의 수용과 이후 조선에서의 한자음의 변화 양상에 대한 추이와 각 '운서'에서 보이는 한자음에 대한 특징을 검토하고 있다. 이외에도 '운서' 관련 서적이 편찬된 시대 상황을 검토하여 이를 통해 국왕의 정책과 편찬자와의 관계에 대해 조명한 연구도 있다.[21] 이러한 연구는 그동안 서적의 편찬 동기 및 배경에 대해 표면에 드러난 전반적인 사실만 주로 부각되면서 놓친 그 저변에 흐르는 역사적

---

20) 兪昌均, 「東國正韻 연구: 其一, 韻目字 策定의 原流」, 『어문학』 12, 숙명여자대학교 어문학연구소, 1965; 이기동, 「『全韻玉篇』에 드러난 정속음고」, 『논문집』 3, 우석대학교, 1981; 이기동, 「『全韻玉篇』에 주기된 정속음에 대하여」, 『어문논집』 23(1), 고려대학교 국문학연구회, 1982; 김영애, 「용감수경 부수 연구」, 연세대학교 석사논문, 1989; 오종갑, 「18世紀 國語 漢字音 表記: 韻書의 子音을 中心으로」, 『어문학』 50, 한국어문학회, 1989; 유재원, 「『전운옥편』의 속음자에 대한 연구」, 『중국학연구』 11(1), 중국학연구회, 1996; 이돈주, 「『전운옥편』의 정·속 한자음에 대한 연구」, 『국어학』 30, 국어학회, 1997; 강식진, 「朝鮮의 韻書 研究(2): 『三韻通考』를 중심으로」, 『인문논총』 54, 부산대학교 인문학연구소, 1999; 박추현, 「英, 正祖間 세 韻書의 韓國漢字音攷: 華東正音通釋韻考, 三韻聲彙, 奎章全韻」, 『중국언어연구』 11, 한국중국언어학회, 2000; 김태경, 「『광운』의 반절음과 『전운옥편』·『삼운성휘』의 한자음 비교」, 『중국어문학논집』 19, 중국어문학연구회, 2002; 배윤덕, 「『四聲通解』에 나타난 韻會 연구」, 『돈암어문학』 16, 돈암어문학회, 2003; 이승자, 『조선조 운서 한자음의 전승 양상과 정리 규범』, 역락, 2003; 정경일, 「『교정전운옥편』 속음의 유형별 고찰」, 『우리어문연구』 26, 우리어문학회, 2006; 신상현, 「18세기 韻書 편찬과 淸代 古音學 수용 연구: 특히 『奎章全韻』 편찬을 중심으로」, 『한문교육연구』, 한국한문교육학회, 2007; 조운성, 「東國正韻의 운류와 古今韻會擧要의 자모운」, 『서강인문총』 28, 서강대학교 인문과학연구소, 2010; 나도원, 「『華東正音』 華音의 聲母體系 연구」, 『중국어연구』 36, 한국중국언어학회, 2011; 주성일, 「『四聲通解』에 반영된 近代漢語 陰聲韻의 변화」, 『中國文學研究』 45, 한국중문학회, 2011; 조운성, 「洪武正韻譯訓의 운류와 古今韻會擧要의 자모운」, 『대동문화연구』 91, 성균관대학교 대동문화연구원, 2015; 조운성, 「洪武正韻譯訓과 운경의 운류 비교」, 『口訣研究』 35, 구결학회, 2015; 이승영, 「중세 韻書에 나타난 脣内撥音字의 漢字音 연구」, 『일본어교육』 80, 한국일본어교육학회, 2017.

21) 신승운, 「『奎章全韻』을 통해서 본 正祖朝의 書籍 頒賜와 그 規模」, 『한국도서관정보학회지』 35, 한국도서관정보학회, 2004; 안대회, 「正祖 御諱의 改定: '이산'과 '이성': 『奎章全韻』의 편찬과 관련하여」, 『한국문화』 52, 서울대학교 규장각, 2010; 장진엽, 「18세기 후반 文字學을 둘러싼 논점들: 正祖의 文字策과 이에 대한 對策을 중심으로」, 『남명학연구』 39, 경상대학교 남명학연구소, 2013; 정선모, 「『奎章全韻』 編纂背景考: 正祖와 洪啓禧의 관계를 중심으로」, 『한국문화』 82, 서울대학교 규장각 한국학연구원, 2018.

사실들과 인물간의 관계 등을 부각시킴으로써 연구의 폭을 넓혔다고 할 수 있다.

'몽학서(蒙學書)'는 8세~16세의 아동들을 대상으로 한 학습서로서 '자서', '운서'와 더불어 대표적인 '소학서(小學書)'이다. '몽학서'는 초학자들에게 한자를 가르치기 위한 학습서인 『천자문(千字文)』, 『훈몽자회(訓蒙字會)』 등의 학습서와 조선시대를 대표하는 주자학의 가치관인 '소학의 도(小學之道)'를 실천하기 위한 아동 윤리서인 『몽학선습(童蒙先習)』, 『몽자습(童子習)』, 『격몽요결(擊蒙要訣)』 등이 있다. '몽학서'에 관한 연구는 먼저 조선시대 '몽학서'에 대한 전반적인 검토를 통해 몽학서의 역사적·교육적 의미를 밝힌 연구이다.[22] 조선시대 '몽학서'에 대한 전체적인 흐름 파악은 조선 사회의 확산과 유통과정에 대해 검토함으로써 조선에서 추구한 교육 사상에 대해 구체적으로 파악할 수 있는 단서를 제공하였다. 다음은 문자 학습서에 관한 연구와 윤리서에 관한 연구이다. 문자 학습서에 관한 연구는 대표적으로 『천자문』, 『훈몽자회』 등의 학습서에 관하여 편찬 과정과 시대에 따른 변화 양상, 판본 사항, 어휘에 관한 고찰을 비롯하여 문자 학습서가 조선을 비롯한 동아시아에서 차지하는 비중에 대해 다루고 있다.[23] 윤리서에

---

22) 김종운, 「朝鮮朝 蒙學 敎材 硏究」, 한국교원대학교 박사논문, 2001; 김종운, 「朝鮮朝 蒙學敎材의 類型 考察」, 『한국어문교육』 10, 한국교원대학교 한국어문교육연구소, 2001; 김훈식, 「朝鮮前期 蒙求書의 편찬」, 『인제논총』 17, 인제대학교, 2002; 최항, 「中·韓 初學者 學習用 類書 小考」, 『동아인문학』 10, 동아인문학회, 2006; 김정신, 「鶴峯 金誠一의 學問論과 居鄕觀: 『童子禮』·『居鄕雜儀』의 간행과 유포를 중심으로」, 『태동고전연구』 29, 한림대학교 대동고전연구소, 2012; 심경호, 「동아시아에서의 "千字文"類 및 "蒙求"類 流行과 漢字漢文 基礎敎育」, 『한자한문교육』 36, 한국한자한문교육학회, 2015; 정영실, 「국내 蒙學 교재 연구: 字種」, 『중국연구』 67, 한국외국어대학교 중국연구소, 2016.

23) 이기문, 「석봉천자문에 대하여」, 『국어국문학』 55·56·57 합병호, 국어국문학회, 1972; 조덕구, 「千字文」, 『어문연구』 3, 한국어문교육연구회, 1975; 김만곤, 「『國民小學讀本』考: 그 出現의 背景에 대하여」, 『국어문학』 20, 국어문학회, 1979; 이기문, 「천자문 연구(1)」, 『한국문화』 2, 한국문화연구소, 1981; 박병철, 「訓蒙字會 字釋 硏究」, 인하대학교 석사논문, 1984;

관한 연구는『동몽선습』,『격몽요결』,『동자습』 등 조선시대 아동들이
필수적으로 학습한 교재들에 관한 연구로서 관련 서적들의 서지 사

장주현,「『訓蒙字會』의 어학적 연구: '諺文字母'를 중심으로」, 청주대학교 석사논문, 1987;
김희진,「『訓蒙字會』의 어휘 교육에 관한 고찰(1): 名詞 字訓의 類意關係 構造를 中心으로」,
『어문연구』 16, 한국어문교육연구회, 1988; 김종택·송창선,「『千字文』,『類合』,『訓蒙字會』
의 어휘분류 체계 대비」,『어문학』 52, 한국어문학회, 1991; 이상도,「訓蒙字會 編纂動機와
特徵」,『중국학연구』 7, 중국학연구회, 1992; 정후수,「천자문의 구성과 가치에 대한 연구」,
『동양고전연구』 11, 동양고전학회, 1998; 남권희,「1650年 木活字本으로 간행된 韓濩書
千字文에 대하여」,『국어사연구』 2, 국어사학회, 2001; 안미경,「일제시대 천자문 연구:
판권지 분석을 중심으로」,『서지학연구』 22, 서지학회, 2001; 배현숙,「신증유합 판본고」,
『민족문화연구』 39, 고려대학교 민족문화연구원, 2003; 안미경,「일제시대 천자문의 종류
와 특징」,『서지학연구』 26, 서지학회, 2003; 박병철,「『註解千字文』과 複數字釋」,『어문연
구』 33, 한국어문교육연구회, 2005; 전용호,「근대 지식 개념의 형상과『국민소학독본』」,
『우리어문연구』 25, 우리어문학회, 2005; 곽성은,「韓日漢字音에 대한 對照研究: 千字文,
訓蒙字會의 漢字音을 中心으로」, 성신여자대학교 석사논문, 2006; 제영민,「澤堂 李植의
『初學字訓增輯』飜譯 및 解題」, 부산대학교 석사논문, 2007; 김기영,「『訓蒙字會』를 중심으
로 한 최세진의 이중 언어 교육에 관한 연구」, 공주대학교 박사논문, 2008; 송명진,「1890년
대 독본의 두 가지 양상:『국민소학독본』과『신정심상소학』을 중심으로」(특집: '국가'와
'수신'),『한국언어문화』 39, 한국언어문화학회, 2009; 김선희·서수백,「『훈몽자회』와『자
전석요』의 한자 자석의 의미정보 수록 양상 비교 연구」,『언어과학연구』 55, 언어과학회,
2010; 송병렬,「千字文類의 變容과 성격 考察」,『한문학논집』 30, 근역한문학회, 2010; 김준
형,「구한말 學部 편찬 국어과 교과용 도서와『國民小學讀本』」,『어문학교육』 43, 한국어문
교육학회, 2011; 孫熙河,「石峰千字文 板本 研究」,『한중인문학연구』 33, 한중인문학회,
2011; 심경호,「천자문의 구조와 조선 시대 판본에 관한 일고찰」,『한자한문연구』 7, 고려대
학교 한자한문연구소, 2011; 이정희,「惠山 李祥奎의『歷代千字文』간행 연구」,『경남문화
연구』 33, 경상대학교 경남문화연구소, 2012; 강진호,「국어과 교과서와 근대적 주체의
형성:『국민소학독본』(1895)을 중심으로」,『국제어문』 58, 국제어문학회, 2013; 박병철,
「『千字文』편찬의 변모 양상에 대한 연구」,『어문연구』 41, 한국어문교육연구회, 2013;
송지연,「문자 학습서『訓蒙字會』연구」, 조선대학교 석사논문, 2015; 심경호,「동아시아에
서의 "千字文"類 및 "蒙求"類 流行과 漢字漢文 基礎敎育」,『한자한문교육』 36, 한국한자한
문교육학회, 2015; 오미영,「천자문 주석서를 통한 석봉천자문 훈의 검토」,『구결연구』
35, 구결학회, 2015; 김영주,「元泳義의『蒙學漢文初階』연구」,『한문교육연구』 47, 한국한
문교육학회, 2016; 곽현숙,「『훈몽자회』와『자류주석』의 분류항목 비교 분석」,『중국학』
61, 대한중국학회, 2017; 김남지,「『訓蒙字會』 한자음에 반영된 等과 重紐연구」, 한양대학교
박사논문, 2017; 오미영·김문정,「『註解千字文』의 한문주 고찰」,『인문학연구』 45, 숭실대
학교 인문과학연구소, 2017; 이정민B,「中世 以後 韓國의 漢字音 初聲과 中國語 聲母와의
對應關係 考察:『訓蒙字會』를 중심으로」, 명지대학교 석사논문, 2017; 서수백,「『訓蒙字會』
와『新增類合』의 字釋 비교 연구」,『인문과학논총』 37, 순천향대학교 인문학연구소, 2018;
이현선,「조선 시대 초학서 한자음 초성 연구」,『인문사회과학연구』 19, 부경대학교 인문사
회과학연구소, 2018.

항, 편찬 과정, 담고 있는 내용을 비롯하여 윤리교재인 만큼 이 서적들이 갖는 도덕 교재로서의 위상과 교육 방향에 대해서 다루고 있다.[24] '몽학서'에 관한 연구들은 조선시대 초학자들을 위한 교재로서 이를 통해 조선시대 지식 사회가 추구한 교육 방향을 읽을 수 있으며, 나아가 당시 사회가 양성하는 지식인이 갖는 가치에 대해서도 확인할 수 있다. 한편 소학서는 조선시대의 기초 교육을 이루는 교재로서 자서, 운서, 몽학서를 넘어 '문자 학습 자료'로서 소학서를 검토한 연구도 있다.[25] 이 연구에서는 조선시대의 문자 및 어휘 학습 자료가 갖는

24) 우영희, 「朝鮮時代 教訓書를 통해 본 子女養育: 「童蒙先習」, 「擊蒙要訣」, 「士小節」, 「顧菴家訓」을 中心으로」, 중앙대학교 박사논문, 1989; 류부현, 「『童蒙先習』의 서지적 연구」, 『서지학연구』 5, 서지학회, 1990; 강지영, 「朝鮮前期 兒童教材의 內容 分析: '童蒙先習'과 '擊蒙要訣'을 中心으로」, 영남대학교 석사논문, 1994; 윤영숙, 「朝鮮 時代 初學 教材 研究: 童蒙先習과 擊蒙要訣을 中心으로」, 한국교원대학교 석사논문, 1996; 윤영숙, 「『童蒙先習』과 『擊蒙要訣』의 비교고찰」, 『한자한문교육』 3, 한국한자한문교육학회, 1997; 류부현, 「『童蒙先習』 異本의 文字異同 研究」, 『서지학연구』 15, 서지학회, 1998; 정재영, 「成三問의 童子習序와 童子習(口訣)에 대하여」, 『규장각』 21, 서울대학교 규장각, 1998; 김경미, 「『童蒙先習』의 역사교육적 의미」, 『한국교육사학』 25, 한국교육사학회, 2003; 장정호, 「조선 시대 독자적 동몽교재의 등장과 그 의의」, 『유아교육학논집』 1, 한국영유아교원교육학회, 2006; 류부현, 「『童蒙先習』의 著者에 관한 研究」, 『한국도서관정보학회지』 40, 한국도서관 정보학회, 2009; 이희재, 「조선 시대 유교의 동몽교육」, 『공자학』 16, 한국공자학회, 2009; 신창호, 「율곡 교육론의 구조와 성격: 「격몽요결」과 「학교모범」의 비교」, 『동방학』 24, 한서대학교 동양고전연구소, 2012; 임영란, 「『擊蒙要訣』 초간본과 현전본에 관한 서지적 연구」, 『서지학연구』 54, 한국서지학회, 2013; 이동인, 「『擊蒙要訣』을 통해본 율곡의 사상과 생애」, 『사회사상과문화』 29, 동양사회사상학회, 2014; 박찬연, 「朝鮮時代 蒙學教材 研究: 『童蒙先習』을 中心으로」, 전주대학교 석사논문, 2015; 김희, 「『擊蒙要訣』을 통해 본 율곡의 문화계몽 의미 연구」, 『동서철학연구』 82, 한국동서철학회, 2016; 이상익, 「조선 시대의 동몽교재와 도덕교육」, 『동양문화연구』 24, 영산대학교 동양문화연구원, 2016; 최영성, 「『童蒙先習』의 著者에 대한 재론」, 『공자학』 32, 한국공자학회, 2017; 한은수, 「歷史書 教育의 방향과 現在的 示唆: 『童蒙先習』과 『兒戲原覽』을 중심으로」, 『동방한문학』 70, 동방한문학회, 2017.
25) 이응백, 「開化期 以前의 言語·文字 教育의 研究: 특히 基礎 教育 資料의 檢討를 中心으로」, 서울대학교 박사논문, 1974; 허왕욱, 「조선 시대 한자 교재의 구성 방법」, 『한국초등국어교육』 19, 한국초등국어교육학회, 2001; 허재영, 「조선 시대 문자, 어휘 학습 자료에 대하여」, 『한민족문화연구』 26, 한민족문화학회, 2008; 이지영, 「조선 시대 규훈서와 여성의 문자문화」, 『여성문학연구』 28, 한국여성문학학회, 2012; 정재철, 「초중고 한문 학습 자전의 현황과 편찬 방안: 자전류의 역사와 한문 학습 자전의 필요성」, 『한문교육연구』 41, 한국한문교

사회 문화적 특징에 대해 다루었으며, '문자 학습 자료'를 유형별로 분류하고 나아가 지식 교류 차원으로서 갖는 의미에 대해 조명하고 있어 조선시대 지식 사회의 형성과 지식 유통에 대한 새로운 시각을 제시하였다는 의의를 갖는다.

(2) 『소학(小學)』에 관한 연구

주희의 『소학』에 관한 선행 연구에 대해 살펴보면 역사·철학·서지학·교육학·국어학 등 다양한 분야에서 검토가 이루어졌음을 확인할 수 있다. 먼저 김약슬(1969)의 연구를 시작으로 『소학』의 유입과 학문으로서의 위치에 관하여 전반적으로 다룬 연구들이 있다.[26] 이 연구들을 통해 『소학』과 관련 소학류의 목록이 제시되면서 연구의 기초가 마련되었고, 『소학』이 편찬된 이유와 유포 양상, 그리고 이에 관한 이론적 담론을 다루고 있다.

두 번째로 『소학』에 관한 연구는 대체로 『소학』의 정신과 원리에 대한 해명을 기반으로 하여 이 책이 조선에서 주목받고 보급되는 과

육학회, 2013; 신용권, 「조선 후기의 漢語 학습서와 훈민정음의 사용」(특집: 조선후기 言語·文字 연구와 지식 교류), 『한국실학연구』 29, 한국실학회, 2015; 양원석, 「小學과 『說文解字』 연구를 통해 본 조선 후기 한자학」(특집: 조선후기 언어·문자 연구와 지식 교류), 『한국실학연구』 29, 한국실학회, 2015; 심경호, 「조선 시대 지식정보 휘집 편찬물의 연구를 위한 초보적 탐색」, 『한국사상사학』 59, 한국사상사학회, 2018.

26) 김약슬, 「小學書 및 小學에 對하여」, 1969; 김항수, 「조선 전기 三綱行實圖와 小學의 편찬」, 『한국사상과 문화』 19, 한국사상문화학회, 2003; 박순남, 「高麗末 知識人의 『小學』 受容에 관하여」, 『동양한문학연구』 17, 동양한문학회, 2003; 윤인숙, 「朝鮮初期 『小學』 수용과 인식의 변화」, 『동양고전연구』 20, 동양고전학회, 2004; 진원, 「『小學』의 편찬 이유와 이론적 입장」, 『한국학논집』 49, 계명대학교 한국학연구소, 2012; 진원, 「『小學』의 구성내용으로 본 주자학의 소학론」, 『한국학연구』 37, 인하대학교 한국학연구소, 2015; 천위안, 「『小學』의 유포 양상: 한국과 중국의 경우를 중심으로」, 『아시아문화연구』 37, 가천대학교 아시아문화연구소, 2015; 이남희, 「세종시대 『소학』의 보급·장려와 그 역사적 함의」, 『원광대학교 인문학연구소 논문집』 19, 원광대학교인문학연구소, 2018.

정을 교육사의 관점에서 바라본 연구이다.27) 『소학』은 주자학 체계 안에서 학문의 기초를 이루는 교재였고, 『소학』의 교육사적 연구 역시 교육 교재로서의 『소학』의 의미와 『소학』 교육의 특징, 나아가 여러 지역과 계층에서 『소학』을 어떻게 받아들이고 교육했는지 등을 주목하여 조선시대의 기초 교재로서의 『소학』이 갖는 교육사적 의미를 부각시키고 있다.

세 번째로 『소학』의 관련 주석서와 언해서 등의 검토를 통해 언어의 변화 과정을 살핀 연구들이다.28) 『소학』은 아동을 위한 교재라고 하

27) 김동인, 「아동용 교재로서의 『孝經』과 『小學』」, 『교육사학연구』 3, 교육사학회, 1990; 이춘호, 「朝鮮朝 前期의 「小學」 敎育에 關한 硏究」, 『한자한문교육』 4, 한국한자한문교육학회, 1998; 김창욱, 「조선 시대 『소학』과 그 교육적 가치」, 『교육사상연구』 8, 한국교육사상연구회, 1999; 정연봉, 「朱子 『小學』의 人性敎育論과 그 主體的 受容에 관한 硏究: 茶山과 進溪의 『小學』 硏究에 주목함」, 『동양고전연구』 11, 동양고전학회, 1998; 최광남, 「유학 교육에서의 『소학』의 위상」, 『교육사학연구』 9, 교육사학회, 1999; 조현규, 「주희 『소학』의 교육철학적 의미」, 『교육철학』 18, 한국교육철학회, 2000; 김병희, 「『소학』 공부와 『대학』 공부: 유학의 인성교육론」, 『교육철학』 19, 한국교육철학회, 2001; 오세근, 「현대 교육 위기에 대응하는 교육 개혁 시각 정립을 위한 연구: 『소학』을 중심으로」, 『동양사회사상』 4, 동양사회사상학회, 2001; 유점숙, 「『소학』을 통해서 본 傳統社會 兒童의 容儀敎育」, 『퇴계학논집』 109, 퇴계학연구원, 2001; 황금중, 「性理學에서의 小學·大學 교육과정론」, 『한국사상과 문화』 17, 한국사상문화학회, 2002; 신동은, 「『小學』의 교육적 원리 연구」, 『교육철학』 31, 한국교육철학회, 2004; 윤정, 「肅宗~英祖 대의 세자교육과 『小學』」, 『奎章閣』 27, 규장각, 2004; 조현규, 「『小學』의 道德敎育書로서의 문제점과 한계」, 『교육철학』 28, 한국교육철학회, 2005; 이정민, 「영조의 『소학』 교육 강화와 지향」, 『조선 시대 문화사(상): 문물의 정비와 왕실문화』, 일지사, 2007; 이상호, 「영남학파의 『소학』 중시가 가진 철학적 특징과 교육적 함의」, 『국학연구』 18, 한국국학진흥원, 2011.

28) 이기문, 「소학언해에 대하여」, 『한글』 127, 한글학회, 1960; 이승녕, 「小學諺解의 戊寅本과 校正廳本의 比較研究」, 『진단학보』 36, 진단학회, 1973; 오삭란, 「『번역소학』 小考」, 『새국어교육』 41, 한국국어교육학회, 1985; 남성우, 「飜譯小學 卷六과 小學諺解 卷五의 飜譯」, 『구결연구』 2, 구결학회, 1997; 허재영, 「『번역소학』과 『소학언해』 비교 연구」, 『국어교육』 97, 한국어교육학회, 1998; 김형배, 「16세기 말기 국어의 사동사 파생과 사동사의 변화: 『소학 언해』를 중심으로」, 『한글』 243, 한글학회, 1999; 김주원, 「『어제소학언해』(1744)를 둘러싼 몇 문제」, 『국어사자료연구』 창간호, 국어사연구, 2000; 김주원, 「『소학언해』 연구: 17세기 후기 간본을 중심으로」, 『국어학』 37, 국어연구, 2001; 김주원, 「小學集註(滿文)와 飜譯小學(滿文) 研究」, 『알타이학보』 12, 한국알타이학회, 2002; 박형우, 「『번역소학』과 『소학언해』에 나타난 부정문의 비교 연구」, 『한민족어문학』 44, 한민족어문학회, 2004; 홍윤

지만 여러 경전과 역사서 등에서 발췌한 글이었고, 한문으로 만들어
졌기 때문에 이해를 위한 주석서와 한글 번역서가 필요했다. 『소학』
의 주석서와 언해서에 관한 연구는 관련 자료들의 기초 조사와 시대
별, 지역별로 상이한 자료들의 비교 분석, 문법적 해석 등을 통해 『소
학』이 가지는 국어사적 의미를 밝히고 있으며, 16세기 이후 한글과
한글 문법의 변화가 어떻게 일어나고 있는지 구체적인 예시를 들어
설명하고 있다.

마지막으로 조선 후기 『소학』 보급에 따른 사회 변화와 주자학을
중심으로 한 사회·사상사의 변천을 살피고 이에 대한 종합적인 해석
을 다룬 연구들이 있다.29) 유교 중심의 조선사회에서 특히 『소학』은

표, 「近代國語의 省劃吐: 『小學諸家集註』의 소개」, 『한국어학』 21, 한국어학회, 2003; 박형
우, 「『번역소학』의 부정문 연구」, 『청람어문교육』 30, 청람어문교육학회, 2005; 윤용선,
「『소학언해』의 구결체계에 대한 검토」, 『진단학보』 102, 진단학회, 2006; 정혜린, 「『번역소
학』과 『소학언해』의 구문 번역양상연구: 한문 원문의 'V1V2' 구성을 중심으로」, 서울대학
교 석사논문, 2009; 신정엽, 「조선 시대 간행된 소학 언해본 연구」, 『서지학연구』 44, 한국서
지학회, 2009; 김차균, 「중세 국어와 창원 방언 성조의 비교: 『훈민정음』(해례)과 『소학언
해』(범례)의 방점 자료에 바탕을 두고」, 『한글』 290, 한글학회, 2010; 김차균, 「중고한음
성조와 『소학언해』에 나타난 우리말 한자 형태소 성조의 비교」, 『한글』 297, 한글학회,
2012; 박순남, 「好古窩 柳徽文의 『小學章句』 분석」, 『동양한문학연구』 34, 동양한문학회,
2012; 이영경, 「조선 후기 『소학』 언해의 활용과 보급에 대한 국어학적 연구」, 『진단학보』
120, 진단학회, 2014; 김세진, 「『번역소학』과 『소학언해』에 나타난 우리말 한자 형태소
성조 대응의 양상」, 『한글』 310, 한글학회, 2015; 박순남, 「『소학장구』의 주석 방식에 관한
연구」, 『동양한문학연구』 40, 동양한문학회, 2015; 장충덕, 「『번역소학』의 종결어미 고찰」,
『언어학연구』 34, 한국중원언어학회, 2015; 조현진, 「번역 대비를 통한 『飜譯小學』과 『小學
諺解』의 意譯과 直譯 연구: 名詞類의 意譯과 直譯을 중심으로」, 『언어와 언어학』 67, 한국외
국어대학교 언어연구소, 2015; 조현진, 「번역소학과 소학언해 연구」, 박이정, 2015; 정수현,
「『번역소학』, 『소학언해』 비교 연구」, 『영주어문학회지』 37, 영주어문학회, 2017; 하성금,
「직역체 언해자료에 나타난 한문문법 영향 고찰: 『소학언해』의 명사화 어미 '-ㅁ/음'의
사용을 중심으로」, 『한중인문학연구』 57, 한중인문학회, 2017; 김경남, 「조선 시대 『소학』
주석사에서의 『소학질서』의 위상」, 『인문연구』 84, 영남대학교 인문과학연구소, 2018; 이
규필, 「번역소학과 소학언해 현토의 변개 양상과 의미」, 『한문학보』 39, 우리한문학회,
2018; 이영경, 「『小學』의 학습과 朝鮮의 다이글로시아: 조선 후기 『小學諺解』의 상이한
두 필사본을 중심으로」, 『어문연구』 46, 한국어문교육연구회, 2018.
29) 김준석, 「조선전기의 사회사상: 『小學』의 사회적 기능 분석을 중심으로」, 『동방학지』 29,

조선 유학의 도통(道統)을 이어 주는 기본 자료였다. 특히 주자가 『소학』에 담아낸 도덕적 가치관을 실현하기 위해 『소학』을 어떻게 활용하였는지, 중앙에 관직으로 나아가 어떻게 『소학』을 정치 차원에서 수행하였는지에 대해 다각도로 구명하고 있다. 이들 연구는 『소학』을 구심점으로 한 조선 사회의 지식인 네트워크 형성과 조선 사회 전체에 갖는 파급력에 대해 주목하고 있다.

(3) DB 구축 사례

소학·문자 학습 자료와 관련한 사업으로는 2014년부터 2017년까지 약 3년간 경성대학교에서 진행된 "한국 근대 시기 한자자전(옥편)의 정본화와 데이터베이스 구축"이 있다. 경성대학교에서는 이 사업을 통해 1894~1945년 한국에서 출판되고 한국인이 편찬한 한국어로 음

연세대학교 국학연구원, 1981; 윤병희, 「조선 朝鮮 中宗朝 士風과 『小學』」, 『역사학보』 103, 역사학회, 1984; 김기현, 「儒家의 倫理構造分析: 「小學」을 中心으로」, 『민족문화논총』 19, 고려대학교 민족문화연구원, 1986; 금장태, 「『小學圖』와 退溪의 도덕적 실천정신」, 『퇴계학논집』 104, 퇴계학연구원, 1999; 노관범, 「19세기 후반 淸道 지역 南人學者의 학문과 『小學』의 대중화: 진계 박재형의 『해동속소학』을 중심으로」, 『한국학보』 27, 일지사, 2001; 정호훈, 「조선후기 『小學』 간행의 추이와 그 성격」, 『한국사학보』 29, 고려사학회, 2008; 정호훈, 「16~17세기 『小學集註』의 成立과 刊行」, 『한국문화』 47, 규장각한국학연구소, 2009; 윤인숙, 「『小學』의 성격과 정치론, 그 적용: 조선전기 사림파의 정치이론과 적용」, 『사림』 35, 수선사학회, 2010; 박홍규·송재혁, 「세종과 『小學』: 民風과 士風의 교화」, 『대한정치학회보』 20, 대한정치학회, 2012; 이정민A, 「조선 시대의 『小學』 이해 연구」, 서울대학교 박사논문, 2013; 정호훈, 『조선의 『소학』: 주석과 번역』, 소명출판, 2014; 이정민A, 「18세기 『소학』류 서적의 새로운 양상: 『大東小學』과 『東賢學則』에 대한 검토」, 『한국문화』 71, 규장각 한국학연구소, 2015; 윤인숙, 『조선 전기의 사림과 소학』, 역사비평사, 2016; 이정민A, 「박세채의 『소학』 이해 연구: 『讀書記』에 대한 검토를 중심으로」, 『한국사상사학』 52, 한국사상사학회, 2016; 정출헌, 「『小學』을 통해 읽는 유교문명의 완성과 해체: 『小學集註』, 『海東續小學』, 그리고 『小學讀本』을 중심으로」, 『율곡사상연구』 33, 율곡연구원, 2016; 정호훈, 「조선후기 『소학』의 磁場과 變容: 『小學枝言』, 『士小節』을 중심으로」, 『동방학지』 174, 연세대학교 국학연구원, 2016.

훈(音訓)된 대표적 한자자전을 대상으로 해제와 정본화 사업을 진행하였으며, 연구용으로 활용할 수 있도록 자료들에 대해 주요 속성을 부여한 데이터베이스를 구축하여 통합 검색 시스템을 개발하는 사업을 추진하였다.

　이상 소학·문자 학습 자료에 대한 그동안의 연구 성과를 살펴보았다. 소학·문자 학습 자료는 조선의 사상사·학술사에서 기본을 이루는 교재로서 조선의 지식 사회를 이끄는 선두에 위치하고 있었기 때문에 언어학·문자학·역사학·교육학 등 다양한 분야에서 오랜 기간 연구가 진행되었다. 그러나 소학·문자 학습에 관한 자료를 종합적으로 검토한 연구는 아직 부족한 실정이다. 또한 규장각과 장서각에서 소학류에 대한 정리는 진행되었지만 조선시대의 소학·문자 학습 자료에 대한 전체를 파악하기 위해서는 두 기관뿐만 아니라 다른 기관에서 소장하고 있는 자료들을 포함한 데이터베이스 작업이 반드시 진행되어야 한다.

　조선시대의 소학·문자 학습 자료는 조선의 지식 기반을 형성하는 기본 학습서였다. 조선의 지식인들은 과거 급제를 위해, 또는 교양을 위해 소학을 공부하는 것은 필수 과정이었기 때문이다. 이와 같은 조선의 지식 사회를 이해하기 위해서는 소학·문자 학습 자료에 대한 데이터베이스 작업이 선행되어야 한다. 특히 문자 학습 자료는 지식을 습득하기 위한 기초 교육 자료로서 당시의 교육 제도와 사회의 교육적 가치를 알 수 있는 주요 지표이면서 성리학 중심의 조선시대 지식의 내용적 기반과 사회가 요구하는 지식인의 목표를 확인할 수 있는 중요한 자료이기 때문이다. 이처럼 소학·문자 학습 자료에 대한 데이터베이스 구축은 조선의 지식 지형도의 파악과 함께 지식인들에

대한 이해, 나아가 지식 사회의 형성과 발전 등에 대한 다각적 연구를
위한 기본 자료로서 활용될 수 있을 것이다.

2) 중국

청대의 『사고전서(四庫全書)』는 소학 서적을 훈고, 자서, 운서 세 가
지로 구분하고 있다. 본 아카이브 구축 목록 작업을 『중국고적선본목
록(中國古籍善本目錄)』 「경부(經部)」[30] 가운데 소학 서적 목록에 따라
정리하였다. 『사고전서』는 내용별로 경, 사, 자, 집 네 부분으로 나누
어지며, 부에는 유종이 있고 유종에는 유속이 있다. 『사고전서』는 총
4부 44종 66속이다. 이 중에 경부는 유가 '13경(十三經)' 및 관련 저서를
수록하고 있으며, 역류(易類)·서류(書類)·시류(詩類)·예류(禮類)·춘추류
(春秋類)·효경류(孝經類)·오경총의류(五經總義類)·사서류(四書類)·악류
(樂類)·소학류(小學類) 등 10가지 포함되어 있다. 소학은 그 중에 속하
며 훈고와 자서, 그리고 운서 세 가지로 구분하고 있다. 중국에는 소학
의 훈고, 자서, 운서에 관한 연구가 다방면에서 진행되었으나, 관련
데이터베이스 구축은 이루어지지 못하였다.

(1) 훈고학 연구

훈고학(訓詁學)에 관한 선행 연구를 살펴보도록 하겠다. 훈고학은
한문 고적을 해석하는 방법으로서 종합적인 응용 학문이다. 한문 고
적을 해석하는 것은 모두 낱말과 구절로부터 시작하여 최종 목적은

---

30) 『中國古籍善本目錄·經部』, 上海: 上海古籍出版社, 1985.

문장의 의미를 밝혀내는 것이다. 훈고학은 중국 언어학·어문학의 한 분야로서, 주로 자형과 자음을 통해 문자의 의미를 해석하는 종합적인 학문이다. 훈고학은 고대 어휘의 의미 연구에 중점을 두는데, 특히 한위대(漢魏代, 위진남북조 초기) 이전의 고서에 나타난 어의·문법·수사 등 어문 현상을 중점적으로 연구한다. 그러나 어의학과 완전히 일치하지는 않는다.

훈고학은 중국의 고서에 나타난 어의를 연구하는 전통적인 학문이자 중국 전통 어문학인 소학의 한 분야이다. 훈고학은 고대 어의를 해석하는 동시에 고대 서적의 어법과 수사 현상도 분석한다. 언어의 측면에서 고대 문헌을 연구하고 고전 문헌을 읽는 데 도움을 주는 것이다. 훈고학은 광의와 협의로 나눌 수 있다. 넓은 의미의 훈고학은 음운학과 문자학을 포함한다. 좁은 의미의 훈고학은 단지 소학 중의 음운과 문자에 대응되는 학문이다. 어떤 사람들은 훈고학을 신(新), 구(舊) 두 종류로 분류하기도 한다.

훈고학의 가장 주된 연구대상은 한위 시대 이전 고서의 문자이다. 훈고학 서적은 두 종류가 있다.

한 종류는 전문적으로 어떤 중요한 책을 주소(注疏)하기 위하여 축자식(逐字式)으로 전체 의미를 해석한 것이다. 예컨대 『논어주소(論語注疏)』·『모시주소(毛詩注疏)』·『한비자집해(韓非子集解)』 등이 있다.

다른 한 종류는 단순히 고대 어휘를 해석한 것으로, 고대 어휘를 수집하여 종류별로 주석한 서적이다. 예를 들어 『이아(爾雅)』·『설문해자(說文解字)』·『방언(方言)』 등이 있다.

이외에도 『방언소증(方言疏證)』 등과 같이 후대에 훈고학의 서적에 대해 보충·고증·해석한 서적이 있다. 훈고학 연구의 대표적인 인물로는 동진시대의 곽박(郭璞), 남조의 고야왕(顧野王), 당대의 공영달(孔穎

達)이 있다. 청대에는 단옥재(段玉裁)·대진(戴震)·왕염손(王念孫)·왕인지(王引之) 등의 학자들이 나타나며 건가학파(乾嘉學派)가 형성되었다. 근대부터 현재까지는 장태염(章太炎)·황간(黃侃)·육종달(陸宗達)·왕녕(王寧)·은맹륜(殷孟倫)·허가로(許嘉璐) 등의 학자들이 있다.

이화(李華, 2015)의『2013年訓詁學研究綜述』은 최근 몇 년의 중국 훈고학 연구를 성과별로 대략적으로 요약하고, 각 학자의 연구 특징을 서술하였다. 이 논문은 최근 몇 년간의 연구 성과를 5가지로 분류하였는데 다음과 같다.

첫 번째는 훈고 전문 저서의 체계적인 연구이다. 이는 전문 저서 훈고 연구, 전문 저서 훈고 논평, 전문 저서 훈고 비교 연구 세 가지가 포함되어 있으며, 논문에서『맹자집주(孟子集注)』,『단옥재주(段玉裁注)』,『논어(論語)』등과 같은 훈고 전문 저서에 대한 연구 결과가 자세히 열거되어 있다.[31]

두 번째는 훈고분류 연구이다. 이는 훈고내용 연구, 혼고방법 연구, 훈고특징 연구, 훈고성취 연구 4가지로 나누며 훈고의 내용·방법·특징·성취 4개 방면의 연구 성과를 정리하고 서술하였다.[32]

---

31) 袁麗平,「段玉裁『詩經小學』訓詁研究」, 揚州大學 석사논문, 2013; 連雪,「〈史記集解〉訓詁研究」,『教育教學論壇』13, 2013; 陶廣學,「孔穎達『禮記正義』研究」, 揚州大學 박사논문, 2013; 馬艶,「『國語』正文訓詁研究」, 渤海大學 석사논문, 2013; 賀鵬,「朱熹『楚辭集注』訓詁研究」, 遼寧師範大學 석사논문, 2013; 李玉萍,「於省吾『澤螺居詩經新證』研究」, 吉首大學 석사논문, 2013; 劉香琴,「『新語校注』訓詁研究」, 西北師範大學 석사논문, 2013; 翟迪,「王先謙『漢書補注』訓詁研究」, 渤海大學 석사논문, 2013; 李彩,「朱熹『孟子集注』訓詁研究」, 閩南師範大學 석사논문, 2013; 趙雪,「『潛夫論箋校正』訓詁研究」, 西北師範大學 석사논문, 2013; 劉清,「『爾雅新義』訓詁研究」, 湖南師範大學 석사논문, 2013; 張西焱,「邵晉涵『爾雅正義』研究」, 南昌大學 석사논문, 2013; 牛國華,「段玉裁注『論語』述評」, 遼寧師範大學 석사논문, 2013; 胡俊佳,「陳鼓應『莊子今注今譯』訓詁平議」, 杭州師範大學 석사논문, 2013; 張靜虹,「『莊子』郭慶藩『集釋』與王先謙『集解』比較研究」, 暨南大學 박사논문, 2013; 文娟,「『論語集解』四家注訓詁比較與分析」, 閩南師範大學 석사논문, 2013.

32) 龍向平,「『史記索隱』訓詁內容研究」, 西南大學 석사논문, 2013; 周樺森,「『毛詩正義』訓詁方法研究」, 北方民族大學 석사논문, 2013; 冷宇飛,「沈家本『曆代刑法考』的訓詁特色」, 渤海大學

세 번째는 훈고이론 연구와 훈고 논문집의 편집이다. 이는 훈고이론 연구의 심화와 훈고 논문집의 편찬 두 가지 측면을 포함한다. 그 중에 송영배(宋永培)의 『『說文』與訓詁研究論集』에서는 저자의 훈고학 연구이론과 실천에 관한 여러 논문이 모여 있으며, 훈고학사, 훈고학 방법론, 현대훈고학 연구이론과 실천 등의 훈고학 연구의 많은 측면을 담고 있어 주목할 가치가 있다. 33)

네 번째는 어휘의 훈고 고증·해석 연구이다. 이는 전문 저서, 전문 어휘의 훈고 고증·해석 연구와 개별 어휘의 훈고 고증·해석 연구 두 가지로 나눠 소학 고적에 나타내는 어휘에 대해 심화 연구를 하였다.34)

다섯 번째는 어휘에 기초하는 훈고내용 연구 및 훈고실천의 사용이다. 이는 전문 저서 어휘 연구, 어휘 연구와 사전 편찬, 일반 어휘의 통시적인 변천 연구의 세 가지 측면을 포함한다. 그 중에서 사전 편찬에 대한 연구는 높은 가치가 있다고 볼 수 있다.35)

석사논문, 2013; 陸野, 「朱熹『論語集注』之訓詁成就」, 遼寧師範大學 석사논문, 2013.

33) 周大璞, 『訓詁學要略』, 武漢: 湖北人民出版社, 1980, 1984; 許威漢, 『訓詁學導論』, 北京: 北京大學出版社, 2003; 左林霞, 「反訓性質探究」, 『湖北第二師範學院學報』 12, 2013; 郭向敏, 「從訓詁學透析一種文化現象」, 『語文建設』 11, 2013; 宋永培, 「『說文』與訓詁研究論集」, 商務印書館, 2013.

34) 周學峰, 「道教科儀經籍疑難語詞考釋」, 南開大學 박사논문, 2013; 文俊威, 「『型世言』語詞考釋」, 江西師範大學 석사논문, 2013; 周密, 「『忠烈俠義傳』語詞考釋」, 江西師範大學 석사논문, 2013; 陳琳, 「"黨""懂"之知曉義考」, 『現代語文』 12, 2013; 柳建鈺, 「『類篇』疑難字考辨五則」, 『寧夏大學學報』 01, 2013; 曾優, 「『論語·裏仁』篇疑難詞語劄記」, 『湖北師範學院學報』 01, 2013; 譚步雲, 「古文字考釋三則: 釋狐, 釋夒, 釋歙」, 『中山大學學報』 06, 2013.

35) 杜夢鄉, 「『小孫屠』詞彙研究」, 四川外國語大學 석사논문, 2013; 秦潔, 「敦煌三卷本『王梵志詩集』詞彙研究」, 揚州大學 석사논문, 2013; 劉學娟, 「『邵氏聞見錄』詞彙研究」, 吉首大學 석사논문, 2013; 馮翠, 「『妙法蓮華經』詞彙研究」, 西北師範大學 석사논문, 2013; 李靜, 「『歸潛志』詞彙研究」, 吉首大學 석사논문, 2013; 高吉利, 「『西廂記』詞彙研究」, 廣州大學 석사논문, 2013; 何璞, 「『訓世評話』詞彙研究」, 四川外國語大學 석사논문, 2013; 李文斌, 「『邵氏聞見錄』的詞彙研究與『漢語大詞典』的修訂」, 湘潭大學 석사논문, 2013; 吳彥君, 「『涑水記聞』的詞彙研究與『漢語大詞典』的修訂」, 湘潭大學 석사논문, 2013; 盧辰亮, 「『癸辛雜識』詞彙研究與『漢語大詞典』修

마지막으로 저자는 최근 몇 년의 훈고학 연구를 총결하고 전망하였다. 연구 내용과 연구 방법 두 가지 방면으로 훈고학 연구의 성과를 요약하며, 앞으로 훈고학 연구가 새로운 방법을 참고하여 연구 범위를 넓히며 더 많은 연구 결과를 얻을 수 있도록 연구해야 한다고 서술하였다.

(2) 자서(字書) 연구

자서는 글자 단위로 한자의 형체, 독음과 의미를 해석하는 책이다. 예를 들어『설문해자(說文解字)』,『옥편(玉篇)』등이 있다. 중국 각 시대에는 자서에 대해 설명하는 바가 있다.『위서(魏書)』「강식전(江式傳)」에서 "그래서 자서를 편찬하여『고금문자(古今文字)』로 호칭하며 총 40권이 있다."[36]라고 했으며, 당대 봉연(封演)의『봉씨견문기(封氏聞見記)』「성운(聲韻)」에서 "안진경(顏眞卿)이『운해경원(韻海鏡源)』을 편찬했으며…먼저『설문(說文)』의 전자를 작성한 다음 금문의 예자를 작성한다. 여전히 다른 자체를 증거로 삼고, 그 다음에는 각 자서를 주로 달고 해석한다."라고 서술한 바 있다.[37] 송대의 정초(鄭樵)는『「通志

訂」, 湘潭大學 석사논문, 2013; 郭曉添,『『野客叢書』的詞彙研究與『漢語大詞典』修訂』, 湘潭大學 석사논문, 2013; 邵彩霞,『『澠水燕談錄』的詞彙研究和『漢語大詞典』的修訂』, 湘潭大學 석사논문, 2013; 王曉婷,「漢語"恐懼"類動詞的歷史演變研究」, 山西大學 석사논문, 2013; 石睿,「"握持類"動詞的歷史演變研究」, 山西大學 석사논문, 2013; 汪彩霞,「"破缺"類詞功能差異及演變研究」, 江西師範大學 석사논문, 2013; 周芮同,「漢語踩踏概念場詞彙系統歷史演變研究」, 四川外國語大學 석사논문, 2013; 王偉靜,「五組漢語常用詞的歷史演變研究」, 廣西民族大學 석사논문, 2013; 賀寧波,「漢語"哭泣"類動詞詞彙系統歷史演變研究」, 四川外國語大學 석사논문, 2013; 謝佳姃,「上古至中古捆綁類詞彙系統演變研究」, 四川外國語大學 석사논문, 2013; 陳瑤,「漢語吃喝類詞語的發展演變」, 陝西師範大學 석사논문, 2013; 康彩雲,「古代契約文書中保人稱謂詞語演變研究」, 陝西師範大學 석사논문, 2013; 黑文婷,「古代契約文書中價值, 價錢類詞語演變研究」, 陝西師範大學 석사논문, 2013.

36)『魏書』卷91,「列傳術藝第七十九·江式傳」. "式於是撰集字書, 號曰『古今文字』, 凡四十卷."

(통지)」총서(總序)』에서 "자서는 안(眼)의 학문이고, 운서는 이(耳)의 학문이다. 안학(眼學)은 모(母)로 주요한 것을 삼고, 이학(耳學)은 자(子)로 주요한 것을 삼는다."[38]라고 서술하였다.

자형연구과 자형에 따라 한자의 발음과 의미를 고증하는 자서는 많으며, 대체로 다음과 같이 5가지로 나눌 수 있다.[39]

① 학동들이 연습하고 읽는 식자서. 이런 책은 한대에 유행했던 이사(李斯) 등이 편찬하는 『창힐편(倉頡篇)』, 사유(史遊)의 『급취편(急就篇)』 등이다. 이런 자서는 사언운어(四言韻語)나 칠언운어(七言韻語)이다. 『창힐편』은 이미 산실되었고, 『급취편』은 지금까지 보존되어 있다.

② 자형의 편방으로 편찬 된 자서. 동한의 허신이 전서(篆書) 형체에 따라 한자를 부수로 나누어 배열하고 『설문해자』를 편찬한 이후로, 이러한 체례를 따른 자서가 많았다. 예를 들어 양대 고야왕의 『옥편(玉篇)』, 송대 사마광(司馬光) 등의 『유편(類篇)』, 명대 매응조(梅膺祚)의 『자휘(字彙)』, 장자열(張自烈)의 『정자통(正字通)』, 청대 관수(官修)의 『강희자전(康熙字典)』 등이 있다.

③ 자체를 교정하는 자서. 당대에는 안원손(顔元孫)의 『간녹자전(幹祿字書)』, 장삼(張參)의 『오경문자(五經文字)』, 당현탁(唐玄度)의 『구경자양(九經字樣)』 등과 같은 자서가 모두 한자 필획의 착오를 교정하는 책이다. 송대에서 장유(張有)의 『복고편(複古編)』, 원대에서 이문중(李文仲)의 『자감(字鑑)』, 명대에서 초횡(焦竑)의 『속서간오(俗書刊

---

37) 『封氏聞見記』 卷2,「聲韻」. "顔眞卿撰『韻海鏡源』…先起『說文』爲篆字, 次作今文隷字, 仍具別體爲證, 然後注以諸家字書解釋."

38) 「通志」總序. "字書眼學, 韻書耳學, 眼學以母爲主, 耳學以子爲主."

39) 百度百科(https://baike.baidu.com/item/%E5%AD%97%E4%B9%A6/1710128?fr=aladdin) 참고.

誤)』등도 이러한 자서이다.

④ 전서·예서·고문자를 집록한 자서. 예를 들어 송대에서 곽충서(郭忠恕)의『한간(汗簡)』, 하송(夏竦)의『고문사성운(古文四聲韻)』, 누기(婁機)의『한예자원(漢隸字源)』등이 있다. 근대에서 용경(容庚)의『금문편(金文編)』, 손해파(孫海波)의『갑골문편(甲骨文編)』, 나진옥(羅振玉)의『비별자(碑別字)』등이 모두 이러한 자서이다.

⑤ 육서(六書)로 문자를 분석하는 자서. 예를 들어 송대에서 정초(鄭樵)의『육서략(六書略)』, 원대에서 대동(戴侗)의『육서고(六書故)』, 양환(楊桓)의『육서통(六書統)』등이 있다.

왕춘화(王春華, 2007)의『中國古代字書綜述』은 중국 고대 사전·자전의 변천과 발전 과정을 회고해 연구자들에게 중국 자서 문헌 연구의 단서를 제공했다. 이 논문은 우선 선진시대 중국 자서의 태초부터 중국 각 시대 자서의 변천과 발전을 상세히 다루며 각 시기의 중요한 자서를 정리했다. 이어서 저자는 통시적인 각도에서『설문해자』,『이아』,『방언』이 3권의 자서가 중국 각 시대에 연구와 발전 상황을 자세히 서술하였으며, 중국 각 시대에서 이 세 권의 저작에 따라 새로 생겨난 자서를 열거하였다. 예를 들면『육서통』,『자휘』,『별아(別雅)』,『통속편(通俗編)』등이 있다. 이 논문은 중국 자서 문헌 연구에 있어서 많은 자료를 제공하였다.

장아초(張亞超, 2017)의『韓國朝鮮時代字書研究綜述』에는 조선시대 대표적인 자서 5권을 소개하였다. 이는『훈몽자회(訓蒙字會)』,『제오유(第五遊)』,『전운옥편(全韻玉篇)』,『자류주석(字類注釋)』,『자전석요(字典釋要)』이다. 이 논문은 체례 및 특징 연구, 음운 연구, 어휘 연구, 다른 판본 비교 연구, 한·중 자서 대비 연구 등의 측면에서 연구 성과를

정리하고 아울러 한·중 학자의 연구 상황을 서술하였다.40)

40) **한국 학자의 연구 성과**: 곽현숙, 「『字類注釋』"異字同訓"現象量化調査與研究」, 『歲月』, 2011; 곽현숙, 「『훈몽자회』와 『자류주석』의 분류항목 비교 분석」, 『中國學』 61, 대한중국학회, 2017; 김근수, 「『訓蒙字會』 異本考」, 『學術院論文集: 人文社會科學篇』 10, 大韓民國學術院, 1971; 김진규, 「『훈몽자회』 중권의 同訓語 연구」, 『韓語文教育』 9, 한국언어문학교육학회, 2001; 김진규, 「『訓蒙字會』 下卷에 나타난 同訓語攷」, 『공주사범대학논문집』 26, 공주사범대학, 1988; 김진규, 「訓蒙字會의 引·凡例 小考; 訓民正音 解例와 訓蒙字會 凡例의 音素排列을 中心으로」, 『공주대학교논문집』 29, 공주대학교, 1991; 김태경, 「『廣韻』의 反切音과 『全韻玉篇』·『三韻聲彙』의 한자음 비교」, 『中國語文學論集』 19, 中國語文學研究會, 2002; 나도원, 「『字典釋要』소字 初探」, 『中語中文學』 54, 韓國中語中文學會, 2013; 나도원, 「『字典釋要』 俗字考」, 『中國文學研究』 53, 韓國中文學會, 2013; 나도원, 「『자전석요』의 '질병' 어휘 연구」, 『中國言語研究』 55, 한국중국언어학회, 2014; 남광우, 「자모 배열에 대하여: 훈몽 자회 범례를 중심으로」, 『한글』 119, 한글학회, 1956; 박병채, 「『訓蒙字會』의 異本間 異音攷」, 『亞細亞研究』 15, 高麗大學校亞細亞問題研究所, 1972; 박병채, 「조선조 초기 국어한자음의 성조고: 훈몽자회의 전승자음을 중심으로」, 『亞細亞研究』 14, 高麗大學校 亞細亞問題研究所, 1971; 박태권, 「『훈몽자회』와 『사성통해』 연구: 표기와 음운의 대조」, 『國語國文學』 21, 부산대학교국어국문학과, 1983; 박태권, 「『훈몽자회』와 『사성통해』 연구(II): 우리말 어휘의 조어법을 중심으로」, 『語文論集』 24~25, 고려대학교국어국문학연구회, 1985; 서수백, 「『字類註釋』의 자석(字釋) 연구: 사전 미등재어를 대상으로」, 『韓民族語文學』 66, 韓民族語文學會, 2014; 서수백, 「『훈몽자회』와 『자전석요』의 한자 자석의 의미정보 수록 양상 비교 연구」, 『語言科學研究』 55, 언어과학회, 2010; 이규갑, 「『제오유』 자형 분석 오류고」, 『中國語文學論集』 56, 中國語文學研究會, 2009; 이규갑, 「『제오유』 초탐」, 『中國語文學論集』 49, 中國語文學研究會, 2008; 이기동, 「전운옥편에 주기된 정속음에 대하여: 전청자의 성모를 중심으로」, 『語文論集』 23, 고려대학교국어국문학연구회, 1982; 이돈주, 「화동정음 통석운고」의 정·속음과 「전운옥편」 한자음의 비교 고찰」, 『한글』 249, 한글학회, 2000; 이돈주, 「韓國漢字音 中 俗音의 正音性에 대하여: 『全韻玉篇』의 정·속음 표시를 대상으로」, 『韓國言語文學』 48, 한국언어문학회, 2002; 이상도, 「訓蒙字會 編纂動機와 特徵」, 『中國學研究』 7, 中國學研究會, 1992; 이순미, 「『訓蒙字會』 '身體' 部의 중국어 어휘 연구」, 『中國學論叢』 63, 中國語文研究會, 2014; 이순미, 「『訓蒙字會』 '人類' 部의 漢語 어휘 연구」, 『中國學論叢』 38, 高麗大學校中國學研究所, 2012; 이을환, 「『훈몽자회』의 의미론적 연구」, 『淑名女子大學校論文集』 23, 淑明女子大學校, 1982; 정성철, 「濟州本『訓蒙字會』的漢字音」, 『韓國文化』, 2000; 하영삼, 「18世紀 朝鮮 字書『第五遊』의 體裁 研究」, 『中國語文學』 60, 嶺南中國語文學會, 2012; 하영삼, 「문화적 관념이 한자 해석에 미치는 원리: 『第五遊』의 字釋을 통해 본 沈有鎮의 政治意識」, 『中國學』 40, 대한중국학회, 2012; 강신항, 『奎章全韻·全韻玉篇』, 박이정, 1993; 김근수, 『訓蒙字會研究』, 청록출판사, 1998; 박성훈, 『訓蒙字會注解』, 태학사, 2013; 곽현숙, 「韓國朝鮮時代『字類注釋』之異字同釋字整理與研究」, 華東師範大學 박사논문, 2013; 이돈주, 「『訓蒙字會』漢字音研究」, 전남대학교 박사논문, 1981.

중국 학자의 연구 성과: 李得春, 「朝鮮曆代漢語研究評價」, 『延邊大學學報』 02, 1984; 李得春, 「朝鮮王朝的漢語研究及其成果」, 『民族語文』 06, 2003; 申龍, 「從『字類注釋』釋文特征看韓國文化」, 『湖北民族學院學報』 06, 2013; 楊瑞芳, 「『字類注釋』釋義特征探析: 以魚鱉類字爲例」, 『中國文字研究』 08, 2013; 王平, 「『字類注釋』發收中國傳統樂器名稱考」, 『漢字研究』, 2016; 王平,

(3) 운서(韻書) 연구

운서는 한자를 자음에 따라 운을 나누어 배열한 책이다. 이런 책은 주로 글자의 정확한 발음을 분별하고 규정하기 위해 만들어진 것으로 음운학 자료의 범위에 속한다. 운서는 글자 의미의 해석과 자형의 기록이 있어서 사서, 자전의 역할도 한다.

중국의 대표적인 운서는 『절운(切韻)』, 『당운(唐韻)』, 『광운(廣韻)』, 『집운(集韻)』, 『예부운략(禮部韻略)』, 『오음집운(五音集韻)』, 『고금운회(古今韻會)』, 『중원음운(中原音韻)』, 『시운(詩韻)』, 『홍무정운(洪武正韻)』 등이 있다. 후대 학자들이 운서에 대한 연구도 이러한 운서에 집중되어 있다.

이봉(李峰, 2000)의 『中國古代韻書綜述』에는 중국 각 시대의 운서 편찬 상황이 자세히 서술하였다. 『절운』, 『광운』, 『집운』, 『홍무정운』 등의 중요한 운서의 편찬 과정과 체례를 구체적으로 서술하며 중국

「『訓蒙字會』俗稱研究」, 『中國文字研究』 08, 2012; 王平, 「基於數據庫的中日韓傳世漢字字典的整理與研究」, 『中國文字研究』 02, 2014; 王平, 「論韓國朝鮮時期漢字字典的整理與研究價值」, 『中國文字研究』 08, 2015; 王平, 「中日韓傳世漢字字典所收籀文比較研究: 以『宋本玉篇』(中)『篆隸萬象名義』(日)『全韻玉篇』(韓)爲中心」, 『中國文字研究』 10, 2014; 王平, 「韓國朝鮮時代『訓蒙字會』與中國古代字書的傳承關系考察: 以『訓蒙字會』地理類收字與『宋本玉篇』比較爲例」, 『中國學』 32, 2009; 王平, 「韓國朝鮮時代小學類文獻的數字化整理與價值」, 『漢字研究』 06, 2012; 黃卓明, 「朝鮮時代漢字學文獻『第五遊』發微」, 『河南師範大學學報』 04, 2013; 康寔鎭, 『『華東正音通釋韻考』整理與研究』, 『域外漢字傳播書系韓國卷』, 上海人民出版社, 2012; 李建廷, 『蒙求字書整理與研究』, 『域外漢字傳播書系韓國卷』, 上海人民出版社, 2012; 李德春, 『漢朝語言文字關系史』, 東北朝鮮民族教育出版社, 1992; 王平, 邢慎寶, 『『全韻玉篇』整理與研究』, 上海人民出版社, 2013; 王平, (韓)河永三, 『域外漢字傳播書系韓國卷』, 上海人民出版社, 2012; 河永三, 「『字類注釋』整理與研究」, 『域外漢字傳播書系韓國卷』, 上海人民出版社, 2012; 河永三, 『『第五遊』整理與研究』, 『域外漢字傳播書系韓國卷』, 上海人民出版社, 2012; 袁曉飛, 「『第五遊』研究」, 華東師範大學 석사논문, 2013; 邢慎寶, 「『全韻玉篇』與宋本『玉篇』比較研究: 以『全韻玉篇』"同"字研究爲例」, 華東師範大學 석사논문, 2010; 郭剛, 「『訓蒙字會』俗呼研究」, 廈門大學 박사논문, 2009; 文准彗, 「『說文解字翼徵』整理與研究」, 華東師範大學 박사논문, 2004.

운서의 발전 과정을 정리했다.

풍증(馮蒸, 2007)의 『漢語音韻學必讀與必備書目述要』는 중국어 음운학 필독 서적 목록과 중국어 음운학 필수 서적 목록 두 가지 측면에서 중국 음운학 연구의 중요 서적 목록을 전반적으로 열거하고 있다. 필독 서적 목록은 통론, 중고음, 상고음, 근대음, 운학 방법론 그리고 일반음성학과 음운학, 역사언어학, 한어방언학, 한·장(漢藏)비교 언어학 등 여러 방면을 포함하며 논문에서 54권의 음운학 연구 서적을 나열하고 해제하였다.[41] 음운학 필수 서적 목록은 운서와 운도, 고음

41) 董同龢,『漢語音韻學』, 北京: 中華書局, 2004; 唐作藩,『音韻學教程』(第三版), 北京: 北京大學出版社, 2002; 馮蒸,「漢語音韻學應記誦基礎内容總覽」, 連載於『漢字文化』2001年 第2期, 2004年 第4期, 2005年 第1期和, 2005年 第3期; 張世祿,『中國音韻學史』, 上海: 上海書店, 1984; 北京: 商務印書館, 1998; 王立達編譯,『漢語研究小史』, 北京: 商務印書館, 1959; 楊劍橋,『漢語現代音韻學』, 上海: 複旦大學出版社, 1996; [瑞典]高本漢,『中國音韻學研究』, 趙元任, 羅常培, 李方桂譯, 北京: 商務印書館, 1995; 北京: 清華大學出版社, 2007; 李榮,『切韻音系』, 北京: 科學出版社, 1956; 邵榮芬,『切韻研究』, 北京: 中國社會科學出版社, 1982; 【清】陳澧,『切韻考(附外篇)』, 北京: 北京市中國書店出版, 1984; 【清】陳澧,『切韻考(附音學論著三種)』, 羅偉豪點校, 廣州: 廣東高等教育出版社, 2004; 周祖謨,『陳澧切韻考辨誤』, 載『問學集』(下), 北京: 中華書局, 2004; 方孝嶽編,『廣韻韻圖』, 北京: 中華書局, 1988; 丁聲樹, 李榮,『漢語音韻講義』, 上海: 上海教育出版社, 1984; 馮蒸,「論『切韻』的分韻原則: 按主要元音和韻尾分韻, 不按介音分韻」, 載『語言研究』1998年 增刊; 又見『馮蒸音韻論集』, 北京: 學苑出版社, 2006年 6月 第一版; 王力,『漢語史稿』(上册), 北京: 中華書局, 1980; (上, 中, 下合訂本)1994; 王力,「先秦古韻擬測問題」,『王力文集』第17卷, 濟南: 山東教育出版社, 1990; 李方桂,『上古音研究』, 北京: 商務印書館, 1980; [美]包擬古,『原始漢語與漢藏語』, 潘悟雲, 馮蒸譯, 北京: 中華書局, 1995; 龔煌城,『漢藏語研究論文集』, 北京: 北京大學出版社, 2004; 鄭張尚芳,『上古音系』, 上海: 上海教育出版社, 2003; 馮蒸,「論漢語上古聲母研究中的考古派與審音派」, 載『漢字文化』1998年 2期; 又見『馮蒸音韻論集』, 北京: 學苑出版社, 2006年 6月 第一版; 馮蒸,「王力, 李方桂漢語上古音韻部構擬體系中的"重韻"考論: 兼論上古音冬部不宜並入侵部和去聲韻"至隊祭"三部獨立說」, 見『馮蒸音韻論集』, 北京: 學苑出版社, 2006年6月第一版; 王力,『詩經韻讀』, 上海: 上海古籍出版社, 1980; 陸志韋,『陸志韋近代漢語音韻論集』, 北京: 商務印書館, 1988; 寧繼福,『中原音韻表稿』, 長春: 吉林文史出版社, 1985; 楊耐思,『中原音韻音系』, 北京: 中國社會科學出版社, 1981; 邵榮芬,『中原雅音研究』, 濟南: 山東人民出版社, 1981; 李新魁,『漢語等韻學』, 北京: 中華書局, 1986; 趙蔭棠,『等韻源流』, 北京: 商務印書館, 1957; 馮蒸,「趙蔭棠音韻學藏書台北目睹記: 兼論現存的等韻學古籍」, 載(1)『漢字文化』1996年 第4期; (2)人大複刊報刊資料H1,『語言文字學』1997年 3期; (3)『漢語音韻學論文集』, 馮蒸著, 北京: 首都師範大學出版社, 1997; 耿振生,『明清等韻學通論』, 北京: 語文出版社, 1992; 蔣紹愚,『近代漢語研究概要』, 北京: 北京大學出版社, 2005;

수첩과 방언음자 통계, 사서, 목차, 색인, 자서와 논문집을 포함하며
논문에서 30권의 연구 서적을 나열하고 해제하였다.42)

馮蒸, 「漢語音韻研究方法論」, 原載『語言教學與研究』1989年 3期; 又見『馮蒸音韻論集』, 北京: 學苑出版社, 2006年 6月 第一版; 馮蒸, 「高本漢, 董同龢, 王力, 李方桂擬測漢語中古和上古元音系統方法管窺: 元音類型說」, 載『首都師範大學學報』(社會科學版) 2004年 5期; 又見『馮蒸音韻論集』, 北京: 學苑出版社, 2006年; 馮蒸, 「大匠示人以規矩: 從王靜如先生教我音韻學看王先生的治學方法」, 載『馮蒸音韻論集』, 北京: 學苑出版社, 2006年 6月 第一版; 邵榮芬, 「我和音韻學研究」, 載『學林春秋』二編上冊, 北京: 朝華出版社, 1999; 羅常培, 王均, 『普通語音學綱要』(修訂本), 北京: 商務印書館, 2004; 林燾, 王理嘉, 『語音學教程』, 北京: 北京大學出版社, 1992; 王理嘉, 『音系學基礎』, 北京: 語文出版社, 1992; 郭錦桴, 『綜合語音學』, 福州: 福建人民出版社, 1993; 岑麒祥, 『歷史比較語言學講話』, 武漢: 湖北人民出版社, 1981; 徐通鏘, 『歷史語言學』, 北京: 商務印書館, 1991; A; B; 捷斯尼切卡婭, 「印歐語親屬關系研究中的問題」, 勞允棟譯, 岑麒祥校訂, 北京: 科學出版社, 1960; Fox, Anthony: Linguistic Reconstruction: An Introduction to Theoryand Method; Oxford: Oxford University Press, 1995; [法]梅耶, 『歷史語言學中的比較方法』, 岑麒祥譯, (1)北京: 科學出版社, 1957; (2)『國外語言學論文選譯』, 北京: 語文出版社, 1992; 吳安其, 『歷史語言學』, 上海: 上海教育出版社, 2006; 袁家驊等, 『漢語方言概要』, 北京: 文字改革出版社, 1989; [瑞典]高本漢, 『中國音韻學研究』, 趙元任, 羅常培, 李方桂譯, 北京: 商務印書館, 1995; 北京: 淸華大學出版社, 2007; 侯精一主編, 『現代漢語方言槪論』, 上海: 上海教育出版社, 2002; 遊汝傑, 『漢語方言學教程』, 上海: 上海教育出版社, 2004; 李如龍, 『漢語方言學』, 北京: 高等教育出版社, 2001; 馬學良主編, 『漢藏語概論』, 北京: 民族出版社, 2003; [美]白保羅, 『漢藏語概要』, 羅美珍, 樂賽月翻譯, 北京: 中國社會科學院民族研究所印, 1984.

42) 【宋】陳彭年, 『宋本廣韻』, 北京: 北京市中國書店, 1982; 周祖謨撰, 『廣韻校本』, 北京: 中華書局, 1988; 『宋本廣韻·永祿本韻鏡』, 江蘇敎育出版社, 2005; 餘迺永校注, 『新校互注宋本廣韻』, 上海: 上海辭書出版社, 2000; 【淸】梁僧寶, 『四聲韻譜』(上, 下), 北京: 古籍出版社, 1955; 沈兼士主編, 『廣韻聲系』, 北京: 中華書局, 1985; 【宋】丁度等, 『宋刻集韻』, 北京: 中華書局, 1989; 李新魁, 『韻鏡校證』, 北京: 中華書局, 1982; 【唐】陸德明, 『經典釋文』, 北京: 中華書局, 1984; 【宋】司馬光撰, 『宋本切韻指掌圖』, 北京: 中華書局, 1986; 【元】周德淸, 『中原音韻』, 中國古典戲曲論著集成(一), 北京: 中國戲劇出版社, 1959年7月第1版; 照那斯圖, 楊耐思, 『蒙古字韻校本』, 北京: 民族出版社, 1987; 丁聲樹錄編, 李榮參訂, 『古今字音對照手冊』, 北京: 中華書局, 1982; 郭錫良, 『漢字古音手冊』, 北京: 北京大學出版社, 1986; 北京大學中國語言文學系語言學敎硏室編, 『漢語方音字彙』(第二版重排本), 北京: 語文出版社, 2003; 『中國語言學大辭典』編委會, 『中國語言學大辭典』, 南昌: 江西敎育出版社, 1991; 駢宇騫, 王鐵柱主編, 『語言文字詞典』, 北京: 學苑出版社, 1999; 中國社會科學院語言研究所編, 『中國語言學論文索引』[甲編](1949前), 1978; [乙編](增訂本)(1950~1980), 1983; [丙編](1981~1990), 2005; [丁編](1991~1995), 北京: 商務印書館; 李無未主編, 『音韻學論著指要與總目』(上, 下), 北京: 作家出版社, 2007; 『中國大百科全書·語言文字卷』, 北京: 中國大百科全書出版社, 1988; 張斌, 許威漢主編, 『中國古代語言學資料彙纂·音韻學分冊』, 福州: 福建人民出版社, 1993; 馮蒸, 「『說文』部首今讀新訂並說明」, 『漢語音韻學論文集』, 馮蒸著, 北京: 首都師範大學出版社, 1997; 【淸】朱駿聲, 『說文通訓定聲』, 北京: 中華書局, 1984; 徐中舒主編『漢語大字典』(1~8), 四川辭書出版社·湖北辭書出版社, 1986~1990; 俞敏, 『俞敏語言學論文集』, 北京商務印書館, 1999; 邵榮芬, 『邵榮芬音韻

임소영(任少英, 2003)의『中國韻書傳入韓國考略』은 중국 운서가 한국에 도입되는 과정과 유통 양상을 고찰하였다. 이 논문은 한국이 중국에서 가장 먼저 도입하는 소학 전적인『용감수경(龍龕手鏡)』을 살펴 고려 시대와 조선시대 중국 운서가 한국에 도입된 것을 자세히 밝히고『예부운략(禮部韻略)』,『고금운회거요(古今韻會擧要)』등을 연구하였다. 이는 한중 양국의 운서 연구에 도움이 된다.

이상 중국에서 연구된 소학·문자 학습 자료에 관한 사례를 살펴보았다. 중국의 문자 학습 자료는 한자의 원류로서, 한자 문화권이라는 범국가적 지식 사회의 기반을 형성하였다. 또한 중국의 문자 학습 자료는 같은 한자 문화권에 속하는 조선으로 유입되어 지식을 전파하는 역할을 하였다. 이는 지식의 유통을 통한 국가를 초월한 지식 지형의 형성을 보여준다. 한편 문자 학습 자료는 범국가적으로는 지식 기반의 보편성을 확인할 수 있지만, 각 국가, 또는 사회의 요구 사항에 따른 고유성도 나타낸다. 전통의 동아시아 국가들은 한자를 기반으로 유학을 지향하는 지식 문화를 생산하고 있었다. 이들은 같은 문자와 사상을 공유하며 보편적 지식을 향유하고 있었지만, 국가와 사회에 따라서 개별성을 보이기도 한다. 조선에서의『소학』과 문자 학습 자료가 고유 언어로 번역되면서 조선 사회의 시대적 특수성이 반영되면서 정체성을 나타내고 있는 것이다.

이처럼 한자 문화권에 속한 전통의 동아시아 국가들은 한자와 유학이라는 지식 체계를 형성하고 있었다. 동일한 지식 체계의 형성은

學論文集』, 北京: 首都師範大學出版社, 1997; 馮蒸, 『漢語音韻學論文集』, 北京: 首都師範大學出版社, 1997; 馮蒸, 『馮蒸音韻論集』, 北京: 學苑出版社, 2006年6月第一版; 哈平安, 『語言與言語障礙論集』, 北京: 首都師範大學出版社, 1996.

한자라는 같은 문자를 사용하며, 유학을 중심으로 한 사상 체계를 공유하는 데 있었다. 이와 같은 전통의 동아시아 국가들의 지식 기반을 확인하기 위해서는 중국과 한국의 문자 학습 자료 데이터베이스 구축은 필수적이다. 중국과 한국에서『소학』·문자 학습에 관한 연구는 다방면에서 진행되었지만 국가를 초월한 데이터베이스 구축은 아직 미비한 상황이다. 문자 학습 자료의 데이터베이스 구축은 전통의 동아시아 국가들의 지식 기반을 형성하는 기초 교재로서 시대와 공간에 따른 지식의 보편성과 개별성을 확인하게 해줄 것이다. 나아가 구축된 데이터베이스를 통해 중국과 한국의 문자 학습 자료에 대한 심도 있는 연구를 가능하게 할 것이며, 지식 사회의 변천 과정을 통시적인 지형도로 재구성 할 수 있을 것으로 기대한다.

3. DB 목록

1) 한국 소장 자료

현재 한국학중앙연구원 장서각(이하 장서각)과 서울대학교 규장각 한국학연구원(이하 규장각)에 고도서〉경부(經部)〉소학류(小學類)에 자서(字書)·운서(韻書)·몽구서(蒙求書)로 자료가 정리되어 있다. 먼저 자서는 장서각에 16건, 규장각에 73건이 정리되어 있다. 다음으로 운서는 장서각에 14건, 규장각에 158건이 정리되어 있다. 마지막으로 몽구서는 장서각에 41건, 규장각에 91건이 정리되어 있다. 아래 목록은 장서각과 규장각에 소장되어 있는 자료들을 중심으로 정리하였으며, 여기에 국도 등에 소장되어 있는 소학관련 자료들을 추가하여 작성한 것이다. 각 자료들의 해제는 규장각에 소장되어 있는 자료들은 일부분은 해제가 마련되어 있으나, 장서각을 비롯한 기타 기관에 소장되어 있는 자료들에 대한 해제는 아직 부족한 실정이다.

(1) 字書

번호	자료명	유형	자료형태	편저역자	간행정보	연도	소장처	해제	원문보기	비고
1	康熙字典(淸版本)	도서	木版本	張玉書等(編/淸)		1616~1911	규장각	○		
2	康熙字典	도서	重刊木版本	張玉書等(編/淸)		1827(道光7)	규장각	○		
3	康熙字典	도서	銅版本	張玉書等(編/淸)	上海瀛華書局	1874~1908(光緖年間)	규장각	○		
4	康熙字典	도서	石印本	張玉書等(編/淸)	上海點石齋	1886(光緖12)	규장각	○		
5	康熙字典	도서	翻刻木版本	張玉書等(編/淸)	須原屋茂兵	1863(文久3)	규장각	○		
6	康熙字典	도서	石印本	張玉書等(編/淸)	上海鴻文老局	1909(宣統1)	규장각	○		
7	康熙字典	도서	石印本	張玉書等(編/淸)	錦章圖書局	1919(民國8)	규장각	○	○	
8	格言楷則	도서	石印本	翟伯恒(淸) 編	裴英館	1887(光緖13)	규장각	○		
9	經史百家音訓字譜	도서	筆寫本				규장각		○	
10	攷正字彙	도서	石印本	陳渼子(著/淸)	上海上海書局	1888(光緖14)	규장각	○		
11	(漢鮮文)新玉篇	도서	新鉛印本	玄公廉	大昌書院		장서각		○	
12	官板海篇心鏡	도서	木板本				장서각		○	
13	官話指南	도서	新鉛印本	吳啓太·鄭永邦(共著)			장서각		○	
14	啓蒙幼學初階(淸版本)	도서	石印本		香港文裕堂	1616~1911	규장각	○		

번호	자료명	유형	자료형태	편저역자	간행정보	연도	소장처	해제	원문보기	비고
15	校訂全韻玉篇	도서	木板本				장서각		○	
16	金石韻府	도서	木板本				장서각		○	
17	奇字彙	도서	筆寫本				장서각		○	
18	[重刊]老乞大諺解	도서	木版本	李洙 等(編)			(미)하버드대 옌칭도서관		○	
19	矗刻四種	도서	木板本	雷浚(撰/淸)	竣本宅	1884(光緖10)	규장각	○		
20	大廣益會玉篇(明版本)	도서	木版本	陳彭年等(宋/撰)		1368~1644	규장각	○	○	
21	大廣益會玉篇	도서	乙亥字	陳彭年等(宋/撰)		1455~1468(世祖 年間)	규장각	○		
22	大廣益會玉篇	도서	木版本	陳彭年等(宋/撰)	廣勤書堂		규장각	○		
23	門奇一覽	도서	石版本	李書雲(輯/淸)	文見齋	1884(光緖10)	규장각			
24	文字蒙求	도서	石版本	蔡友(輯/淸)		1879(光緖5)	규장각			
25	文字蒙求	도서	木版本	蔡友(輯/淸)		1879(光緖5)	규장각			
26	發蒙對句集千字文字	도서	木版本	顧鈺(集句/淸)彭瑞熙(鑑定/淸)	上海普育堂	1884(光緖10)	규장각			
27	仿宋槧重刊古本玉篇	도서	木板本	張士俊(編/淸)		1850(道光30)	장서각		○	
28	三字經訓詁	도서	木板本	王應麟(纂/宋)王相(註/淸)		1666(康熙5)	규장각			
29	三合便覽	도서	木板本	富俊(撰/淸)		1792(乾隆57)	규장각			
30	說文解字翼徵	도서	石版本	朴瑄壽(著)金晩植(校閱)	光文社	1912(大正1)	규장각	○		
31	說文解字翼徵	도서	石版本	朴瑄壽(著)金晩植(校閱)	寺內正毅	1912(大正1)	규장각	○		
32	說文解字纂韻譜	도서	木版本	徐楷(撰/宋)	鍾善堂		규장각			

번호	자료명	유형	자료형태	편저역자	간행정보	연도	소장처	해제	원문보기	비고
33	薛氏鐘鼎款識	도서	石版本	奕繪 (編/淸)	同文書局	1888 (光緒14)	규장각			
34	時文讀本	도서	鉛印本	崔南善	新文館		장서각		○	
35	新刻俗言雜字	도서	木板本				장서각		○	
36	新刊抄海篇心鏡	도서	木板本	鄭東基 (編)			장서각		○	
37	新字典	도서	活字本 (鉛活字)	朝鮮光文會 (編)	경성 新文社	1915 (大正 4)	규장각			
38	新編直音禮部玉編	도서	木版本			1615 (광해군 7)	규장각	○		
39	新編直音禮部玉編	도서	木版本				규장각	○		
40	語錄解	도서	筆寫本	南二星等 (編)		17세기 이후	규장각	○		
41	語錄解	도서	筆寫本	南二星等 (編)		17세기 이후	규장각	○		
42	語錄解	도서	筆寫本	南二星等 (編)			규장각	○		
43	註解語錄總覽	도서	木版本	白斗鏞 (編纂) 尹昌鉉 (增訂)	京城 翰南書林	1919	국도		○	
44	註解語錄總覽	도서	木版本	白斗鏞 (編纂) 尹昌鉉 (增訂)	京城 翰南書林	1919	(미) 하버드대 옌칭 도서관		○	
45	言文	도서	鉛印本	池錫永	大韓皇城 廣學書鋪		장서각		○	
46	英華字典彙集	도서	古活字本	譚宴昌 (譯/淸)	香港 申盛印字館	1884 (光緒10)	규장각			
47	隷辨	도서	木印本	顧藹吉 (著/淸)	上海 裴英館	1887 (光緒13)	규장각	○		
48	隷釋	도서	木版本	洪适 (著/宋)		1871 (同治10)	규장각	○		
49	玉堂釐正字義韻律海篇心鏡	도서	木版本			1567~1608 (宣祖年間)	장서각		○	
50	玉堂釐正字義韻律海篇心鏡	도서	木版本 (後刷本)	朱之蕃 (編)			장서각		○	

번호	자료명	유형	자료형태	편저역자	간행정보	연도	소장처	해제	원문보기	비고
51	玉篇	도서	木版本			1863~1907 (高宗年間)	규장각	○	○	
52	玉篇校刊札記	도서	木版本	鄧顯鶴 (述/淸)		1851 (咸豊1)	규장각		○	
53	儒胥必知	도서	木版本				보성 남평문씨		○	
54	六書分類	도서	木版本	傅世喜 (輯/明)		1699 (康熙38)	규장각			
55	六書通	도서	石版本	畢弘 (述/淸)	上海 大向書局	1888 (光緖14)	규장각			
56	六書通 (淸版本)	도서	石版本	閔齊伋 (撰/明) 畢弘述 (篆訂/淸) 閔章· 程昌燁 (同校/淸)	基聞堂	1616~1911	규장각			
57	字類註釋	도서	筆寫本	鄭允容 (著)			장서각		○	
58	字類註釋	도서	筆寫本	鄭允容 (著)		1856 (哲宗7)	규장각	○		
59	字類註釋	도서	筆寫本	鄭允容 (著)		1856 (哲宗7)	규장각	○		
60	字集	도서	筆寫本				규장각	○	○	
61	字學擧隅	도서	石版本	龍光甸 (編/淸)	上海 鴻文書局	1887 (光緖13)	규장각			
62	字學七種	도서	木版本	李秘園 (原本/淸) 張邦泰 (校刊/淸)		1886 (光緖12)	규장각			
63	字彙	도서	木版本	梅膺祚 (音釋/明)		1615 (광해군 7) 이후	규장각	○		
64	字彙	도서	木版本	梅膺祚 (音釋/明)		1615 (광해군 7) 이후	규장각	○		
65	字彙	도서	木版本	梅膺祚 (音釋/明)		1615 (광해군 7) 이후	규장각	○		
66	字彙	도서	木版本	梅膺祚 (音釋/明)		1615 (광해군 7) 이후	규장각	○		
67	字彙 (淸版本)	도서	木版本	梅膺祚 (音釋/明)		1616~1911	규장각	○	○	

번호	자료명	유형	자료형태	편저역자	간행정보	연도	소장처	해제	원문보기	비고
68	全韻玉篇	도서	木版本			1819 (純祖19)	규장각	○	○	
69	全韻玉篇	도서	木版本			1850 (哲宗1)	규장각	○	○	
70	全韻玉篇	도서	木版本			20세기 초	규장각	○	○	
71	篆字彙	도서	木版本	佟世男 (編/淸)	多山堂	1691 (康熙30)	규장각			
72	篆林皕攷	도서	木版本	鄭大郁 (輯/淸)		17~20세기 초	규장각			
73	全韻玉篇	도서	木版本		春坊	1819 (純祖19)	규장각		○	
74	全韻玉篇	도서	木版本			19세기 후반	규장각	○		
75	正字通	도서	木版本	寥文英 (輯/淸)		1671 (康熙10)	규장각	○		
76	正字通	도서	木版本	寥文英 (輯/淸)		1671 (康熙10)	규장각	○		
77	註釋虛字 備考	도서	木版本	俞樾 (編/淸)	申江文海堂	1885 (光緒11)	규장각			
78	增補攷證 字彙	도서	石版本	陳溟子 (著/淸)	上海同文書局	1888 (光緒14)	규장각			
79	增補文成 字彙	도서	木版本	梅膺祚 (音釋/明)	上海 掃葉山房	1883 (光緒9)	규장각			
80	增補字學 擧隅	도서	木版本	龍光甸 (編/淸)		1876 (光緒2)	규장각			
81	增補字彙	도서	木版本	梅膺祚 (原輯/明) 張自烈 (增補/明)	繡谷振鄴堂	1690 (康熙29)	규장각			
82	千字文釋義	도서	木版本	汪嘯尹 (纂輯) 孫謙益 (參註) 葉敬義 (書)	一經堂	17세기 초~20세기 초	규장각		○	
83	淸文彙書	도서	木版本	李延基 (著/淸)	三槐堂	1750 (乾隆15)	규장각	○	○	
84	驟綠	도서	筆寫本				장서각		○	
85	草字彙	도서	木版本	石梁 (集/淸)		1825 (道光5)	규장각			
86	佩觿 (淸版本)	도서	木版本	郭忠恕 (記/宋)		1616~1911	규장각			
87	通志	도서	校刊木 版本	鄭樵 (撰/宋)		1747 (英祖23)	규장각	○		

번호	자료명	유형	자료형태	편저역자	간행정보	연도	소장처	해제	원문보기	비고
88	表套	도서	筆寫本				장서각		○	
89	汗簡	도서	木版本	郭忠恕 (輯/宋)	齋茂蔣瑞堂	1885 (光緒11)	규장각			
90	合併字學集韻	도서	木版本	張元善·徐孝 (共編/明)		1606 (萬曆34)	규장각			
91	合併字學集篇	도서	木版本	張元善·徐孝 (共編/淸)		1606 (萬曆34)	규장각			
92	香山雜鈔	도서	筆寫本				장서각		○	
93	楷法溯源	도서	木版本	潘存 (原輯/淸) 楊守敬 (編/淸) 饒敦秩 (校/淸)		1878 (光緒4)	규장각			

(2) 韻書

번호	자료명	유형	자료형태	편저역자	간행정보	연도	소장처	해제	원문보기	비고
1	改併五音類聚四聲篇	도서	木版本	韓道昭 (改併重編/金) 韓德恩等 (詳定/金)		1474 (成化10)	규장각	○		
2	京本繁頭海篇心鏡	도서	木版本	劉孔堂 (重訂/明)		1598 (萬曆26)	규장각			
3	經世正韻圖說	도서	筆寫本	崔錫鼎 (筆)		1661 (肅宗4)	규장각	○	○	
4	廣金石韻府	도서	木版本	林尙葵等 (輯/淸) 李根 (較/淸)		1670 (康熙9)	규장각			
5	古今韻會擧要	도서	木版本	黃公紹 (編/宋) 熊忠 (擧要/元)		조선중기	규장각	○	○	
6	古今韻會擧要	도서	木版本	黃公紹 (編/宋) 熊忠 (擧要/元)		조선중기	규장각	○		

번호	자료명	유형	자료형태	편저역자	간행정보	연도	소장처	해제	원문보기	비고
7	古今韻會擧要	도서	木版本	黃公紹(編/宋) 熊忠(擧要/元)		1659(孝宗10)	규장각	○	○	
8	古今韻會擧要	도서	木版本	黃公紹(編/宋) 熊忠(擧要/元)		1659(孝宗10)	규장각	○	○	
9	古今韻會擧要	도서	木版本	黃公紹(編/宋) 熊忠(擧要/元)		1659(孝宗10)	규장각	○	○	
10	古今韻會擧要	도서	木版本	黃公紹(編/宋) 熊忠(擧要/元)		1659(孝宗10)	규장각	○	○	
11	古今韻會擧要	도서	木版本	黃公紹(編/宋) 熊忠(擧要/元)		1659(孝宗10)	규장각	○		
12	古今韻會擧要	도서	木版本	黃公紹(編/宋) 熊忠(擧要/元)		1659(孝宗10)	규장각	○		
13	古今韻會擧要	도서	木版本	黃公紹(編/宋) 熊忠(擧要/元)		1659(孝宗10)	규장각	○		
14	古今韻會擧要	도서	木版本	黃公紹(編/宋) 熊忠(擧要/元)		1659(孝宗10)	규장각	○		
15	古文四聲韻	도서	木版本	夏竦(集/宋)		1779(乾隆44)	규장각			
16	古韻發明	도서	木版本	張耕(編撰/淸)	芸心堂	1824(道光4)	규장각		○	
17	廣韻	도서	木版本	陳彭年等(編修/宋)	澤存堂	1704(康熙43)	규장각	○		
18	東國正韻	도서	木活字影印本	申叔舟·崔恒·朴彭年	서울大提閣	1973	국도		○	
19	杜韓集韻	도서	木版本	汪文柏(輯/淸)	姑蘇采靑閣	1882(光緒8)	규장각			
20	排字禮部韻略	도서	木版本	丁度(撰/宋)		1615(光海君1)	규장각	○		
21	排字禮部韻略	도서	木版本	丁度(撰/宋)		1679(肅宗5)	규장각	○		
22	排字禮部韻略	도서	戊申字			1674~1720(肅宗年間)	규장각	○		
23	排字禮部韻略	도서	乙亥字	丁度(撰/宋)		1506~1544(中宗年間)	규장각	○	○	

번호	자료명	유형	자료형태	편저역자	간행정보	연도	소장처	해제	원문보기	비고
24	排字禮部韻略	도서	木版本	丁度(撰/宋)	箕城(平壤)	1658(孝宗9)	규장각	○	○	
25	排字禮部韻略	도서	木版本	丁度(撰/宋)		1573(宣祖6)	규장각	○	○	
26	排字禮部韻略	도서	戊申字			1678(肅宗4)	규장각	○	○	
27	排字禮部韻略	도서	木版本	丁度(撰/宋)		17세기 후반	규장각	○	○	
28	排字禮部韻略	도서	戊申字			1674~1720(肅宗年間)	규장각	○	○	
29	排字禮部韻略	도서	木版本	丁度(撰/宋)		1734(英祖10)	규장각	○		
30	排字禮部韻略	도서	木版本	丁度(撰/宋)			규장각	○	○	
31	排字禮部韻略	도서	木版本	丁度(撰/宋)			규장각	○	○	
32	排字禮部韻略	도서	木版本	丁度(撰/宋)			규장각	○	○	
33	排字禮部韻略	도서	戊申字	丁度(撰/宋)			규장각	○		
34	排字禮部韻略	도서	木版本	丁度(撰/宋)			규장각	○		
35	排字禮部韻略	도서	木版本	丁度(撰/宋)			규장각	○		
36	排字禮部韻略	도서	木版本	丁度(撰/宋)			규장각	○		
37	排字禮部韻略	도서	木版本	丁度(撰/宋)			규장각	○	○	
38	新刊排字禮部韻略	도서	木版本	丁度(撰/宋)	梅谿書院		규장각	○		
39	復古編	도서	石版本	張有(編著/宋)	上海積山靑局	1887(光緒13)	규장각			
40	四聲切韻表	도서	石版本	江永(修編/淸)汪日模(補正/淸)		1863(哲宗14)	규장각	○	○	
41	四聲通解	도서	訓練都監字	崔世珍(編)		1614(光海君6)	규장각			
42	三韻補遺	도서	木板本	朴斗世(撰輯)		1702(肅宗28)	규장각	○	○	
43	三韻補遺	도서	木板本	朴斗世(撰輯)		1674~1720(肅宗年間)	규장각	○	○	

번호	자료명	유형	자료형태	편저역자	간행정보	연도	소장처	해제	원문보기	비고
44	三韻補遺	도서	木板本	朴斗世 (撰輯)			규장각	○		
45	三韻聲彙	도서	木板本	洪啓禧 (著)		1751 (英祖27)	규장각	○	○	
46	三韻聲彙	도서	木板本	洪啓禧 (著)	全州 完營	18~19세기	규장각	○		
47	三韻聲彙(及)補	도서	木板本	洪啓禧 (編)		1751 (英祖27)	장서각		○	
48	三韻聲彙(及)補	도서	木版本	洪啓禧 (編)	藝閣	1751 (英祖27)	장서각		○	
49	三韻通考	도서	木版本				장서각		○	
50	三韻通考	도서	木版本				장서각		○	
51	三韻通考	도서	戊申字				규장각	○		
52	三韻通考	도서	木版本				규장각	○		
53	三韻通考	도서	木版本				규장각	○		
54	三韻通考	도서	木版本				규장각	○		
55	三韻通考	도서	木版本				규장각	○		
56	蘇氏韻輯(清版本)	도서	石印本	蘇茂相 (輯抄/明)		1616~1911	규장각	○		
57	詩韻正音	도서	木版本	高居 (輯/淸)		1686 (康熙25)	규장각	○	○	
58	詩韻集成	도서	木版本	余照 (輯)	掃葉仁紀	1886 (光緒12)	규장각		○	
59	新刊校正增補圓機韻學活法全書	도서	筆寫本				장서각		○	
60	新刊校正增補圓機韻學活法全書	도서	木版本			1592 (萬曆20)	규장각			
61	新增說文韻府群玉	도서	中國木板本	陰時夫 (註)		1418~1450 (世宗年間)	장서각		○	
62	新增說文韻府群玉	도서	木版本				규장각	○		
63	新增說文韻府群玉	도서	木板本 (中國)	陰幼遇 (編輯/元) 陰幼達 (編註/元)	金陵 徐智督	1590 (萬曆18)	규장각	○		
64	新增說問韻府羣玉	도서	木版本	陰時夫 (編輯/元) 陰中夫 (編註/元)		1590 (萬曆18)	규장각			

번호	자료명	유형	자료형태	편저역자	간행정보	연도	소장처	해제	원문보기	비고
65	新增說問韻府羣玉	도서	木版本	陰時夫(編輯/元)陰中夫(編註/元)		1590(萬曆18)	규장각			
66	新增直音說文韻府群玉	도서	中國木板本	陰時夫(編輯)	陰詩夫(元)	1314(天順年間)	장서각		○	
67	新集古文四聲韻	도서	中國木板本	夏竦(集)			장서각		○	
68	新編詩韻合璧	도서	石版本	湯祥瑟(原輯/淸)金昆重(編/淸)	上海同文書局	1888(光緒14)	규장각			
69	御定奎章全韻	도서	木板本	正祖(命撰)		1796(正祖20)	규장각	○		
70	御定奎章全韻	도서	木板本	正祖(命撰)		1800(正祖24)	규장각	○	○	
71	御定奎章全韻	도서	木板本	正祖(命撰)		1800(正祖24)	규장각	○		
72	御定奎章全韻	도서	木板本	正祖(命撰)		1776~1800(正祖年間)	규장각	○	○	
73	御定奎章全韻	도서	木板本	正祖(命撰)		1864(高宗1)	규장각	○		
74	御定奎章全韻	도서	木板本	正祖(命撰)		1880(高宗17)	규장각	○		
75	御定奎章全韻	도서	木板本	正祖(命撰)			규장각	○	○	
76	御定奎章全韻	도서	木板本	正祖(命撰)			규장각	○		
77	御定奎章全韻	도서	木板本	正祖(命撰)			규장각	○		
78	御定奎章全韻	도서	木板本	正祖(命撰)			규장각	○		
79	御定奎章全韻	도서	木板本	正祖(命撰)			규장각	○		
80	御定奎章全韻	도서	木板本	奎章閣(編)	漢陽		규장각	○		
81	御定奎章全韻	도서	木板本	奎章閣(編)			규장각	○		
82	御定奎章全韻	도서	木板本	奎章閣(編)			규장각	○		
83	御定奎章全韻	도서	木板本	李德懋(編纂)		조선후기	규장각	○		

번호	자료명	유형	자료형태	편저역자	간행정보	연도	소장처	해제	원문보기	비고
84	禮部新降通併韻略	도서	木板本			1591(宣祖24)	장서각		○	
85	禮部韻略	도서	木板本	丁度(撰/宋)		1679(肅宗5)	규장각	○	○	
86	禮部韻略	도서	木板本	丁度(撰/宋)		조선후기	규장각	○	○	
87	玉彙韻考	도서	木板本	李景羽(纂輯)沈鼎祖(刊書)		1812(純祖12)	규장각		○	
88	玉彙韻考	도서	筆寫本	李景羽(纂輯)沈鼎祖(刊書)		1812(純祖12)	규장각			
89	龍龕手鏡	도서	木板本	行均(編撰/遼)	瑞興高德山歸眞寺	1563(明宗18)	규장각	○		
90	龍龕手鏡	도서	木板本	行均(編撰/遼)	瑞興高德山歸眞寺	1563(明宗18)	규장각	○		
91	龍龕手鏡	도서	木板本	行均(編撰/遼)		1563(明宗18)	규장각	○		
92	龍龕手鏡	도서	木板影印本	行均(編撰/遼)	京城京城帝國大學校法文學部	1928	규장각	○		
93	龍龕手鏡	도서	影印本	行均(編撰/遼)		1929	규장각	○		
94	韻字鑑	도서	石版本	翟云升(譔/淸)	上海淞隱閣	1878(光緒4)	규장각			
95	韻海大全	도서	石版本			1875~1908(光緒年間)	규장각			
96	韻府拾遺	도서	木版本	張廷玉等(編/淸)		1720(康熙59)	규장각	○		
97	韻府拾遺	도서	木版本	張廷玉等(編/淸)		1720(康熙59)	규장각	○		
98	韻府拾遺(淸版本)	도서	石印本	張廷玉等(編/淸)		1616~1911	규장각	○		
99	韻府群玉	도서	元板覆刻本	陰幼遇(編輯/元)陰幼達(編注/元)	梅溪書院		규장각			

번호	자료명	유형	자료 형태	편저역자	간행 정보	연도	소장처	해제	원문 보기	비고
100	韻府群玉	도서	覆刻 木版本	陰幼遇 (編輯/元) 陰幼達 (編注/元)			규장각			
101	韻府羣玉	도서	元版覆刻 木版本	陰幼遇 (編輯/元) 陰幼達 (編注/元)	梅溪書院		규장각			
102	韻略	도서	木版本				장서각		○	
103	音韻反切彙 編	도서	木版本			19세기 초 이후	규장각	○		
104	音韻反切彙 編	도서	筆寫本			19세기 초 이후	규장각	○		
105	韻會玉篇	도서	木版本	崔世珍 (著)		1536 (中宗31)	규장각	○	○	
106	韻會玉篇	도서	木版本	崔世珍 (著)		1536 (中宗31)	규장각	○		
107	韻會玉篇	도서	木版本	崔世珍 (著)		1810년 (純祖10)	규장각	○		
108	音韻捿考	도서	筆寫本			19세기 이후	규장각	○	○	
109	音韻日月燈 (淸版本)	도서	木版本	呂維祺 (著/明) 呂維祐 (詮/明)		1616~1911	규장각			
110	音韻日月燈 (淸版本)	도서	木版本	呂維祺 (著/明) 呂維祐 (詮/明)		1616~1911	규장각			
111	音學五書	도서	木版本	顧炎武 (纂著/明) 徐乾學 (參閱/明) 張弨 (較訂/明)	觀稼樓	1885 (光緖11)	규장각	○		
112	臨文便覽	도서	石版本	龍光甸 (編/淸)	席掃葉山 房	1874 (同治13)	규장각			
113	臨文便覽	도서	石版本	張仰山 (編/淸)	上海 默石齊	1888 (光緖14)	규장각			
114	篆韻	도서	筆寫本				규장각	○		
115	全韻玉編	도서	古活字本				규장각			
116	切韻考	도서	木版本	陳澧 (撰/淸)		1842 (道光22)	규장각	○	○	

번호	자료명	유형	자료형태	편저역자	간행정보	연도	소장처	해제	원문보기	비고
117	切韻考外篇	도서	木版本	陳澧(撰/淸)		1889(光緒15)	규장각	○	○	
118	切韻指掌圖	도서	石版本	司馬光(著/宋)	上海同文書局	1883(光緒9)	규장각	○		
119	正音通俗表	도서	木版本	潘逢禧(輯/淸)	逸香齋	1870(同治9)	규장각			
120	題韻直音篇(淸版本)	도서	木版本	章黼(集/明)		1616~1911	규장각			
121	重鐫韻府羣玉原本(明版本)	도서	木版本	陰時夫(編輯/元)陰中夫(編註/元)	文光堂	1368~1644	규장각			
122	重鐫韻府羣玉原本(淸版本)	도서	木版本	陰時夫(編輯/元)陰中夫(編註/元)	大文堂	1616~1911	규장각			
123	增補三韻通攷	도서	木版本				장서각		○	
124	增補三韻通攷	도서	木版本				장서각		○	
125	增補三韻通攷	도서	木版本				장서각		○	
126	增補三韻通考	도서	木版本	金濟謙等(編)		18세기 이후	규장각	○	○	
127	增補三韻通考	도서	木版本	金濟謙等(編)		18세기 이후	규장각	○	○	
128	增補三韻通考	도서	木版本	金濟謙等(編)		18세기 이후	규장각	○	○	
129	增補三韻通考	도서	木版本	金濟謙等(編)		18세기 이후	규장각	○		
130	增補三韻通考	도서	木活字	金濟謙等(編)		18세기 이후	규장각	○		
131	增補三韻通考	도서	木版本	金濟謙等(編)	海洲	1826(純祖26)	규장각	○		
132	增補三韻通考	도서	戊申字	金濟謙等(編)	芸館	1835(憲宗1)	규장각	○		
133	增續會通韻府群玉	도서	乙亥字本	陰時夫(編輯/元)	陰詩夫(元)		장서각		○	
134	增續會通韻府群玉	도서	戊申字	陰時夫(編輯/元)陰中夫(編註/元)		1717(肅宗43)	규장각	○		

번호	자료명	유형	자료형태	편저역자	간행정보	연도	소장처	해제	원문보기	비고
135	增續會通韻府群玉	도서	訓鍊都監字	陰時夫(編輯/元) 陰中夫(編註/元)		1674~1720 (肅宗年間)	규장각	○	○	
136	增續會通韻府群玉	도서	訓鍊都監字	陰時夫(編輯/元) 陰中夫(編註/元)		1674~1720 (肅宗 年間)	규장각	○		
137	增續會通韻府群玉	도서	訓鍊都監字	陰時夫(編輯/元) 陰中夫(編註/元)		1674~1720 (肅宗 年間)	규장각	○		
138	增續會通韻府群玉	도서	乙亥字交木活字	陰時夫(編輯/元) 陰中夫(編註/元)		1674~1720 (肅宗年間)	규장각	○		
139	增續會通韻府群玉	도서	戊申字	陰時夫(編輯/元) 陰中夫(編註/元)	校書館	1674~1720 (肅宗 年間)	규장각	○		
140	增續會通韻府群玉	도서	木活字	陰時夫(編輯/元) 陰中夫(編註/元)		1674~1720 (肅宗年間)	규장각	○		
141	諧聲品字箋 (淸版本)	도서	石版本	虞聞子(著/淸)		1616~1911	규장각			
142	增註字類標韻	도서	石版本	華綱(編/淸)	上海蜚英館	1888 (光緖14)	규장각			
143	集韻	도서	刊木版本	丁度(撰/宋)	浙寗簡香	1814 (嘉慶19)	규장각	○		
144	草書韻會	도서	木版本	張天錫(書/金)			규장각	○	○	
145	初學檢韻袖珍 (淸版本)	도서	木版本	姚文登(輯/淸)	掃葉山房	1616~1911	규장각			
146	通羅忠節公小學韻語	도서	石版本	羅澤南(著/淸)	高郵	1876 (同治12)	규장각			
147	佩文詩韻 (淸版本)	도서	木版本			1616~1911	규장각	○		
148	佩文詩韻 (淸版本)	도서	木版本			1616~1911	규장각	○		
149	佩文詩韻釋要	도서	石版本	朱重(編/淸)		1877 (光緖3)	규장각	○		
150	佩文韻府 (淸版本)	도서	石版本	張玉書等(編/淸)		1616~1911	규장각			

번호	자료명	유형	자료 형태	편저역자	간행 정보	연도	소장처	해제	원문 보기	비고
151	佩文韻府(清版本)	도서	石版本	張玉書等(編/清)			규장각			
152	平聲類聚	도서	筆寫本				규장각	○		
153	華東正音通釋韻考	도서	木版本	朴性源(撰)	內閣	1747 (英祖23)	규장각	○	○	
154	華東正音通釋韻考	도서	木版本	朴性源(撰)		1747 (英祖23)	규장각			
155	華東正音通釋韻考	도서	木版本	朴性源(撰)		1787 (正祖11)	규장각			
156	華東正音通釋韻考	도서	木版本	李彦容(著)		1776~1800 (正祖年間)	규장각	○	○	
157	華東正音通釋韻考	도서	木版本	朴性源(撰)	內閣	1841 (憲宗7)	규장각	○	○	
158	華東正音通釋韻考	도서	木版本	朴性源(撰)		1841 (憲宗7)	규장각	○	○	
159	華東正音通釋韻考	도서	木版本	朴性源(撰)		1841 (憲宗7)	규장각	○		
160	華東正音通釋韻考	도서	木版本	朴性源(撰)		1841 (憲宗7)	규장각	○		
161	華東正音通釋韻考	도서	木版本	朴性源(撰)		1841 (憲宗7)	규장각	○		
162	華東叶音通釋	도서	筆寫本	朴性源(著) 朴致永(書)		1788 (正祖12)	규장각	○		
163	華語類抄	도서	木版本				(프) 동양언어 문화학교		○	
164	華音啓蒙諺解	도서	全史字體 木活字本	李應憲(著)		1863~1907 (高宗年間)	국도		○	
165	華音啓蒙諺解	도서	木板本	李應憲(著)		1883 (高宗20)	(프) 동양언어 문화학교		○	
166	華音啓蒙諺解	도서	木板本	李應憲(著)			(프) 동양언어 문화학교		○	
167	華音啓蒙諺解	도서	全史字	李應憲(著)		1863~1907 (高宗年間)	규장각	○	○	
168	洪武正韻	도서	木版本	宋濂等(編/明)	校書館	14세기 중반~17세기 중반	규장각	○		
169	洪武正韻	도서	木版本	宋濂等(編/明)	校書館	1770 (英祖46)	규장각	○	○	
170	洪武正韻	도서	木版本	樂韶鳳等(撰/明)	校書館	1770 (英祖46)	규장각	○		

번호	자료명	유형	자료형태	편저역자	간행정보	연도	소장처	해제	원문보기	비고
171	洪武正韻	도서	木版本	樂韶鳳等(撰/明)	校書館	1770(英祖46)	규장각	○		
172	洪武正韻(明初版本)	도서	木版本	宋濂等(編/明)			규장각	○		
173	洪武正韻	도서	木版本	樂韶鳳等(撰/明)			규장각	○	○	
174	洪武正韻鈔	도서	木版本				규장각	○		

(3) 蒙學書

번호	자료명	유형	자료형태	편저역자	간행정보	연도	소장처	해제	원문보기	비고
1	(圖像註解)千字文	도서	木版本	趙慶勛	周興嗣(梁)	1917	장서각		○	
2	(新訂)尋常小學	도서	木活字本	學部編輯局(編)		1937	장서각		○	
3	(諺吐)幼文初習	도서	石印本	朴世茂(原編)		1917	장서각		○	
4	(諺吐)幼文初習	도서	木版本	朴世茂(原編)			장서각		○	
5	江陵金氏慕菴公派世譜	도서	筆寫本	趙希逸(編)		1717(肅宗43)	장서각		○	
6	擊蒙要訣	도서	木版本	李珥(著)		1788(正祖12)	(프)동양언어문화학교		○	
7	擊蒙要訣	도서	木版本	李珥(著)	京城翰南書林	1922	국도		○	
8	擊蒙要訣	도서	木版本	李珥(著)	京城翰林書林	1922	국도		○	
9	擊蒙要訣	도서	木版本	李珥(著)	江陵	1928	국도		○	
10	擊蒙要訣	도서	石版本	李珥(著)	江陵鄭然基	1935	국도		○	
11	擊蒙要訣	도서	木板本(栗谷全書字覆刻本)	李珥(著)			보성남평문씨		○	
12	擊蒙要訣	도서	筆寫本	李珥(著)			춘호재		○	
13	擊蒙要訣	도서	木版本	李珥(著)			국도		○	

번호	자료명	유형	자료 형태	편저역자	간행 정보	연도	소장처	해제	원문 보기	비고
14	擊蒙要訣	도서	木版本	李珥(著)			국도		○	
15	擊蒙要訣	도서	木版本	李珥(著)			국도		○	
16	擊蒙要訣	도서	木版本	李珥(著)			국도		○	
17	擊蒙要訣	도서	木版本	李珥(著)			국도		○	
18	啓蒙篇 諺解	도서	木版本			19세기	규장각	○	○	
19	啓蒙篇 諺解	도서	木版本			19세기 이후	규장각	○		
20	啓蒙編 諺解	도서	木版本			1931	장서각		○	
21	啓蒙篇 諺解	도서	木版本				장서각			
22	國民小學讀本	도서	木版本	學部 編輯局 (編)		1895 (高宗32)	장서각			
23	國民小學讀本	도서	學部 木活字	學部 編輯局 (編)		1895 (高宗32)	규장각	○		
24	難能	도서	筆寫本				장서각		○	
25	大東嘉言善行	도서	筆寫本				장서각		○	
26	大東嘉言善行	도서	筆寫本	俞清甫(編)			규장각	○		
27	童蒙先習	도서	木版本	朴世茂(著)	春坊	1699 (肅宗25)	규장각	○		
28	童蒙先習	도서	木版本	朴世茂(著)	春坊	1759 (英祖35)	규장각	○		
29	童蒙先習	도서	木版本	朴世茂(著)	完山	18세기 이후	규장각	○		
30	童蒙先習	도서	木版本	朴世茂(著)		18세기 이후	규장각	○		
31	童蒙先習釋義	도서	筆寫本			조선 후기	규장각			
32	童蒙先習諺解	도서	木版本	朴世茂(著)			장서각		○	
33	童蒙先習諺解	도서	木版本	朴世茂(著)		1506~1544 (中宗年間)	규장각	○	○	
34	童蒙先習諺解	도서	木版本	朴世茂(著)		1791 (正祖21)	규장각	○		
35	童蒙先習諺解	도서	木版本	朴世茂(著)		1797 (正祖27)	규장각	○		
36	諺解圖像童文 先習 (童蒙先習)	도서	木版本	朴永鎭 (編修)	京城	1915	규장각	○	○	
37	童蒙先訓	도서	木版本	朴世茂(著)			규장각	○		
38	童蒙須知	도서	木版本	朱熹 (著/宋)		1686 (肅宗12)	규장각	○		

번호	자료명	유형	자료형태	편저역자	간행정보	연도	소장처	해제	원문보기	비고
39	童蒙須知	도서	筆寫本	朱熹(著/宋)			규장각	○		
40	童蒙須知	도서	木版本	朱熹(著/宋)			규장각	○		
41	童蒙宜學	도서	木版本	趙鍾灝(撰)	率訓堂	1899(光武3)	장서각		○	
42	童蒙學	도서	木版本			19세기	규장각	○	○	
43	童蒙必習	도서	木版本	朴世茂(編)			규장각	○		
44	童子禮	도서	木版本	金誠一(編)		1910	규장각	○		
45	童子習	도서	筆寫本	朱逢吉(編/明)		16세기 이후	규장각	○	○	
46	童子習	도서	筆寫本	朱逢吉(編/明)		19세기 초	규장각	○	○	
47	童子習	도서	木版本	朱逢吉(著/明);田以采(梓)朴致維(梓)		19세기 초	규장각	○		
48	童子習	도서	筆寫本	朱逢吉(著/明);田以采(梓)朴致維(梓)		19세기 이후	규장각	○		
49	童子習	도서	筆寫本	朱逢吉(編/明)		1909(隆熙3)	규장각	○	○	
50	童子習	도서	筆寫本	朱逢吉(編/明)		1909(隆熙3)	규장각	○	○	
51	童學初讀	도서	筆寫本				규장각	○	○	
52	名物小學	도서	木版本	丁若鏞(原著)			장서각		○	
53	明本全相註釋千字文	도서	重刊木版本		德明	1585(宣祖18)	규장각	○		
54	蒙養編	도서	筆寫本				규장각			
55	蒙語	도서	木版本	郭鍾錫(著)	梅四書舍	1925	장서각			
56	蒙喩篇	도서	傳陶活字	張混(輯)		1810(純祖10)	규장각	○	○	
57	蒙喩篇	도서	木活字	張混(輯)		1810(純祖10)	규장각	○		
58	蒙學史要	도서	木版本	金用黙(撰)		1868(高宗5)	규장각	○	○	
59	蒙學漢文初階	도서	石印本	元泳義(纂輯)	京城中央書館	1908(隆熙2)	경희대학교 도서관			
60	發蒙篇	도서	木版本	朴載哲(編)		1868(高宗5)	규장각	○		

번호	자료명	유형	자료형태	편저역자	간행정보	연도	소장처	해제	원문보기	비고
61	四字小學	도서	木版本				장서각		○	
62	小兒則	도서	筆寫本				장서각		○	
63	小學諸家集註	도서	木版本	李珥(編)		1744 (英祖20)	규장각	○	○	
64	쇼학증 [산]	도서	筆寫本			1898 (光武2)	고려대			
65	小學集成	도서	木版本	何士信 (編/明)			규장각	○	○	
66	小學集註	도서	木版本	朱熹 (集註/宋) 宣政殿 (訓義)			규장각	○	○	
67	小學抄略	도서	筆寫本				규장각			
68	小學抄略內篇	도서	戊申字				규장각			
69	小學抄略內篇	도서	筆寫本				규장각			
70	小學抄略外篇	도서	戊申字				규장각			
71	小學抄略外篇	도서	筆寫本				규장각			
72	小學抄略諺解 內篇	도서	筆寫本			18세기 이후	규장각			
73	小學抄略諺解 外篇	도서	筆寫本				규장각			
74	小學訓義	도서	木版本	英祖			한국국학 진흥원			
75	小花詩史	도서	筆寫本				장서각		○	
76	續蒙求分註	도서	木板本	柳希春(撰)		1568 (隆慶2)	규장각			
77	速修漢文訓蒙	도서	木版本		鳳陽書塾		규장각	○		
78	續千字文	도서	筆寫本	金鍊泰		1940	장서각		○	
79	夙惠記略	도서	木活字本	學部編輯局 (編)		1895	장서각		○	
80	夙惠記略	도서	木活字本	學部編輯局 (編)			규장각	○		
81	新釋漢日鮮文 註解千字	도서	鉛印本	周興嗣			장서각		○	
82	新增類合	도서	木版本	柳希春(編)		1567~1608 (宣祖年間)	규장각	○	○	
83	新增類合	도서	筆寫本	柳希春(編)			규장각	○	○	
84	兒戲原覽	도서	木版本	張混(編)		1803 (純祖3)	규장각	○		
85	兒學編	도서	筆寫本	丁若鏞(著)			규장각	○		

번호	자료명	유형	자료형태	편저역자	간행정보	연도	소장처	해제	원문보기	비고
86	養正篇	도서	木版本	鄭經世	尙州山水軒	1929	국도		○	
87	御製小學諺解	도서	木版本	英祖		1744(英祖20)	규장각	○	○	
88	諺解圖像童文先習	도서	木版本	朴永鎭(編修)權世鎭(校正)	天寶堂	1915	장서각		○	
89	歷代千字文	도서	木版本	李祥奎(著)	學而齋	1863~1907(高宗年間)	규장각	○	○	
90	歷代千字文	도서	木版本	李祥奎(著)鄭宅周(書)	學而齋	1863~1907(高宗年間)	규장각	○		
91	幼年必讀	도서	鉛印本			1907(光武11)	장서각		○	
92	幼蒙先習	도서	木版本	池松旭(編)	京城新舊書林	1914	규장각	○		
93	牖蒙要覽	도서	筆寫本				규장각	○		
94	牖蒙輯說	도서	筆寫本				규장각	○		
95	牖蒙彙編	도서	後期木活字			1905(光武9)	규장각	○	○	
96	牖蒙彙編	도서	木版本			1906(光武10)	규장각	○		
97	牖蒙彙編	도서	木活字			20세기 이후	규장각	○		
98	幼儀指掌	도서	筆寫本	知恥庵(編)			장서각		○	
99	幼學字聚	도서	鉛印本	尹致昊(編)		1909(隆熙3)	장서각		○	
100	類合	도서	筆寫本			1856(哲宗7)	규장각	○		
101	類合	도서	木版本			19세기	규장각	○		
102	類合	도서	木版本		武橋	19세기 말	규장각	○		
103	類合	도서	木版本	高裕相(編)	京城匯東書館	1918	규장각	○		
104	類合	도서	木版本			20세기	규장각	○	○	
105	類合	도서	木版本				규장각	○	○	
106	類合	도서	木版本				규장각	○	○	
107	類合	도서	木版本		武橋		규장각	○		
108	類合	도서	木版本		武橋		규장각	○		
109	類合	도서	木版本				장서각		○	
110	類合	도서	木版本				장서각		○	
111	類合	도서	木版本				장서각		○	

번호	자료명	유형	자료형태	편저역자	간행정보	연도	소장처	해제	원문보기	비고
112	類合	도서	筆寫本				장서각		○	
113	類合	도서	木版本				장서각		○	
114	育正堂重訂幼學須知句解	도서	筆寫本	錢元龍(校梓/淸)			규장각	○		
115	益智圖	도서	石版本	童叶庚(著/淸)	上海商務印書館	1915(民國4)	규장각	○		
116	字訓	도서	筆寫本(自筆本)	金師柱(編)		1786(正祖10)	장서각		○	
117	正蒙類語	도서	木版本			1884	장서각		○	
118	朝鮮歷史千字文	도서	鉛印本	沈衡鎭(編)	光州	1928	장서각		○	
119	朱文公童蒙須知	도서	木板本	朱熹(著/宋)			장서각		○	
120	註解千字文	도서	木板本	洪泰運(書)	南漢開元寺	1752(英祖28)	규장각	○	○	
121	註解千字文	도서	木板本	洪泰運(書)	京城廣通坊	1804(純祖4)	규장각	○	○	
122	知永草千字	도서	拓本	智永(草/陳)			규장각	○	○	
123	眞草千文	도서	木版本	趙孟頫(書/元)	完府	1860(哲宗11)	규장각	○	○	
124	眞草千文	도서	木版本	趙孟頫(書/元)	完府南山房	1860(哲宗11)	규장각	○	○	
125	千言箴	도서	筆寫本	朴聖佑(編)			장서각		○	
126	千字文	도서	重刊木版本	韓濩(書)		1691(肅宗17)	규장각	○		
127	千字文	도서	重刊木版本	韓濩(書)		1694(肅宗20)	규장각	○		
128	千字文	도서	重刊木版本	韓濩(書)		1694(肅宗20)	규장각	○		
129	千字文	도서	重刊木版本	韓濩(書)		1754(英祖30)	규장각	○		
130	千字文	도서	重刊木版本(陰刻)	韓濩(書)		1847(憲宗13)	규장각	○		
131	千字文	도서	拓本	韓濩(書)		1847(憲宗13)	규장각	○		
132	千字文	도서	木版本	朴彭年(書)			규장각	○		
133	千字文	도서	木版本	金麟厚(書)			규장각	○		
134	千字文	도서	重刊木版本	李茂實(書)		1894(高宗31)	규장각	○		

번호	자료명	유형	자료형태	편저역자	간행정보	연도	소장처	해제	원문보기	비고
135	千字文	도서	筆寫本	周興嗣 (撰/梁) 壽琴先生 (手書)	大吉羊館		규장각	○		
136	千字文	도서	木版本		紫岩新刊	1905 (光武9)	규장각	○	○	
137	千字文	도서	木版本		19세기 이후		규장각	○		
138	千字文	도서	木版本				규장각	○	○	
139	千字文	도서	木版本		延寶		규장각	○		
140	千字文: 秦漢篆文	도서	木版本		靈光	1661 (顯宗2)	규장각	○		
141	草訣百韻	도서	木版本 (陰刻)				규장각	○		
142	初學須誦	도서	筆寫本				장서각		○	
143	初學階梯首集	도서	整理字		19세기 말		규장각	○	○	
144	初學字訓增輯	도서	木版本	李植(編)		1639 (仁祖17)	규장각	○		
145	初學字訓增輯	도서	筆寫本	李植(編)		1639 (仁祖17)	규장각	○		
146	初學字訓增輯	도서	木版本	李植(編)		1664 (顯宗5)	규장각	○		
147	初學字訓增輯	도서	木版本	李植(編)	全州 全羅監營	1664 (顯宗5)	규장각	○		
148	初學字訓增輯	도서	木版本	李植(編)		1664 (顯宗5)	규장각	○		
149	初學字訓增輯	도서	木版本	李植(編)		1664 (顯宗5)	규장각	○		
150	推句	도서	筆寫本				장서각		○	
151	通學徑編	도서	木版本	黃應斗(著)			규장각	○		
152	通學徑編	도서	筆寫本	黃應斗(著)		1921	장서각		○	
153	學語集	도서	筆寫本			1937	장서각		○	
154	學語集	도서	筆寫本			1918	장서각		○	
155	學語篇	도서	筆寫本			1934	장서각		○	
156	縣吐具解增補 無雙神童蒙先 習	도서	鉛印本	文世榮(編)	大成書林	1937	장서각		○	
157	孝行錄	도서	木版本	權傅·權準 (共著)		1433 (世宗15)	국도		○	
158	孝行錄	도서	木板本 (後刷)	權近(註) 李齊賢(贊)	慶州 李鍾曄家	1923	국도		○	

번호	자료명	유형	자료형태	편저역자	간행정보	연도	소장처	해제	원문보기	비고
159	孝行錄	도서	石板本	朴容柱(刊編)	寶城寶文堂石版印刷所	1935	국도		○	
160	孝行錄	도서	木活字本	曺秉璣(編)	山清復菴精舍	1935	국도		○	
161	孝行錄	도서	筆寫本				국도		○	
162	訓蒙字會	도서	木版本	崔世珍(著)		1613(光海君5)	규장각	○	○	
163	訓蒙字會	도서	筆寫本	崔世珍(著)		18세기 말	규장각	○	○	
164	訓蒙字會	도서	木板本	崔世珍(著)		18세기 이후	규장각	○	○	
165	訓蒙字會	도서	木板本	崔世珍(著)			규장각	○		
166	訓蒙輯要	도서	木版本	李圭瑢(編)韓晩容(校閱)	京城匯東書館	1914	규장각	○		
167	訓蒙編集	도서	木版本	崔膺教(編)		1920	장서각		○	

2) 중국 소장 자료

(1) 訓詁·字書·韻書

번호	자료명	유형	자료형태	편저역자	간행정보	연도	소장처	해제	원문보기	비고
				先秦兩漢魏晉南北朝隋唐						
				訓詁						
1	輶軒使者絕代語釋別國方言	도서	影印本	揚雄(撰/漢), 郭璞(注/晉), 戴震(疏證/清)	商務印書館	1937	중국도	○	○	
2	爾雅	도서	影印本	郭璞(注/晉)	商務印書館	1937	중국도	○	○	

번호	자료명	유형	자료 형태	편저역자	간행 정보	연도	소장처	해제	원문 보기	비고
3	爾雅注疏	도서	鉛印本	郭璞 (注/晉), 邢昺 (疏/宋)	中華書局	1936	중국도	○		
4	爾雅古義	도서	刻本	樊光, 李巡等 (撰/漢), 黃奭 (輯/淸)		1821~1850 (道光)	중국도	○		
5	孫氏爾雅正義 拾遺	도서	影印本	孫炎 (撰/魏), 吳騫 (輯/淸)	上海博古齋	1922	수도도			
6	小爾雅	도서		孔鮒(漢) 宋鹹 (注/宋)	商務印書館	1939	중국도	○	○	
7	釋名	도서	影印本	劉熙 (撰/東漢)	商務印書館	1939	중국도	○	○	
8	逸雅	도서	刻本	劉熙 (撰/東漢)	武林郎奎金 堂策檻	1620~1627 (天啟)	중국도	○		
9	博雅	도서	刻本	張揖 (撰/魏), 曹憲 (音解/隋)	皇甫錄世業 堂	1520	중국도	○		
10	博雅音	도서	刻本/ 彙印	曹憲等 (撰/隋), 王念孫 (校/淸)	新城王氏	1879	중국도	○		
11	廣雅	도서	影印本	張揖 (撰/魏), 曹憲 (音解/隋)	商務印書館	1936	중국도	○	○	
12	埤倉	도서	影印本	張揖 (撰/魏)	江蘇廣陵古 籍刻印社	1987	중국도	○		
13	埤倉輯本	도서	影印本	張揖 (撰/魏)	國家圖書館 出版社	2013	북경대			中國地方志佛 道教文獻匯纂 詩文碑刻卷78
14	字林考逸	도서	抄本	呂忱 (撰/晉), 任大椿 (輯/淸)		1616~1912 (淸)	중국도	○		
15	匡謬正俗	도서	影印本	顏師古 (撰/唐)	商務印書館	1936	중국도	○	○	
16	經典釋文	도서	影印本	陸德明 (撰/唐)	商務印書館	1936	중국도	○	○	

번호	자료명	유형	자료형태	편저역자	간행정보	연도	소장처	해제	원문보기	비고
17	一切經音義	도서	影印本	釋元應(唐)	商務印書館	1936	중국도	○	○	

字書

번호	자료명	유형	자료형태	편저역자	간행정보	연도	소장처	해제	원문보기	비고
1	通俗文	도서	刻本	服虔(撰/漢)	長沙娜嬛館	1883	중국도	○		
2	新刻急就篇	도서	刻本	史遊(撰/漢), 顔師古(注/唐)	胡氏文會堂	1368~1644 (明)	중국도			
3	急就篇	도서	影印本	史遊(撰/漢), 顔師古(注/唐), 王應麟補(注/宋), 錢保塘(補音/宋)	商務印書館	1936	중국도	○	○	
4	說文解字	도서	影印本	許慎(撰/漢)	商務印書館	1935	중국도	○	○	
5	說文解字系傳	도서	影印本	徐鍇(傳釋/南唐)	商務印書館	1936	중국도	○	○	
6	說文解字韻譜	도서	影印本	徐鍇(撰/南唐)	北京圖書館出版社	2004	중국도	○		
7	說文解字篆韻譜	도서	影印本	徐鍇(撰/南唐)	商務印書館	1936	중국도	○	○	
8	玉篇	도서	影印本	顧野王(撰/梁)	商務印書館	1935	중국도	○	○	
9	大廣益會玉篇	도서	影印本	顧野王(撰/梁)	商務印書館	1936	중국도	○	○	
10	桂苑珠叢	도서	影印本	曹憲(撰/隋)	河北教育出版社	1994	수도도			歷代筆記小說集成3
11	千祿字書	도서		顔元孫(撰/唐)			중국도	○		
12	五經文字	도서		張參(撰/唐)	中華書局	1936	북경대			
13	新加九經字樣	도서	影印本	唐玄度(撰/唐), 郭忠恕(記/宋)	商務印書館	1936	중국도	○	○	
14	千字文	도서	刻本	周興嗣(撰/梁)	北京修綆堂	1911	중국도	○		
15	五言千字文	도서	抄本	周興嗣(撰/梁)		1616~1912 (淸)	중국도			

번호	자료명	유형	자료형태	편저역자	간행정보	연도	소장처	해제	원문보기	비고
					韻書					
1	聲類	도서	發行拷貝片	李登(撰/魏),陳鱣(輯/清)	全國圖書館文獻縮微中心	1986	중국도	○		
2	刊謬補缺切韻	도서	影印本	王仁昫(撰/唐)	國立北平故宮博物院	1947	중국도	○		
3	切韻	도서	刻本	陸法言(撰/隋)	山陽汪延珍	1817	중국도	○		
4	沈氏韻經	도서	刻本	沈約(撰/梁),楊慎(轉注/明)	古燕張純修	1644~1722(順治至康熙)	중국도			
					기타					
1	潛夫論	도서		王符(撰/漢),荀悅(著/清),汪繼培(箋/清)	商務印書館	1937	중국도	○	○	
2	批釋校注世說新語補	도서	刻本	劉孝標等(撰/南朝梁)	張文柱	1585	중국도			
3	子思子	도서	刻本	孔伋(撰/春秋),鄭玄(注/漢),黃以周(輯解/清)		1875~1908(光緒)	중국도	○		
4	大戴禮記	도서		戴德(撰/漢),盧辯(注/北周)	商務印書館	1937	중국도	○	○	
5	韓詩外傳	도서		韓嬰(撰/漢)	商務印書館	1939	중국도	○	○	
6	新語	도서	影印本	陸賈(撰/漢)	商務印書館	1929	중국도	○		
					宋					
					訓詁					
1	爾雅新義	도서	刻本	陸佃(撰/宋)	南海伍氏	1820~1908(道光至光緒)	중국도	○	○	

번호	자료명	유형	자료형태	편저역자	간행정보	연도	소장처	해제	원문보기	비고
2	爾雅	도서	影印本	鄭樵(注/宋)	北京圖書館出版社	2006	중국도	○		
3	爾雅奇字音義	도서	影印本	王應麟(撰/宋)	國家圖書館出版社	2011	복경대			北京師範大學圖書館藏稿抄本叢刊
4	群經音辨	도서	抄本	賈昌朝(撰/宋)		1368~1644(明)	중국도	○		
5	埤雅	도서	刻本	陸佃(撰/宋)	武林郎奎金堂策檻	1620~1627(天啟)	중국도	○		
6	爾雅翼	도서	影印本	羅願(撰/宋)	商務印書館	1922	중국도	○		

字書

번호	자료명	유형	자료형태	편저역자	간행정보	연도	소장처	해제	원문보기	비고
1	重刊許氏說文解字五音韻譜	도서	發行拷貝片	李燾(撰/宋)	全國圖書館文獻縮微中心	1995	중국도			
2	汗簡	도서	刻本	郭忠恕(撰/五代), 鄭珍(箋正/清)	廣雅書局	1889	중국도	○		
3	佩觿	도서	刻本	郭忠恕(撰/五代)	李際期宛委山堂	1616~1912(清)	중국도	○		
4	新集古文四聲韻	도서	刻本	夏竦(撰/宋)	新安汪啟淑	1779	중국도			
5	集古文韻	도서	刻本	夏竦(撰/宋)	齊安郡學	1145	중국도			
6	類篇	도서	刻本	司馬光等(撰/宋)	揚州詩局	1706	중국도	○		
7	複古編	도서	影印本	張有(撰/宋)	北京圖書館出版社	2004	중국도			
8	安陸集	도서	發行拷貝片	張先(撰/宋), 汪潮生(輯/清)	全國圖書館文獻縮微中心	1985	중국도	○		
9	增修複古編	도서	發行拷貝片	張有(撰/宋), 吳均(增補/元)	全國圖書館文獻縮微中心	1986	중국도	○		
10	集篆古文韻海	도서	抄本	杜從古(撰/宋)	項世英	1796	중국도			
11	隸韻	도서	刻本	劉球(撰/宋)	江都秦恩複	1810	중국도	○		
12	漢隸字源	도서	刻本	婁機(撰/宋)	毛氏汲古閣	1621~1644(明末)	중국도	○		

번호	자료명	유형	자료형태	편저역자	간행정보	연도	소장처	해제	원문보기	비고
13	班馬字類	도서	影印本	婁機(撰/宋)	商務印書館	1936	중국도	○	○	
14	班馬字類補遺	도서	影宋抄本	李曾伯(撰/宋)	毛氏汲古閣	1644~1722(清初)	중국도			
15	字通	도서	影印本	李從周(編/宋)	商務印書館	1936	중국도	○	○	
16	敘古千文	도서	刻本	胡寅(撰/宋),黃灝(注/宋)	聽雨堂	1891	중국도	○		
17	致堂先生敘古千文	도서	抄本	胡寅(撰/宋),姚福(集解/明)		1616~1912(清)	중국도			
18	續千文	도서	刻本	侍其良器(撰/宋)	江陰繆荃孫雲自在龕	1901	중국도	○		
19	重續千字文	도서	影宋抄本	葛剛正(撰並篆注/宋)		1616~1912(清)	중국도	○		
20	新增說文韻府群玉	도서	刻本	陰時夫(編/宋),陰中夫(注/宋)	文盛堂,天德堂	1716	중국도			

韻書

번호	자료명	유형	자료형태	편저역자	간행정보	연도	소장처	해제	원문보기	비고
1	廣韻	도서	刻本	陳彭年等(撰/宋)	張士俊澤存堂五種	1703	중국도	○		
2	集韻	도서	影印本	丁度等(撰/宋)	上海古籍出版社	1983	중국도	○		
3	切韻指掌圖	도서	影印本	司馬光等(撰/宋)	商務印書館	1936	중국도	○	○	
4	司馬溫公切韻指掌圖	도서	抄本	司馬光等(撰/宋)		1616~1912(清)	중국도			
5	七音略	도서	影印本	鄭樵(撰/宋)	藝文印書館	1976	중국도	○		
6	韻補	도서	影印本	吳棫(撰/宋)	商務印書館	1936	중국도	○	○	
7	附釋文互注禮部韻略	도서	影印本		北京圖書館出版社	2003	중국도	○		
8	增修互注禮部韻略	도서	影印本	毛晃增(注/宋),毛居正(重增/宋)	北京圖書館出版社	2005	중국도	○		

번호	자료명	유형	자료형태	편저역자	간행정보	연도	소장처	해제	원문보기	비고
9	文場備用排字禮部韻注	도서	發行拷貝片	毛晃(增注/宋)	全國圖書館文獻縮微中心	1995	중국도			
10	魁本排字通倂禮部韻注	도서	發行拷貝片	毛晃(撰/宋)	全國圖書館文獻縮微中心	1995	중국도			
11	押韻釋疑拾遺	도서	刻本	歐陽德隆(撰/宋)	禾興郡齋	1239	중국도	○		
12	紫雲先生增修校正押韻釋疑	도서	影印本	歐陽德隆(撰/宋),郭守正(增修/宋)	北京圖書館出版社	2004	중국도			
13	紫雲增修校正禮部韻略釋疑	도서	發行拷貝片	郭守正(撰/宋)	全國圖書館文獻縮微中心	1991	중국도			
14	九經補韻	도서	影印本	楊伯嵒(撰/宋)	商務印書館	1922	중국도	○		
15	重添校正蜀本書林事類韻會	도서	影抄本		海虞瞿氏鐵琴銅劍樓	1912~1949(民國)	중국도			
16	覆永祿本韻鏡	도서	刻本	張麟之(撰/宋)	日本東京使署, 江蘇省立圖書館	1875~1908(光緒)	중국도			

기타

번호	자료명	유형	자료형태	편저역자	간행정보	연도	소장처	해제	원문보기	비고
1	晁氏客語	도서	鉛印本	晁說之(撰/宋)	商務印書館	1930	중국도	○		
2	崇正辯	도서		胡寅(撰/宋),尹文漢(點校/宋)	嶽麓書社	2009	중국도	○		
3	大學章句	도서	鉛印本	朱熹(宋)	中華書局	1912~1949(民國)	중국도	○		
4	中庸章句	도서	刻本	朱熹(宋)	當塗郡齋	1252	중국도	○		
5	延平答問	도서	刻本	朱熹(編/宋)	複性書院	1941	중국도	○		
6	朱文公政訓	도서	刻本	朱熹(宋)	沈氏尚白齋	1606	중국도	○		
7	二程粹言	도서		楊時(編輯/宋)	商務印書館	1936	중국도	○	○	
8	河南程氏遺書	도서	刻本	程顥(宋)程頤(宋)	星沙小嬛嬛山館	1616~1912(淸)	중국도			
9	論語拾遺	도서	刻本	蘇轍(撰/宋)	李際期宛委山堂	1616~1912(淸)	중국도	○		
10	明本釋	도서	刻本	劉荀(撰/宋)	廣雅書局	1899	중국도	○		

번호	자료명	유형	자료형태	편저역자	간행정보	연도	소장처	해제	원문보기	비고
11	融堂四書管見	도서	抄本	錢時(撰/宋)		1368~1644(明)	중국도	○		
12	書集傳或問卷	도서	刻本	陳大猷(撰/宋)	江蘇廣陵古籍刻印社	1983	중국도			
13	上蔡先生語錄	도서	刻本	曾恬(撰/宋)	許翔鳳	1514	중국도			
14	上蔡謝先生語錄	도서	刻本	謝良佐(撰/宋)	山左金寶符	1863	중국도			
15	少儀外傳	도서		呂祖謙(撰/宋)	商務印書館	1936	중국도	○	○	
16	太極圖說	도서	刻本	周敦頤(撰/宋)	存悙書屋	1852	중국도	○		
17	周子全書	도서	刻本	周敦頤(撰/宋), 鄧顯鶴(編/淸)	新化鄧氏濂溪精舍	1847	중국도			
18	心經	도서	影印本	眞德秀(撰/宋)	武英殿	1896	중국도	○		
19	朱子讀書法	도서	刻本	張洪(撰/宋)	複性書院	1947	중국도	○		
20	准齋雜說	도서	刻本	吳如愚(撰/宋), 劉炎(著/宋), 方孝孺(著/明), 薛瑄(撰/明)	商務印書館	1937	중국도	○	○	
21	複古編	도서	影印本	張有(撰/宋)	北京圖書館出版社	2004	중국도	○		
22	東宮備覽	도서		陳模(撰/宋), 黃淳耀(纂/明), 徐榜(著/明)	商務印書館	1939	중국도	○	○	
23	正蒙	도서	木活字本	張載(撰/宋)	南淸河王氏	1875~1908(光緖)	중국도	○		
24	尊孟辨	도서		餘允文(撰/宋)	商務印書館	1937	중국도	○	○	
25	用前韻書田間晩步	도서		曹勛(撰/宋)	全宋詩分析系統		중국도		○	
26	次韻書事	도서		朱翌(撰/宋)	全宋詩分析系統		중국도		○	

번호	자료명	유형	자료형태	편저역자	간행정보	연도	소장처	해제	원문보기	비고
					金元明					
					訓詁					
1	輶軒使者絕代語釋別國方言類聚	도서	影印本	陳興郊(撰/明)	齊魯書社	1997	중국도			四庫全書存目叢書-經187-小學類
2	增修埤雅廣要	도서	發行拷貝片	牛衷(撰/明)	全國圖書館文獻縮微中心	1992	중국도			
3	疑砭錄	도서	發行拷貝片	張登雲(撰/明)	全國圖書館文獻縮微中心	1987	중국도			
4	彙雅前集	도서	刻本	張萱(撰/明)	區大相,沈朝煥等	1606	중국도			
5	駢雅/駢字分箋	도서		朱謀㙔(撰/明),程際盛(纂/清)	商務印書館	1936	중국도	○	○	
					字書					
1	龍龕手鑑	도서	影印本	釋行均(撰/遼)	北京圖書館出版社	2003	중국도	○		
2	新修絫音引證群籍玉篇	도서	影印本	邢准(撰/金)	北京圖書館出版社	2005	중국도			
3	說文解字補義	도서	發行拷貝片	包希魯(撰/元)	全國圖書館文獻縮微中心	1985	중국도	○		
4	續複古編	도서	發行拷貝片	曹本(撰/元)	全國圖書館文獻縮微中心	1986	중국도	○		
5	六書故	도서		戴侗(撰/元)	李鼎元師竹齋	1784	중국도	○	○	
6	六書通釋	도서		戴侗(撰/元)	李鼎元師竹齋	1784	중국도	○	○	
7	六書統	도서	刻本	楊桓(撰/元)	江浙行省儒學	1308	중국도	○		
8	六書統溯原	도서	刻本	楊桓(撰/元)	江浙行省儒學	1308	중국도			
9	增廣鍾鼎篆韻	도서	發行拷貝片	楊鉤(撰/元)	全國圖書館文獻縮微中心	1985	중국도	○		
10	字鑑	도서	影印本	李文仲(撰/元)	商務印書館	1936	중국도	○	○	

번호	자료명	유형	자료형태	편저역자	간행정보	연도	소장처	해제	원문보기	비고
11	說文字原	도서		周伯琦(撰/元)	宋晉	1631	중국도	○	○	
12	六書正譌	도서		周伯琦(撰/元)	宋晉	1631	중국도	○	○	
13	漢隸分韻	도서	影印本		北京圖書館出版社	2004	중국도	○		
14	師古篆韻	도서	發行拷貝片	李墇(輯/元)	全國圖書館文獻縮微中心	1986	중국도			
15	說文長箋	도서		趙宧光(述/明)	趙氏小宛堂	1631	중국도	○	○	
16	說文廣義	도서		王夫之(撰/明)	嶽麓書社	2011	중국도	○		
17	篇海類編	도서	刻本	宋濂(撰/明)		1368~1644(明)	중국도	○		
18	六書本義圖	도서		趙撝謙(撰/明)	餘姚胡東皋	1520	중국도	○	○	
19	從古正文字原釋義	도서	刻本	黃諫(撰/明)	李宗樞石疊山房	1536	중국도	○		
20	漢隸韻要	도서	刻本	文征明(撰/明)	潘振	1368~1644(明)	중국도			
21	六書精蘊	도서	刻本	魏校(撰/明), 徐官(撰/明)	魏希明	1540	중국도	○		
22	音釋舉要	도서	刻本	徐官(撰/明)	魏希明	1540	중국도			
23	經史文編	도서	影印本	吳琉(輯/明)	國家圖書館出版社	2013	북경대			中國地方志佛道教文獻匯纂 寺觀卷39
24	六書索隱	도서	抄本	楊慎(撰/明)		1616~1912(淸)	중국도	○		
25	金石韻府	도서	發行片	朱雲(撰/明)	全國圖書館文獻縮微中心	2003	중국도	○		
26	字學大全	도서		王三聘(撰/明)			중국도	○		
27	篆瀁偏旁點畫辯	도서		應在止(撰/明)						
28	篆文辨訣	도서	影印本	應在止(撰/明)	齊魯書社	1995	북경대			四庫全書存目叢書 子部

번호	자료명	유형	자료형태	편저역자	간행정보	연도	소장처	해제	원문보기	비고
29	吳音奇字	도서	發行拷貝片	孫樓(撰/明), 陸鑑(補遺/明)	全國圖書館文獻縮微中心	1986	중국도	○		
30	字考啟蒙	도서	刻本	周宇(撰/明)	周傳誦	1583	중국도	○		
31	六書賦音義	도서	石印本	張士佩(撰/明)	上海廣倉學宭	1917	중국도	○		
32	同文備考聲韻會通韻要粗釋	도서	影印本	王應電(撰/明)	齊魯書社	1997	중국도	○		四庫全書存目叢書-經189-小學類
33	摭古遺文	도서		李登(撰/明), 姚履旋(補/明)	姚履旋等	1594	중국도	○	○	
34	再增摭古遺文	도서		姚履旋(增補/明)	姚履旋等	1594	중국도	○	○	
35	重刊詳校篇海	도서	刻本	李登(撰/明)		1368~1644(明)	중국도			
36	新校/重刻/重校經史海篇直音	도서				1368~1644(明)	중국도		○	
37	重校全補海篇直音	도서		蔡熷(撰/明)			중국도			
38	新集背篇列部之字	도서	影印本	張廷玉(清)	國家圖書館出版社	2013	북경대			原國立北平圖書館甲庫善本叢書第381-382冊
39	義學正字	도서		沈鯉(輯/明), 郭一經(續輯/明)						
40	字義總略	도서	刻本	顧充(輯並書/明清)		1368~1912(明清)	중국도	○		
41	經史音義字考	도서	影印本	席珍(撰/明)	北京出版社	2010	북경대			四庫提要著錄叢書 經部080
42	大明同文集舉要	도서	刻本	田藝衡(撰/明)	汪以成	1582	중국도			
43	新刊月峰孫先生增補音切玉鑑海篇	도서		孫鑛(撰/明)						
44	翰林筆削字義韻律鼇頭海篇心鏡	도서		蕭良有(撰/明)						

번호	자료명	유형	자료 형태	편저역자	간행 정보	연도	소장처	해제	원문 보기	비고
45	刻太古遺蹤海 篇集韻大全	도서		? 德溥 (撰/明)						
46	重校古本五音 類聚四聲切韻 直音海篇大全	도서	影印本		齊魯書社	1995	북경대			四庫全書存目 叢書 子部
47	精刻海若湯先 生校訂音釋五 侯鯖字海	도서	發行拷 貝片		全國圖書館 文獻縮微中 心	1992	중국도			
48	四書五經難字	도서	影印本		齊魯書社	1997	중국도			四庫全書存目 叢書-經192- 小學類
49	俗書刊誤	도서		焦竑 (撰/明)			중국도	○		
50	類纂古文字考	도서	刻本	都俞 (輯撰/明)		1572~1620 (萬曆)	중국도	○		
51	諸書字考略	도서	影印本	林茂槐 (撰/明)	齊魯書社	1997	중국도			四庫全書存目 叢書-經192- 小學類
52	六書正義	도서	影印本	吳元滿 (撰/明)	齊魯書社	1997	중국도			四庫全書存目 叢書-經194- 小學類
53	六書總要 附正小篆之訛 諧聲指南	도서		吳元滿 (撰/明)	s.n.	1584	중국도	○	○	
54	六書泝原直音 分部備考	도서	刻本	吳元滿 (撰/明)		1572~1620 (萬曆)	중국도	○		
55	隸書正譌	도서	刻本	吳元滿 (撰/明)		1616~1912 (清)	중국도			
56	集鍾鼎古文韻 選	도서	抄本	釋道泰 (撰/明)		1616~1912 (清)	중국도	○		
57	翰林重考字義 韻律大板海篇 心鏡	도서	發行拷 貝片	劉孔當 (撰/明)	全國圖書館 文獻縮微中 心	1991	중국도			
58	字學三正	도서	影印本	郭一經 (撰/明)	北京 出版社	2000	수도도			四庫未收書輯 刊貳輯, 拾肆冊
59	字學指南	도서	刻本	朱光家 (撰/明)		1572~1620 (萬曆)	중국도	○		
60	五先堂字學元 元	도서	影印本	袁子讓 (撰/明)	齊魯書社	1997	중국도			四庫全書存目 叢書-經210- 小學類
61	字孿	도서	刻本	葉秉敬 (撰/明)		1620~1627 (天啟)	중국도	○		

번호	자료명	유형	자료형태	편저역자	간행정보	연도	소장처	해제	원문보기	비고
62	教兒識數	도서	影印本	葉秉敬 (撰/明)	國家圖書館 出版社	2015	북경대			衢州文獻集成 第118冊子部
63	鼎刻台閣考正 遵古韻律海篇 大成	도서		曾六德 (撰/明)						
64	張侗初先生校 正洪武正韻增 補音切通用海 篇心鏡	도서				1368~1644 (明)	중국도			
65	篆訣辯釋	도서		許令典 (撰/明)		1368~1644 (明)	중국도			
66	古文奇字	도서	抄本	朱謀㙔 (撰/明)		1616~1912 (清)	중국도	○		
67	字彙 附韻法直圖 附韻法橫圖	도서		梅膺祚 (撰/明)	梅士倩, 梅士傑	1615	중국도	○	○	
68	古今字考	도서	影印本	呂一奏 (撰/明)	北京 出版社	2000	수도도			四庫未收書輯 刊貳輯, 拾肆冊
69	新刻辨疑正韻 同文玉海	도서		黃道周 (撰/明)						
70	字學類辨	도서	影印本	徐興稽 (撰/明)	齊魯書社	1997	중국도			四庫全書存目 叢書-經205- 小學類
71	新刻瑞樟軒訂 正字韻合璧	도서	影印本	朱孔陽 (輯/明)	齊魯書社	1997	중국도			四庫全書存目 叢書-經199- 小學類
72	三鱣堂篆韻正 義	도서	發行拷 貝片	楊昌文 (撰/明)	全國圖書館 文獻縮微複 制中心	2004	중국도			
73	篆林肆考	도서		鄭大鬱 (輯/明), 徐廣 (訂/明)	潭陽劉肇麟	1641	중국도		○	
74	古文奇字	도서	影印本	龔黃 (撰/明)	北京 出版社	2000	수도도			四庫未收書輯 刊貳輯, 拾肆冊
75	篆學測解 聲韻表	도서	刻本	韓洽 (撰/明)	韓對	1820	중국도			
76	千字文釋義	도서	發行拷 貝片	婁芳 (撰/明)	全國圖書館 文獻縮微中 心	1986	중국도			
77	同文千字文	도서	善本	汪以成 (輯/明)	s.n.	1582	중국도	○	○	

번호	자료명	유형	자료형태	편저역자	간행정보	연도	소장처	해제	원문보기	비고
78	彙音釋義千文	도서	影印本	曹邦瑾 (撰/明)	齊魯書社	1995	북경도			四庫全書存目 叢書 子部
79	千字文義	도서		周邦 (撰/明)						
80	正穀堂千字文	도서		洪朱祉釋 (撰/明)			중국도	○		
81	新刻照千字文 集音辨義	도서				1368~1644 (明)	중국도			
82	華夷譯語	도서	刻本	火源潔 (撰/明)	內府	1368~1644 (明)	중국도	○		
83	高昌館課	도서	影印本		國家圖書館 出版社	2009	중국도	○		
84	高昌館譯書	도서	影印本		國家圖書館 出版社	2009	중국도	○		

韻書

번호	자료명	유형	자료형태	편저역자	간행정보	연도	소장처	해제	원문보기	비고
1	魁本足注釋疑 韻寶	도서	影印本		北京圖書館 出版社	2006	중국도			
2	五音集韻	도서		韓道昭 (輯/金)	清文淵閣		중국도	○		四庫全書本
3	泰和五音新改 倂類聚四聲篇	도서	刻本	韓道昭 (撰/金)		1115~1234 (金)	중국도			
4	改倂五音類聚 四聲篇	도서	發行拷 貝片	韓道昭 (撰/金)	全國圖書館 文獻縮微中 心	1994	중국도			
5	重刊改倂五音 類聚四聲篇	도서	刻本	韓道昭 (撰/金)		1368~1644 (明)	중국도			
6	大明成化丁亥 重刊改倂五音 類聚四聲篇	도서	刻本	韓道昭 (撰/金)		1471	중국도			
7	崇慶新雕改倂 五音集韻	도서	刻本	韓道昭 (撰/金)	荊珍	1212	중국도			
8	新彫改倂五音 集韻	도서		韓道昭 (撰/金)						
9	改倂五音集韻	도서	發行拷 貝片	韓道昭 (撰/金)	全國圖書館 文獻縮微中 心	1994	중국도	○		
10	大明成化庚寅 重刊改倂五音 集韻	도서	刻本	韓道昭 (撰/金)		1470~1471	중국도	○		
11	大明弘治甲子 重刊改倂五音 集韻	도서	影印本	韓道昭 (撰/金)	北京出版社	2010	북경대			四庫提要著錄 叢書 經部080

번호	자료명	유형	자료형태	편저역자	간행정보	연도	소장처	해제	원문보기	비고
12	萬曆丙申重刊改倂五音集韻	도서		韓道昭(撰/金)						
13	大明正德乙亥重刊改倂五音集韻	도서	刻本	韓道昭(撰/金)	金台衍法寺釋覺恒	1515	중국도			
14	大明正德乙亥重刊改倂五音類聚四聲篇	도서	刻本	韓道昭(輯/金)	釋本贊	1559	중국도			
15	大明萬曆己醜重刊改倂五音集韻	도서	刻本	韓道昭(撰/金)釋真空(撰/明)劉鑒(撰/元)	圓覺庵釋新仁募	1629~1637	중국도			
16	大明萬曆己醜重刊改倂五音類聚四聲篇	도서	刻本	韓道昭(輯/金)	釋新仁	1629	중국도			
17	新編經史正音切韻指南	도서	發行拷貝片	劉鑑(撰/元)	全國圖書館文獻縮微中心	1986	중국도			
18	經史正音切韻指南	도서	發行片	劉鑑(撰/元)	全國圖書館文獻縮微中心	2003	중국도	○		
19	新編篇韻貫珠集直指玉鑰匙門法	도서	刻本	釋真空(撰/明)	金台衍法寺釋覺恒	1516	중국도	○		
20	古今韻會舉要禮部韻略七音三十六母通考	도서		黃公紹(編輯/末元),熊忠(舉要/元)	秦鉞,李舜臣	1536	중국도	○	○	
21	古今韻會舉要小補	도서		方日升(撰/明)	周士顯	1606	중국도		○	
22	書學正韻	도서	影印本	楊桓(撰/元)	北京圖書館出版社	2006	중국도	○		
23	四聲等子	도서			商務印書館	1937	중국도	○	○	
24	中原音韻	도서		周德清(撰/元)	國家圖書館出版社	2012	중국도	○		
25	洪武正韻	도서	影印本	樂韶鳳,宋濂等(撰/明)	國家圖書館出版社	2012	중국도	○		

번호	자료명	유형	자료형태	편저역자	간행정보	연도	소장처	해제	원문보기	비고
26	洪武正韻高唐王篆書	도서	發行拷貝片	樂韶鳳, 宋濂等(撰/明), 朱厚瑛(篆書/明)	全國圖書館文獻縮微中心	1993	중국도			
27	洪武正韻彙編	도서	影印本	周家棟(輯/明)	齊魯書社	1997	중국도			四庫全書存目叢書-經191-小學類
28	洪武正韻傍音釋義	도서	發行拷貝片		全國圖書館文獻縮微中心	1986	중국도			
29	皇極聲音文字通	도서	影印本	趙撝謙(撰/明)	齊魯書社	1997	중국도			四庫全書存目叢書-經207-小學類
30	新編併音連聲韻學集成直音篇	도서	影印本	章黼(撰/明)	齊魯書社	1995	북경대			四庫全書存目叢書 子部
31	重刊併音連聲韻學集成直音篇	도서	影印本	章黼(撰/明)	齊魯書社	1997	중국도			四庫全書存目叢書-經208-小學類
32	韻略易通	도서	影印本	蘭茂(撰/明)	齊魯書社	1997	중국도	○		四庫全書存目叢書-經208-小學類
33	韻略彙通	도서		蘭茂(撰/明)			중국도	○		
34	詩對押韻前集後集	도서	刻本	耿純	黃應元	1589	중국도			
35	詩韻釋義	도서	刻本	題關西修髥子(撰/明)	郭勳	1520	중국도			
36	詩韻捷經	도서		羅琳(編)	北京出版社	2000	북경대			四庫未收書輯刊1輯
37	會通館集九經韻覽	도서		華燧(輯/明)			중국도			
38	韻葉考	도서	發行拷貝片	潘緯(撰/明)	全國圖書館文獻縮微中心	1995	중국도	○		
39	古音叢目 古音獵要 古音略例 轉注古音略 古音餘 古音附錄 奇字韻	도서	刻本	楊慎(撰/明)	廣漢鐘登甲樂道齋	1851~1911(淸末)	중국도	○		

번호	자료명	유형	자료형태	편저역자	간행정보	연도	소장처	해제	원문보기	비고
40	古音獵要古音略例古音餘	도서	刻本	楊慎(撰/明), 李調元(校定/淸)	綿州李調元	1736~1795 (乾隆)	중국도	○		
41	轉注古音略	도서	影印本	楊慎(撰/明)	商務印書館	1937	중국도	○	○	
42	韻林原訓	도서		楊慎(撰/明)						
43	韻略易通	도서	影印本	釋本悟(撰/明)	新文豊出版公司	1989	중국도	○		叢書集成續編-74-語言學類
44	詩韻(輯略	도서		潘恩(撰/明)	Pan En.	1567~1572 (隆慶)	중국도	○	○	
45	韻經	도서	刻本	張之象(撰/明)	長水書院	1539	중국도	○		
46	篆韻辨體	도서				1616~1912 (淸)	중국도	○	○	
47	類聚音韻	도서					중국도	○		
48	元聲韻學大成	도서	影印本	濮陽淶(撰/明)	齊魯書社	1997	중국도			四庫全書存目叢書-經208-小學類
49	韻苑考遺	도서		陳士元(撰/明)			중국도	○		
50	詩韻(輯要	도서	刻本	李攀龍(輯/明), 徐震(注/明)	書林李德舜	1621~1644 (明末)	중국도			
51	新刊增補古今名家韻學淵海大成	도서		李攀龍(撰/明)			중국도	○		
52	韻譜	도서		?朱睦楔(撰/明)			중국도	○		
53	倂音連聲字學集要	도서	影印本	陶承學(撰/明)	齊魯書社	1997	중국도	○		四庫全書存目叢書-經209-小學類
54	古今詩韻釋義	도서	刻本	龔大器(輯/明)	金陵書肆周前山	1581	중국도			
55	韻略類釋	도서	影印本	李齊芳(撰/明)	新文豊出版公司	1989	중국도	○		叢書集成續編-74-語言學類
56	詩韻輯要	도서	影印本	王穉登(撰/明)	北京出版社	2000	수도도			四庫未收書輯刊貳輯,拾肆冊

번호	자료명	유형	자료형태	편저역자	간행정보	연도	소장처	해제	원문보기	비고
57	詩韻釋義	도서	影印本	錢齋(撰/明)	北京燕山出版社	2012	북경대			北京市文物局圖書資料中心藏古籍珍本叢刊5-6
58	問奇集	도서	影印本	張位(撰/明)	齊魯書社	1997	중국도	○		四庫全書存目叢書-經191-小學類
59	韻釋便覽	도서		孫維城(撰/明)	西南師範大學出版社	2011	북경대			域外漢籍珍本文庫第二輯,經部
60	五大部直音集韻	도서	刻本		瑪瑙寺釋通曉	1574	중국도			
61	韻書通用字考	도서	影印本	顧起淹(撰/明)	國家圖書館出版社	2013	북경대			原國立北平圖書館甲庫善本叢書第381-382冊
62	古今韻分注撮要	도서	影印本	甘雨(撰/明)	齊魯書社	1997	중국도	○		四庫全書存目叢書-經209-小學類
63	讀易韻考	도서	影印本	張獻翼(撰/明)	齊魯書社	1997	중국도	○		四庫全書存目叢書-經209-小學類
64	古今韻撮	도서	影印本	高舉(撰/明)	齊魯書社	1995	북경대			四庫全書存目叢書 子部
65	書文音義便考私編難字直音	도서	刻本	李登(撰/明)		1572~1620(萬曆)	중국도	○		
66	新增切韻指南	도서		潘巒(撰/明)						
67	青郊襍著文韻考衷六聲會編	도서	影印本	桑紹良(輯/明),袁子讓(撰/明)	嶽麓書社	2012	중국도	○		
68	交泰韻	도서	刻本	呂坤(撰/明)		1616~1912(清)	중국도	○		
69	鐫玉堂釐正龍頭字林備考韻海全書	도서	善本	李廷機(輯/明)	書林安正堂劉雙松	1595	중국도		○	
70	古篆韻譜正傳	도서		呂胤基(撰/明)	北京出版社	2000	북경대			四庫未收書輯刊1輯
71	吟囊一覽	도서				1368~1644(明)	중국도			
72	蘇氏韻輯	도서	影印本	蘇茂相(撰/明)	國家圖書館出版社	2013	북경대			原國立北平圖書館甲庫善本叢書第381-382冊

번호	자료명	유형	자료형태	편저역자	간행정보	연도	소장처	해제	원문보기	비고
73	三台館仰止子考古詳訂遵韻海篇正宗	도서		餘象門(撰/明)	廣西師範大學出版社	2010	북경대			北京師範大學圖書館藏明刻孤本秘笈叢刊
74	新鑴中書科刪訂字義辨疑正韻海篇	도서		李喬嶽(訂義/明)						
75	韻表	도서	影印本	葉秉敬(撰/明)	齊魯書社	1997	중국도	○		四庫全書存目叢書-經210-小學類
76	韻譜本義	도서	刻本	茅溱(輯/明)	茅溱	1604	중국도	○		
77	詩韻釋要	도서		潘雲傑, 陸籠(撰/明)			중국도	○		
78	合併字學篇韻便覽	도서	影印本	徐孝(編/明)	齊魯書社	1997	중국도	○		四庫全書存目叢書-經193-小學類
79	音聲紀元	도서	影印本	吳繼仕(撰/明)	齊魯書社	1995	북경대			四庫全書存目叢書 子部
80	詩音辯略	도서	刻本	楊貞一(撰/明)	廣漢鐘登甲樂道齋	1851~1911(清末)	중국도	○		
81	音韻日月燈	도서	刻本	呂維祺(撰/明)		1628~1644(崇禎)	중국도	○		
82	陳明卿太史考古詳訂遵韻海朝宗	도서	影印本	陳仁錫(撰/明)	北京出版社	2000	수도도			四庫未收書輯刊捌輯, 三冊
83	正韻翼	도서	刻本	吳士琳(撰/明)		1368~1644(明)	중국도			
84	韻法橫圖韻法直圖	도서		梅膺祚(撰/明), 李世澤(撰/明)	s.n.	1614	중국도	○	○	
85	律古詞曲賦葉韻統	도서	影印本	程元初(撰/明)	齊魯書社	1997	중국도			四庫全書存目叢書-經211-小學類
86	古今字韻全書集韻	도서				1368~1644(明)	중국도			
87	古韻今韻	도서				1368~1644(明)	중국도	○		
88	辨音纂要	도서				1368~1644(明)	중국도			
89	西儒耳目資釋疑	도서	影印本	金尼閣(撰/法), 王征(撰/明)	國家圖書館出版社	2012	중국도	○		

번호	자료명	유형	자료형태	편저역자	간행정보	연도	소장처	해제	원문보기	비고
90	古隷韻宗	도서	刻本	魏師段 (撰/明)		1644~1722 (淸初)	수도도			
91	皇極圖韻	도서	影印本	陳蓋謨 (撰/明)	齊魯書社	1997	중국도	○		四庫全書存目 叢書-經214- 小學類
92	皇極統韻通釋 類音檢字	도서	影印本	陳蓋謨 (撰/明)	國家圖書館 出版社	2013	북경대			原國立北平圖 書館甲庫善本 叢書第381-3 82冊
93	元音統韻	도서	刻本	陳蓋謨 (撰/明)		1662~1722 (康熙)	중국도	○		
94	律諧	도서	刻本	熊人霖 (撰/明)		1628~1644 (崇禎)	중국도			
95	詩韻考裁	도서		徐爾鉉 (撰/明)	北京出版社	2000	북경대			四庫未收書輯 刊1輯
96	音韻正訛	도서	刻本	孫耀 (撰/明)		1900	중국도	○		
97	詩韻釋略	도서		梁應坼 (撰/明)			중국도	○		
98	韻略 韻鑰	도서		許爾寧 (撰/明)			중국도	○		
99	音韻集成	도서	影印本	莫銓 (撰/明)	北京出版社	2010	북경대			四庫提要著錄 叢書 經部080

기타

번호	자료명	유형	자료형태	편저역자	간행정보	연도	소장처	해제	원문보기	비고
1	治世龜鑒	도서		蘇天爵 (撰/元)	中國基本古 籍庫		중국도	○		
2	續複古編	도서	發行拷 貝片	曹本 (撰/元)	全國圖書館 文獻縮微中 心	1986	중국도	○		
3	大學衍義補	도서	刻本	邱濬 (撰/明)	山西狷氏喬 應甲	1606	중국도	○		
4	朱子學的	도서		邱濬 (編/明)	商務印書館	1936	중국도	○	○	
5	東溪日談錄	도서		周琦 (撰/明)	淸文淵閣	1616~1912 (淸)	중국도	○		四庫全書本
6	楓山語錄	도서	刻本	章懋 (撰/明)	上海陳氏	1824	중국도	○		
7	簡端錄	도서	刻本	邵寶 (撰/明)		1636	중국도	○		
8	居業錄	도서	刻本	胡居仁 (撰/明), 張伯行 (訂/淸)	福州正誼書 局	1866	중국도	○		

번호	자료명	유형	자료형태	편저역자	간행정보	연도	소장처	해제	원문보기	비고
9	劉子遺書	도서	刻本	劉宗周(撰/明)	山陰謝鳳書	1850	중국도			
10	人譜類記	도서	刻本	劉宗周(撰/明)	湖北崇文書局	1877	중국도	○		
11	孟子雜記	도서		陳士元(撰/明)	商務印書館	1937	중국도	○	○	
12	明道編	도서		黃綰(著/明), 劉厚祜, 張豈之(標點/清)	中華書局	1959	중국도	○		
13	明水陳先生文集	도서	影印本	陳九川(撰/明)	齊魯書社	1997	중국도			四庫全書存目叢書集-72-別集類
14	呻吟語	도서		呂坤(著/明), 陳宏謀(評/清)	會文堂書局	1924	중국도	○	○	
15	士翼	도서	抄本	崔銑(撰/明)	適園	1616~1912(清)	중국도	○		
16	世緯	도서	刻本	袁袠(撰/明)	長塘鮑氏知不足齋	1616~1912(清)	중국도	○		
17	四書蕅益解	도서		蕅益(著/明), 江謙(補註/清末), 梅愚(點校/清末)	崇文書局	2015	중국도			
18	太極圖說述解	도서	刻本	曹端(撰/明)	複性書院	1941	중국도	○		
19	泰泉鄉禮	도서	刻本	黃佐(撰/明)		1843	중국도	○		
20	學蔀通辨	도서		陳建(撰/明)	商務印書館		중국도	○	○	

清 近代

訓詁

번호	자료명	유형	자료형태	편저역자	간행정보	연도	소장처	해제	원문보기	비고
1	爾雅補注	도서	刻本	周春(撰/清)	長沙葉德輝	1908	중국도	○		
2	爾雅注疏箋補	도서	影印本	任基振(撰/清)	新文豊出版公司	1989	중국도	○		叢書集成續編-72-語文學類
3	爾雅正義	도서	發行拷貝片	邵晉涵(撰/清)	全國圖書館文獻縮微中心	1991	중국도	○		

번호	자료명	유형	자료형태	편저역자	간행정보	연도	소장처	해제	원문보기	비고
4	爾雅古義	도서	石印本	錢坫(撰/淸)	蜚英館	1889	중국도	○		
5	爾雅釋文補	도서	抄本	錢大昭(撰/淸)		1616~1912(淸)	중국도			
6	爾雅舊注考證	도서		李曾白(撰/淸)			중국도	○		
7	爾雅郭注義(疏	도서		郝懿行(撰/淸)	山東友誼出版社	1992	중국도		○	
8	爾雅小箋	도서	刻本	江藩(撰/淸)	南陵徐氏	1900	중국도	○		
9	爾雅一切注音	도서	刻本	嚴可均(撰/淸)	德化李氏木犀軒	1875~1908(光緒)	중국도	○		
10	爾雅古注合存	도서		董桂新(撰/淸)			중국도	○		
11	爾雅箋釋	도서	影印本	沈潮(撰/淸)	上海書店出版社	2014	북경대			淸經解·淸經解續編第四冊
12	爾雅異文考	도서	影印本	史詮(撰/淸)	上海書店出版社	2014	북경대			淸經解·淸經解續編第七冊
13	爾雅古注斠	도서	影印本	葉蕙心(撰/淸)	北京出版社	2010	북경대			四庫提要著錄叢書 經部116
14	爾雅正名評	도서	鉛印本	汪鋆(撰/淸), 黃侃(評/淸末)	章炳麟國學講習會	1936	중국도	○		
15	爾雅漢學證義	도서	影印本	陶方琦(撰/淸)	北京出版社	2010	북경대			四庫提要著錄叢書 經部116
16	爾雅釋草釋木統箋	도서	稿本	王仁俊(撰/淸)		1616~1912(淸)	중국도			
17	爾雅聲類釋詁	도서	影印本	李銘漢(撰/淸)	上海書店出版社	2014	북경대			淸經解·淸經解續編第四冊
18	爾雅郭注佚存補訂	도서	刻本	王樹枏(撰/淸)	新城王氏	1892	중국도	○		
19	小爾雅廣注	도서	發行拷貝片	莫栻(撰/淸)	全國圖書館文獻縮微中心	1996	중국도	○		
20	小爾雅(疏	도서	刻本	王煦(撰/淸)	鑿翠山莊	1800	중국도	○		
21	小爾雅義證	도서	刻本	胡承珙(撰/淸)	江蘇廣陵古籍刻印社	1982	중국도	○		

번호	자료명	유형	자료형태	편저역자	간행정보	연도	소장처	해제	원문보기	비고
22	小爾雅(疏證)	도서	刻本	葛其仁(撰/清)	歸安姚覯元	1883	중국도	○		
23	戴東原方言校本箋注	도서		丁傑(撰/清)						
24	方言釋義	도서	影印本	王維言(撰/清)	山東大學出版社	2006	북경대			山東文獻集成第一輯33
25	釋名疏證	도서	影印本	畢沅(疏/清)	商務印書館	1936	중국도	○	○	
26	廣雅疏義	도서		錢大昭(撰/清), 黃建中, 李發舜(點校/清)	中華書局	2016	중국도	○		
27	廣雅疏證	도서	刻本	王念孫(撰/清), 王引之(述/清)	淮南書局	1879	중국도	○		
28	埤雅物異記言	도서		董桂新(撰/清)			중국도	○		
29	字詁	도서	刻本	黃生(撰/清), 黃承吉(撰/清)	黃氏家	1877	중국도	○		
30	助字辯略	도서		劉淇(撰/清)	大象出版社	2014	북경대			梵蒂岡圖書館藏明清中西文化交流史文獻叢刊
31	續方言	도서	刻本	杭世駿(撰/清)	南匯吳省蘭聽彝堂	1796~1820(嘉慶)	중국도	○		
32	別雅訂	도서		吳玉搢(撰/清), 陶煒(述/清)	商務印書館	1939	중국도	○	○	
33	聲類	도서		錢大昕(撰/清)	商務印書館	1912~1949(民國)	중국도	○	○	
34	釋繒	도서	影印本	任大椿(撰/清)	上海書店出版社	2014	북경대			清經解·清經解續編第四冊
35	經雅	도서	發行片	戴震(撰/清)	全國圖書館文獻縮微複制中心	2004	중국도			
36	續方言	도서	影印本	戴震(撰/清)	國立中央研究院歷史語言研究所	1932	중국도	○		

번호	자료명	유형	자료형태	편저역자	간행정보	연도	소장처	해제	원문보기	비고
37	釋拜	도서	發行片	段玉裁 (撰/淸)	全國圖書館 文獻縮微中 心	1985	중국도			
38	拾雅	도서	影印本	夏昧堂 (撰/淸)	江蘇廣陵古 籍刻印社	1989	중국도	○		
39	疊字韻編	도서	稿本	周文鼎 (撰/淸)		1616~1912 (淸)	중국도			
40	經籍籑詁	도서		阮元 (撰/淸)	成都古籍書 店	1982	중국도	○		
41	釋歲	도서		洪亮吉 (撰/淸)	上海古籍出 版社	2010	북경대			淸代詩文集彙 編
42	釋車	도서	抄本	蕭掄 (撰/淸)		1616~1912 (淸)	중국도			
43	恒言廣證	도서		陳鱣 (撰/淸)			중국도	○		
44	周秦名字解故	도서	刻本	王引之 (撰/淸)		1616~1912 (淸)	중국도	○		
45	周秦名字解故 附錄	도서	發行拷 貝片	王萱齡 (撰/淸)	全國圖書館 文獻縮微中 心	1986	중국도			
46	古人文注	도서		張澍 (撰/淸)	上海古籍出 版社	2010	북경대			淸代詩文集彙 編
47	釋龜	도서		張金吾 (撰/淸)						
48	釋穀	도서		劉寶楠 (撰/淸)			중국도	○		
49	聲訓緯纂 重訂諧聲表	도서	稿本	黃以愚 (撰/淸)		1616~1912 (淸)	중국도			
50	釋言語	도서		吳大中 (撰/淸)			중국도			
51	經典文字考異 補正	도서		鄭知同 (撰/淸)						
52	說文閩音通 附錄	도서	刻本	謝章鋌 (撰/淸)		1904	중국도			
53	神京方言小識	도서	影印本	英浩 (撰/淸末)	齊魯書社	1995	북경대			四庫全書存目 叢書 子部
54	畿輔方言	도서		王樹枏 (撰/淸末)			중국도	○		
55	古書疑義舉例 五種	도서		俞樾 (撰/淸)	中華書局	1956	중국도	○		
56	增注字詁義府 合按	도서	刻本	黃生 (撰/淸)	歙西黃承吉	1877	중국도			

번호	자료명	유형	자료형태	편저역자	간행정보	연도	소장처	해제	원문보기	비고
57	黃侃論學雜著	도서		黃侃(撰/淸末)	中華書局	1964	중국도	○	○	
58	積微居小學述林	도서		楊樹達(撰/淸末)	中華書局	1983	중국도	○	○	
59	積微居小學金石論叢	도서		楊樹達(撰/淸末)	中華書局	1983	중국도	○	○	

字書

번호	자료명	유형	자료형태	편저역자	간행정보	연도	소장처	해제	원문보기	비고
1	小學鉤沈	도서	刻本	任大椿(輯/淸)	龍氏	1884	중국도	○		
2	小學鉤沈續編	도서	刻本	顧震福(撰輯/淸)	山陽顧氏	1892	중국도			
3	小學集略	도서	影印本	孔繼涵(輯/淸)	齊魯書社	1997	중국도			四庫全書存目叢書-經216-小學類
4	古小學書鉤沈	도서		陳鱣(輯/淸)	北京出版社	2000	북경대			四庫未收書輯刊1輯
5	倉頡篇	도서	影印本	孫星衍(輯/淸)	商務印書館	1936	중국도	○	○	
6	倉頡篇校證補遺	도서	刻本	梁章鉅(撰/淸)		1879	중국도	○		
7	倉頡篇義證校義箋釋	도서		葉大莊(撰/淸)						
8	說文解字讀	도서		段玉裁(撰/淸),朱小健,張和生(點校)	北京師範大學出版社	1995	중국도	○		
9	說文解字注	도서		段玉裁(撰/淸)	國學整理社	1936	중국도	○	○	
10	說文解字注六書音均表	도서	刻本	段玉裁(撰/淸)	段氏經韻樓	1736~1820(乾隆嘉慶)	중국도	○		
11	許氏說文解字六書論正	도서	影印本	王育(撰/淸)	國家圖書館出版社	2013	북경대			原國立北平圖書館甲庫善本叢書第374冊
12	說文解字系校勘記	도서	影印本	苗夔等(校定/淸)	商務印書館	1936	중국도		○	
13	惠氏讀說文記	도서	影印本	惠棟(撰/淸)	商務印書館	1936	중국도	○	○	
14	說文引經考	도서	影印本	吳玉搢(撰/淸)	商務印書館	1936	중국도	○	○	
15	說文解字理董	도서	影印本	吳穎芳(撰/淸)	國家圖書館出版社	2013	북경대			原國立北平圖書館甲庫善本叢書第374冊

번호	자료명	유형	자료 형태	편저역자	간행 정보	연도	소장처	해제	원문 보기	비고
16	說文理董後編	도서		吳穎芳 (撰/淸)			중국도	○		
17	學福齋說文溫知錄	도서	發行拷貝片	沈大成 (撰/淸)	全國圖書館文獻縮微中心	1996	중국도			
18	說文凝錦錄	도서	發行拷貝片	萬光泰 (撰/淸)	全國圖書館文獻縮微中心	1995	중국도	○		
19	說文系傳考異	도서	發行片	汪憲 (撰/淸)	全國圖書館文獻縮微中心	2003	중국도	○		
20	說文系傳考異	도서		朱文藻 (撰/淸)			중국도	○		
21	汲古閣說文訂	도서	影印本	段玉裁 (撰/淸)	商務印書館	1936	중국도	○	○	
22	說文蠡箋	도서	發行拷貝片	潘奕雋 (撰/淸)	全國圖書館文獻縮微中心	1995	중국도	○		
23	說文解字斠詮	도서		錢坫 (撰/淸)	台聯國風出版社	1968	중국도	○		
24	說文解字校勘記	도서	影印本	王念孫 (撰/淸)	新文豐出版公司	1989	중국도	○		叢書集成續編 -70-語文學類
25	說文引經考	도서	刻本	程際盛 (撰/淸)	程世勳等	1805	중국도			
26	說文古語考續方言補	도서		程際盛 (撰/淸)			중국도			
27	古韻異同摘要	도서	活字印本	程炎 (撰/淸)	程炎[自]	1616~1912 (淸)	중국도	○		
28	說文解字群經正字	도서	發行片	邵瑛 (撰/淸)	全國圖書館文獻縮微複制中心	2004	중국도	○		
29	說文經訓偶箋	도서	影印本	邵瑛 (撰/淸)	國家圖書館出版社	2013	북경대			原國立北平圖書館甲庫善本叢書第381-382冊
30	說文解字義證	도서	影印本	桂馥 (撰/淸)	廣文書局	1972	중국도	○		
31	說文解字籤注	도서	影印本	桂馥 (撰/淸)	北京出版社	2010	북경대			四庫提要著錄叢書 子部040
32	說文解字考異	도서	發行拷貝片	鈕樹玉 (撰/淸)	全國圖書館文獻縮微中心	1992	중국도			

번호	자료명	유형	자료형태	편저역자	간행정보	연도	소장처	해제	원문보기	비고
33	說文新附考續考	도서	影印本	鈕樹玉(撰/清)	商務印書館	1939	중국도	○		
34	段氏說文注訂	도서	影印本	鈕樹玉(撰/清)	商務印書館	1936	중국도	○	○	
35	說文解字校錄	도서	刻本	鈕玉樹(撰/清)	江蘇書局	1885	중국도	○		
36	說文解字注匡謬	도서		徐承慶(撰/清)			중국도	○		
37	說文字原集注附表表說	도서		蔣和(撰/清)	s.n.	1760?	중국도	○	○	
38	說文段注訂補	도서	刻本	王紹蘭(撰/清)	吳興劉承幹嘉業堂	1912~1949(民國)	중국도	○		
39	讀說文證疑	도서	刻本	陳詩庭(撰/清)	海甯許槤古均閣	1887	중국도	○		
40	說文分類權失	도서	抄本	錢大昭(撰/清)		1616~1912(清)	중국도			
41	說文統釋	도서	抄本	錢大昭(撰/清)		1616~1912(清)	중국도			
42	說文統釋自序	도서	抄本	錢大昭(撰/清)	周魯齋	1910	중국도	○		
43	說文拈字補遺	도서	發行拷貝片	王玉樹(撰/清)	全國圖書館文獻縮微中心	1993	중국도			
44	說文便檢	도서	刻本	丁源(撰/清)		1827	중국도			
45	說文解字考異	도서	發行片	姚文田,嚴可均(撰/清)	全國圖書館文獻縮微中心	2003	중국도			
46	說文校議	도서	刻本	姚文田,嚴可均(撰/清)	歸安姚覲元	1874	중국도	○		
47	韻會舉要引說文系傳抄	도서	稿本	嚴可均(輯/清),姚文田(撰/清)		1616~1912(清)	중국도			
48	說文字句異同錄	도서	影印本	姚文田(撰/清)	北京出版社	2010	북경대			四庫提要著錄叢書 史部243
49	說文解字翼	도서	發行拷貝片	嚴可均(撰/清)	全國圖書館文獻縮微中心	1993	중국도	○		

번호	자료명	유형	자료형태	편저역자	간행정보	연도	소장처	해제	원문보기	비고
50	說文類考	도서	發行拷貝片	嚴可均(撰/淸)	全國圖書館文獻縮微中心	1988	중국도			
51	說文注補鈔	도서		嚴可均(撰/淸)	北京出版社	2000	북경대			四庫未收書輯刊1輯
52	舊說文錄	도서	影印本	嚴可均(撰/淸)	國家圖書館出版社	2013	북경대			原國立北平圖書館甲庫善本叢書第374冊
53	讀說文解字小箋	도서		梁運昌(撰/淸)			중국도	○		
54	說文檢字	도서	影印本	毛謨,姚覲元(輯/淸)	商務印書館	1936	중국도	○	○	
55	說文經字考	도서	刻本	陳壽祺(撰/淸)	江都李祖望半畝園	1852	중국도	○		
56	說文引經考證	도서	影印本	張澍(撰/淸)	新文豐出版公司	1989	중국도	○		叢書集成續編-71-語文學類
57	一切經音義引說文異同	도서		張澍(撰/淸)			중국도			
58	說文廣詁	도서	發行拷貝片	郝懿行(撰/淸)	全國圖書館文獻縮微中心	1986	중국도			
59	諧聲補逸	도서	影印本	宋保(撰/淸)	商務印書館	1936	중국도	○	○	
60	說文解字音均表	도서	石印本	江沅(撰/淸)	蚩英館	1889	중국도			
61	說文釋例	도서	刻本	江沅(撰/淸)	江都李祖望半畝園	1851	중국도	○		
62	說文訂訂	도서	抄本	丁授經(撰/淸)		1616~1912(淸)	중국도			
63	說文考異附錄	도서	抄本	顧廣圻(撰/淸)	劉履芬	1616~1912(淸)	중국도			
64	說文辨疑條記	도서	抄本	顧廣圻(撰/淸)	劉履芬	1616~1912(淸)	중국도	○		
65	說文引經異字	도서	石印本	吳雲蒸(撰/淸)		1931	중국도	○		
66	說文字通	도서	刻本	高翔麟(撰/淸)	海昌查元偁	1838	중국도	○		
67	說文經典異字釋	도서	刻本	高翔麟(撰/淸)	萬卷樓	1883	중국도			

번호	자료명	유형	자료형태	편저역자	간행정보	연도	소장처	해제	원문보기	비고
68	說文部次便覽	도서	發行片	顧元熙(撰/淸)	全國圖書館文獻縮微中心	2003	중국도			
69	說文古本考	도서	刻本	沈濤(撰/淸)	吳縣潘祖蔭滂喜齋	1875~1908(光緖)	중국도	○		
70	說文答問(疏證	도서	刻本	薛傳均(撰/淸)	歸安姚覲元	1875~1908(光緖)	중국도	○		
71	說文通訓定聲柬韻	도서	刻本	朱駿聲(撰/淸)		1870	중국도	○		
72	說文分均再檎	도서	發行片	劉家鎭(撰/淸)	全國圖書館文獻縮微中心	2003	중국도			
73	許學三書	도서	抄本	翟雲升(撰/淸)	高氏辨蟬居	1891	중국도			
74	說文形聲後案	도서	抄本	翟雲升(撰/淸)	高氏辨蟬居	1891	중국도			
75	古韻證	도서	影印本	翟雲升(撰/淸)	齊魯書社	1995	북경대			四庫全書存目叢書 子部
76	說文解字句讀	도서	刻本	王筠(撰/淸)	餘姚朱迥然	1882	중국도	○		
77	說文句讀句讀補正	도서	刻本	王筠(撰/淸)		1850	중국도	○		
78	說文釋例	도서	石印本	王筠(撰/淸)	上海掃葉山房	1925	중국도	○		
79	釋例補正	도서		王筠(撰/淸)	北京出版社	2000	북경대			四庫未收書輯刊1輯
80	說文系傳校錄	도서	影印本	王筠(撰/淸)	廣文書局	1972	중국도	○		
81	汪刻系傳改正	도서		王筠(撰/淸)						
82	說文韻譜校	도서	刻本	王筠(撰/淸)	濰縣劉嘉禾	1890	중국도	○		
83	說文抄	도서	影印本	王筠(撰/淸)	國家圖書館出版社	2013	북경대			原國立北平圖書館甲庫善本叢書第374冊
84	說文校記	도서	影印本	王筠(撰/淸)	山東大學出版社	2006	북경대			山東文獻集成第一輯33
85	許學劄記說文彙字雜抄	도서	發行拷貝片	王筠(撰/淸)	全國圖書館文獻縮微中心	1985	중국도	○		
86	正字略定本	도서	稿本	王筠(撰/淸)		1616~1912(淸)	중국도			

번호	자료명	유형	자료형태	편저역자	간행정보	연도	소장처	해제	원문보기	비고
87	芸香館重刊正字略	도서	刻本	王筠(撰/清)	開原鍾文	1849	중국도			
88	六書蒙拾	도서	影印本	王筠(撰/清)	齊魯書社	1995	북경대			四庫全書存目叢書 子部
89	文字蒙求	도서		王筠(撰/清)	大東書局	1932	중국도	○	○	
90	說文注	도서		朱士端(撰/清)	北京出版社	2000	북경대			四庫未收書輯刊1輯
91	說文校定本	도서	影印本	朱士端(撰/清)	商務印書館	1936	중국도	○	○	
92	說文形聲疏證	도서	抄本	朱士端(撰/清)		1912~1949(民國)	중국도	○		
93	說文舉隅	도서	抄本	丁晏(撰/清)	丁賜福	1863	중국도			
94	說文脞語	도서	稿本	丁晏(撰/清)		1616~1912(清)	중국도			
95	說文部首韻語	도서	發行拷貝片	黃壽鳳(撰/清)	全國圖書館文獻縮微中心	1994	중국도	○		
96	說文解字木部唐寫本校異	도서	發行拷貝片	莫友芝(撰/清)	全國圖書館文獻縮微中心	1994	중국도			
97	唐寫本說文解字木部箋異	도서	影印本	莫友芝(撰/清)	商務印書館	1936	중국도	○	○	
98	古均閣說文校勘記	도서		許槤(撰/清)	上海古籍出版社	2010	북경대			清代詩文集彙編
99	古均閣讀說文記遺著	도서	抄本	許槤(撰/清)	許氏古均閣	1616~1912(清)	중국도			
100	說文解字均隸	도서	影印本	丁?五(撰/清)	山東大學出版社	2009	북경대			山東文獻集成第三輯41
101	說文聲類譜	도서	發行片	陳澧 (撰/清)	全國圖書館文獻縮微中心	2003	중국도			
102	說文聲表標目	도서	稿本	陳澧(撰/清)		1616~1912(清)	중국도			
103	說文新附考	도서	影印本	鄭珍(撰/清)	商務印書館	1936	중국도	○	○	
104	說文逸字附錄	도서	影印本	鄭珍(撰/清),鄭知同(撰/清)	商務印書館	1936	중국도	○	○	

번호	자료명	유형	자료형태	편저역자	간행정보	연도	소장처	해제	원문보기	비고
105	說文解字段注考正	도서	影印本	馮桂芬 (撰/清)	國家圖書館出版社	2014	중국도	○		
106	說文解字韻譜補正	도서		馮桂芬, 龔丙孫 (撰/清)	北京出版社	2000	북경대			四庫未收書輯刊1輯
107	說文雜注長編	도서	影印本	劉寶楠 (撰/清)	國家圖書館出版社	2013	북경대			原國立北平圖書館甲庫善本叢書第374冊
108	說文義緯	도서		錢寶惠 (撰/清)		2013				
109	說文校疑	도서	影印本	姚覲元 (撰/清)	國家圖書館出版社	2013	북경대			原國立北平圖書館甲庫善本叢書第381-382冊
110	說文解字小箋	도서		陸元綸 (撰/清)			중국도	○		
111	說文諧聲孳生述	도서	刻本	陳立 (撰/清)	南陵徐氏	1900	중국도	○		
112	說文引經考證	도서	影印本	陳瑑 (撰/清)	新文豐出版公司	1989	중국도	○		叢書集成續編-71-語文學類
113	說文解字理董	도서	影印本	龔橙 (撰/清)	國家圖書館出版社	2013	북경대			原國立北平圖書館甲庫善本叢書第374冊
114	古俗一覽	도서	影印本	龔橙 (撰/清)	齊魯書社	1995	북경대			四庫全書存目叢書 子部
115	說文校補	도서	影印本	壽昌 (撰/清)	新文豐出版公司	1989	중국도			叢書集成續編-71-語文學類
116	說文逸文考	도서		壽昌 (撰/清)			중국도			
117	讀說文雜識	도서	刻本	許械 (撰/清)	長洲張炳翔儀鄦廬	1885	중국도	○		
118	古今文字假借考上篇下篇附錄	도서		錢慶曾 (撰/清)			중국도	○		
119	說文義例徵訂	도서		陳倬 (撰/清)						
120	說文段注集解	도서		雷浚 (撰/清)	上海古籍出版社	2010	북경대			清代詩文集彙編
121	說文略例段本刊誤段義刊補	도서	發行拷貝片	錢世敍 (撰/清)	全國圖書館文獻縮微中心	1985	중국도			

번호	자료명	유형	자료형태	편저역자	간행정보	연도	소장처	해제	원문보기	비고
122	說文佚字考	도서	稿本	張鳴珂(撰/淸)		1616~1912(淸)	중국도	○		
123	說文校議議	도서		嚴章福(撰/淸)			중국도	○		
124	說文古籀補遺補附錄	도서	石印本	吳大澂(撰/淸)	上海掃葉山房	1912~1949(民國)	중국도	○		
125	說文讀若考	도서		丁士涵(撰/淸)			중국도	○		
126	說文楬原	도서		張行孚(撰/淸)			중국도	○		
127	說文考異	도서	發行拷貝片	張行孚(撰/淸)	全國圖書館文獻縮微中心	1988	중국도			
128	說文發疑說文外編補遺	도서		張行孚(撰/淸)			중국도	○		
129	說文類編	도서	抄本	尹彭壽(撰/淸)	諸城來山園	1616~1912(淸)	중국도			
130	說文經字錄	도서	發行片	李宗蓮(撰/淸)	全國圖書館文獻縮微複制中心	2004	중국도			
131	說文證異	도서	影印本	張式曾(撰/淸)	文聽閣圖書有限公司	2011	중국도			
132	說文大小徐本錄異	도서	發行拷貝片	謝章鋌(撰/淸)	全國圖書館文獻縮微中心	1994	중국도	○		
133	說文引經異文集證	도서	影印本	吳種(撰/淸)	國家圖書館出版社	2011	북경대			北京師範大學圖書館藏稿抄本叢刊
134	說文解字假借證信錄許書正文重文對證編	도서	發行拷貝片	姚瑩俊(撰/淸)	全國圖書館文獻縮微中心	1988	중국도			
135	說文補徐人釋	도서	影印本	許㴐祥(撰/淸)	國家圖書館出版社	2013	북경대			原國立北平圖書館甲庫善本叢書第381-382冊
136	說文徐氏未詳說	도서	刻本	許㴐祥(輯/淸)	海甯許椸古均閣	1890	중국도			
137	說文通例	도서		程械林(撰/淸)	北京出版社	2000	북경대			四庫未收書輯刊1輯

번호	자료명	유형	자료형태	편저역자	간행정보	연도	소장처	해제	원문보기	비고
138	讀說文述六書偏旁通假考說文義辨	도서	影印本	馮世澂(撰/淸)	新文豐出版公司	1989	중국도			叢書集成續編-70-語文學類
139	說文諧聲表	도서	發行片	梁紀恩, 梁承恩(撰/淸)	全國圖書館文獻縮微中心	2003	중국도			
140	說文集釋	도서		沈毓慶(撰/淸)						
141	說文解字考異三編	도서	影印本	王仁俊(撰/淸)	齊魯書社	1995	북경대			四庫全書存目叢書子部
142	說文考逸	도서	影印本	曹元忠(撰/淸末)	國家圖書館出版社	2013	북경대			原國立北平圖書館甲庫善本叢書第381-382冊
143	檢說文難字法	도서	抄本		桂馥家	1781	중국도			
144	說文校本錄存五音韻譜校本錄存	도서	發行拷貝片	許瀚(撰/淸)	全國圖書館文獻縮微中心	1986	중국도			
145	說文引經考證	도서	刻本	陳瑑(撰/淸)	湖北崇文書局	1874	중국도	○		
146	說文解字通論	도서		陸宗達(撰/淸末)	北京出版社	1981	중국도	○		
147	類篇索隱	도서	影印本	丁士涵(輯/淸)	齊魯書社	1995	북경대			四庫全書存目叢書 子部
148	複古編校勘記	도서		王振聲(撰/淸)	北京出版社	2000	북경대			四庫未收書輯刊1輯
149	複古編補遺	도서	影印本	沈清佐(撰/淸)	北京出版社	2010	북경대			四庫提要著錄叢書 集部327-329
150	篆書正	도서		戴明說(撰/淸)						
151	千文六書統要附篆灋偏旁正譌歌	도서		胡正言(撰/淸)	十竹齋	1663	중국도	○	○	
152	他山字學	도서	刻本	錢邦芑(撰/淸)		1616~1912(淸)	중국도	○		
153	字辨	도서	刻本	熊文登(撰/淸)		1644~1661(順治)	중국도	○		
154	六書准	도서	刻本	馮鼎調(撰/淸)	杭州彙賢齋	1662~1722(康熙)	중국도	○		
155	古字彙編	도서		李棠馥(撰/淸)			중국도	○		

번호	자료명	유형	자료형태	편저역자	간행정보	연도	소장처	해제	원문보기	비고
156	備文書譜	도서		南村逸叟(輯/清)	博揚文化事業有限公司	2012	북경대			民間私藏近代漢文初學,中小學教材資料彙編
157	篆文纂要全宗目錄	도서		陳策(撰/清)						
158	篆隷辯從	도서	影印本	方中通(撰/清)	國家圖書館出版社	2013	북경대			原國立北平圖書館甲庫善本叢書第374冊
159	黃公說字	도서	抄本	顧景星(撰/清)		1616~1912(清)	중국도	○		
160	篆隷考異	도서		周靖(撰/清)	文淵閣	1616~1912(清)	중국도	○		
161	字書八法	도서	抄本	何焯(撰/清)		1616~1912(清)	중국도			
162	康熙字典總目檢字辨似等韻補遺備考	도서	影印本	張玉書,凌紹雯等(撰修/清)	中央書店	1936	중국도	○		
163	字典考證	도서		王引之(撰/清)			중국도	○		
164	鍾鼎字源附錄	도서	石印本	汪立名(撰/清)	掃葉山房	1925	중국도	○		
165	隷辨	도서		顧藹吉(撰/清)	黃晟	1743	중국도	○	○	
166	篆韻統編	도서	影印本	程德洽(撰/清)	國家圖書館出版社	2013	북경대			原國立北平圖書館甲庫善本叢書第374冊
167	六書述部敘考	도서	抄本	吳玉搢(撰/清)		1616~1912(清)	중국도			
168	隷楷	도서		董元宿(輯/清)						
169	碑版異文錄	도서	影印本	梁同書(撰/清)	齊魯書社	1995	북경대			四庫全書存目叢書 子部
170	經典文字考異	도서	發行片	錢大昕(撰/清)	全國圖書館文獻縮微中心	2004	중국도			
171	異語	도서		錢坫(撰/清)			중국도	○		
172	莊氏心法	도서		莊述祖(撰/清)	北京出版社	2000	북경대			四庫未收書輯刊1輯

번호	자료명	유형	자료형태	편저역자	간행정보	연도	소장처	해제	원문보기	비고
173	古文字彙	도서	影印本	洪啟宇(撰/清)	北京圖書館出版社	2010	북경대			說文解字研究資料彙編,第七冊
174	六書轉注錄	도서	影印本	洪亮吉(撰/清)	商務印書館	1936	중국도	○	○	
175	六書說	도서	影印本	江聲(撰/清),張度(撰/清)	商務印書館	1936	중국도	○	○	
176	說文諧聲譜	도서	石印本	張成孫(撰/清)	蜚英館	1889	중국도	○		
177	韻字略	도서	刻本	毛謨(撰/清)	湖北崇文書局	1875	중국도	○		
178	經史通字	도서	影印本	張澍(撰/清)	國家圖書館出版社	2013	북경대			原國立北平圖書館甲庫善本叢書第374冊
179	客樢先生小學遺說	도서	影印本	吳淩雲(撰/清)	國家圖書館出版社	2013	북경대			原國立北平圖書館甲庫善本叢書第374冊
180	檀園字說外篇	도서	影印本	徐養原(撰/清)	國家圖書館出版社	2013	북경대			原國立北平圖書館甲庫善本叢書第374冊
181	藝文備覽補詳字義	도서	刻本	沙木(撰/清)		1808	중국도	○		
182	六書彙編	도서	影印本	顧璜(撰/清)	齊魯書社	1995	북경대			四庫全書存目叢書 子部
183	篆楷考異字式楷書訂譌	도서	影印本	徐朝俊(撰/清)	山東大學出版社	2011	북경대			山東文獻集成第四輯21
184	隸篇續再續	도서	刻本	翟雲升(撰/清)	東萊翟雲升	1837~1838	중국도	○		
185	隸樣	도서			翟雲升(撰/清)					
186	古文通考	도서		陳殿柱(撰/清)	上海古籍出版社	2010	북경대			清代詩文集彙編
187	識字璅言附辨字雜說	도서	發行片	易本烺(撰/清)	全國圖書館文獻縮微中心	2003	중국도			
188	隸字通考	도서	影印本	問梅居士(輯/清)	北京出版社	2010	북경대			四庫提要著錄叢書 經部116
189	文字說解問譌	도서		楊沂孫(撰/清)	上海古籍出版社	2010	북경대			清代詩文集彙編

번호	자료명	유형	자료 형태	편저역자	간행 정보	연도	소장처	해제	원문 보기	비고
190	文字說解疑辯	도서	影印本	楊沂孫 (撰/淸)	北京出版社	2010	북경대			四庫提要著錄 叢書 經部080
191	在昔篇	도서	影印本	楊沂孫 (書/淸), 王鼎 (考正/淸)	碧梧山莊	1929	중국도	○		
192	蒙雅	도서	鉛印本	魏源 (撰/淸)	倉聖明智大 學	1912~1921	중국도	○		
193	篆墨集詁	도서		陸增祥 (撰/淸)	上海古籍出 版社	2010	북경대			淸代詩文集彙 編
194	象形文釋 韻目	도서	石印本	徐灝 (撰/淸)	北平癸酉編 譯會	1935	중국도	○		
195	篆學一隅	도서	發行片	程璞 (撰/淸)	全國圖書館 文獻縮微複 制中心	2003	중국도			
196	鈔鄭樵通志六 書略平議	도서	稿本	宦懋庸 (撰/淸)		1616~1912 (淸)	중국도			
197	隸通	도서	刻本	錢慶曽 (撰/淸), 錢元培 (注/淸)	南陵徐乃昌	1875~1908 (光緖)	중국도	○		
198	十三經字釋	도서		胡文暉 (撰/淸)	北京出版社	2000	북경대			四庫未收書輯 刊1輯
199	六朝別字記	도서	影印本	趙之謙 (撰/淸)	商務印書館	1924	중국도	○		
200	惜道味齊劄記	도서		張鳴珂 (撰/淸)	上海古籍出 版社	2010	북경대			淸代詩文集彙 編
201	六書原始	도서	刻本	賀松齡 (撰/淸)	賀松齡	1864	중국도	○		
202	廣六書通	도서	影印本	程瀚 (輯/淸)	齊魯書社	1995	북경대			四庫全書存目 叢書 子部
203	字弗	도서		李次山 (撰/淸)						
204	書契原怡	도서	刻本	陳致煐 (撰/淸)		1855	중국도			
205	古籀答問	도서		鄭知同 (撰/淸)	上海古籍出 版社	2010	북경대			淸代詩文集彙 編
206	篆籀奇字表	도서		沈梧 (撰/淸)	北京出版社	2000	북경대			四庫未收書輯 刊1輯
207	古籀拾遺	도서	影印本	孫詒讓 (撰/淸)	上海掃葉山 房	1918	중국도	○		
208	古籀餘論	도서	影印本	孫詒讓 (撰/淸)	華東師範大 學出版社	1988	중국도	○		

번호	자료명	유형	자료형태	편저역자	간행정보	연도	소장처	해제	원문보기	비고
209	契文舉例	도서	影印本	孫詒讓(撰/淸)	北京圖書館出版社	2000	중국도	○		
210	字串	도서	發行片	劉心源(撰/淸)	全國圖書館文獻縮微複制中心	2004	중국도	○		
211	古文審	도서	刻本	劉心源(撰/淸)	嘉魚劉心源龍江樓	1891	중국도			
212	考定文字議論疏證	도서	影印本	馮世澂(撰/淸)	齊魯書社	1995	북경대			四庫全書存目叢書 子部
213	古籀韻編汗簡韻編	도서		邵元瀚(撰/淸)	上海古籍出版社	2010	북경대			淸代詩文集彙編
214	小學答問	도서	影印本	章炳麟(撰/淸末)	上海古書流通處	1924	중국도	○		
215	字說	도서	刻本	吳大澂(撰/淸)	長沙思賢講舍	1893	중국도	○		
216	略彙集類	도서	發行片		全國圖書館文獻縮微複制中心	2004	중국도			
217	回回館雜字	도서	抄本		同文堂	1644~1722(淸初)	중국도			
218	西番譯語	도서	影印本		商務印書館	1936	중국도	○	○	
219	高昌館雜字	도서		胡振華	民族出版社	1984	중국도	○		
220	暹羅館譯語	도서	抄本			1616~1912(淸)	중국도			
221	百譯館譯語	도서	抄本			1616~1912(淸)	중국도	○		
222	西天館譯語	도서	刻本			1616~1912(淸)	중국도			
223	譯語	도서	抄本		袁氏貞節堂	1616~1912(淸)	중국도	○		
224	八館館考	도서	抄本		同文堂	1644~1722(淸初)	중국도			
225	四譯館館考	도서	刻本	江繁(撰/淸)	餘棟	1736~1795(乾隆)	중국도			
226	欽定西域同文志	도서		傅恒等(撰/淸), 乾隆(敕)	文淵閣	1616~1912(淸)	중국도	○		
227	辨字通考	도서		王在鎬(撰/淸)			중국도	○		
228	古音駢字續編	도서	抄本	莊履豐, 莊鼎鉉(撰/淸)	筠淥山房	1616~1912(淸)	중국도	○		

번호	자료명	유형	자료형태	편저역자	간행정보	연도	소장처	해제	원문보기	비고
229	通俗編	도서		翟灝 (撰/清)	商務印書館	1937	중국도	○	○	

韻書

번호	자료명	유형	자료형태	편저역자	간행정보	연도	소장처	해제	원문보기	비고
1	廣韻母位轉切	도서	發行拷貝片	汪灼 (撰/清)	全國圖書館文獻縮微中心	1994	중국도			
2	廣韻姓氏刊誤	도서		孫詒讓 (撰/清)	中華書局	2010	북경대			籀廎遺著輯存
3	集韻考正	도서	刻本	方成珪 (撰/清)	裏安孫氏	1851~1911 (清末)	중국도	○		
4	集韻校正會編	도서	抄本	姚覲元 (撰/清)	姚氏咫進齋	1616~1912 (清)	중국도			
5	集韻校勘記	도서	抄本	吳芳鎮 (撰/清)	綠絲欄	1616~1912 (清)	중국도	○		
6	集韻劄記	도서	影印本	丁士涵 (撰/清)	山東大學出版社	2006	북경대			山東文獻集成第一輯33
7	切韻考	도서	影印本	陳澧 (撰/清)	中國書店	1984	중국도	○		
8	切韻考外編	도서		陳澧 (撰/清)	北京出版社	2000	북경대			四庫未收書輯刊1輯
9	續韻補	도서	刻本	淩萬才 (撰/清)	正音閣	1765	중국도			
10	新刊韻略	도서	發行拷貝片		全國圖書館文獻縮微中心	1986	중국도	○		
11	音學五書	도서		顧炎武 (撰/清)	張弨	1662~1722 (康熙)	중국도	○	○	
12	韻補正	도서	影印本	顧炎武 (撰/清)	商務印書館	1936	중국도	○	○	
13	韻通	도서	抄本	蕭雲從 (撰/清)		1616~1912 (清)	중국도			
14	柴氏古韻通	도서	刻本	柴紹炳 (撰/清)		1776	중국도			
15	古今韻考	도서	刻本	李因篤 (撰/清)	福山王氏	1880	중국도	○		
16	類音	도서		潘耒 (撰/清)	潘氏遂初堂	1662~1722 (康熙)	중국도	○	○	
17	正韻字體辨微	도서		吳任臣 (撰/清)			중국도			
18	太古元音	도서		是奎 (撰/清)			중국도	○		

번호	자료명	유형	자료형태	편저역자	간행정보	연도	소장처	해제	원문보기	비고
19	韻雅雜論識餘	도서	刻本	施何牧(撰/清)		1616~1912(清)	중국도	○		
20	古今韻略	도서	發行拷貝片	邵長蘅(撰/清)	全國圖書館文獻縮微中心	1996	중국도	○		
21	增訂韻瑞	도서	影印本	周士彬(撰/清)	國家圖書館出版社	2013	북경대			原國立北平圖書館甲庫善本叢書第374冊
22	等切元聲	도서	刻本	熊士伯(撰/清)		1662~1722(康熙)	중국도	○		
23	韻切指歸	도서	刻本	吳烺齡(撰/清)		1710	중국도	○		
24	韻府便考	도서	影印本	丁有曾(撰/清)	齊魯書社	1995	북경대			四庫全書存目叢書 子部
25	重訂馬氏等音內集外集	도서		梅建(撰/清)	梅建	1708	중국도		○	
26	音韻原流	도서	影印本	潘鹹(撰/清)	四庫全書存目叢書-經220-小學類/齊魯書社	1997	중국도			
27	韻玉函書	도서	稿本	胡煦(撰/清)		1616~1912(清)	중국도	○		
28	孫氏唐韻考補遺	도서	影印本	紀容舒(撰/清)	北京出版社	2010	북경대			四庫提要著錄叢書 經部080
29	今韻箋略	도서	石印本	汪立名(撰/清)	大東書局	1928	중국도			
30	增補五方元音	도서	石印本	樊騰鳳(原本/清),年希堯(增補/清)	錦章圖書局	1912~1949(民國)	중국도	○		
31	聲韻辨	도서	影印本	譚宗(撰/清)	新文豐出版公司	1989	중국도	○		叢書集成續編-69-語文學類
32	音韻清濁鑑	도서	影印本	王祚禎(撰/清)	齊魯書社	1997	중국도	○		四庫全書存目叢書-經220-小學類
33	韻學	도서	刻本	王植(撰/清)		1730	중국도	○		
34	古韻標准	도서	影印本	江永(撰/清)	商務印書館	1936	중국도	○	○	
35	音學辨微	도서		江永(撰/清)	商務印書館		중국도	○	○	

번호	자료명	유형	자료형태	편저역자	간행정보	연도	소장처	해제	원문보기	비고
36	四聲切韻表	도서	影印本	江永(撰/淸)	商務印書館	1941	중국도	○	○	
37	江氏韻書三種	도서	刻本	江永(撰/淸)	沔陽陸建瀛木犀香館	1851	중국도			
38	惠定字先生更定四聲稿	도서		惠棟(撰/淸)						
39	柳堂訂譌略	도서		董儒龍(撰/淸)	上海古籍出版社	2010	북경대			淸代詩文集彙編
40	音韻討論	도서		吳穎芳(撰/淸)						
41	歧疑韻辨口音辨訛韻字旁通轉音撮要字形彙考	도서	刻本	杜蕙(撰/淸)	省過堂	1792	중국도	○		
42	音韻述微	도서	稿本	翁方綱(撰/淸)		1616~1912(淸)	중국도	○		
43	韻學考原	도서	影印本	範家相(撰/淸)	齊魯書社	1997	중국도			四庫全書存目叢書-經185-樂類
44	悉曇奧論	도서		周春(輯/淸)						
45	等音新集前編後編	도서		璩萬鑑(撰/淸)						
46	詩韻歌訣初步	도서		倪璐(撰/淸)			중국도	○		
47	佩韻示斯	도서		吳淸藻(撰/淸)	上海古籍出版社	2010	북경대			淸代詩文集彙編
48	聲韻考	도서	刻本	戴震(撰/淸)	江沈氏世楷堂	1844	중국도	○		
49	官韻考異	도서	發行片	吳省欽(撰/淸)	全國圖書館文獻縮微中心	2004	중국도	○		
50	六書音均表	도서	影印本	段玉裁(撰/淸)	上海書局	1888	중국도	○		
51	古今指南	도서	發行片	王見龍(輯/淸)	全國圖書館文獻縮微複制中心	2004	중국도			
52	經韻	도서		王念孫(撰/淸)						
53	韻徵	도서	影印本	安吉(撰/淸)	國家圖書館出版社	2013	북경대			原國立北平圖書館甲庫善本叢書第374冊

번호	자료명	유형	자료형태	편저역자	간행정보	연도	소장처	해제	원문보기	비고
54	音韻輯要	도서	刻本	王鵕 (撰/清)		1784	중국도	○		
55	古篆韻譜	도서	影印本	邵燿 (撰/清)	國家圖書館出版社	2011	북경대			北京師範大學圖書館藏稿抄本叢刊
56	類音備用	도서	影印本	郭文燁 (撰/清)	國家圖書館出版社	2013	북경대			原國立北平圖書館甲庫善本叢書第381-382冊
57	聲系	도서	稿本	陳鱣 (撰/清)		1616~1912 (清)	중국도	○		
58	鄉音正誤剩稿	도서	發行片	範照藜 (撰/清)	全國圖書館文獻縮微複制中心	2004	중국도			
59	新鐫彙音妙悟	도서		黃謙 (撰/清)						
60	諧聲類篇	도서		丁履恒 (撰/清)	北京出版社	2000	북경대			四庫未收書輯刊1輯
61	形聲類篇餘論	도서	影印本	丁履恒 (撰/清)	國立北京大學	1936	중국도	○		
62	形聲類篇校勘	도서		龐大堃 (撰/清)						
63	音韻篹組	도서		?慧書 (輯/清)						
64	音學臆說	도서	影印本	李汝珍 (撰/清)	齊魯書社	1997	중국도			四庫全書存目叢書-經219-小學類
65	音緯	도서	稿本	羅士琳 (撰/清), 王念孫 (校/清)		1616~1912 (清)	중국도			
66	雙聲錄續錄疊韻錄續錄附錄	도서		浦鏜 (撰/清)	北京出版社	2000	북경대			四庫未收書輯刊1輯
67	江氏音學十書	도서	影印本	江有誥 (撰/清)	中國書店	1928	중국도	○		
68	龐氏音學遺書四種	도서	影印本	龐大堃 (撰/清)	常熟龐樹階	1935	중국도			
69	韻彙校	도서		王筠 (撰/清)			중국도		○	
70	說文諧聲舉要	도서	影印本	朱士端 (撰/清)	廣陵書社	2015	북경대			揚州文庫第四輯
71	音均部略詩音譜略	도서		黃式三 (撰/清)	上海古籍出版社	2014	북경대			黃式三全集

번호	자료명	유형	자료형태	편저역자	간행정보	연도	소장처	해제	원문보기	비고
72	詩詞通韻反切訂譜	도서	刻本	樸隱子(輯/淸)		1685	중국도	○		
73	古韻論	도서	影印本	胡秉虔(撰/淸)	商務印書館	1936	중국도	○	○	
74	二十一部古韻	도서	發行片	曾釗(撰/淸)	全國圖書館文獻縮微中心	2004	중국도	○		
75	東塾初學編	도서	抄本	陳澧(撰/淸)	番禺陳慶耜潔花書屋	1892	중국도			
76	操風瑣錄	도서	發行片	劉家謀(撰/淸)	全國圖書館文獻縮微中心	2003	중국도	○		
77	古韻通說	도서	刻本	龍啟瑞(撰/淸)	尊經書局	1883	중국도	○		
78	音韻學稽古錄	도서	發行片	劉傳瑩(撰/淸)	全國圖書館文獻縮微中心	2003	중국도			
79	注釋十三經集字音讀	도서	影印本	王德暉(撰/淸)	國家圖書館出版社	2013	북경대			原國立北平圖書館甲庫善本叢書第374冊
80	虞山方音辨訛	도서		薛福謙(撰/淸)						
81	今韻正義	도서	發行片	陳倬(撰/淸)	全國圖書館文獻縮微中心	2003	중국도			
82	十七部分字表附許書漢制	도서		陳倬(撰/淸)	上海古籍出版社	2010	북경대			淸代詩文集彙編
83	音韻校正	도서	發行片	來景風(撰/淸)	全國圖書館文獻縮微中心	2003	중국도			
84	三音均部略	도서	稿本	黃以愚(撰/淸)		1616~1912(淸)	중국도			
85	韻篇合校	도서	影印本	丁士涵(撰/淸)	國家圖書館出版社	2013	북경대			原國立北平圖書館甲庫善本叢書第374冊
86	唐韻校正	도서		丁士涵(撰/淸)	西南師範大學出版社	2011	북경대			域外漢籍珍本文庫第二輯, 經部
87	唐韻校稿	도서	影印本	丁士涵(撰/淸)	北京出版社	2010	북경대			四庫提要著錄叢書 經部116
88	時氏音學叢稿	도서	影印本	時庸勱(撰/淸)	山東大學出版社	2006	북경대			山東文獻集成第一輯33
89	聽古廬聲學十書	도서	刻本	時庸勱(撰/淸)	河南星使行台	1892	중국도			

번호	자료명	유형	자료형태	편저역자	간행정보	연도	소장처	해제	원문보기	비고
90	韻學叢書四十一種	도서		丁顯(編/淸)			중국도	○		
91	十三經諸家引書異字同聲考補遺	도서	刻本	丁顯(撰/淸)		1875~1908(光緖)	중국도			
92	金韻錄	도서		秦寶瓚(撰/淸)						
93	今擬四聲表	도서	抄本			1616~1912(淸)	중국도			
94	韻府字學音韻考正	도서			北京出版社	2000	북경대			四庫未收書輯刊1輯
95	諧聲韻學	도서	影印本		新文豐出版公司	1989	중국도			叢書集成續編-75-語文學類
96	古韻分部諧聲	도서	影印本		齊魯書社	1995	북경대			四庫全書存目叢書 子部
97	詩韻析	도서	刻本	汪烜(撰/淸)	婺源紫陽書院	1883	중국도	○		
98	切韻求蒙	도서	刻本	寒白退士(撰/淸)	廣東梁氏家塾	1890	중국도	○		
99	集韻編雅	도서	刻本	董文渙(輯注/淸)	洪洞董氏	1873	중국도			
100	音韻逢源	도서	刻本	裕恩(撰/淸)		1840	중국도	○		
101	詩音表	도서	刻本	錢坫(撰/淸)	渭南嚴式晦	1931	중국도	○		
102	等韻學	도서	刻本	許惠(撰/淸)		1882	중국도	○		
103	榕村韻書	도서	刻本	李光地(撰/淸)	安溪李維迪	1825	중국도	○		
104	重斠唐韻考	도서	影印本	紀容舒(著/淸),錢熙祚(原校/淸),錢恂(重校/淸)	商務印書館	1936	중국도		○	
105	廣韻校本	도서	影印本	周祖謨(撰)	商務印書館	1951	중국도			
106	唐宋兩系韻書體制之演變	도서	鉛印本	魏建功(撰)		1932	중국도			

기타

| 1 | 弘道書附錄 | 도서 | 刻本 | 費密(撰/淸) | 大關唐氏 | 1920 | 중국도 | ○ | | |

번호	자료명	유형	자료형태	편저역자	간행정보	연도	소장처	해제	원문보기	비고
2	樵語	도서	鉛印本	翟化鵬 (撰/淸)		1912	중국도			
3	潘子求仁錄(輯要	도서	刻本	潘平格 (撰/淸)		1662~1722 (康熙)	중국도			
4	思辨錄(輯要	도서		陸世儀 (撰/淸), 張伯行 (重訂/淸)	商務印書館	1936	중국도	○	○	
5	習齋四存編	도서		顏元 (撰/淸)	上海古籍出版社	2000	중국도			
6	大學辨業	도서	刻本	李塨 (撰/淸)	新城王氏	1879	중국도	○		
7	聖經學規纂論學	도서		李塨 (稿/淸), 尹會一 (撰/淸)	商務印書館	1939	중국도	○	○	
8	大學問	도서	刻本	毛奇齡 (撰/淸)	蕭山陸氏	1770	중국도			
9	國朝漢學師承記	도서	鉛印本	江藩 (撰/淸)	中華書局	1912~1949 (民國)	중국도	○		
10	國朝宋學淵源記 附記	도서	鉛印本	江藩 (撰/淸)	中華書局	1912~1949 (民國)	중국도	○	○	
11	經稗	도서	抄本	鄭方坤 (撰/淸)		1616~1912 (淸)	중국도			
12	經學通論	도서	影印本	皮錫瑞 (撰/淸)	商務印書館	1933	중국도	○		
13	經義考 目錄	도서	鉛印本	朱彝尊 (錄/淸)	中華書局	1936	중국도	○		
14	經咫	도서	刻本	陳祖範 (撰/淸)	吳江沈氏世楷堂	1821~1850 (道光)	중국도	○		
15	樂育堂語錄	도서	鉛印本	?黃元吉 (撰)	北京天華館	1933	중국도			
16	馬氏文通	도서		馬建忠 (撰/淸)	商務印書館	1904	중국도	○	○	
17	原善	도서		戴東原 (撰/淸)	國粹學報館	1905	중국도	○	○	
18	日知錄集釋 刊誤 續刊誤	도서	鉛印本	顧炎武 (撰/淸)	中華書局	1912~1949 (民國)	중국도	○		
19	日知錄之餘	도서	刻本	顧炎武 (撰/淸)	長白鄂山	1616~1912 (淸)	중국도			

번호	자료명	유형	자료형태	편저역자	간행정보	연도	소장처	해제	원문보기	비고
20	深衣考誤	도서	影印本	江永 (撰/淸)	上海書局	1888	중국도	○		
21	三魚堂剩言	도서	刻本	陸隴其 (撰/淸)	秀水孫氏望 雲仙館	1851~1911 (淸末)	중국도	○		
22	學術辨	도서		陸隴其 (撰/淸)	商務印書館	1936	중국도	○	○	
23	搔首問	도서	鉛印本	王夫之 (撰/淸)	太平洋書店	1935	중국도	○		
24	夕堂永日緖論	도서	刻本	王夫之 (撰/淸)	長沙玉尺山 房	1885	중국도	○		
25	張子正蒙注	도서	鉛印本	王夫之 (撰/淸)	太平洋書店	1935	중국도	○		
26	挺經	도서		曾國藩 (撰/淸)	內蒙古人民 出版社	2005	중국도	○	○	
27	湘學略	도서	鉛印本	李肖聃 (撰/淸)	國立湖南大 學	1946	중국도	○		
28	校讎通義	도서	鉛印本	章學誠 (撰/淸)	中華書局	1912~1949 (民國)	중국도	○		
29	新學僞經考	도서	石印本	康有爲 (撰/淸)	武林望雲樓	1891	중국도			
30	正學隅見述	도서		王弘 (撰/淸)	文淵閣	1616~1912 (淸)	중국도	○		四庫全書本
31	請複淮水故道圖說	도서	刻本	丁顯 (撰/淸)		1875~1908 (光緖)	중국도		○	
32	讀書雜誌	도서	影印本	王念孫 (撰/淸)	上海書局	1888	중국도	○		
33	經義述聞	도서	鉛印本	王引之 (撰/淸)	商務印書館	1936	중국도	○	○	
34	經傳釋詞	도서	影印本	王引之 (撰/淸)	上海書局	1888	중국도	○		
35	十駕齋養心錄餘錄	도서	影印本	錢大昕 (撰/淸)	上海書局	1888	중국도	○		
36	問學集	도서		周祖謨(撰)	中華書局	1966	중국도	○		

(2) 蒙學書

번호	자료명	유형	자료형태	편저역자	간행정보	연도	소장처	해제	원문보기	비고
1	史籀篇	도서	刻本	太史籀(撰/周)	皇華館書局	1871	중국도	○		
2	蒼頡篇	도서	刻本	張揖(訓詁/魏), 郭璞(解詁/晉)	長沙嬭嬛館	1883	중국도	○		
3	蒼頡篇	도서	影印本	孫星衍(輯/淸)	商務印書館	1936	중국도	○	○	
4	爰歷篇	도서		趙高(撰/秦)			중국도			
5	博學篇	도서		胡毋敬(撰/秦)			중국도			
6	凡將篇	도서	影印本	司馬相如(撰/漢)	江蘇廣陵古籍刻印社	1987	중국도			
7	元尚篇	도서		李長(撰/漢)			중국도			
8	蒼頡解詁	도서		郭璞(撰/晉)			중국도			
9	訓纂篇	도서	刻本	揚雄(撰/漢)	皇華館書局	1871	중국도			
10	滂喜篇	도서		賈魴(撰/漢)			중국도			
11	三蒼	도서	刻本	張揖(訓詁/魏), 郭璞(解詁/晉)	皇華館書局	1871	중국도	○		
12	埤蒼	도서		張揖(撰/魏)			중국도	○		
13	太甲篇	도서		班固(撰/漢)			중국도			
14	考正篆書在昔篇	도서	影印本	楊沂孫(書/淸), 王鼎(考正)	碧梧山莊	1929	중국도	○		
15	飛龍篇	도서		崔瑗(撰/漢)			중국도			
16	勸學篇	도서	刻本	蔡邕(撰/漢), 馬國翰(輯/淸)	楚南湘遠堂	1884	중국도	○		
17	聖皇篇	도서	影印本	蔡邕(撰/漢)	江蘇廣陵古籍刻印社	1987	중국도	○		
18	女史篇	도서		蔡邕(撰/漢)			중국도	○		
19	幼學	도서		朱育(撰/晉)			중국도	○		
20	吳章	도서		陸機(撰/晉)			중국도	○		
21	小學篇	도서	鉛印本	王義(撰/晉)	攸水龍氏	1929	중국도	○		

번호	자료명	유형	자료형태	편저역자	간행정보	연도	소장처	해제	원문보기	비고
22	少學	도서		楊方(撰/晉)			중국도	○		
23	發蒙記	도서		束晳(撰/晉)			중국도	○		
24	啟蒙記	도서	刻本	顧愷之(撰/晉), 馬國翰(輯/淸)	楚南湘遠堂	1884	중국도	○		
25	庭誥	도서		顏延之(撰/南朝宋)			중국도	○		
26	誥幼	도서	刻本	顏延之(撰/南朝宋)	皇華館書局	1871	중국도	○		

急就篇

번호	자료명	유형	자료형태	편저역자	간행정보	연도	소장처	해제	원문보기	비고
27	急就篇	도서	影印本	史遊(撰/漢), 顏師古(注/唐), 王應麟(補注/宋), 錢保塘(補音/淸)	商務印書館	1936	중국도	○	○	
28	急就章注	도서	影印本	顏之推(撰/隋)	新文豊出版公司	1989	중국도	○		
29	急就篇注	도서	抄本	顏師古(撰/唐)		1368~1644(明)	중국도			
30	急就篇補注	도서	刻本	王應麟(撰/宋)	合河康基田, 長白崇恩	1806	중국도			
31	急就章考異	도서		孫星衍(撰/淸)			중국도	○		
32	急就篇直音	도서	刻本	王祖源(撰/淸), 錢保塘(補音/淸)	福山王氏	1880	중국도	○		
33	姓氏急就篇	도서	刻本	王應麟(撰/宋)	合河康基田, 長白崇恩	1806	중국도	○	○	

千字文

번호	자료명	유형	자료형태	편저역자	간행정보	연도	소장처	해제	원문보기	비고
34	開蒙要訓	도서		羅振玉(輯/淸)	貞松堂藏西陲秘笈叢殘		중국도	○		
35	千字文	도서	木活字本	周興嗣(撰/宋)	南淸河王氏	1875~1908(光緖)	중국도	○	○	
36	千字文釋義	도서	刻本	婁芳(撰/明)	婁國安	1368~1644(明)	중국도			
37	千字文釋義	도서	石印本	汪嘯尹(輯/淸)	上海錦章圖書局	1912~1949(民國)	중국도			

번호	자료명	유형	자료형태	편저역자	간행정보	연도	소장처	해제	원문보기	비고
38	注釋繪圖六千字文	도서	石印本	宋鶴齡(增補/淸)	上海順成書局	1906	중국도			
39	歷朝聖賢篆書百體千文	도서	影印本	孫枝秀(集篆/淸)	同文書局	1884	중국도			
40	趙孟頫書千字文	도서	影印本	趙孟頫(書/元)	有正書局	1924	중국도			
41	篆圖附音增廣古注千字文	도서	刻本	周興嗣(撰/梁)		1804	중국도			
42	千字文彙體	도서	刻本	倪錦(編/明)		1621~1627(天啓)	중국도			
43	千文六書統要	도서	刻本	胡正言(輯/明)	胡氏十竹齋	1663	중국도	○	○	
44	四體千字文	도서	石印本		廣益書局	1851~1911(淸末)	중국도			
45	千字文注	도서	刻本	汪嘯尹(撰/淸), 孫謙益(輯/淸)	成都薛氏崇禮堂	1936	중국도			
46	敍古千文	도서	刻本	胡寅(撰/宋), 黃灝(注/宋)	聽雨堂	1891	중국도	○		
47	致堂先生敍古千文	도서	抄本	胡寅(撰/宋), 姚福(集解/明)		1644~1911(淸)	중국도			
48	續千文	도서	刻本	侍其良器(撰/宋)	江陰繆荃孫雲自在龕	1901	중국도	○		
49	重續千字文	도서	影印本	葛剛正(撰並纂注/宋)	國家圖書館出版社	2009	중국도	○		
50	三續千文注	도서	影印本	葛剛正(撰/宋), 王德毅(編)	新文豐出版公司	1989	중국도			
51	正字千文	도서		李登(撰/明)			중국도	○		
52	廣易千文	도서	刻本	周履靖(撰/明)	荊山書林	1597	중국도			
53	增壽千字文	도서		馮嗣京(撰/淸)			중국도	○		
54	訓蒙千字文	도서	刻本	何桂珍(撰/淸)	令貽堂	1853	중국도	○		
55	續千字文	도서	木活字本	龔璙(撰/淸)	南淸河王氏	1875~1908(光緖)	중국도			
56	女千字文	도서	刻本	趙國華(撰/淸)	至德周氏師古堂	1933	중국도			

번호	자료명	유형	자료형태	편저역자	간행정보	연도	소장처	해제	원문보기	비고
57	千文字義	도서		周邦(輯/明)	全國圖書館文獻縮微中心	2003	중국도			
58	漢蕃對音千字文殘卷	도서			敦煌遺書		중국도			
59	梵語千字文	도서	刻本	釋義淨(撰/唐)		1773	중국도	○		
60	集千字文詩	도서	刻本	俞樾(撰/清)	德清俞氏	1889	중국도			
61	萬字文	도서	石印本		上海詠記書莊	1910	중국도			
62	三千字文	도서	木活字本		南清河王氏	1875~1908(光緒)	중국도			
63	繪圖三千字文	도서	石印本	補拙居士(撰/清), 薑嶽(注/清)	文元書局	1851~1911(清末)	중국도			
64	三千字文音釋	도서	影印本	潘純甫(注/清), 關燨南(撰/清)	文聽閣圖書有限公司	2013	중국도			

百家姓

번호	자료명	유형	자료형태	편저역자	간행정보	연도	소장처	해제	원문보기	비고
65	百家姓	도서	膠印本		江蘇古籍出版社	2002	중국도	○	○	
66	新編百家姓	도서	木活字本	丁晏(編/清)	南清河王氏	1875~1908(光緒)	중국도			
67	百家姓考略	도서		王相(箋注/清)	中國書店	1991	중국도	○	○	
68	繪圖修正百家姓	도서	石印本		廣益書局	1912~1949(民國)	중국도			
69	四體百家姓	도서		眾成	中國物資出版社	1993	중국도			
70	百家姓新箋	도서	刻本	黃周星(撰/明)	朱日荃, 張燕孫	1688	중국도			
71	重編百家姓	도서	抄本	九煙先生(編/清)		1912~1949(民國)	중국도	○		
72	欽制百家姓滿漢對音	도서		康熙(欽制)		1662~1722(康熙)	중국도	○		
73	千家姓	도서	抄本	吳伯宗(撰/明)	管庭芬	1859	중국도	○		
74	千家姓增補注釋	도서	清鈔本	崔冕(撰/清)			중국도			

三字經

번호	자료명	유형	자료형태	편저역자	간행정보	연도	소장처	해제	원문보기	비고
75	三字經	도서		王應麟(撰/宋), 賀興思(注解/清)	大新圖書局	1936	중국도	○	○	

번호	자료명	유형	자료형태	편저역자	간행정보	연도	소장처	해제	원문보기	비고
76	三字經注	도서	刻本	趙南星(注/明), 王正民(訂/明)	高邑趙悅學	1573~1620(萬曆)	중국도			
77	三字經訓詁	도서	石印本	王應麟(輯/宋), 王相(注/清)	上海錦章圖書局	1912~1949(民國)	중국도			
78	三字經注解備要	도서	刻本	王應麟(撰/清)	邑衡萬聚豊梓行	1892	중국도			
79	三字經集注音疏	도서	刻本	王應麟(撰/宋), 劉業全(輯注/清)	大興劉氏校經堂	1877	중국도			
80	章太炎增訂三字經	도서		章太炎(撰/清)		19？？	중국도		○	
81	童蒙記誦編	도서	刻本	周保璋(編/清)		1893	중국도			
82	重訂三字經	도서		章太炎(編/清)	漢文正楷印書局	1935	중국도		○	
83	女兒經注	도서	刻本	趙南星(注/明), 王正民(訂/明)	高邑趙悅學	1573~1620(萬曆)	중국도			
84	女三字經	도서	刻本	朱浩文(撰/清)	湖北官書局	1894	중국도	○		
85	訓女文	도서	刻本	李毓秀(注釋/清)		1888	중국도			
86	三字鑒	도서		張宜明(撰/清)	汕頭大學出版社	2017	중국도			
87	繪圖增注歷史三字經	도서	石印本	王應麟(撰/宋)	北京文成堂	1912~1949(民國)	중국도			
88	天方三字經	도서	刻本	餘海亭(釋譯/?)	寶眞堂	1885	중국도	○		

雜字

번호	자료명	유형	자료형태	편저역자	간행정보	연도	소장처	해제	원문보기	비고
89	雜字指	도서	刻本	郭訓(撰/漢)	長沙嫏嬛館	1883	중국도	○		
90	雜字	도서		高維國(編校)	南開大學出版社	1995	중국도	○		
91	雜字解詁	도서		周成(撰/魏), 馬國翰(輯/清)	楚南湘遠堂	1884	중국도			
92	雜字備要	도서	鉛印本		新商務書局	1912~1949(民國)	중국도			

번호	자료명	유형	자료 형태	편저역자	간행 정보	연도	소장처	해제	원문 보기	비고
93	俗語難字	도서		李少通 (撰/？)			중국도	○		
94	古今字體吟, 古今雜體吟, 古今字書吟	도서	抄本	德進(撰/清)		1736~1795 (乾隆)	중국도			
95	俗務要名林	도서			敦煌遺珍		중국도	○		
96	繪圖四言雜字	도서	石印本		老二酉堂	1912~1949 (民國)	중국도			
97	群珠雜字	도서	刻本	龍喚章 (校/元)	李光明家	1644~1911 (清)	중국도			
98	日用雜字	도서	石印本		晉綏新華書店	1949	중국도			
99	雜字俗讀	도서		蒲松齡等 (編撰/清), 李國慶 (校注)	齊魯書社	1998	중국도			
100	雜字連珠	도서	刻本			1644~1911 (清)	중국도			
101	繪圖四言雜字	도서	石印本		老二酉堂	1912~1949 (民國)	중국도			
102	六言雜字	도서	鉛印本	任正身 (注/清)	北京打磨廠老 二酉堂	1851~1911 (清末)	중국도			
103	增音六言雜字	도서	刻本		聚文堂	1851~1911 (清末)	중국도			
104	滿漢合書	도서						○		

참고문헌(한국)

단행본

강신항, 『사성통해 연구』, 신아사, 1973.

강신항, 『한국의 운서』, 탑출판사, 2000.

박형익, 『한국 자전의 역사』, 역락, 2012.

윤인숙, 『조선 전기의 사림과 소학』, 역사비평사, 2016.

이승자, 『조선조 운서 한자음의 전승 양상과 정리 규범』, 역락, 2003.

전일주, 『한국 한자 자전 연구』, 중문출판사, 2003.

정경일, 『규장전운·전운옥편』, 신구문화사, 2008.

정옥자, 『조선시대 문화사』 상, 일지사, 2007.

정호훈, 『조선의 『소학』: 주석과 번역』, 소명출판, 2014.

조현진, 『번역소학과 소학언해 연구』, 박이정, 2015.

논문

강민구, 「조선 후기 類書의 『康熙字典』과 『韻府群玉』 인용 양상: 『松南雜識』의 경우」, 『한문교육연구』 31, 한국한문교육학회, 2008.

강식진, 「조선의 운서 연구(1): 『배자예부운략』·『배자예부옥편』을 중심으로」, 『중국학』 8, 대한중국학회, 1993.

강식진, 「朝鮮의 韻書 硏究(2): 『三韻通考』를 중심으로」, 『인문논총』 54, 부산대학교 인문학연구소, 1999.

강식진, 「조선의 운서 연구: 『고금운회거요』를 중심으로」, 『인문논총』 59, 부산대학교 인문학연구소, 2003.

강신항, 『규장전운에 대하여: 『규장전운』·『전운옥편』』, 서광학술자료사, 1991.

강지영, 「朝鮮前期 兒童敎材의 內容 分析: '童蒙先習'과 '擊蒙要訣'을 中心으로」, 영남대학교 석사논문, 1994.

강진호, 「국어과 교과서와 근대적 주체의 형성: 『국민소학독본』(1895)을 중심으로」, 『국제어문』 58, 국제어문학회, 2013.

곽성은, 「韓日漢字音에 대한 對照硏究: 千字文, 訓蒙字會의 漢字音을 中心으로」, 성신여자대학교 석사논문, 2006.

곽현숙, 「조선시대 『字類註釋』에 나타나는 '俗字'의 존재 양상」, 『중국문학연구』 63, 한국중문학회, 2016.

곽현숙, 「『훈몽자회』와 『자류주석』의 분류항목 비교 분석」, 『중국학』 61, 대한중국학회, 2017.

금장태, 「『小學圖』와 退溪의 도덕적 실천정신」, 『퇴계학논집』 104, 퇴계학연구원, 1999.

김경남, 「조선시대 『소학』 주석사에서의 『소학질서』의 위상」, 『인문연구』 84, 영남대학교 인문과학연구소, 2018.

김경미, 「『童蒙先習』의 역사교육적 의미」, 『한국교육사학』 25, 한국교육사학회, 2003.

김경일, 「『용감수감』 소고」, 『중국어문학』 13, 영남중국어문학회, 1987.

김경한, 「『大東韻府群玉』 小考」, 『국어국문학』 22, 국어국문학회, 1960.

김기영, 「'訓蒙字會'를 중심으로 한 최세진의 이중 언어 교육에 관한 연구」, 공주대학교 박사논문, 2008.

김기현, 「儒家의 倫理構造分析: '小學'을 中心으로」, 『민족문화논총』 19, 고려대학교 민족문화연구원, 1986.

김남지, 「'訓蒙字會' 한자음에 반영된 等과 重紐연구」, 한양대학교 박사논문, 2017.

김동인, 「아동용 교재로서의 『孝經』과 『小學』」, 『교육사학연구』 3, 교육사학회, 1990.

김만곤, 「『國民小學讀本』考: 그 出現의 背景에 대하여」, 『국어문학』 20, 국어문학회, 1979.

김병욱, 「『자전석요』의 음운 현상 연구」, 『명지어문학』 20, 명지대학교 국어국문학과, 1992.

김병희, 「『소학』 공부와 『대학』 공부: 유학의 인성교육론」, 『교육철학』 19, 한국교육철학회, 2001.

김선희·서수백, 「『훈몽자회』와 『자전석요』의 한자 자석의 의미정보 수록 양상 비교 연구」, 『언어과학연구』 55, 언어과학회, 2010.

김세진, 「『번역소학』과 『소학언해』에 나타난 우리말 한자 형태소 성조 대응의 양상」, 『한글』 310, 한글학회, 2015.

김애영, 「『奇字彙』標題字形 源流 考察」, 『중국어문학논집』 72, 중국어문학연구회, 2012.

김약슬, 「小學書 및 小學에 對하여」, 1969.

김억섭, 「한국 근현대 한자자전[옥편]에 대한 小考: 일제 강점기에 출간된 자전을 중심으로」, 『중국언어연구』 64, 한국중국언어학회, 2016.

김영애, 「용감수경 부수 연구」, 연세대학교 석사논문, 1989.

김영옥, 「『康熙字典』과 한국 한자 자형의 영향 관계 연구」, 『동양고전연구』 69, 동양고전학회, 2017.

김영주, 「元泳義의 『蒙學漢文初階』 연구」, 『한문교육연구』 47, 한국한문교육학회, 2016.

김윤조, 「한국 漢詩 창작에 있어서 시기별 韻書의 변화 양상에 대한 연구」, 『동양한문학연구』 44, 동양한문학회, 2016.

김이겸, 「『大東韻府群玉』의 編纂 및 板刻經緯에 관한 考察」, 『서지학연구』
　　10, 한국서지학회, 1994.

김인경, 「朝鮮朝 韻書에 대한 小考」, 『중국학논총』 5, 한국중국문화학회,
　　1996.

김정신, 「鶴峯 金誠一의 學問論과 居鄉觀: 「童子禮」・「居鄉雜儀」의 간행과
　　유포를 중심으로」, 『태동고전연구』 29, 한림대학교 대동고전연구
　　소, 2012.

김종운, 「朝鮮朝 蒙學 敎材 硏究」, 한국교원대학교 박사논문, 2001.

김종운, 「朝鮮朝 蒙學敎材의 類型 考察」, 『한국어문교육』 10, 한국교원대학
　　교 한국어문교육연구소, 2001.

김종택・송창선, 「『千字文』, 『類合』, 『訓蒙字會』의 어휘분류 체계 대비」, 『어
　　문학』 52, 한국어문학회, 1991.

김주원, 「『어제소학언해』(1744)를 둘러싼 몇 문제」, 『국어사자료연구』 창
　　간호, 국어사연구, 2000.

김주원, 「『소학언해』 연구: 17세기 후기 간본을 중심으로」, 『국어학』 37,
　　국어연구, 2001.

김주원, 「小學集註(滿文)와 飜譯小學(滿文) 硏究」, 『알타이학보』 12, 한국
　　알타이학회, 2002.

김준석, 「조선전기의 사회사상: 『小學』의 사회적 기능 분석을 중심으로」,
　　『동방학지』 29, 연세대학교 국학연구원, 1981.

김준형, 「구한말 學部 편찬 국어과 교과용 도서와 『國民小學讀本』」, 『어문
　　학교육』 43, 한국어문교육학회, 2011.

김차균, 「중세 국어와 창원 방언 성조의 비교: 『훈민정음』』(해례)과 『소학
　　언해』(범례)의 방점 자료에 바탕을 두고」, 『한글』 290, 한글학회,
　　2010.

김차균, 「중고한음 성조와 『소학언해』에 나타난 우리말 한자 형태소 성조
    의 비교」, 『한글』 297, 한글학회, 2012.

김창욱, 「조선시대 『소학』과 그 교육적 가치」, 『교육사상연구』 8, 한국교육
    사상연구회, 1999.

김태경, 「『광운』의 반절음과 『전운옥편』·『삼운성휘』의 한자음 비교」, 『중
    국어문학논집』 19, 중국어문학연구회, 2002.

김항수, 「조선 전기 三綱行實圖와 小學의 편찬」, 『한국사상과 문화』 19, 한
    국사상문화학회, 2003.

김혈조, 「중국 공구서의 현황과 그 특징」, 『인문연구』 20, 영남대학교 인문
    과학연구소, 1999.

김혈조, 「漢字 讀音 研究」, 『대동한문학』 35, 대동한문학회, 2011.

김형배, 「16세기 말기 국어의 사동사 파생과 사동사의 변화: 『소학언해』를
    중심으로」, 『한글』 243, 한글학회, 1999.

김형찬, 「17~18세기 평산 신씨를 중심으로: 조선시대 지식생산체계 연구
    방법과 지식사회의 층위」(특집: 조선시대 지식, 지식인 생산체계),
    『민족문화연구』 65, 고려대학교 민족문화연구원, 2014.

김훈식, 「朝鮮前期 蒙求書의 편찬」, 『인제논총』 17, 인제대학교, 2002.

김희, 「『擊蒙要訣』을 통해 본 율곡의 문화계몽 의미 연구」, 『동서철학연구』
    82, 한국동서철학회, 2016.

김희진, 「『訓蒙字會』의 어휘 교육에 관한 고찰(1): 名詞 字訓의 類意關係
    構造를 中心으로」, 『어문연구』 16, 한국어문교육연구회, 1988.

나도원, 「『華東正音』 華音의 聲母體系 연구」, 『중국어연구』 36, 한국중국언
    어학회, 2011.

나도원, 「한국자전의 한자수용과 정리: 『자전석요』 心부를 중심으로」, 『중
    국학』 49, 대한중국학회, 2014.

나현미, 「『육서심원』 연구」, 부산대학교 박사논문, 2005.

남권희, 「1650年 木活字本으로 간행된 韓濩書 千字文에 대하여」, 『국어사 연구』 2, 국어사학회, 2001.

남성우, 「『飜譯小學』 卷六과 『小學諺解』 卷五의 飜譯」, 『구결연구』 2, 구결 학회, 1997.

노관범, 「19세기 후반 淸道 지역 南人學者의 학문과 『小學』의 대중화: 진계 박재형의 『해동속소학』을 중심으로」, 『한국학보』 27, 일지사, 2001.

Dormels, R., 「옥편류의 한자음 비교 연구: 『全韻玉篇』, 『新字典』, 『漢韓大 辭典』, 『大字源』을 중심으로」, 서울대학교 석사논문, 1994.

류부현, 「『童蒙先習』의 서지적 연구」, 『서지학연구』 5, 서지학회, 1990.

류부현, 「『童蒙先習』 異本의 文字異同 研究」, 『서지학연구』 15, 서지학회, 1998.

류부현, 「『童蒙先習』의 著者에 관한 研究」, 『한국도서관정보학회지』 40, 한 국도서관 정보학회, 2009.

박기영, 「『明治字典』의 한글 표기에 대하여」, 『진단학보』 89, 진단학회, 2000.

박병철, 「訓蒙字會 字釋 研究」, 인하대학교 석사논문, 1984.

박병철, 「『註解千字文』과 複數字釋」, 『어문연구』 33, 한국어문교육연구회. 2005.

박병철, 「『千字文』 편찬의 변모 양상에 대한 연구」, 『어문연구』 41, 한국어 문교육연구회, 2013.

박순남, 「高麗末 知識人의 『小學』 受容에 관하여」, 『동양한문학연구』 17, 동양한문학회, 2003.

박순남, 「好古窩 柳徽文의 『小學章句』 분석」, 『동양한문학연구』 34, 동양한 문학회, 2012.

박순남, 「『소학장구』의 주석 방식에 관한 연구」, 『동양한문학연구』 40, 동양한문학회, 2015.

박찬연, 「朝鮮時代 蒙學教材 研究: 『童蒙先習』을 中心으로」, 전주대학교 석사논문, 2015.

박추현, 「英, 正祖間 세 韻書의 韓國漢字音攷: 華東正音通釋韻考, 三韻聲彙, 奎章全韻」, 『중국언어연구』 11, 한국중국언어학회, 2000.

박형우, 「『번역소학』과 『소학언해』에 나타난 부정문의 비교 연구」, 『한민족어문학』 44, 한민족어문학회, 2004.

박형우, 「『번역소학』의 부정문 연구」, 『청람어문교육』 30, 청람어문교육학회, 2005.

박형익, 「한국의 자전」, 『한국어학』 23, 한국어학회, 2004.

박홍규·송재혁, 「세종과 『小學』: 民風과 士風의 교화」, 『대한정치학회보』 20, 대한정치학회, 2012.

배윤덕, 「『四聲通解』에 나타난 韻會 연구」, 『돈암어문학』 16, 돈암어문학회, 2003.

배현숙, 「신증유합 판본고」, 『민족문화연구』 39, 고려대학교 민족문화연구원, 2003.

서남원, 「중국 자서 편찬사에 대한 고찰」, 『동양학』 34, 동양학연구소, 2003.

서수백, 「『字類註釋』의 字釋 연구」, 『한민족어문학』 66, 한민족어문학회, 2014.

서수백, 「『訓蒙字會』와 『新增類合』의 字釋 비교 연구」, 『인문과학논총』 37, 순천향대학교 인문학연구소, 2018.

손희하, 「石峰千字文 板本 研究」, 『한중인문학연구』 33, 한중인문학회, 2011.

송명진, 「특집: "국가"와 "수신", 1890년대 독본의 두 가지 양상: 『국민소

학독본』과 『신정심상소학』을 중심으로」, 『한국언어문화』 39, 한
국언어문화학회, 2009.

송병렬, 「千字文類의 變容과 성격 考察」, 『한문학논집』 30, 근역한문학회,
2010.

송지연, 「문자 학습서 『訓蒙字會』 연구」, 조선대학교 석사논문, 2015.

송희준, 「『朱子書節要』와 『大東韻府群玉』의 비교 고찰」, 『남명학연구』, 경
상대학교 남명학연구소, 2004.

신동은, 「『小學』의 교육적 원리 연구」, 『교육철학』 31, 한국교육철학회,
2004.

신상현, 「조선본 『용감수경』의 판본과 특징에 대한 고찰」, 『한문학보』 14,
우리한문학회, 2006.

신상현, 「18세기 韻書 편찬과 淸代 古音學 수용 연구: 특히 『奎章全韻』 편
찬을 중심으로」, 『한문교육연구』, 한국한문교육학회, 2007.

신상현, 「朝鮮後期 文字言語學 硏究 흐름과 字書 編纂」, 『한자한문연구』
5, 고려대학교 한자한문연구소, 2009.

신승운, 「『奎章全韻』을 통해서 본 正祖朝의 書籍 頒賜와 그 規模」, 『한국도
서관정보학회지』 35, 한국도서관정보학회, 2004.

신용권, 「특집: 조선후기 言語·文字 연구와 지식 교류: 조선 후기의 漢語
학습서와 훈민정음의 사용」, 『한국실학연구』 29, 한국실학학회,
2015.

신우선, 「『排字禮部韻略』, 『新刊韻略』及 『排字韻』之間的關係」, 『중국어문
학집』 62, 중국어문학연구회, 2010.

신정엽, 「조선시대 간행된 소학 언해본 연구」, 『서지학연구』 44, 한국서지
학회, 2009.

신창호, 「율곡 교육론의 구조와 성격: 「격몽요결」과 「학교모범」의 비교」,

『동방학』 24, 한서대학교 동양고전연구소, 2012.

심경호, 「한국의 韻書와 운서 활용 방식」, 『한자한문연구』 5, 고려대학교 한자한문연구소, 2009.

심경호, 「천자문의 구조와 조선시대 판본에 관한 일고찰」, 『한자한문연구』 7, 고려대학교 한자한문연구소, 2011.

심경호, 「동아시아에서의 "千字文" 類 및 "蒙求" 類 流行과 漢字漢文 基礎 敎育」, 『한자한문교육』 36, 한국한자한문교육학회, 2015.

심경호, 「조선시대 지식정보 휘집 편찬물의 연구를 위한 초보적 탐색」, 『한국사상사학』 59, 한국사상사학회, 2018.

심경호, 「漢字辭典의 현재적 의미와 개선 방안」, 『東洋學』 71, 단국대학교 동양학연구원, 2018.

안대회, 「'이산'과 '이성': 『奎章全韻』의 편찬과 관련하여」(正祖 御諱의 改定), 『한국문화』 52, 서울대학교 규장각, 2010.

안미경, 「일제시대 천자문 연구: 판권지 분석을 중심으로」, 『서지학연구』 22, 서지학회, 2001.

안미경, 「일제시대 천자문의 종류와 특징」. 『서지학연구』 26, 서지학회, 2003.

양원석, 「정조 '文字策問'에서의 문자학제설에 대한 논의 1」, 『민족문화연구』 45, 고려대학교 민족문화연구원, 2006.

양원석, 「小學과 『說文解字』 연구를 통해 본 조선 후기 한자학」(특집: 조선 후기 언어·문자 연구와 지식 교류), 『한국실학연구』 29, 한국실학학회, 2015.

양원석, 「규장각 도서 '經部-小學類-字書'의 서지사항에 대한 고찰」, 『한국문화』 74, 서울대학교 규장각, 2016.

여찬영, 「지석영 『자전석요』의 한자 자석 연구」, 『어문학』 79, 한국어문학회, 2003.

오미영, 「천자문 주석서를 통한 석봉천자문 훈의 검토」, 『구결연구』 35, 구결학회, 2015.

오미영·김문정, 「『註解千字文』의 한문주 고찰」, 『인문학연구』 45, 숭실대학교 인문과학연구소, 2017.

오삭란, 「『번역소학』 小考」, 『새국어교육』 41, 한국국어교육학회, 1985.

오세근, 「현대 교육 위기에 대응하는 교육 개혁 시각 정립을 위한 연구: 『소학』을 중심으로」, 『동양사회사상』 4, 동양사회사상학회, 2001.

오종갑, 「『신자전』의 한자음 연구: 특히 운모의 대응을 중심으로」, 『한민족어문학』 2, 한민족어문학회, 1975.

오종갑, 「18世紀 國語 漢字音 表記: 韻書의 子音을 中心으로」, 『어문학』 50, 한국어문학회, 1989.

우영희, 「朝鮮時代 敎訓書를 통해 본 子女養育: 「童蒙先習」, 「擊蒙要訣」, 「士小節」, 「顧菴家訓」을 中心으로」, 중앙대학교 박사논문, 1989.

유재원, 「『전운옥편』의 속음자에 대한 연구」, 『중국학연구』 11(1), 중국학연구회, 1996.

유점숙, 「『소학』을 통해서 본 傳統社會 兒童의 容儀敎育」, 『퇴계학논집』 109, 퇴계학연구원, 2001.

유창균, 「東國正韻 연구: 其一, 韻目字 策定의 原流」, 『어문학』 12, 숙명여자대학교 어문학연구소, 1965.

유창균, 「韓國韻書의 形成과 發達過程」, 『민족문화』 5, 한국고전번역원, 1979.

윤병희, 「조선 朝鮮 中宗朝 士風과 『小學』」, 『역사학보』 103, 역사학회, 1984.

윤성훈, 「眉叟 許穆 手稿本 篆書 字典 기초 연구」, 『대동문화연구』 101, 성

균관대학교 대동문화연구원, 2018.

윤영숙, 「朝鮮 時代 初學 敎材 硏究: 童蒙先習과 擊蒙要訣을 中心으로」, 한국교원대학교 석사논문, 1996.

윤영숙, 「『童蒙先習』과 『擊蒙要訣』의 비교고찰」, 『한자한문교육』 3, 한국한자한문교육학회, 1997.

윤용선, 「『소학언해』의 구결체계에 대한 검토」, 『진단학보』 102, 진단학회, 2006.

윤인숙, 「朝鮮初期 『小學』 수용과 인식의 변화」, 『동양고전연구』 20, 동양고전학회, 2004.

윤인숙, 「『小學』의 성격과 정치론, 그 적용: 조선전기 사림파의 정치이론과 적용」, 『사림』 35, 수선사학회, 2010.

윤인현, 「『운회옥편』 고」, 『서지학연구』 2, 서지학회, 1987.

윤정, 「肅宗~英祖 대의 세자교육과 『小學』」 『奎章閣』 27, 규장각, 2004.

이규필, 「번역소학과 소학언해 현토의 변개 양상과 의미」, 『한문학보』 39, 우리한문학회, 2018.

이기동, 「『全韻玉篇』에 드러난 정속음고」, 『논문집』 3, 우석대학교, 1981.

이기동, 「『全韻玉篇』에 주기된 정속음에 대하여」, 『어문논집』 23(1), 고려대학교 국문학연구회, 1982.

이기문, 「소학언해에 대하여」, 『한글』 127, 한글학회, 1960.

이기문, 「석봉천자문에 대하여」, 『국어국문학』 55·56·57 합병호, 국어국문학회, 1972.

이기문, 「천자문 연구(1)」, 『한국문화』 2, 한국문화연구소, 1981.

이남희, 「세종시대 『소학』의 보급·장려와 그 역사적 함의」, 『원광대학교 인문학연구소 논문집』 19, 원광대학교인문학연구소, 2018.

이돈주, 「『전운옥편』의 정·속 한자음에 대한 연구」, 『국어학』 30, 국어학회, 1997.

이동인, 「『擊蒙要訣』을 통해본 율곡의 사상과 생애」, 『사회사상과문화』 29, 동양사회사상학회, 2014.

이상도, 「訓蒙字會 編纂動機와 特徵」, 『중국학연구』 7, 중국학연구회, 1992.

이상익, 「조선시대의 동몽교재와 도덕교육」, 『동양문화연구』 24, 영산대학교 동양문화연구원, 2016.

이상호, 「영남학파의 『소학』 중시가 가진 철학적 특징과 교육적 함의」, 『국학연구』 18, 한국국학진흥원, 2011.

이숭녕, 「小學諺解의 戊寅本과 校正廳本의 比較硏究」, 『진단학보』 36, 진단학회, 1973.

이승영, 「중세 韻書에 나타난 脣内撥音字의 漢字音 연구」, 『일본어교육』 80, 한국일본어교육학회, 2017.

이영경, 「조선 후기 『소학』 언해의 활용과 보급에 대한 국어학적 연구」, 『진단학보』 120, 진단학회, 2014.

이영경, 「『小學』의 학습과 朝鮮의 다이글로시아: 조선 후기 『小學諺解』의 상이한 두 필사본을 중심으로」, 『어문연구』 46, 한국어문교육연구회, 2018.

이응백, 「開化期 以前의 言語·文字 敎育의 硏究: 특히 基礎 敎育 資料의 檢討를 中心으로」, 서울대학교 박사논문, 1974.

이정민A, 「조선시대의 『小學』 이해 연구」, 서울대학교 박사논문, 2013.

이정민A, 「18세기 『소학』류 서적의 새로운 양상: 『大東小學』과 『東賢學則』에 대한 검토」, 『한국문화』 71, 규장각 한국학연구소, 2015.

이정민A, 「박세채의 『소학』 이해 연구: 『讀書記』에 대한 검토를 중심으로」, 『한국사상사학』 52, 한국사상사학회, 2016.

이정민B, 「中世 以後 韓國의 漢字音 初聲과 中國語 聲母와의 對應關係 考

察: 『訓蒙字會』를 중심으로」, 명지대학교 석사논문, 2017.

이정희, 「惠山 李祥奎의 『歷代千字文』 간행 연구」, 『경남문화연구』 33, 경
상대학교 경남문화연구소, 2012.

이준환, 「국어학: 『字典釋要』의 체재상의 특징과 언어적 특징」, 반교어문
연구』 32, 반교어문학회, 2012.

이준환, 「中世·近代·開化期의 韻書 및 字書 편찬의 역사」, 『동양학』 57, 단
국대학교 동양학연구원, 2014.

이지영, 「조선시대 규훈서와 여성의 문자문화」, 『여성문학연구』 28, 한국
여성문학학회, 2012.

이춘호, 「朝鮮朝 前期의 「小學」 教育에 關한 研究」, 『한자한문교육』 4, 한국
한자한문교육학회, 1998.

이현선, 「조선시대 초학서 한자음 초성 연구」, 『인문사회과학연구』 19, 부
경대학교 인문사회과학연구소, 2018.

이효천, 「『신자전』에 나타난 새김말의 형용사 연구」, 계명대학교 석사논
문, 1976.

이희재, 「조선시대 유교의 동몽교육」, 『공자학』 16, 한국공자학회, 2009.

임영란, 「『擊蒙要訣』 초간본과 현전본에 관한 서지적 연구」, 『서지학연구』
54, 한국서지학회, 2013.

임창순, 「大東韻府群玉」, 『사총』 2, 고대사학회, 1957.

임형택, 「『大東韻府群玉』의 역사적 기원과 위상」, 『한국한문학연구』 32,
한국한문학회, 2003.

장정호, 「조선시대 독자적 동몽 교재의 등장과 그 의의」, 『유아교육학논집』
1, 한국영유아교원교육학회, 2006.

장주현, 「『訓蒙字會』의 어학적 연구 '諺文字母'를 중심으로」, 청주대학교
석사논문, 1987.

장진엽, 「18세기 後半 文字學을 둘러싼 논점들: 正祖의 文字策과 이에 대한 對策을 중심으로」, 『남명학연구』 39, 경상대학교 남명학연구소, 2013.

장충덕, 「『번역소학』의 종결어미 고찰」, 『언어학연구』 34, 한국중원언어학회, 2015.

전용호, 「근대 지식 개념의 형상과 『국민소학독본』」, 『우리어문연구』 25, 우리어문학회, 2005.

전일주, 「근대 계몽기의 사전 편찬과 그 역사적 의의: 특히 『국한문신옥편』을 중심으로」, 『대동한문학』 17, 대동한문학회, 2002.

전일주, 「강희자전과 한국 초기 자전 비교 연구: 『字典釋要』와 『신자전』을 중심으로」, 『한문교육연구』 26, 한국한문교육학회, 2006.

정경일, 「조선시대 운서 이용 양상」, 『한국어학』 7, 한국어학, 1998.

정경일, 「『교정전운옥편』 속음의 유형별 고찰」, 『우리어문연구』 26, 우리어문학회, 2006.

정선모, 「『奎章全韻』 編纂背景考: 正祖와 洪啓禧의 관계를 중심으로」, 『한국문화』 82, 서울대학교 규장각 한국학연구원, 2018.

정수현, 「『번역소학』, 『소학언해』 비교 연구」, 『영주어문학회지』 37, 영주어문학회, 2017.

정연봉, 「朱子 『小學』의 人性敎育論과 그 主體的 受容에 관한 硏究: 茶山과 退溪의 『小學』 硏究에 주목함」, 『동양고전연구』 11, 동양고전학회, 1998.

정영실, 「국내 蒙學 교재 연구: 字種」, 『중국연구』 67. 한국외국어대학교 중국연구소, 2016.

정영아, 「우리나라 辭典 소고」, 이화여자대학교 석사논문, 1961.

정재영, 「成三問의 童子習序와 『童子習(口訣)』에 대하여」, 『규장각』 21, 서

울대학교 규장각, 1998.

정재철, 「초중고 한문 학습 자전의 현황과 편찬 방안: 자전류의 역사와 한문 학습 자전의 필요성」, 『한문교육연구』 41, 한국한문교육학회, 2013.

정출헌, 「『小學』을 통해 읽는 유교문명의 완성과 해체:『小學集註』, 『海東續小學』, 그리고 『小學讀本』을 중심으로」, 『율곡사상연구』 33, 율곡연구원, 2016.

정혜린, 「『번역소학』과 『소학언해』의 구문 번역 양상 연구: 한문 원문의 'V1V2' 구성을 중심으로」, 서울대학교 석사논문, 2009.

정호훈, 「조선후기 『小學』 간행의 추이와 그 성격」, 『한국사학보』 29, 고려사학회, 2008.

정호훈, 「16~17세기 『小學集註』의 成立과 刊行」, 『한국문화』 47, 규장각한국학연구소, 2009.

정호훈, 「조선후기 『소학』의 磁場과 變容:『小學枝言』, 『士小節』을 중심으로」, 『동방학지』 174, 연세대학교 국학연구원, 2016.

정후수, 「천자문의 구성과 가치에 대한 연구」, 『동양고전연구』 11, 동양고전학회, 1998.

제영민, 「澤堂 李植의 『初學字訓增輯』 飜譯 및 解題」, 부산대학교 석사논문, 2007.

조덕구, 「千字文」, 『어문연구』 3, 한국어문교육연구회, 1975.

조운성, 「東國正韻의 운류와 古今韻會擧要의 자모운」, 『서강인문논총』 28, 서강대학교 인문과학연구소, 2010.

조운성, 「洪武正韻譯訓의 운류와 古今韻會擧要의 자모운」, 『대동문화연구』 91, 성균관대학교 대동문화연구원, 2015.

조운성, 「洪武正韻譯訓과 운경의 운류 비교」, 『口訣研究』 35, 구결학회,

2015.

조현규, 「주희『소학』의 교육철학적 의미」, 『교육철학』 18, 한국교육철학회, 2000.

조현규, 「『小學』의 道德教育書로서의 문제점과 한계」, 『교육철학』 28, 한국교육철학회, 2005.

조현진, 「번역 대비를 통한 『飜譯小學』과 『小學諺解』의 意譯과 直譯 연구: 名詞類의 意譯과 直譯을 중심으로」, 『언어와 언어학』 67, 한국외국어대학교 언어연구소, 2015.

주성일, 「『四聲通解』에 반영된 近代漢語 陰聲韻의 변화」, 『中國文學硏究』 45, 한국중문학회, 2011.

진원, 「『小學』의 편찬 이유와 이론적 입장」, 『한국학논집』 49, 계명대학교 한국학연구소, 2012.

진원, 「『小學』의 구성내용으로 본 주자학의 소학론」, 『한국학연구』 37, 인하대학교 한국학연구소, 2015.

천위안, 「『小學』의 유포 양상: 한국과 중국의 경우를 중심으로」, 『아시아문화연구』 37, 가천대학교 아시아문화연구소, 2015.

최광남, 「유학 교육에서의 『소학』의 위상」, 『교육사학연구』 9, 교육사학회, 1999.

최범훈, 「『자전석요』에 나타난 난해 자석에 대하여, 『국어국문학』 70, 국어국문학회, 1976.

최영성, 「『童蒙先習』의 著者에 대한 재론」, 『공자학』 32, 한국공자학회, 2017.

최항, 「中·韓 初學者 學習用類書 小考」, 『동아인문학』 10, 동아인문학회, 2006.

피터버크, 이상원 역, 『지식은 어떻게 탄생하고 진화하는가』, 생각의날개,

2015.

하강진, 「한국 최초의 근대 자전『국한문신옥편』의 편찬 동기」,『한국문학 논총』 41, 한국문학회, 2005.

하강진, 「『자전석요』의 편찬 과정과 판본별 체재 변화」,『한국문학논총』 56, 한국문학회, 2010.

하강진, 「자전 체재에서 본『국한문신옥편』의 한국자전사적 위상」,『동양 한문학연구』 50, 동양한문학회, 2018.

하성금, 「직역체 언해자료에 나타난 한문문법 영향 고찰:『소학언해』의 명 사화 어미 '-ㅁ/음'의 사용을 중심으로」,『한중인문학연구』 57, 한 중인문학회, 2017.

하수용, 「『육서심원』의 저자 惺臺의 육서관」,『한자한문교육』 10, 한국한 자한문교육학회, 2003.

하수용, 「『육서심원』의 부수 배열법과 속부자의 탐석」,『한자한문교육』 11, 한국한자한문교육학회, 2003.

하영삼, 「퇴계학과 퇴계학파: 한국 한자 字典史에서 許傳『初學文』이 갖는 의의」,『퇴계학논총』 24, 퇴계학부산연구원, 2014.

하혜정, 「조선조 운서의 독자성 연구」, 중앙대학교 박사논문, 1997.

한미경, 「『강희자전』 전래본의 조사 분석과 현대적 활용 연구」,『서지학연 구』 54, 한국서지학회, 2013.

한은수, 「歷史書 敎育의 방향과 現在的 示唆:『童蒙先習』과『兒戱原覽』을 중심으로」,『동방한문학』 70, 동방한문학회, 2017.

한종호, 「『자전석요』知, 瑞 계자의 어음 변화: 어휘 확산 이론의 적용 가능 성 검토」,『중국학』 17, 대한중국학회, 2002.

허벽, 「역대 자전을 통해 본 한자와 상용한자 소고: 특히 한중일 3개국의 경우를 중심으로」,『인문과학』 39, 연세대학교 인문과학연구소,

1978.

허왕욱, 「조선시대 한자 교재의 구성 방법」, 『한국초등국어교육』 19, 한국
　　초등국어교육학회, 2001.

허재영, 「『번역소학』과 『소학언해』 비교 연구」, 『국어교육』 97, 한국어교
　　육학회, 1998.

허재영, 「조선시대 문자, 어휘 학습 자료에 대하여」, 『한민족문화연구』 26,
　　한민족문화학회, 2008.

홍윤표, 「近代國語의 省劃吐: 『小學諸家集註』의 소개」, 『한국어학』 21, 한
　　국어학회, 2003.

황금중, 「性理學에서의 小學·大學 교육과정론」, 『한국사상과 문화』 17, 한
　　국사상문화학회, 2002.

참고문헌(중국)

단행본

[美]白保羅, 『漢藏語槪要』, 羅美珍, 樂賽月翻譯, 北京: 中國社會科學院民族
　　研究所印, 1984.

[美]包擬古, 『原始漢語與漢藏語』, 潘悟雲, 馮蒸譯, 北京: 中華書局, 1995.

[法]梅耶, 『歷史語言學中的比較方法』, 岑麒祥譯, (1)北京: 科學出版社, 1957.
　　(2)『國外語言學論文選譯』, 北京: 語文出版社, 1992.

[瑞典]高本漢, 『中國音韻學研究』, 趙元任, 羅常培, 李方桂譯, 北京: 商務印書
　　館, 1995. 北京: 淸華大學出版社, 2007.

【唐】陸德明, 『經典釋文』, 北京: 中華書局, 1984.

【宋】司馬光撰,『宋本切韻指掌圖』, 北京: 中華書局, 1986.

【宋】丁度等,『宋刻集韻』, 北京: 中華書局, 1989.

【宋】陳彭年,『宋本廣韻』, 北京: 北京市中國書店, 1982.

【元】周德清,『中原音韻』, 中國古典戲曲論著集成(一), 北京: 中國戲劇出版
　　　社, 1959年7月第1版.

【清】段玉裁,『說文解字注』, 上海古籍出版社, 1988.

【清】梁僧寶,『四聲韻譜』(上,下), 北京: 古籍出版社, 1955.

【清】王念孫,『廣雅疏證』, 江蘇古籍出版社, 1984.

【清】王念孫,『讀書雜誌』, 江蘇古籍出版社, 1985.

【清】王引之,『經義述聞』, 江蘇古籍出版社, 1985.

【清】王引之,『經傳釋詞』, 江蘇古籍出版社, 1985.

【清】錢大昕,『十駕齋養新錄』,上海書店, 1983.

【清】朱駿聲,『說文通訓定聲』, 武漢市古籍書店(影印), 1983.

【清】朱駿聲,『說文通訓定聲』, 北京: 中華書局, 1984.

【清】陳澧,『切韻考(附外篇)』, 北京: 北京市中國書店出版, 1984.

【清】陳澧,『切韻考(附音學論著三種)』, 羅偉豪點校, 廣州: 廣東高等教育出
　　　版社, 2004.

【漢】許慎著, 【宋】徐鉉校定,『說文解字』, 中華書局, 1963.

A.B.捷斯尼切卡婭,『印歐語親屬關系研究中的問題』, 勞允棟譯,岑麒祥校訂,
　　　北京: 科學出版社, 1960.

Fox, Anthony, *Linguistic Reconstruction: An Introduction to Theoryand Method*,
　　　Oxford: Oxford University Press, 1995.

江藍生,『魏晉南北朝小說詞語匯釋』, 1988.

康寔鎮,『『華東正音通釋韻考』整理與研究』,『域外漢字傳播書系韓國卷』, 上
　　　海人民出版社, 2012.

강신항, 『奎章全韻·全韻玉篇』, 박이정, 1993.

耿振生, 『明淸等韻學通論』, 北京: 語文出版社, 1992.

顧學頡, 王學奇, 『元曲釋詞』, 中國社會科學出版社, 1983~1990.

龔煌城, 『漢藏語硏究論文集』, 北京: 北京大學出版社, 2004.

郭芹納, 『訓詁散論』, 北京: 中國社會科學出版社, 2002.

郭芹納, 『訓詁學』, 北京: 高等教育出版社, 2005.

郭錦桴, 『綜合語音學』, 福州: 福建人民出版社, 1993.

郭錫良, 『漢字古音手冊』, 北京: 北京大學出版社, 1986.

郭在貽, 『郭在貽語言文學論稿』, 浙江古籍出版社, 1992.

郭在貽, 『訓詁叢稿』, 上海古籍出版社, 1985.

郭在貽, 『訓詁學』, 長沙: 湖南人民出版社, 1986.

國務院古籍整理出版規劃小組編印, 『古籍點校疑誤匯錄』, 中華書局, 1990.

김근수, 『訓蒙字會硏究』, 청록출판사, 1998.

寧繼福, 『中原音韻表稿』, 長春: 吉林文史出版社, 1985.

唐作藩, 『音韻學敎程』(第三版), 北京: 北京大學出版社, 2002.

董同龢, 『漢語音韻學』, 北京: 中華書局, 2004.

杜澤遜, 『文獻學槪要』, 中華書局, 2001.

羅常培, 王均, 『普通語音學綱要』(修訂本), 北京: 商務印書館, 2004.

黎千駒, 『訓詁方法與實踐』, 桂林: 廣西師範大學出版社, 1997.

路廣正, 『訓詁學通論』, 天津: 天津古籍出版社, 1996.

劉成德, 『簡明訓詁學』, 蘭州: 蘭州大學出版社, 1992.

劉葉秋, 『中國字典史略』, 中華書局, 1983.

劉又辛, 李茂康, 『訓詁學新論』, 成都: 巴蜀書社, 1989.

柳長華, 『訓詁學』, 北京: 中國醫藥科技出版社, 1995.

陸宗達, 『說文解字通論』, 北京出版社, 1981.

陸宗達, 『訓詁簡論』, 北京: 北京出版社, 1980, 2002.

陸宗達, 『訓詁淺談』, 北京: 北京出版社, 1964.

陸宗達, 王寧, 『訓詁方法論』, 北京: 中國社會科學出版社, 1983.

陸宗達, 王寧, 『訓詁與訓詁學』, 太原: 山西教育出版社, 1994.

陸宗達等, 『訓詁學的知識與應用』, 北京: 語文出版社, 1990.

陸志韋, 『陸志韋近代漢語音韻論集』, 北京: 商務印書館, 1988.

李建國, 『漢語訓詁學史』, 上海: 上海辭書出版社, 2002.

李建廷, 『蒙求字書整理與研究』, 『域外漢字傳播書系韓國卷』, 上海人民出版
    社, 2012.

李德春, 『漢朝語言文字關系史』, 東北朝鮮民族教育出版社, 1992.

李無未主編, 『音韻學論著指要與總目』(上,下), 北京: 作家出版社, 2007.

李方桂, 『上古音研究』, 北京: 商務印書館, 1980.

李申, 『近代漢語釋詞叢稿』, 江蘇教育出版社, 1995.

李新魁, 『韻鏡校證』, 北京: 中華書局, 1982.

李新魁, 『漢語等韻學』, 北京: 中華書局, 1986.

李如龍, 『漢語方言學』, 北京: 高等教育出版社, 2001.

李榮, 『切韻音系』, 北京: 科學出版社, 1956.

林燾, 王理嘉, 『語音學教程』, 北京: 北京大學出版社, 1992.

馬學良主編, 『漢藏語概論』, 北京: 民族出版社, 2003.

박성훈, 『訓蒙字會注解』, 태학사, 2013.

方孝嶽編, 『廣韻韻圖』, 北京: 中華書局, 1988.

白兆麟, 『簡明訓詁學』, 杭州: 浙江教育出版社, 1984.

駢宇騫, 王鐵柱主編, 『語言文字詞典』, 北京: 學苑出版社, 1999.

富金壁, 『訓詁學說略』, 湖北人民出版社, 2003.

北京大學中國語言文學系語言學教研室編, 『漢語方音字彙』(第二版重排本),

　　　北京: 語文出版社, 2003.

徐啓庭,『訓詁學概要』, 福州: 海峽文藝出版社, 2001.

徐中舒主編,『漢語大字典』(1~8), 四川辭書出版社·湖北辭書出版社, 1986－
　　　1990.

徐通鏘,『歷史語言學』, 北京: 商務印書館, 1991.

邵榮芬,『邵榮芬音韻學論文集』, 北京: 首都師範大學出版社, 1997.

邵榮芬,『切韻研究』, 北京: 中國社會科學出版社, 1982.

邵榮芬,『中原雅音研究』, 濟南: 山東人民出版社, 1981.

孫永選等,『訓詁學綱要』, 濟南: 齊魯書社, 1996.

孫雍長,『訓詁原理』, 北京: 語文出版社, 1997.

宋金蘭,『訓詁學新論』, 北京: 首都師範大學出版社, 2001.

宋永培,『〈說文〉與訓詁研究論集』, 商務印書館, 2013.

宋永培,『當代訓詁學』, 廣州: 廣東教育出版社, 2000.

宋子然,『訓詁學』, 成都: 電子科技大學出版社, 1993修訂本.

楊劍橋,『漢語現代音韻學』, 上海: 複旦大學出版社, 1996.

楊耐思,『中原音韻音系』, 北京: 中國社會科學出版社, 1981.

楊端志,『訓詁學』, 殷煥先校訂, 濟南: 山東文藝出版社, 1986.

楊樹達,『積微居小學金石論叢』, 中華書局, 1983.

楊樹達,『積微居小學述林』, 中華書局, 1983.

餘迺永校注,『新校互注宋本廣韻』, 上海: 上海辭書出版社, 2000.

倪其心,『校勘學大綱』, 北京大學出版社, 1987.

吳孟復,『訓詁通論』, 合肥: 安徽教育出版社, 1983.

吳安其,『歷史語言學』, 上海: 上海教育出版社, 2006.

王寧,『訓詁學原理』, 北京: 中國國際廣播出版社, 1996.

王力,『同源字典』, 商務印書館, 1982.

王力, 『龍蟲並雕齋文集』, 中華書局, 1980(第一,二冊)/1982(第三冊).

王力, 『詩經韻讀』, 上海: 上海古籍出版社, 1980.

王力, 『漢語史稿』(上冊), 北京: 中華書局, 1980. (上,中,下合訂本)1994.

王理嘉, 『音系學基礎』, 北京: 語文出版社, 1992.

王立達編譯, 『漢語研究小史』, 北京: 商務印書館, 1959.

王鍈, 曾明德, 『詩詞曲語辭集釋』, 語文出版社, 1991.

王鍈, 『詩詞曲語辭例釋』, 中華書局, 1980.

王平, 邢慎寶, 『『全韻玉篇』整理與研究』, 上海人民出版社, 2013.

王平,(韓)河永三, 『域外漢字傳播書系韓國卷』, 上海人民出版社, 2012.

饒尚寬, 『訓詁學通論』, 烏魯木齊: 新疆人民出版社, 2001.

袁家驊等, 『漢語方言概要』, 北京: 文字改革出版社, 1989.

俞敏, 『俞敏語言學論文集』, 北京商務印書館, 1999.

遊汝傑, 『漢語方言學教程』, 上海: 上海教育出版社, 2004.

俞樾, 『古書疑義舉例五種』, 中華書局, 1983.

岑麒祥, 『歷史比較語言學講話』, 武漢: 湖北人民出版社, 1981.

張廣飛, 『訓詁學與中學文言文教育』, 杭州: 杭州大學出版社, 1997.

蔣禮鴻, 『敦煌變文字義通釋』, 上海古籍出版社, 1981.

蔣禮鴻, 『義府續貂』, 中華書局, 1987.

張斌, 許威漢主編, 『中國古代語言學資料彙纂·音韻學分冊』, 福州: 福建人民
　　　　出版社, 1993.

張相, 『詩詞曲語詞匯釋』, 中華書局, 1979.

張世祿, 『中國音韻學史』, 上海: 上海書店, 1984. 北京: 商務印書館, 1998.

蔣紹愚, 『古漢語辭彙綱要』, 北京大學出版社, 1989.

蔣紹愚, 『近代漢語研究概要』, 北京: 北京大學出版社, 2005.

張永言, 『訓詁學簡論』, 武漢: 華中工學院出版社, 1985.

丁聲樹, 李榮, 『漢語音韻講義』, 上海: 上海教育出版社, 1984.

丁聲樹編錄, 李榮參訂, 『古今字音對照手冊』, 北京: 中華書局, 1982.

鄭張尚芳, 『上古音系』, 上海: 上海教育出版社, 2003.

程俊英, 梁永昌, 『應用訓詁學』, 上海: 華東師範大學出版社, 1989.

齊沖天, 『訓詁學教程』, 鄭州: 中州古籍出版社, 1992.

齊佩瑢, 『訓詁學概論』, 北京: 中華書局, 1984.

照那斯圖, 楊耐思, 『蒙古字韻校本』, 北京: 民族出版社, 1987.

趙蔭棠, 『等韻源流』, 北京: 商務印書館, 1957.

趙振鐸, 『訓詁學綱要』, 西安: 陝西人民出版社, 1987.

趙振鐸, 『訓詁學史略』, 鄭州: 中州古籍出版社, 1988.

朱居易, 『元劇俗語方言例釋』, 商務印書館, 1956.

周大璞, 『訓詁學要略』, 武漢: 湖北人民出版社, 1980, 1984.

周大璞, 『訓詁學初稿』, 武漢: 武漢大學出版社, 1987.

周復綱等, 『訓詁學基礎教程』, 北京: 學苑出版社, 1989.

周信炎, 『訓詁學史話』, 北京: 中國大百科全書出版社, 2000.

周祖謨, 吳曉鈴, 『方言校箋及通檢』, 科學出版社, 1956.

周祖謨, 『廣韻校本』, 中華書局, 1960.

周祖謨, 『問學集』, 中華書局, 1966.

周祖謨, 『陳澧切韻考辨誤』, 載『問學集』(下), 北京: 中華書局, 2004.

周祖謨撰, 『廣韻校本』, 北京: 中華書局, 1988.

中國社會科學院語言研究所編, 『中國語言學論文索引』[甲編](1949前), 1978.
[乙編](增訂本)(1950~1980), 1983. [丙編](1981~1990), 2005. [丁
編](1991~1995), 北京: 商務印書館.

陳紱, 『訓詁學基礎』, 北京: 北京師範大學出版社, 1990.

陳新雄, 『訓詁學』, 臺北: 臺灣學生書局, 民國八十五年 (1996) 增訂版.

陳煥良, 『訓詁學槪要』, 廣州: 中山大學出版社, 1995.

沈兼士主編, 『廣韻聲系』, 北京: 中華書局, 1985.

馮蒸, 『馮蒸音韻論集』, 北京: 學苑出版社, 2006年6月第一版.

馮蒸, 『漢語音韻學論文集』, 北京: 首都師範大學出版社, 1997.

馮浩菲, 『中國訓詁學』, 濟南: 山東大學出版社, 1995.

河永三, 『『字類注釋』整理與硏究』, 『域外漢字傳播書系韓國卷』, 上海人民出
版社, 2012.

河永三, 『『第五遊』整理與硏究』, 『域外漢字傳播書系韓國卷』, 上海人民出版
社, 2012.

哈平安, 『語言與言語障礙論集』, 北京: 首都師範大學出版社, 1996.

許威漢, 『訓詁學敎程』, 北京大學出版社, 2013.

許威漢, 『訓詁學導論』, 北京: 北京大學出版社, 2003.

胡樸安, 『中國訓詁學史』, 商務印書館, 1937.

洪誠, 『訓詁學』, 南京: 江蘇古籍出版社, 1984.

黃侃, 『黃侃論學雜著』, 上海古籍出版社, 1980.

黃侃述, 黃焯編, 『文字聲韻訓詁筆記』, 上海古籍出版社, 1983

黃建中, 『訓詁學敎程』, 武漢: 荊楚書社, 1988.

黃大榮, 『訓詁學基礎』, 貴陽: 貴州人民出版社, 1987.

黃生撰, 黃承吉合按, 『字詁義府合按』, 中華書局, 1984.

黃典誠, 『訓詁學槪論』, 福州: 福建人民出版社, 1988.

侯精一主編, 『現代漢語方言槪論』, 上海: 上海敎育出版社, 2002.

『宋本廣韻·永祿本韻鏡』, 江蘇敎育出版社, 2005.

『中國大百科全書·語言文字卷』, 北京: 中國大百科全書出版社, 1988.

『中國語言學大辭典』編委會, 『中國語言學大辭典』, 南昌: 江西敎育出版社,
1991.

논문

康彩雲, 「古代契約文書的中保人稱謂詞語演變硏究」, 陝西師範大學 석사논문, 2013.

高吉利, 「〈西廂記〉詞彙硏究」, 廣州大學 석사논문, 2013.

郭剛, 「『訓蒙字會』俗呼硏究」, 廈門大學 박사논문, 2009.

郭向敏, 「從訓詁學透析一種文化現象」, 『語文建設』 11, 2013.

곽현숙, 「韓國朝鮮時代『字類注釋』之異字同釋字整理與硏究」, 華東師範大學 박사논문, 2013.

곽현숙, 「『훈몽자회』와 『자류주석』의 분류항목 비교 분석」, 『中國學』 61, 대한중국학회, 2017.

郭曉添, 「〈野客叢書〉的詞彙硏究與〈漢語大詞典〉修訂」, 湘潭大學 석사논문, 2013.

김근수, 「『訓蒙字會』異本考」, 『學術院論文集: 人文社會科學篇』 10, 大韓民國學術院, 1971.

김진규, 「『訓蒙字會』下卷에 나타난 同訓語攷」, 『공주사범대학論文集』 26, 공주사범대학교, 1988.

김진규, 「訓蒙字會의 引·凡例 小考: 訓民正音 解例와 訓蒙字會 凡例의 音素 排列을 中心으로」, 『공주대학교 論文集』 29, 공주대학교, 1991.

김진규, 「『훈몽자회』 중권의 同訓語 연구」, 『韓語文敎育』 9, 한국언어문학교육학회, 2001.

김진규, 「『자전석요』의 '질병' 어휘 연구」, 『中國言語硏究』 55, 한국중국언어학회, 2014.

김태경, 「『廣韻』의 反切音과 『全韻玉篇』·『三韻聲彙』의 한자음 비교」, 『中國語文學論集』 19, 中國語文學硏究會, 2002.

나도원, 「『字典釋要』仝字 初探」, 『中語中文學』 54, 韓國中語中文學會, 2013.

나도원, 「『字典釋要』俗字考」, 『中國文學研究』 53, 韓國中文學會, 2013.

남광우, 「자모 배열에 대하여: 훈몽자회 범례를 중심으로」, 『한글』 119, 한글학회, 1956.

譚步雲, 「古文字考釋三則: 釋狐,釋隻,釋飲」, 『中山大學學報』 6, 2013.

陶廣學, 「孔穎達〈禮記正義〉研究」, 揚州大學 박사논문, 2013.

陶生魁, 「一部探求訓詁方法的力作」, 『渭南師範學院學報』 10, 2013.

杜夢鄉, 「〈小孫屠〉詞彙研究」, 四川外國語大學 석사논문, 2013.

冷宇飛, 「沈家本〈歷代刑法考〉的訓詁特色」, 渤海大學 석사논문, 2013.

連雪, 「〈史記集解〉訓詁研究」, 『教育教學論壇』 13, 2013.

盧辰亮, 「〈癸辛雜識〉詞彙研究與〈漢語大詞典〉修訂」, 湘潭大學 석사논문, 2013.

龍向平, 「〈史記索隱〉訓詁內容研究」, 西南大學 석사논문, 2013.

柳建鈺, 「〈類篇〉疑難字考辨五則」, 『寧夏大學學報』 1, 2013.

劉清, 「〈爾雅新義〉訓詁研究」, 湖南師範大學 석사논문, 2013.

劉學娟, 「〈邵氏聞見錄〉詞彙研究」, 吉首大學 석사논문, 2013.

劉香琴, 「〈新語校注〉訓詁研究」, 西北師範大學 석사논문, 2013.

陸野, 「朱熹〈論語集注〉之訓詁成就」, 遼寧師範大學 석사논문, 2013.

李得春, 「朝鮮歷代漢語研究評價」, 『延邊大學學報』 2, 1984.

李得春, 「朝鮮王朝的漢語研究及其成果」, 『民族語文』 6, 2003.

李文斌, 「〈邵氏聞見錄〉的詞彙研究與〈漢語大詞典〉的修訂」, 湘潭大學 석사논문, 2013.

李玉萍, 「於省吾〈澤螺居詩經新證〉訓詁研究」, 吉首大學 석사논문, 2013.

李靜, 「〈歸潛志〉詞彙研究」, 吉首大學 석사논문, 2013.

李彩, 「朱熹〈孟子集注〉訓詁研究」, 閩南師範大學 석사논문, 2013.

馬豔, 「〈國語〉正文訓詁研究」, 渤海大學 석사논문, 2013.

文娟, 「〈論語集解〉四家注訓詁比較與分析」, 閩南師範大學 석사논문, 2013.

文俊威, 「〈型世言〉語詞考釋」, 江西師範大學 석사논문, 2013.

文准彗, 「『說文解字翼徵』整理與研究」, 華東師範大學 박사논문, 2004.

박병채, 「조선조 초기 국어한자음의 성조고: 훈몽자회의 전승자음을 중심으로」, 『亞細亞硏究』 14, 高麗大學校 亞細亞問題硏究所, 1971.

박병채, 「『訓蒙字會』의 異本間 異音攷」, 『亞細亞硏究』 15, 高麗大學校亞細亞問題硏究所, 1972.

박태권, 「『훈몽자회』와 『사성통해』 연구: 표기와 음운의 대조」, 『國語國文學』 21, 부산대학교 국어국문학과, 1983.

박태권, 「『훈몽자회』와 『사성통해』 연구(II): 우리말 어휘의 조어법을 중심으로」, 『語文論集』 24·25, 고려대학교국어국문학연구회, 1985.

謝佳娗, 「上古至中古捆綁類詞彙系統演變研究」, 四川外國語大學 석사논문, 2013.

서수백, 「『훈몽자회』와 『자전석요』의 한자 자석의 의미정보 수록 양상 비교 연구」, 『語言科學研究』 55, 언어과학회, 2010.

서수백, 「『字類註釋』의 자석(字釋) 연구: 사전 미등재어를 대상으로」, 『韓民族語文學』 66, 韓民族語文學會, 2014.

石睿, 「"握持類"動詞的歷史演變研究」, 山西大學 석사논문, 2013.

邵榮芬, 「我和音韻學研究」, 載『學林春秋』二編上冊, 北京: 朝華出版社, 1999.

邵彩霞, 「〈澠水燕談錄〉的詞彙研究和〈漢語大詞典〉的修訂」, 湘潭大學 석사논문, 2013.

申龍, 「從『字類注釋』釋文特征看韓國文化」, 『湖北民族學院學報』 6, 2013.

楊瑞芳, 「『字類注釋』釋義特征探析: 以魚鱉類字爲例」, 『中國文字研究』 8, 2013.

吳彦君, 「〈涑水記聞〉的詞彙研究與〈漢語大詞典〉的修訂」, 湘潭大學 석사논문, 2013.

王力, 「先秦古韻擬測問題」, 『王力文集』 17, 濟南: 山東教育出版社, 1990.

王偉靜, 「五組漢語常用詞的歷史演變研究」, 廣西民族大學 석사논문, 2013.

汪彩霞, 「"破缺"類詞功能差異及演變研究」, 江西師範大學 석사논문, 2013.

王平, 「『字類注釋』發收中國傳統樂器名稱考」, 『漢字研究』, 2016.

王平, 「『訓蒙字會』俗稱研究」, 『中國文字研究』 8, 2012.

王平, 「基於數據庫的中日韓傳世漢字字典的整理與研究」, 『中國文字研究』 2, 2014.

王平, 「論韓國朝鮮時期漢字字典的整理與研究價值」, 『中國文字研究』 8, 2015.

王平, 「中日韓傳世漢字字典所收籀文比較研究: 以『宋本玉篇』(中)『篆隸萬象名義』(日)『全韻玉篇』(韓)爲中心」, 『中國文字研究』 10, 2014.

王平, 「韓國朝鮮時代『訓蒙字會』與中國古代字書的傳承關系考察: 以『訓蒙字會』地理類收字與『宋本玉篇』比較爲例」, 『中國學』 32, 2009.

王平, 「韓國朝鮮時代小學類文獻的數字化整理與價值」, 『漢字研究』 6, 2012.

王曉婷, 「漢語"恐懼"類動詞的歷史演變研究」, 山西大學 석사논문, 2013.

牛國華, 「段玉裁注〈論語〉述評」, 遼寧師範大學 석사논문, 2013.

袁麗平, 「段玉裁〈詩經小學〉訓詁研究」, 揚州大學 석사논문, 2013.

袁曉飛, 「『第五遊』研究」, 華東師範大學 석사논문, 2013.

이규갑, 「『제오유』초탐」, 『中國語文學論集』 49, 中國語文學研究會, 2008.

이규갑, 「『제오유』자형 분석 오류고」, 『中國語文學論集』 56, 中國語文學研究會, 2009.

이기동, 「전운옥편에 주기된 정속음에 대하여: 전청자의 성모를 중심으로」, 『語文論集』 23, 고려대학교 국어국문학연구회, 1982.

이돈주, 「『訓蒙字會』漢字音研究」, 전남대학교 박사논문, 1981.

이돈주, 「『화동정음 통석운고』의 정·속음과『전운옥편』한자음의 비교 고찰」, 『한글』 249, 한글학회, 2000.

이돈주, 「韓國漢字音 중 俗音의 正音性에 대하여: 『全韻玉篇』의 정·속음 표시를 대상으로」, 『韓國言語文學』 48, 한국언어문학회, 2002.

이상도, 「訓蒙字會 編纂動機와 特徵」, 『中國學研究』 7, 中國學研究會, 1992.

이순미, 「『訓蒙字會』'人類' 部의 漢語 어휘 연구」, 『中國學論叢』 38, 高麗大學校中國學研究所, 2012.

이순미, 「『訓蒙字會』'身體' 部의 중국어 어휘 연구」, 『中國學論叢』 63, 中國語文研究會, 2014.

이을환, 「『훈몽자회』의 의미론적 연구」, 『淑名女子大學校論文集』 23, 淑明女子大學校, 1982.

張西焱, 「邵晉涵〈爾雅正義〉研究」, 南昌大學 석사논문, 2013.

張蔚虹, 「〈莊子〉郭慶藩〈集釋〉與王先謙〈集解〉比較研究」, 暨南大學 박사논문, 2013.

翟迪, 「王先謙〈漢書補注〉訓詁研究」, 渤海大學 석사논문, 2013.

趙雪, 「〈潛夫論箋校正〉訓詁研究」, 西北師範大學 석사논문, 2013.

左林霞, 「反訓性質探究」, 『湖北第二師範學院學報』 12, 2013.

周密, 「〈忠烈俠義傳〉語詞考釋」, 江西師範大學 석사논문, 2013.

周芮同, 「漢語踩踏概念場詞彙系統曆史演變研究」, 四川外國語大學 석사논문, 2013.

周學峰, 「道教科儀經籍疑難語詞考釋」, 南開大學 박사논문, 2013.

周樺森, 「〈毛詩正義〉訓詁方法研究」, 北方民族大學 석사논문, 2013.

曾優, 「〈論語·裏仁〉篇疑難詞語劄記」, 『湖北師範學院學報』 01, 2013.

秦潔, 「敦煌三卷本〈王梵志詩集〉詞彙研究」, 揚州大學 석사논문, 2013.

陳琳, 「"黨""懂"之知曉義考」, 『現代語文』 12, 2013.

陳瑤, 「漢語吃喝類詞語的發展演變」, 陝西師範大學 석사논문, 2013.

馮蒸, 「『說文』部首今讀新訂並說明」, 『漢語音韻學論文集』, 馮蒸著, 北京: 首都師範大學出版社, 1997.

馮蒸, 「高本漢, 董同龢, 王力, 李方桂擬測漢語中古和上古元音系統方法管窺: 元音類型說」, 載『首都師範大學學報』(社會科學版) 2004年 5期. 又見『馮蒸音韻論集』, 北京: 學苑出版社, 2006.

馮蒸, 「大匠示人以規矩: 從王靜如先生教我音韻學看王先生的治學方法」, 載『馮蒸音韻論集』, 北京: 學苑出版社, 2006年 6月 第一版.

馮蒸, 「論『切韻』的分韻原則: 按主要元音和韻尾分韻, 不按介音分韻」, 載『語言研究』1998年 增刊, 又見『馮蒸音韻論集』, 北京: 學苑出版社, 2006年 6月 第一版.

馮蒸, 「論漢語上古聲母研究中的考古派與審音派」, 載『漢字文化』1998年 2期, 又見『馮蒸音韻論集』, 北京: 學苑出版社, 2006年 6月 第一版.

馮蒸, 「王力,李方桂漢語上古音韻部構擬體系中的"重韻"考論: 兼論上古音冬部不宜並入侵部和去聲韻"至隊祭"三部獨立說」, 見『馮蒸音韻論集』, 北京: 學苑出版社, 2006年 6月第一版.

馮蒸, 「趙蔭棠音韻學藏書台北目睹記: 兼論現存的等韻學古籍」, 載(1)『漢字文化』1996年 第4期. (2)人大複刊報刊資料H1, 『語言文字學』1997年 3期, (3)『漢語音韻學論文集』, 馮蒸著, 北京: 首都師範大學出版社, 1997.

馮蒸, 「漢語音韻研究方法論」, 原載『語言教學與研究』1989年 3期, 又見『馮蒸音韻論集』, 北京: 學苑出版社, 2006年 6月 第一版.

馮蒸, 「漢語音韻學應記誦基礎內容總覽」, 連載於『漢字文化』2001年 第2期, 2004年 第4期, 2005年 第1期 和2005年 第3期.

馮翠, 「〈妙法蓮華經〉詞彙研究」, 西北師範大學 석사논문, 2013.

賀寧波, 「漢語"哭泣"類動詞詞彙系統歷史演變研究」, 四川外國語大學 석사논문, 2013.

何璞, 「〈訓世評話〉詞彙研究」, 四川外國語大學 석사논문, 2013.

賀鵬, 「朱熹『楚辭集注』訓詁研究」, 遼寧師範大學 석사논문, 2013.

하영삼, 「18世紀 朝鮮 字書『第五遊』의 體裁 研究」, 『中國語文學』 60, 嶺南中國語文學會, 2012.

하영삼, 「문화적 관념이 한자 해석에 미치는 원리: 『第五遊』의 字釋을 통해 본 沈有鎭의 政治意識」, 『中國學』 40, 대한중국학회, 2012.

邢慎寶, 「『全韻玉篇』與宋本『玉篇』比較研究: 以『全韻玉篇』"同"字研究爲例」, 華東師範大學 석사논문, 2010.

胡俊佳, 「陳鼓應〈莊子今注今譯〉訓詁平議」, 杭州師範大學 석사논문, 2013.

黃卓明, 「朝鮮時代漢字學文獻『第五遊』發微」, 『河南師範大學學報』 4, 2013.

黑文婷, 「古代契約文書中價值,價錢類詞語演變研究」, 陝西師範大學 석사논문, 2013.

여성 교육과 여성 지식인 연구를 위한 기초 자료

김효정

1. 조선시대 여성 교육 자료의 성격

우리나라의 여성 교육은 근대 여학교가 설립1)되면서 본격적으로 시작되었다고 할 수 있다. 하지만 여학교 설립 이전 조선시대에도 여성을 위한 교육이 규방 내에서 꾸준히 행해져 왔다. 따라서 우리나라의 여성 교육을 제대로 이해하기 위해서는 조선시대의 여성 교육에 관한 기본적인 이해가 전제되어야 할 것이다.

본 자료는 조선 건국부터 일제 강점기까지 시대별로 간행된 각종 여성 교육 문헌들을 목록화한 것으로 여성 교육 연구자들에게 여성 교육 및 여성 지식인의 개별 문헌 연구뿐만 아니라 여성 교육의 지식

---

1) 우리나라 최초의 근대 여학교는 1885년 미국인 스크랜튼 부인이 설립한 이화학당이다. 조선인이 세운 최초의 여학교는 1898년에 세워진 순성학교이다.

기반, 지식 지형도 재구성, 지식의 사회화 등 지식 영역 다방면의 연구에 도움이 될 것으로 예상된다.

조선은 성리학을 바탕으로 세워진 유교 국가로 건국 초부터 백성들에게 성리학을 널리 보급하고자 노력하였다. 삼국과 통일신라, 그리고 고려를 거쳐 오랫동안 백성들의 정신세계를 지배하고 있던 불교 사상을 걷어내고 새로운 국가의 통치 사상이자 지식 기반인 성리학을 뿌리내리기 위해 성균관과 사부학당, 향교와 서당 등 교육기관을 설치하고 꾸준히 교육 체계를 정비해 나갔다. 하지만 이는 모두 사대부 남성을 위한 것으로 여성들은 국가의 교육 제도권에서 벗어나 있었다. 하지만 여성들을 대상으로 한 교육이 전혀 없었던 것은 아니다. 조선시대 여성을 위한 교육은 사회질서의 성립과 유지와 관련한 교화의 측면에서 강조되었고, 이를 위해 각종 문헌들이 공적 혹은 사적으로 편찬되었다.2)

조선시대 여성 교육용 문헌들은 조선사회가 원하는 여성상과 집안과 가족 내에서의 여성의 지위와 역할에 대한 내용을 담고 있다. 즉 부덕(婦德)·부언(婦言)·부용(婦容)·부공(婦功) 등 사행(四行)에 힘써 정숙한 여인의 마음과 몸가짐을 지닌 순종적인 아내와 효도하는 며느리, 자녀교육에 힘쓰는 어머니를 양성하는데 초점을 맞추고 있다. 조선사회는 가정 내에서 남편을 내조하고 자녀를 양육하는 여성의 역할이 매우 중요함을 인식하고 있었으므로 건국 초부터 여성 교육을 위한 각종 문헌들이 간행되었다.

조선시대 여성 교육 문헌 검토를 통해서 당시 여성 교육이 지향하는 지식 기반을 파악하는 것이 가능하다. 여성 교육 문헌들이 어떤

---

2) 이숙인, 「조선시대 교육의 젠더 지형도」, 『정신문화연구』 29(1), 한국학중앙연구원, 2006, 335~343쪽.

사상과 내용을 바탕으로 하여 만들어지고 간행되었는지 고찰함으로 써 조선시대 여성 교육의 지식 체계 창출과 수용, 그리고 변이, 확산 과정 등을 도출할 수 있을 것으로 생각된다.

조선의 건국 사상인 성리학과 유교의 기본 사상을 보급하고 정착시 키기는 일은 국가 유지의 근간을 이루는 새로운 지식의 기반을 다지 는 매우 중요한 일이었다. 따라서 효(孝)·충(忠)·렬(烈)과 같은 유교의 기본 사상을 담고 있는『삼강행실도』·『내훈』·『소학』등과 같은 여성 교육 문헌의 간행과 보급은 조선시대 전 시기에 걸쳐 지속적으로 이 어졌다. 이들 문헌들은 조선건국 초기부터 후기에 이르기까지 꾸준히 속간되면서 여성을 비롯한 백성들을 교화시키는 데 활용되었다.

또한 여성 교육 문헌의 공시적·통시적 고찰을 통해 여성 교육 관련 문헌들의 간행 주체, 문헌별·시대별 간행 추이, 문헌 내용의 변이 과 정, 번역 양상과 한글의 변화 등이 추출됨으로 여성 교육 관련 지식 지형도의 구성이 가능해진다. 지식 지형도는 시대와 사회(또는 국가) 별 지식 유형의 분포와 전파 수용 과정, 추이 등을 설명하는 용어가 될 수 있다.[3]

조선시대 여성 교육 문헌들은 시대에 따라 편찬 주체와 내용, 간행 종류들이 변화하였다. 조선 건국 초인 15세기에는『삼강행실도』,『내 훈』등 유교 사상을 보급과 교화가 중심이 되는 문헌들이 중점적으로 간행되었고, 16세기에는 조선 최초의 여성 교훈서인 소혜왕후 한씨가 편찬한『내훈』이 간행된 이후 국가 주도로『내훈』의 중간(重刊)이 지 속적으로 이루어졌다. 17세기는 임진·병자 양란의 혼란 속에 무너진 나라의 기강을 바로잡기 위해 유교의 기본 사상을 강조한『열녀전』

---

3) 김경남,「지식의 유형과 지식 지형에 대한 인문학적 연구 방법론」,『인문연구』83, 영남대학 교 인문과학연구소, 2018, 331쪽.

등의 간행이 활발하게 진행되었으며, 18세기는 유학 사상을 강조하는 각종 수신서와 함께 요리, 태교 등의 전문 지식을 수록한 다양한 기능서의 등장과 함께 직접 문헌을 저술하는 여성 지식인이 등장하였다. 19세기말~20세기 초는 1894년 근대학교의 설립으로 비로소 여성 교육이 국가 제도권 안으로 수용되었고, 이로 인해 여성 교육의 수혜 대상이 확산되었다. 이와 같은 여성 교육 문헌의 통시적인 고찰을 통해 지식 지형도의 구성이 가능해지며, 이는 지식의 탄생, 전파와 수용, 변화 과정에서 나타나는 사회적 영향력은 물론 역사적 의미를 설명하는 기반이 될 것이다.[4]

여성 교육 문헌의 간행 주체의 변화와 언해본의 간행은 독자층과 여성 교육 지식의 확산이라는 결과를 가져왔다. 국가주도의 간행에서 민간으로의 간행 주체 확산, 언해본의 간행과 같은 출판 양상의 변화를 통해 여성 교육 수혜 대상의 확산, 지식의 보급, 지식의 대중화 등과 관련된 지식의 사회화 양상을 다방면에서 탐색해 볼 수 있다.

조선중기에 들어서는 가문이나 개인이 저술하는 여성 교육 문헌들이 등장하기 시작한다. 개인이 편찬한 여성 교육 문헌으로는 이황(李滉)의 『규중요람(閨中要覽)』, 송시열(宋時烈)의 『우암선생계녀서』, 이덕무(李德懋)의 『사소절(四小節)』 등이 대표적이다. 또한 여성이 직접 저술한 경우도 나타나는데 사주당 이씨의 『태교신기(胎敎新記)』, 빙허각 이씨(憑虛閣 李氏)의 『규합총서(閨閤叢書)』, 호연재의 『호연재자경편』 등이 그 예이다. 조선시대 여성 지식인의 출현은 특히 출가하는 딸을 위한 계녀서들이 많이 저술되었는데 이황의 『규중요람(閨中要覽)』, 송시열의 『우암선생계녀서』, 이덕수가 국역 합본한 「여사서(女四書)」, 해

4) 김경남(2018: 333~334).

평 윤씨『규범(閨範)』, 안동김씨「내훈계녀서(內訓戒女書)」등이 있다. 이들 여성 교육 문헌들은 독자가 여성이라는 점을 고려하여 국문으로 작성되거나 언해본을 따로 제작함으로써 보급력과 가독성을 높여 여성 교육 지식의 대중화에 기여하였다.

또한 근대 여학교의 설립으로 여성 교육은 규방에서 탈피하여 국가 제도권으로 진입하게 되어 대중화가 가능하게 되었다. 당시 발행된 여학교 교과서의 내용 분석을 통해 당시 사회가 바라는 여성 교육의 방향을 감지해 볼 수 있으며, 근대 이전 여성 교육과의 비교 분석을 통해 지식의 대중화로 인한 사회적 변화와 그 의미를 도출하는 작업이 가능해진다.

근대 여성 잡지의 등장은 규방 내에 머물러 있던 여성 담론이 세상 밖으로 드러나는 계기가 되었다. 여성 잡지의 출판 양상을 통해 당대 여성 인식의 변화과정과 출판 유통 과정의 특징을 살필 수 있다. 여성 잡지는 이전의 수신서 혹은 기능서 한가지에만 한정되어 있던 지식을 보다 종합적이고 확장된 지식을 제공하는 매체라고 할 수 있다. 여성 잡지 보급으로 인한 지식의 확산과 대중화가 가져오는 사회적 변화와 의미를 파악함으로써 지식의 사회화 양상을 밝히는 연구가 가능해 질 것이다.

2. 선행연구

조선시대 여성 교육 문헌에 관한 연구는 여성 교육 전반에 관한 연구와 각 문헌별 개별 연구로 크게 나누어 볼 수 있다. 전통적인 조선의 여성 교육 문헌을 대상으로 한 연구로는 학위논문 13편(박사학위논문 4편,5) 석사학위논문 9편6)) 이외에 다수의 연구들7)이 진행되었다.
여성 교육 관련 연구들은 여성 교육 문헌을 대상으로 조선시대 여성
교육의 목표, 내용, 문헌의 편찬과정 등을 분석한 연구들이 다수를
이루고 있다. 손직수8)는 조선시대 대표적인 여성 교훈서인 소혜왕후
의 『내훈(內訓)』, 이황(李滉)의 『규중요람(閨中要覽)』, 송시열(宋時烈)의

5) 손규복, 「조선조의 여성도덕교육에 관한 연구」, 계명대학교 박사학위논문, 1980; 손직수,
   「조선시대 여성교훈서에 관한 연구」, 성균관대학교 박사학위논문, 1981; 송재소, 「조선조
   여성 교훈서를 통해 본 여성이론 교육」, 건국대학교 박사논문, 1985; 김옥희, 「朝鮮朝社會
   의 女四書를 中心으로 女性敎訓書의 內容分析에 관한 硏究」, 동아대학교 박사논문, 1986; 박현
   실, 「女範류 여성교훈서 연구」, 계명대학교 석사논문, 1990; 이지원, 「朝鮮後期 女性閨訓에
   대한 考察: 士大夫家의 家訓類를 對相으로」, 경성대학교 석사논문 2001; 이경란, 「조선시대
   여성교육서에 관한 연구」, 경북대학교 석사논문, 2001; 김수란, 「전통 여성교육에 대한
   교육인간학적 연구」, 연세대학교 석사논문, 2002; 마송의, 「송시열의 『계녀서』를 통해 본
   조선 후기 여성교육의 특징」, 숙명여자대학교 석사논문, 2006; 이은진, 「조선 후기 계녀가
   의 여성교육적 의의」, 창원대학교 석사논문, 2009; 김광옥, 「전통 여성교육 연구: 한중
   여성교훈서를 중심으로」, 경희대학교 석사논문, 2011; 오츠키 시노부, 「한일 여성교훈서
   비교연구: 『계녀서』와 『和俗童子訓』의 여성관을 중심으로」, 이화여자대학교 석사논문,
   2014.
6) 이상교, 「『內訓』과 『四小節』을 通해서 본 朝鮮時代 女性敎育內容의 一硏究」, 성균관대학교
   석사논문, 1983; 염능용, 「조선시대의 여성교육에 대한 일고찰: 여성교훈서의 내용을 중심
   으로」, 성균관대학교 석사논문, 1984.
7) 이시용, 「조선조 사대부의 규방교육」, 『교육논총』 11, 인천교육대학교 초등교육연구소,
   1980; 정정숙, 「조선시대의 여성교육」, 『논문집』 4, 총신대학교, 1984; 송준식, 「조선시대
   여성교육: 여성교훈서의 편찬 과정과 내용을 중심으로」, 『논문집』 9, 진주여자전문대학,
   1987; 조경원, 「조선시대 여성교육의 분석」, 『여성학논집』 12, 이화여자대학교 여성문제연
   구소, 1995; 조혜란, 「조선시대 여성 독서의 지형도」, 『한국문화연구』 8, 이화여자대학교
   한국문화연구원, 2005; 백두현, 「조선시대 여성의 문자생활」, 『한글』 272, 한글학회, 2006;
   「조선시대 여성의 문자생활 연구: 한글 음식조리서와 여성 교육서를 중심으로」, 『어문논총』
   45, 한국문학언어학회, 2006; 김언순, 「조선후기 사대부 女訓書에 나타난 여성상 형성에
   대한 연구」, 『한국교육사학』 28(1), 한국교육사학회, 2006; 육수화, 「여훈서를 통해 본 조선
   왕실의 여성교육」, 『교육철학』 34, 한국교육철학회, 2008; 임미정, 「20세기 초 여훈서(女訓
   書)의 존재 양상과 의미」, 『한국고전여성문학연구』 19, 한국고전여성문학회, 2009; 황수연,
   「조선시대 규훈서에 나타난 여성에 대한 기대와 경계」, 『열상고전연구』 32, 열상고전연구
   회, 2010; 「19~20세기 초 규훈서 연구」, 『한국고전여성문학연구』 24, 한국고전여성문학회,
   2012; 이지영, 「조선시대 규훈서와 여성의 문자문화」, 『여성문학연구』 28, 한국여성문학학
   회, 2012.
8) 손직수, 「조선시대 여성교훈서에 관한 연구」, 성균관대학교 박사논문, 1981.

『우암선싱계녀서』, 이덕무(李德懋)의 『사소절』〈부의편(婦儀編)〉의 교육 내용을 분석, 고찰한 것으로 각 교훈서의 내용을 항목별로 분류하여 분석하고 현대적인 의의까지 전개해 나갔다. 염능용[9]은 조선시대 여성 교육의 목표를 4개의 시기로 나누어 조선조 여성과 여성교화 정책, 그리고 여성 교육의 방법과 내용을 여성 교육 문헌들을 중심으로 살피고 성(誠)·경(敬)·의(義)의 이념과 효제(孝悌)·순종(順從)·정절(貞節)·분별(分別)·숭례(崇禮)의 규범 등이 현대 교육에서 재조명 되어야 한다고 하였다. 이상교[10]는 조선전기의 여성교육서인 『내훈』과 조선 후기 여성 교육서인 『사소절』의 내용 비교를 통해 조선 전·후기 여성 교육의 차이점을 연구하였다. 그는 조선전기는 건국 후 성리학의 확립의 일환으로 여성 교육이 전개되었으므로 관념론적, 형식적인 도덕풍이 여성 교육에 많이 작용하였다고 보았으며, 조선후기는 성리학이 주류이나 실학사상의 영향으로 실생활에 적용 가능한 구체적인 규범들이 여성 교육에 반영되어 나타났다고 보았다.

최근에는 조선 여성 교육 문헌의 기본 원형이 되는 중국 여성 교육 문헌과의 비교 연구[11]와 한국과 일본 여성 교육 문헌의 비교 연구[12]가 이루어지고 있다. 김광옥[13]은 한국과 중국의 대표적인 여성 교육 문헌들을 비교 분석하여 두 나라 여성 교육 내용의 차이점을 밝히고,

---

9) 염능용, 「조선시대의 여성교육에 대한 일고찰: 여성교훈서의 내용을 중심으로」, 성균관대학교 석사논문, 1984.

10) 이상교, 「『內訓』과 『四小節』을 通해서 본 朝鮮時代 女性教育内容의 一研究」, 성균관대학교 석사논문, 1983.

11) 김광옥, 「전통 여성교육 연구: 한중 여성교훈서를 중심으로」, 경희대학교 석사논문, 2011; 최진아, 「한중 여성교육서의 서사책략과 문화이데올로기: 15세기 명·조선의 『내훈』을 중심으로」, 『중한인문과학』 44, 한중인문과학연구회, 2010.

12) 오츠키 시노부, 「한일 여성교훈서 비교연구: 『戒女書』와 『和俗童子訓』의 여성관을 중심으로」, 이화여자대학교 석사논문, 2014.

13) 김광옥, 「전통 여성교육 연구: 한중 여성교훈서를 중심으로」, 경희대학교 석사논문, 2011.

조선시대 여성 교육의 목적과 특징을 고찰하였다. 이처럼 조선시대 여성 교육과 여성 교육 문헌 전반에 관한 연구는 그 양이 상당히 축적되어 있다.

여성 교육 문헌 중 활발하게 개별 연구가 진행된 문헌은 『내훈』·『소학언해』·『열녀전』·『삼강행실도』·『사소절』 등이다. 『내훈』에 대한 연구는 여성 교육, 국어학, 사상 등 다양한 분야에서 활발한 연구가 진행되었다.[14] 『소학』은 성리학의 핵심이론인 심성론과 예학에 대한 근본과 일상의 윤리를 제시하고 있어 단순한 아동학습서에 그치지 않고 성인들에게도 필요한 필독서로 여겨졌으므로 조선시대 전 시기에 걸쳐 편찬되어왔다. 『소학』에 관한 연구는 학위논문 31편, 학술논문 83편 등 활발하게 진행되었다.[15] 조선 왕조는 성리학에 바탕을 둔 유교

---

14) 『내훈』의 여성교육적 측면을 살핀 연구로는 이상교, 「『內訓』과 '四小節'을 通해서 본 朝鮮時代 女性教育內容의 一研究」, 성균관대학교 석사논문, 1983; 김함득, 「朝鮮朝 女人의 教訓書 『內訓』의 近代的 考察」, 『국문학논집』 12, 단국대학교 국어국문학과, 1985; 김경희, 「루소의 Emile과 조선조 內訓에 나타난 여성교육관의 비교연구」, 건국대학교 석사논문, 1992; 이상미, 「조선초기 『內訓』의 교육적 내용과 그 특성」, 숙명여자대학교 석사논문, 2003; 김희연, 「소혜왕후의 『내훈』 저술과 여성교육」, 동국대학교 석사논문, 2011 등이 있다. 『내훈』에 담긴 다른 저술들과의 관계를 살핀 연구로는 신정숙, 「韓國 傳統社會의 內訓에 대하여: 士大夫家 內訓書(寫本) 五種을 中心으로」, 『국어국문학』 47, 국어국문학회, 1970; 이경하, 「『內訓』과 小學 烈女 女教 明鑑의 관계 재고」, 『한국고전여성문학연구』 17, 한국고전여성문학회, 2008; 「소혜왕후 『內訓』의 『小學』 수용 양상」, 『대동문화연구』 70, 성균관대학교 대동문화연구원, 2010 등이 있다. 국어학적으로 살핀 연구로는 강성철, 「『內訓』의 활용어미 연구」, 『국어국문학논문집』 34(1), 서울대학교 국어국문학연구회, 1988; 이성연, 「'내훈' 과 '어제내훈'의 어휘 연구」, 『언어학』 8(2), 대한언어학회, 2000; 이성연, 「'내훈'과 '어제내훈'의 비교 연구」, 『인문학연구』 24, 조선대학교 인문학연구소, 2000; 이선영, 「『내훈』의 희귀어에 대하여」, 『어문연구』 38(4), 한국어문교육연구회, 2010; 정수현, 「'내훈', '어제내훈' 어미 비교 연구」, 『교육과학연구』 20, 제주대학교 교육과학연구소, 2018 등이 있다.

15) 『소학』 관련 연구로는 이효인, 「번역소학과 소학언해의 비교고찰」, 전남대학교 석사논문, 2000; 이원재, 「조선시대 『소학』 교육의 현실」, 『교육학연구』 44, 한국교육학회, 2006; 신정엽, 「조선시대 소학의 간행과 판본」, 경북대학교 석사논문, 2009; 정혜린, 「『번역소학』과 『소학언해』의 구문 번역 양상 연구: 한문 원문의 'V1V2' 구성을 중심으로」, 서울대학교 석사논문, 2009; 이정민, 「조선시대의 『소학』 이해 연구」, 서울대학교 박사논문, 2013; 조현진, 「『번역소학』과 『소학언해』의 대비 연구」, 한국외국어대학교 박사논문, 2015; 정호

적 여성상을 구현하기 위해 건국 초부터 『삼강행실도』 「열녀편」을 통해 열녀에 대한 인식을 보급하려하였다. 이와 관련된 연구는 2000년대 이후 활발하게 전개되어 진행되고 있다.[16] 또한 조선시대 여성 지식인에 대한 연구 또한 적극적으로 이루어졌다. 조선시대 대표 여성 지식인이라 할 수 있는 소혜왕후 한씨, 임윤지당, 이사주당, 강정일당, 이빙허각 등과 개화기 여성 지식인에 대한 연구가 다양한 시각과 방향에서 이루어졌다.[17]

훈, 「조선전기 「小學」 이해와 그 학습서」, 『한국계보연구』 6, 한국계보연구회, 2016; 「조선후기 소학의 磁場과 變容: 『小學枝言』『四小節』을 중심으로」, 『동방학지』 174, 동방학회, 2016 등이 있다.

16) 학위논문으로는 홍인숙, 「조선후기 열녀전 연구」, 이화여자대학교 석사논문, 2000; 「17세기 열녀전 연구」, 『한국고전연구』 7, 한국고전연구학회, 2001; 조지형, 「『삼강행실도』「열녀편」이 조선후기 '열녀전'에 끼친 영향」, 부산대학교 석사논문, 2006; 강영숙, 「한국의 열녀전 연구」, 영남대학교 박사논문, 2010; 강영수, 「조선후기 열녀전의 유형과 의미」, 경북대학교 석사논문, 2006; 천자옥, 「조선시대 열녀상과 열녀인식의 차이 연구: 행실도와 저서를 중심으로」, 경희대학교 석사논문, 2014 등이 있다. 학술논문으로는 김경미, 「개화기 열녀전 연구」, 『국어국문학』 132, 국어국문학회, 2002; 「「열녀전」의 보급과 전개: 유교적 여성주체의 형성과 내면화 과정」, 『한국문화연구』 13, 이화여자대학교 한국문화연구원, 2007; 강영숙, 「열녀전의 출현양상과 의미」, 『국학연구논총』 4, 택민국학연구원, 2009; 「조선조 사회상과 열녀전의 창작의식」, 『국학연구논총』 9, 택민국학연구원, 2012; 문혜윤, 「근대계몽기 여성교과서의 열녀전 그리고 애국부인들: 장지연의 『여자독본』을 중심으로」, 『반교어문연구』 35, 반교어문학회, 2013 등이 있다.

17) 조선시대 여성 지식인에 관한 연구로는 이숙인, 「조선시대 여성 지식의 성격과 그 구성원리: 임윤지당과 강정일당을 중심으로」, 『동양철학』 23, 한국동양철학회, 2005; 이경하, 「15세기 최고의 여성 지식인, 인수대비」, 『한국고전여성문학연구』 12, 한국고전여성문학연구, 2006; 김미란, 「조선후기 여성지식인의 출현과 저서들 연구」, 『기전어문학』 18~20, 수원대학교 국어국문학회, 2008; 문희순, 「16세기 여성지식인 德峯 宋鐘介 문학의 특징과 의의」, 『역사학연구』 44, 호남사학회, 2011; 이남희, 「조선후기 지식인 여성의 생활세계와 사회의식: 임윤지당과 강정일당을 중심으로」, 『원불교사상과 종교문화』 52, 원광대학교 원불교사상연구원, 2012; 「조선후기의 '여사'와 '여중군자' 개념 고찰: 지식인 여성 연구를 위한 시론적 접근」, 『역사와 실학』 47, 역사실학회, 2012; 「조선후기 지식인 여성의 자의식과 사유세계: 이사주당을 중심으로」, 『원불교사상과 종교문화』 68, 원광대학교 원불교사상연구원, 2016; 박영민, 「憑虛閣 李氏의 『淸閨博物志』 저술과 새로운 여성지식인의 탄생」, 『민족문화연구』 72, 고려대학교 민족문화연구원, 2016 등이 있다. 개화기 이후 여성 지식인에 관한 연구로는 김지화, 「김활란과 박인덕을 중심으로 본 일제 시대 기독교 여성 지식인의 '친일적' 맥락 연구」, 이화여자대학교 석사논문, 2005; 김성은, 「1920~1930년대 미국유학 여성지식인의

갑오개혁 이후 조선의 여성 교육은 근대학교가 설립되면서 비로소 국가의 교육제도권 안으로 들어오게 된다. 『초등여학독본(初等女學讀本)』·『여자독본(女子讀本)』·『여사수지(女士須知)』·『부유독습(婦幼讀習)』·『여자소학수신서(女子小學修身書)』 등과 같은 여학생용 교과서가 등장하면서 가정 내의 규방 교육에서 세상 밖으로 나오게 된다. 개화기 근대 학교의 여학생용 교과서를 대상으로 한 여성교육 연구로는 허재영·김경남의 「근대 계몽기 독본류 교과서의 교재연구」,[18] 송경숙의 「소눌 노상직의 「여사수지(女士須知)」 분석: 서문과 입교편을 중심으로」,[19] 김순전의 「『보통학교 수신서』를 통해 본 조선총독부의 여성교육」,[20] 「조선총독부 발간 『여자고등보통학교수신서』의 여성상」,[21] 정상이의 「『여자고등조선어독본』을 통해 본 여성상」,[22] 김향숙의 「개화기 여학교의 교과 및 비교과 교양교육」,[23] 서강식의 「수신교과서에 나타난 근대 여성상 연구」,[24] 박선영의 「근대계몽기 여성교육용 독본과 가치 혼재 양상」, 「근대계몽기 여성용 교과서, 근대적 '여성'의 기

현실인식과 사회활동(Experiences, Thoughts, and Activities of Korean studied in U.S.A. in 1920s~1930s)」, 서강대학교 박사논문, 2012 등이 있다.

18) 허재영·김경남, 「근대 계몽기 독본류 교과서의 교재연구」, 『동방학』 24, 한서대학교 동양고전연구소, 2012.

19) 송경숙, 「소눌 노상직의 「女士須知」 분석: 서문과 입교편을 중심으로」, 『서지학연구』 32, 한국서지학회, 2005.

20) 김순전, 「『보통학교 수신서』를 통해 본 조선총독부의 여성 교육」, 『일본어문학』 28, 한국일본어학회, 2006.

21) 김순전, 「조선총독부 발간 『여자고등보통학교수신서』의 여성상」, 『일본학연구』 21, 단국대학교 일본연구소, 2007.

22) 정상이, 「『여자고등조선어독본』을 통해 본 여성상」, 『국학연구』 18, 한국국학진흥원, 2011.

23) 김향숙, 「개화기 여학교의 교과 및 비교과 교양교육」, 『교양교육연구』 12(3), 한국교양교육학회, 2018.

24) 서강식, 「수신교과서에 나타난 근대 여성상 연구」, 『교육논총』 54, 공주교육대학 초등교육연구원, 2016.

원과 형성」25) 등이 있다.

19세기 이후에도 전통적인 유교적 여성상을 추구하는 수신서들이 지속적으로 발간되었다. 이에 관한 연구로는 백순철의 「「소녀필지(少女必知)」의 체제상의 특징과 여성교육 담론의 성격」,26) 성민경의 「1920년대 초기의 여성 담론과 『명원신여자보감(名媛新女子寶鑑)』」,27) 「20세기 초 여훈서의 일 양상」,28) 황수연의 「19~20세기 초 규훈서 연구」,29) 서경희의 「탈권위적 여훈서의 성립과 이념성의 문제 「여자행실록」을 중심으로」30) 등이 있다.

근대 계몽기 여성 잡지와 여성 교육 혹은 여성 인식과의 관련성 연구는 2000년대 들어 활발하게 진행31)되었으며 세계 여성위인과

---

25) 박선영, 「근대계몽기 여성용 교과서, 근대적 '여성'의 기원과 형성」, 『한국문예비평연구』 47, 한국현대문예비평학회, 2015.

26) 백순철, 「'少女必知'의 체제상의 특징과 여성교육 담론의 성격」, 『한국고전여성문학연구』 25, 한국고전여성문학회, 2001.

27) 성민경, 「1920년대 초기의 여성 담론과 『名媛新女子寶鑑』」, 『고전과 해석』 16, 고전문학한 문학연구학회, 2014.

28) 성민경, 「20세기 초 여훈서의 일 양상: 『婦人行實錄』을 중심으로」, 『한국고전여성문학연구』 35, 한국고전여성문학회, 2017.

29) 황수연, 「19~20세기 초 규훈서 연구」, 『한국고전여성문학연구』 24, 한국고전여성문학회, 2012.

30) 서경희, 「탈권위적 여훈서의 성립과 이념성의 문제 「여자행실록」을 중심으로」, 『동방학』 32, 한서대학교 동양고전연구소, 2015.

31) 김양선, 「식민주의 담론과 여성 주체의 구성: 『여성』지를 중심으로」, 『여성문학연구』 3, 한국여성문학학회, 2003; 유영희, 「1920~30년대 '新家庭'과 '新女性'」, 서강대학교 석사논문, 2006; 홍인숙, 「근대계몽기 여성 글쓰기의 양상과 '여성주체'의 형성과정: 1908년 『대한매일신보』, 『여자지남』, 『자선부인회잡지』를 중심으로」, 『한국고전연구』 4, 한국고전연구학회, 2006; 김경남, 「『신여성』잡지를 통해 본 1920년대 여성관의 변화와 여자교육」, 『우리말글』 43, 우리말글학회, 2008; 김경연, 「근대 여성잡지와 여성 독자의 형성」, 『한국문학논총』 54, 한국문학회, 2010; 이혜진, 「신여성의 근대적 글쓰기: 『여자계』의 여성담론을 중심으로」, 『동양학』 55, 단국대학교 동양학연구원, 2014; 김영민, 「한국 근대초기 여성 담론의 생성과 변모(2): 근대 초기 잡지를 중심으로」, 『현대문학의 연구』 60, 한국문학연구학회, 2016; 이행화·이경규, 「일제강점기의 조선 신여성 인식에 관한 일고찰: 여성잡지 『新女性』을 중심으로」, 『일본근대학연구』 51, 한국일본근대학회, 2016; 박선영, 「1930년대

조선 여성위인전에 관한 연구도 이루어졌다.[32]

이상과 같이 조선시대 여성 교육에 관한 연구사를 검토 정리하였다. 조선시대 여성 교육 문헌들을 대상으로 한 여성 교육에 관한 연구는 상당한 성과를 보였으며 그 양도 다량 축적되었다. 또한『내훈』,『소학언해』,『열녀전』,『삼강행실도』 등과 같은 개별 문헌에 대한 연구 또한 상당한 진전을 보이고 있으며, 최근에는 중국, 일본의 여성 교훈서와 여성 교육의 비교 연구가 활발하게 진행되고 있다. 그러나 가문에서 저술되어 전해지는 사찬 교훈서, 계녀서 등은 발굴과 접근성의 어려움 때문에 연구가 활발히 진행되지 못하고 있는 것으로 보인다. 근대 계몽기 여학교 교과서의 경우도 수신서 이외의 교과서들은 발굴·복원의 어려움으로 인해 크게 진척되지 못하고 있는 것으로 보인다.

여성 교육은 이화여자대학교에서 간행된『한국여성사』에서 부분적으로 집대성하여 정리한 바가 있다. 그러나 자세한 문헌 목록에 대한 내용은 제시되지 않고 있어 조선시대 여성 교육을 연구하는데 부족한 점이 있었다. 이에 본 자료는 15세기 조선 건국부터 20세기 일제강점기까지 600여 년에 이르는 기간 동안 간행된 여성교육 관련 문헌들을 정리하여 제시함으로써 개별적인 여성교육 및 여성 지식인의 연구와 더불어 여성교육의 지식 기반, 지식 지형도, 지식의 사회화 양상으로까지 연구 범위를 확장해 나가는데 기초 자료로 활용도가 높을 것으로 기대한다.

여성잡지의 가정 공간 표상과 근대적 여성」,『인문사회』, 아시아문화학술원, 2018.

32) 김지연,「조선명부전에 반영된 여성인식」,『여성문학연구』9, 한국여성문학학회, 2003; 김성연,「식민지 시기 번역 여성 전기『世界名婦傳』연구」,『여성문학연구』24, 한국여성문학학회, 2010.

3. DB 목록

본 DB의 목록은 이능화 저·김상억 역『조선여속고』와 손식주『조선시대 여성 교육 연구』, 관련 논문 등에 제시된 여성 교훈서 및 관련 문헌 등을 바탕으로 국립중앙도서관 자료를 검색하여 작성하였다. 검색건수와 목록작성은 국립중앙도서관의 검색결과 가운데 단행자료(고서)와 한국고전적종합목록 가운데 표제어가 일치하는 것을 바탕으로 하였다. 동일 표제의 도서 검색건수가 많은 경우에는 5개 이내로 한정하여 목록을 작성하였으며, 저자나 판본이 다른 것을 중심으로 입력하였다. 검색건수가 4개 이상 초과하는 도서는 아래에 제시하였다.

갑오개혁 이전, 근대 개화기, 일제 강점기로 시기를 나누어 목록을 작성하였다. 1894년 갑오개혁과 함께 근대 교육 학제가 도입되었으므로 이를 기준점으로 나누었다. 또한 일제 강점기는 각종 학교령이 개정되면서 교육의 내용도 변하였으므로 따로 목록화하였다.

문헌 목록 중 최근 영인본의 경우 원본이 제작된 시기에 병행하여 수록하였다. 연대 미상의 목록은 저자의 생몰연대, 서·발문 등의 저술 연대 등을 고려하여 시기를 추정하였으므로 시기가 확실하지 않다.

여성교육은 개화기 이후 여성잡지들이 발간되면서 교육의 수혜 대상이 넓어졌다. 여성잡지 목록은 국립중앙도서관, 이화여자대학교 한국여성연구소의『한국여성사』자료집, 경희대 비교문화연구소 한국 근현대여성연구팀의『한국 근대여성의 일상문화』, 고려대 한국학연구소 한국 근대잡지 소재 문학텍스트 조사 및 연구팀의『한국 근대잡지소재 문학텍스트 연구』, 아단문고 미공개 자료 총서 등에 수록된 여성 잡지들을 중심으로 검색하였다. 특히 아단문고 미공개 자료 총

서에는 1910년~1950년대 45종의 미공개 여성 잡지 자료를 영인하여
제시하고 있어 크게 도움이 된다.

1) 갑오개혁(1894년) 이전(근대 교육령 시행 이전)

번호	자료명	유형	자료 형태	편저역자	간행 정보	연도	소장처	해제	원문 보기	비고
1	『內訓』	도서	活字本	昭惠王后 韓氏(撰)		1475 (成宗6)	규장각	○	○	
2	『內訓』	도서	活字本	昭惠王后 韓氏(撰)		1475 (成宗6)	이화여자 대학교	○33)		
3	『三綱行實圖』	도서	木版本	偰循 등(編)		1434 (世宗16)	규장각	○	○	
4	『三綱行實圖』	도서	木版本	偰循 등(編)		宣祖祖 이전	규장각	○	○	
5	『三綱行實圖』	도서	木版本 (일본)	偰循 등(編)			국도			
6	『三綱行實圖諺解』	도서	木版本			成宗年間	규장각	○	○	
7	『續三綱行實圖』	도서	木版本	申用漑(編)		1514 (中宗9)	규장각	○	○	
8	『續三綱行實圖』	도서	木版本	申用漑(編)	平壤 監營		국도			
9	『續三綱行實圖』	도서	木版本	申用漑(編)			존경각			
10	『小學諺解』	도서	木版本	朱熹(撰/宋) 崔淑生(譯)		中宗年間	국도	○	○	卷3,4
11	『飜譯小學』	도서	木版本	朱熹(撰/宋) 崔淑生(譯)		宣祖年間	규장각	○		
12	『古列女傳』	도서	木版本	劉向(著/漢) 黃魯曽 (編修)		16세기경	이화여자 대학교			권1~8
13	『孝經諺解』	도서	木版本	宣祖 命		1590 (宣祖23)	국도		○	
14	『孝經諺解』	도서	木版本	宣祖 命		1590 (宣祖23)	규장각	○	○	
15	『內訓』	도서	木活字	昭惠王后 韓氏(撰)		1611 (光海君2)	규장각	○	○	권1~3
16	『內訓』	도서	木活字	昭惠王后 韓氏(撰)		1656 (孝宗7)	규장각	○	○	
17	『東國三綱行實圖』	도서	木版本	柳根 외		1617 (光海君9)	서울대			

번호	자료명	유형	자료형태	편저역자	간행정보	연도	소장처	해제	원문보기	비고
18	『東國三綱行實圖』諺解本	도서	木版本	柳根 외		1617(光海君9)	규장각	○		
19	『東國新續三綱行實圖』諺解本	도서	木版本	柳根 외		1617(光海君9)	규장각	○	○	
20	『東國新續三綱行實圖』	도서	影印本	韓國古典叢書發行委員會	大提閣	1974	동국대			
21	『諺解胎産集要』	도서	木活字	許浚		1608(宣祖41)	국도		○	
22	『諺解胎産集要』	도서	木版本	許浚		1608(宣祖41)	규장각	○		
23	『諺解胎産集要』	도서	筆寫本	許浚		17세기이후	규장각	○	○	
24	『古列女傳』	도서	木版本	劉向		1606(宣祖39)	규장각	○	○	
25	(新刻)『古列女傳』	도서	木版本	劉向		1654(孝宗5)	한중연			MF
26	『古今烈女傳』	도서	木版本				규장각	○	○	
27	『女訓』(附)諺解	도서	木版本	昭惠王后 (撰)		1623~1649(仁祖年間)	고려대			
28	『女訓』	도서	木版本(중국)	章聖慈仁皇太后(著/明)			국도			
29	『女誡』	도서	木版本(일본)	班昭(著/漢)		1656(孝宗7)	국도		○	
30	閨壼是議方[34][음식디미방]	도서	筆寫本影印本	安東張氏		17세기중엽	안동대			
31	閨壼是議方[음식디미방]	도서	筆寫本影印本	安東張氏		1980	동국대			
32	『山林經濟』治膳篇	도서	筆寫本	洪萬選		17세기말	국중		○	
33	『녀사서』	도서	筆寫本				계명대			
34	『우암선생계녀셔』	도서	筆寫本	宋時烈		17세기중엽	국도		○	
35	『우암선생계녀셔』	도서	筆寫本	宋時烈			국도		○	
36	『우암선생계녀셔』	도서	筆寫本	宋時烈			계명대			
37	『孝經諺解』	도서	木版本	宣祖 命		1666(顯宗7)	계명대			
38	『女論語』	도서	筆寫本	宋若莘(著/唐)			계명대			
39	『閨範』	도서	筆寫本				화성향토박물관		○	
40	『閨範』	도서	筆寫本	永嘉後人			국도		○	
41	『閨範』	도서	筆寫本				국도		○	

번호	자료명	유형	자료 형태	편저역자	간행 정보	연도	소장처	해제	원문 보기	비고
42	『계녀어』(閨範)	도서	筆寫本			乙未(1715? 1775?)	국도		○	
43	『閨範選英』35)	도서	影印本	李衡祥			대구 가톨릭대			
44	『閨範選英』	도서	筆寫本				국도		○	
45	『屛谷先生文集』 「內政篇」	도서	筆寫本	권찬 (屛谷)			국도			
46	『諺解胎産集要』	도서	木活字	許浚		1608 (宣祖41)	국도			
47	『諺解胎産集要』	도서	筆寫本	許浚		17세기 이후	규장각	○	○	
48	『諺解胎産集要』	도서	木版本	許浚		1608 (宣祖41)	(프) 동양언어 문화학교		○	
49	『內訓』	도서	古活字	昭惠王后 韓氏 撰		1736 (英祖12)	국도		○	
50	『內訓』	도서	古活字	昭惠王后 韓氏 撰		1736 (英祖12)	국도		MF	
51	『御製內訓』	도서	古活字	昭惠王后 韓氏 撰		1737 (英祖13)	한중연		○	
52	『御製內訓』	도서	金屬 活字本	昭惠王后 韓氏 撰		1737 (英祖13)	규장각	○	○	
53	『御製內訓』	도서	筆寫本	昭惠王后 韓氏 撰			존경각			
54	『小學諺解』	도서	木版本	英祖 命編		1744 (英祖20)	국도		○	
55	『士小節』	도서	金屬 活字本	李德懋		1775 (英祖54)	국도		○	
56	『靑莊館士小節』	도서	金屬 活字本	李德懋		1775 (英祖54)	규장각	○	○	
57	『彙類士小節』	도서	金屬 活字本	李德懋		1775 (英祖54)	국도		○	
58	『三韓義烈女傳』	도서	筆寫本	竹溪子			서울대			上·下
59	『士小節』	도서	古活字	李德懋		1853 (哲宗4)	국도		○	乾·坤
60	『士小節』36)	도서	筆寫本	李德懋			국도		○	권5~8
61	『士小節』	도서	筆寫本	李德懋			성균관대			
62	『女四書』	도서	金屬 活字本	王相		1736 (英祖12)	한중연		MF	권1~4
63	『女四書』諺解	도서	金屬 活字本	李德壽		1736 (英祖12)	日本 小倉文庫 (東京大)			

번호	자료명	유형	자료형태	편저역자	간행정보	연도	소장처	해제	원문보기	비고
64	『女四書』諺解	도서	金屬活字本	李德壽		1737(英祖13)	규장각	○		
65	『小學諺解』	도서	木版本	朱熹 撰英祖 命編		1744(英祖20)	윤증 종가		○	
66	『小學諺解』	도서	木版本	宣祖 命撰			단국대			
67	『山林經濟』 增補治膳篇	도서	筆寫本	洪萬選 著柳重臨 增補		1766(英祖42)	국도		○	
68	『女範』37)	도서	筆寫本	暎嬪 李氏		18세기경	(일)동경대아천문고			
69	『女範』	도서	複寫本	暎嬪 李氏		1990	국도			
70	『閨坤儀則』	도서	筆寫本			1796(正祖20)	규장각	○	○	
71	『閨坤儀則』	도서	筆寫本				남평문씨인수문고		○	
72	『閨坤儀則』	도서	筆寫本				국도			
73	『女子初學』	도서	筆寫本	김종수		1797(正祖21)	개인 소장			
74	『內訓抄略』	도서	筆寫本	昭惠王后 韓氏撰			고려대			
75	『女訓』	도서	木版本	純祖 撰		1801~1834	한중연		○	
76	『列女傳』	도서	石版本	劉向	會文堂	1833(純祖33)	단국대			
77	『列女傳』	도서	石印本	劉向	會文堂	1874(高宗11)	단국대			권1~8
78	『典故列女傳』	도서	木版本		掃棄山房	1883(純祖33)	규장각		○	
79	『古列女傳』	도서	木版本(중국)	劉向		1877	남평문씨인수문고			
80	『계녀어』	도서	筆寫本			18세기 중엽후	규장각	○	○	
81	『閨閣叢書』	도서	筆寫本	憑虛閣李氏		1869(高宗6)	국도		○	
82	『閨閣叢書』	도서	木版本	憑虛閣李氏		1869(高宗6)	조선대			
83	『閨閣叢書』	도서	木版本	憑虛閣李氏		1881(高宗18)	규장각	○	○	
84	『戒女書』	도서	木版影印本	宋時烈	대제각	1978	원광대			
85	『戒女書』	도서	筆寫本			高宗年間	단국대			

번호	자료명	유형	자료형태	편저역자	간행정보	연도	소장처	해제	원문보기	비고
86	『士小節』	도서	金屬活字本	李德懋		哲宗年間	존경각			
87	『女學』 1,2	도서	筆寫本			1862(哲宗13)	규장각	○	○	
88	『胎教新記』	도서	筆寫本	師朱堂 李氏		1801(純祖1)	존경각			
89	『五倫歌』	도서	筆寫本			1837(憲宗3)	충남대			
90	『五倫歌』	도서	筆寫本	黃岦		1892(高宗29)	규장각	○	○	
91	『閨中要覽』38) 언해	도서	筆寫本	李滉			국도		○	
92	『閨中要覽』 언해	도서	筆寫本	李滉		1880(高宗17)	원광대			
93	『女子小學』	도서	筆寫本			癸酉(1813?1873?)	충남대			
94	『女子小學』	도서	筆寫本			壬戌(1802?1862?)	충남대			
95	『녀계약언 딸 경계한말이라』	도서	複寫本			1984	국도			
96	『孝經諺解』	도서	木版本	宣祖 命		1803(純祖3)	고려대			
97	『孝經諺解』	도서	筆寫本	宣祖 命		1895(高宗32)	(미)하버드대옌칭도서관		○	
98	『女訓孝經』	도서	木版本(일본)	八隅山人		1822(純祖22)	국도		○	
99	『女四書藝文圖繪』	도서	木版本(일본)	村田嘉言(日本) 書		1835(憲宗 元年)	국도			
100	『南塘先生韓氏婦訓』	도서	筆寫本	韓元震		1874(高宗11)	규장각	○	○	

33) 김신연 편저, 『조선시대의 규범서』, 민속원, 2000에 해제와 본문 내용이 수록되어 있다.

34) 1670년(현종 11) 정부인 안동장씨가 쓴 한글 조리서이다. 표제에 『閨壼是議方』으로 기록되어 있다.

35) 원문은 1694년(숙종 20) 이형상이 저술하였다.

36) 1775년(영조 51) 이덕무가 저술한 수신서이다.

37) 사도세자의 생모인 영빈이씨(1696~1764)의 저서로 원본은 동경대학 阿川文庫에 소장되어 있다.

38) 원문은 1544년(중종 39) 이황이 한문으로 저술하였다. 언해본은 이황의 문인 중 한 사람이 언해한 것이다.

2) 근대 개화기(갑오개혁 이후~1910년 이전)

번호	자료명	유형	자료 형태	편저역자	간행 정보	연도	소장처	해제	원문 보기	비고
1	『女四書』諺解	도서	木版本		瀛洲精舍	1907년 (광무11)	(일) 동경대 소창문고			
2	『女四書』	도서	木版本	王相		1907년 (광무11)	계명대			
3	『女子小學』	도서	活字本	陽湖莊兪 編	상무인서관	1910년	부산대			
4	『婦幼獨習』	도서	新鉛 活字本	姜華錫	황성 신문사	1909년	국고박			
5	『婦幼獨習』	도서	新鉛 活字本	姜華錫	황성 신문사	1908년	(미) 클레어 몬드대			
6	『婦幼獨習』	도서	影印本	姜華錫	경진	2012년	국도			
7	『初等女學讀本』	도서	活字本	李源兢	변영중	1908년	이화여자 대학교			
8	『初等女學讀本』	도서	影印本	李源兢	경진	2012년	국도			
9	『新撰家政學』	도서	活字本			1907년	국도		○	
10	『녀자독본』	도서	新鉛 活字本	장지연	광학 서포	1908년	한중연			
11	『녀자독본』	도서	新鉛 활자본	장지연	광학 서포	미상	인하대			卷上
12	『여자소학수신서』	도서	活字本	노병선	박문서관	1909년 1977(영인)	한중연			
13	『녀교』	도서	筆寫本			1905년 (광무9)	규장각	○	○	
14	『女學』39) 1~6	도서	木版本	藍鼎元 編		1862년 (철종13)	동아대			
15	『女學全書』40)	도서	筆寫本	李智憲		미상	이화여자 대학교		MF	
16	『小學闈範』	도서	木版本	張寅植		1905년	한중연		MF	
17	『女子須知』41)	도서	筆寫本			19세기말~ 20세기초	국도		○	
18	『女子須知』	도서	木版本	盧相稷 編		19세기말~ 20세기초	한중연		○	
19	『가뎡잡지』	잡지			신채호	탑인쇄	1908년	국도			
20	『자선부인회잡지』	잡지			최찬식 편집		1908년	국도			

---

39) 1718년 청나라 藍鼎元이 부녀자 교육을 위하여 간행한 『여학』을 국한문체로 필사한 수신교
화서이다.

3) 일제 강점기(1910~1945)

번호	자료명	유형	자료형태	편저역자	간행정보	연도	소장처	해제	원문보기	비고
1	『新訂家政學』	도서	活字本	玄公廉	唯一書館	1913	국도		○	
2	『화산최씨 내훈』	도서	筆寫本	화산최씨		1914	국도		○	
3	『懸吐諺解女子寶鑑』	도서	筆寫本			미상	국도		○	
4	『名媛新女子寶鑑』	도서	活字本	金瑗根	永昌書館	1922	국도		○	
5	『列女傳』	도서	影印本	大村西崖	圖本叢刊會	1926	국도			권1~16
6	「女士須知』	도서	木版本	盧相稷 編	紫巖書堂	1918	국도			
7	『閨門軌範』	도서	活字本	王性淳 編輯	해동인쇄	1915	국도		○	
8	『閨門軌範』	도서	活字本	王性淳 編輯	李箕紹 家	1915	국도		○	
9	『閨門軌範』	도서	活字本	王性淳 編輯	해동인쇄	1915	한중연	○	○	
10	(懸吐)『士小節』	도서	鑛活字本	李德懋	翰南書林	1916	동국대		○	
11	『婦人言行錄』	도서	鉛印本	權純九	廣學書舖	1916	한중연		○	
12	『부인언행록』	도서	鉛印本	權純九	德興書林	1928	경상대			
	『婦人言行錄』	도서	筆寫本	權純九		1900~1920년 경	고려대			
13	『女子小學』	도서	活字本	李漢杰		1927	국학진흥원			
14	『世界名婦傳』	도서	活字本		漢城圖書	1928	국도	○	○	
15	『閨門寶鑑』	도서	鑛活字本			1936	국도	○42)	○	
16	『閨門寶鑑』	도서	木版本			1936	경상대			
17	『閨門寶鑑』	도서	石印本	宋在奎	文忠祠	1930	영남대			
18	『閨門寶鑑』	도서	鉛活字本	金鎭孝	文昌社	1951	계명대			
19	『胎教新記章句大全』	도서	石版本	師朱堂 李氏		1938	국도		○	
20	『胎教新記章句大全 諺解』	도서	石版本	師朱堂 李氏	蔡漢作方	1938	한중연		○	
21	『胎教新記章句大全 諺解』	도서	油印本	師朱堂 李氏		미상	고려대			

---

40) 이화여자대학교 중앙도서관 1층 시청각자료실에서 마이크로필름으로 이용 가능하다.

41) 19세기말~20세기 초에 저술된 것으로 알려져 있다. 시부모, 남편 공경과 같은 여성이 기본적으로 알아야 할 사항들을 담고 있다.

번호	자료명	유형	자료형태	편저역자	간행정보	연도	소장처	해제	원문보기	비고
22	『五倫歌』	도서	木版本	황립		1931	국도		○	
23	『우리의 가뎡』	잡지	活字本	신가정사	新文社	1913	국도		○	창간호
24	『女子界』	잡지	活字本		女子界社	1918	국도			
25	『女子界』	잡지	活字本		女子界社	1918	국도		○	2호
26	『女子界』	잡지	活字本		女子界社	1920	국도		○	4호
27	『新女子』	잡지	活字本		新女子界	1920	국도		○	1~4호
28	『女子時論』	잡지	活字本		女子時論社	1920 2010 (영인-근대 서지학회)	국도		○	
29	『婦人界』	잡지	活字本		婦人界社	1923년 2010년 (영인-근대 서지학회)	국도		○	
30	『新女性』	잡지	活字本	開闢社	開闢社	1924	국도		○	2권12월/3권2,4, 8,10월/4권7월/6권5월/7권1월/8권3,5월
31	『新式婦人治家法』	잡지	活字本	조남희	東洋書院	1925	한중연			
32	『新式婦人治家法』	잡지	活字本	조남희	東洋書院	1925	단국대			
33	『女性之友』	잡지				1929년 2013년 (영인-근대 서지학회)	국도		○	2, 3호
34	『우리집』	잡지	活字本	채핀	家庭社	1931~1936	고려대			3~18권
35	『女聲』	잡지			京城女聲社	1934	서울대		○	창간호
36	『新家庭』	잡지			新東亞社	1933~1936	국도			3권3호/4권4호
37	『新家庭』	잡지	影印本		文淵閣	1983	국도			제1권~6권
38	『新家庭』	잡지	影印本		청운	2012	국도			제1권/7~14권
39	『家庭之友』	잡지			조선금융연합회	1937~1941	국도			1,2,4,8권

---

42) 김신연 편저, 『조선시대의 규범서』, 민속원, 2000에 해제와 본문 내용이 수록되어 있다.

단행본

김신연 편저,『조선시대의 규범서』, 민속원, 2000.

손식주,『조선시대 여성 교육 연구』, 성균관대학교 출판부, 1982.

『아단문고 미공개 자료 총서』 권1~39, 소명출판, 2014.

이능화 著, 김상억 역,『조선여속고』, 동문선, 1990.

이화여자대학교 한국여성연구소,『한국여성사』 권1~11, 이화여자대학교
　　　　출판부, 1995.

논문

강성철,「『內訓』의 활용어미 연구」,『국어국문학논문집』 34(1), 서울대학
　　　　교 국어국문학연구회, 1988.

강영수,「조선후기 열녀전의 유형과 의미」, 경북대학교 석사논문, 2006.

강영수,「한국의 열녀전 연구」, 영남대학교 박사논문, 2010.

강영수,「열녀전의 출현양상과 의미」,『국학연구논총』 4, 택민국학연구원,
　　　　2009.

강영수,「조선조 사회상과 열녀전의 창작의식」,『국학연구논총』 9, 택민국
　　　　학연구원, 2012.

김경남,「『신여성』 잡지를 통해 본 1920년대 여성관의 변화와 여자교육」,
　　　　『우리말글』 43, 우리말글학회, 2008.

김경남,「지식의 유형과 지식 지형에 대한 인문학적 연구 방법론」,『인문
　　　　연구』 83, 영남대학교 인문과학연구소, 2018.

김경미, 「개화기 열녀전 연구」, 『국어국문학』 132, 국어국문학회, 2002.

김경미, 「'열녀전'의 보급과 전개: 유교적 여성주체의 형성과 내면화 과정」, 『한국문화연구』 13, 이화여자대학교 한국문화연구원, 2007

김경연, 「근대 여성잡지와 여성 독자의 형성」, 『한국문학논총』 54, 한국문학회, 2010.

김경희, 「루소의 Emile과 조선조 內訓에 나타난 여성교육관의 비교연구」, 건국대학교 석사논문, 1992.

김광옥, 「전통 여성교육 연구: 한중 여성교훈서를 중심으로」, 경희대학교 석사논문, 2011.

김미란, 「조선후기 여성지식인의 출현과 저서들 연구」, 『기전어문학』 18~20, 수원대학교 국어국문학회, 2008.

김성연, 「식민지 시기 번역 여성 전기 『世界名婦傳』 연구」, 『여성문학연구』 24, 한국여성문학학회, 2010.

김성은, 「1920~1930년대 미국유학 여성지식인의 현실인식과 사회활동 (Experiences, Thoughts, and Activities of Korean studied in U.S.A. in 1920s~1930s)」, 서강대학교 박사논문, 2012.

김수란, 「전통 여성교육에 대한 교육인간학적 연구」, 연세대학교 석사논문, 2002.

김순전, 「『보통학교 수신서』를 통해 본 조선총독부의 여성 교육」, 『일본어문학』 28, 한국일본어학회, 2006.

김순전, 「조선총독부 발간 『여자고등보통학교수신서』의 여성상」, 『일본학연구』 21, 단국대학교 일본연구소, 2007.

김양선, 「식민주의 담론과 여성 주체의 구성: 『여성』지를 중심으로」, 『여성문학연구』 3, 한국여성문학학회, 2003.

김언순, 「조선후기 사대부 女訓書에 나타난 여성상 형성에 대한 연구」, 『한국교육사학』 28(1), 한국교육사학회, 2006.

김언순, 「『곤범』을 통해 본 조선후기 女訓書 의 새로운 양상」, 『장서각』 16, 한국학중앙연구원, 2006.

김언순, 「개화기 여성교육에 內在된 유교적 여성관」, 『페미니즘 연구』 10(2), 한국여성연구소, 2010.

김영민, 「한국 근대초기 여성담론의 생성과 변모(2): 근대 초기 잡지를 중심으로」, 『현대문학의 연구』 60, 한국문학연구학회, 2016.

김옥희, 「朝鮮朝社會의 女四書를 中心한 女性敎訓書의 內容分析에 관한 硏究」, 동아대학교 박사논문, 1986.

김준형, 「碑誌·傳狀·哀祭類로 본 조선후기 여성의 지식 습득과 향유 양상」, 『한국고전여성문학연구』 27, 한국고전여성문학회, 2013.

김지연, 「조선명부전에 반영된 여성인식」, 『여성문학연구』 9, 한국여성문학학회, 2003.

김지화, 「김활란과 박인덕을 중심으로 본 일제 시대 기독교 여성 지식인의 '친일적' 맥락 연구」, 이화여자대학교 석사논문, 2005.

김함득, 「朝鮮朝 女人의 敎訓書 『內訓』의 近代的 考察」, 『국문학논집』 12, 단국대학교 국어국문학과, 1985.

김향숙, 「개화기 여학교의 교과 및 비교과 교양교육」, 『교양교육연구』 12(3), 한국교양교육학회, 2018.

김희연, 「소혜왕후의 『내훈』 저술과 여성교육」, 동국대학교 석사논문, 2011.

노승은, 「조선시대 여성교육」, 『논문집』 14, 서일전문대학, 1996.

마송의, 「송시열의 『계녀서』를 통해 본 조선 후기 여성교육의 특징」, 숙명여자대학교 석사논문, 2006.

문혜윤, 「근대계몽기 여성교과서의 열녀전 그리고 애국부인들: 장지연의 『여자독본』을 중심으로」, 『반교어문연구』 35, 반교어문학회, 2013.

문희순, 「16세기 여성지식인 德峯 宋鐘介 문학의 특징과 의의」, 『역사학연구』 44, 호남사학회, 2011.

박선영, 「근대계몽기 여성용 교과서, 근대적 '여성'의 기원과 형성」, 『한국문예비평연구』 47, 한국현대문예비평학회, 2015.

박선영, 「1930년대 여성잡지의 가정 공간 표상과 근대적 여성」, 『인문사회』, 아시아문화학술원, 2018.

박영민, 「憑虛閣 李氏의 『淸閨博物志』 저술과 새로운 여성지식인의 탄생」, 『민족문화연구』 72, 고려대학교 민족문화연구원, 2016.

박현실, 「'女範'류 여성교훈서 연구」, 계명대학교 석사논문, 1990.

백두현, 「조선시대 여성의 문자생활 연구」, 『진단학보』 97, 진단학회, 2004.

백두현, 「조선시대 여성의 문자생활 연구: 한글 음식조리서와 여성 교육서를 중심으로」, 『어문논총』 45, 한국문학언어학회, 2006.

백순철, 「「少女必知」의 체제상의 특징과 여성교육 담론의 성격」, 『한국고전여성문학연구』 25, 한국고전여성문학회, 2001.

서강식, 「수신교과서에 나타난 근대 여성상 연구」, 『교육논총』 54, 공주교육대학 초등교육연구원, 2016.

서경희, 「탈권위적 여훈서의 성립과 이념성의 문제 「여자행실록」을 중심으로」, 『동방학』 32, 한서대학교 동양고전연구소, 2015.

성민경, 「1920년대 초기의 여성 담론과 『名媛新女子寶鑑』」, 『고전과 해석』 16, 고전문학한문학연구학회, 2014.

성민경, 「20세기 초 여훈서의 일 양상: 『婦人行實錄』을 중심으로」, 『한국고전여성문학연구』 35, 한국고전여성문학회, 2017.

성병희, 「조선시대 계녀서 연구: 주로 교육 내용에 대하여」, 『안동문화총서』 1, 안동문화연구, 1989.

손규복, 「조선조의 여성도덕교육에 관한 연구」, 계명대학교 박사논문, 1980.

손직수, 「朝鮮時代 女性教訓書에 관한 研究」, 성균관대학교 박사논문, 1980.

송경숙, 「소눌 노상직의 「女士須知」 분석: 서문과 입교편을 중심으로」, 『서지학연구』 32, 한국서지학회, 2005.

송재소, 「조선조 여성 교훈서를 통해 본 여성이론 교육」, 건국대학교 박사논문, 1985.

송준식, 「조선시대 여성교육: 여성교훈서의 편찬 과정과 내용을 중심으로」, 『논문집』 9, 진주여자전문대학, 1987.

신정엽, 「조선시대 소학의 간행과 판본」, 경북대학교 석사논문, 2009.

신정숙, 「韓國 傳統社會의 內訓에 대하여: 士大夫家 內訓書(寫本) 五種을 中心으로」, 『국어국문학』 47, 국어국문학회, 1970.

염능용, 「조선시대의 여성교육에 대한 일고찰」, 성균관대학교 석사논문, 1984.

오츠키 시노부, 「한일 여성교훈서 비교연구: 『戒女書』와 『和俗童子訓』의 여성관을 중심으로」, 이화여자대학교 석사논문, 2014.

유영희, 「1920~30년대 '新家庭'과 '新女性'」, 서강대학교 석사논문, 2006.

육수화, 「여훈서를 통해 본 조선왕실의 여성교육」, 『교육철학』 34, 한국교육철학회, 2008.

이기문, 「내훈에 대하여」, 『규장각』 10, 서울대학교 규장각 한국학연구원, 1987.

이경란, 「조선시대 여성교육서에 관한 연구」, 경북대학교 석사논문, 2001.

이경하, 「15세기 최고의 여성 지식인, 인수대비」, 『한국고전여성문학연구』 12, 한국고전여성문학회, 2006.

이경하, 「『內訓』과 小學 烈女 女教 明鑑의 관계 재고」, 『한국고전여성문학연구』 17, 한국고전여성문학회, 2008.

이경하, 「소혜왕후 『內訓』의 『小學』 수용 양상」, 『대동문화연구』 70, 성균관대 대동문화연구원, 2010.

이남희, 「조선후기 지식인 여성의 생활세계와 사회의식: 임윤지당과 강정
　　　일당을 중심으로」, 『원불교사상과 종교문화』 52, 원광대학교 원불
　　　교사상연구원, 2012.

이남희, 「조선후기의 '여사'와 '여중군자' 개념 고찰: 지식인 여성 연구를
　　　위한 시론적 접근」, 『역사와 실학』 47, 역사실학회, 2012.

이남희, 「조선후기 지식인 여성의 자의식과 사유세계: 이사주당을 중심으
　　　로」, 『원불교사상과 종교문화』 68, 원광대학교 원불교사상연구원,
　　　2016.

이상교, 「『內訓』과 『四小節』을 通해서 본 朝鮮時代 女性教育内容의 一研究」,
　　　성균관대학교 석사논문, 1983.

이상미, 「조선초기 『內訓』의 교육적 내용과 그 특성」, 숙명여자대학교 석
　　　사논문, 2003.

이선영, 「『내훈』의 희귀어에 대하여」, 『어문연구』 38(4), 한국어문교육연
　　　구회, 2010.

이성연, 「『내훈』과 『어제내훈』의 어휘 연구」, 『언어학』 8(2), 대한언어학
　　　회, 2000.

이성연, 「『내훈』과 『어제내훈』의 비교 연구」, 『인문학연구』 24, 조선대학
　　　교 인문학연구소, 2000.

이숙인, 「조선시대 여성 지식의 성격과 그 구성원리: 임윤지당과 강정일당
　　　을 중심으로」, 『동양철학』 23, 한국동양철학회, 2005.

이숙인, 「조선시대 교육의 젠더 지형도」, 『정신문화연구』 29(1), 한국학중
　　　앙연구원, 2006.

이시용, 「조선조 사대부의 규방교육」, 『교육논총』 11, 인천교대 초등교육
　　　연구소, 1980.

이원재, 「조선시대『소학』교육의 현실,『교육학연구』 44, 한국교육학회, 2006.

이은진, 「조선 후기 계녀가의 여성교육적 의의」, 창원대학교 석사논문, 2009.

이정민, 「조선시대의『소학』이해 연구」, 서울대학교 박사논문, 2013.

이지영, 「조선시대 규훈서와 여성의 문자문화」,『여성문학연구』 28, 한국 여성문학학회, 2012.

이지원, 「朝鮮後期 女性閨訓에 대한 考察: 士大夫家의 家訓類를 對相으로」, 경성대학교 석사논문, 2001.

이효인, 「번역소학과 소학언해의 비교고찰」, 전남대학교 석사논문, 2000.

이혜진, 「신여성의 근대적 글쓰기:『여자계』의 여성담론을 중심으로」,『동 양학』 55, 단국대학교 동양학연구원, 2014.

이행화·이경규, 「일제강점기의 조선 신여성 인식에 관한 일고찰: 여성잡 지『新女性』을 중심으로」,『일본근대학연구』 51, 한국일본근대학 회, 2016.

이희경, 「1920~30년대 식민지 조선 여성교육의 성격: 2차 교육령과 여자 고등보통학교 규정을 중심으로」,『한국교육사학』 28(1), 한국교육 사학회, 2006.

임미정, 「20세기 초 여훈서(女訓書)의 존재 양상과 의미」,『한국고전여성 문학연구』 19, 한국고전여성문 학회, 2009.

정상이, 「『여자고등조선어독본』을 통해 본 여성상」,『국학연구』 18, 한국 국학진흥원, 2011.

정수현, 「『내훈』,『어제내훈』어미 비교 연구」,『교육과학연구』 20, 제주대 학교 교육과학연구소, 2018.

정정숙, 「조선시대의 여성교육」, 논문집 4, 총신대학교, 1984.

정호훈, 「조선전기 「小學」 이해와 그 학습서」, 『한국계보연구』 6, 한국계보
　　연구회, 2016.

정호훈, 「조선후기 소학의 磁場과 變容: 『小學枝言』 『四小節』을 중심으로」,
　　『동방학지』 174, 동방학회, 2016.

정혜린, 「『번역소학』과 『소학언해』의 구문 번역 양상 연구: 한문 원문의
　　'V1V2' 구성을 중심으로」, 서울대학교 석사논문, 2009.

조경원, 「조선시대 여성교육의 분석」, 『여성학논집』 12, 이화여자대학교
　　여성문제연구소, 1995.

조성산, 「19세기 조선의 지식인 지형: 균열과 가능성」, 『역사비평』 117,
　　역사문제연구소, 2016.

조지형, 「『삼강행실도』 「열녀편」이 조선후기 '열녀전'에 끼친 영향」, 부산
　　대학교 석사논문, 2006,

조혜란, 「조선시대 여성 독서의 지형도」, 『한국문화연구』 8, 이화여자대학
　　교 한국문화연구원, 2005.

조현진, 「『번역소학』과 『소학언해』의 대비 연구」, 한국외국어대학교 박사
　　논문, 2015.

천자옥, 「조선시대 열녀상과 열녀인식의 차이 연구: 행실도와 저서를 중심
　　으로」, 경희대학교 석사논문, 2014.

최진아, 「한중 여성교육서의 서사책략과 문화이데올로기: 15세기 명·조선
　　의 『내훈』을 중심으로」, 『중한인문과학』 44, 한중인문과학연구회,
　　2010.

허재영, 「조선시대 여자 교육서와 문자 생활」, 『한글』 272, 한글학회, 2006.

허재영·김경남, 「근대 계몽기 독본류 교과서의 교재연구」, 『동방학』 24,
　　한서대 동양고전연구소, 2012.

홍인숙, 「조선후기 열녀전 연구」, 이화여자대학교 석사논문, 2000.

홍인숙, 「17세기 열녀전 연구」, 『한국고전연구』 7, 한국고전연구학회, 2001.

홍인숙, 「근대계몽기 여성 글쓰기의 양상과 '여성주체'의 형성과정: 1908
년『대한매일신보』, 『여자지남』, 『자선부인회잡지』를 중심으로」,
『한국고전연구』 4, 한국고전연구학회, 2006.

황수연, 「19~20세기 초 규훈서 연구」, 『한국고전여성문학연구』 24, 한국고
전여성문학회, 2012.

황수연, 「조선시대 규훈서에 나타난 여성에 대한 기대와 경계」, 『열상고전
연구』 32, 열상고전연구회, 2010.

황수연, 「19~20세기 초 규훈서 연구」, 『한국고전여성문학연구』 24, 한국고
전여성문학회, 2012.

〈참고 자료〉

아단문고 미공개 자료 총서: 여성잡지(전39권), 소명출판, 2014.

권	쪽수	잡지명 / 발행일자	비고
1	620	신가정 1(1)/1933.1.1 신가정 1(2)/1933.2.1 신가정 1(3)/1933.3.1	
2	724	신가정 1(4)/1933.4.3 신가정 1(5)/1933.5.8 신가정 1(6)/1933.6. 신가정 1(7)/1933.7.1	
3	626	신가정 1(8)/1933.8.1 신가정 1(9)/1933.9.1 신가정 1(10)/1933.10.1	
4	606	신가정 1(11)/1933.11.1 신가정 1(12)/1933.12.1 신가정 2(1)/1934. 1	
5	672	신가정 2(2)/1934.2.1 신가정 2(3)/1934.3.1 신가정 2(4)/1934.4.1	
6	724	신가정 2(5)/1934.5.1 신가정 2(6)/1934.6.1 신가정 2(7)/1934.7.1	
7	708	신가정 2(8)/1934.8.1 신가정 2(10)/1934.10.1 신가정 2(11)/1934.11.1	
8	684	신가정 3(1)/1935.1.1 신가정 3(2)/1935.2.1 신가정 3(3)/1935.3.1	
9	616	신가정 3(4)/1935.4.1 신가정 3(5)/1935.5.1 신가정 3(6)/1935.6.1	
10	622	신가정 3(7)/1935.7.1 신가정 3(9)/1935.9.1 신가정 3(10)/1935.10.1	
11	626	신가정 3(11)/1935.11.1 신가정 3(12)/1935.12.1 신가정 4(1)/1936.1.1	

권	쪽수	잡지명 / 발행일자	비고
12	638	신가정 4(2)/1936.2.1 신가정 4(3)/1936.3.1 신가정 4(4)/1936.4.1	
13	620	신가정 4(5)/1936.5.1 신가정 4(6)/1936.6.1 신가정 4(7)/1936.7.1	
14	420	신가정 4(8)/1936.8.1 신가정 4(9)/1936.9.1	
15	440	가뎡잡지 1/1922.5.20 가뎡잡지 2(7)/1908.8.25 가정지우(家庭之友) 통권1/1936.12.1 가정지우(家庭之友) 통권2/1937.1.1 가정지우(家庭之友) 통권3/1937.3.1 가정지우(家庭之友) 통권7/1937.11.1	
16	590	가정지우(家庭之友) 통권8/1938.1.1 가정지우(家庭之友) 통권9/1938.3.1 가정의우(家庭의友) 통권10/1938.5.1 가정의우(家庭의友) 통권11/1938 가정의우(家庭の友) 통권12/1938.7.1 가정의우(家庭の友) 통권13/1938.8.1 가정의우(家庭の友) 통권14/1938.9.1 가정의우(家庭の友) 통권16/1938.11.1	
17	618	가정의우(家庭の友) 통권19/1939.4.1 가정의우(家庭の友) 통권20/1939.5.1 가정의우(家庭の友) 통권21/1939.6.1 가정의우(家庭の友) 통권23/1939.8.1 가정의우(家庭の友) 통권24/1939.9.1 가정의우(家庭の友) 통권26/1939.11.1 가정의우(家庭の友) 통권27/1939.12.1 가정의우(家庭の友) 통권28/1940.1.1	
18	592	근우 1(1)/1929.5.10 여자지남 1/1908 만국부인 1(1)/1932.10.1 백합 4/1941.2.26 보육 1/1946.4.10 보육 3/1946.6.15 부녀세계 1/1927.4.1 부녀지광 5월호/1925.5	
19	500	부인(신민 7월호 부록)/1925.7.25 부인경향 1(1)/1950.1.1 부인경향 1(2)/1950.2.1 부인경향 1(3)/1950.3.1 부인경향 1(4)/1950.4.1 부인경향 1(5)/1950.5.1 부인경향 1(6)/1950.6.1 부인계 1(2)/1923.3.15	

권	쪽수	잡지명 / 발행일자	비고
20	530	부인공론 1(4)/1932.5.1 부인공론 1(1)/1936.5.1 부인공론 1(3)/1936.7.1 부인공론 1(4)/1936.8.1	
21	652	성애 2호/1924.4.10 신소녀 3호/1947.6.1 신여원 1/1949.3.10 신여자 4/1920.6.20 여성시대 1(1)/1930.8.1 여성시대 1(2)/1930.9.1	
22	418	여성공론 통권1/1946.1.1 여성공론 통권2/1946.4.15 여성공론 통권3/1947.4.15 여성공론 통권4/1947.7.20	
23	450	여성지우 1(1)/1929.1.1 여성지우 1(2)/1929.2.1 여성지우 1(3)/1929.3.1	
24	504	여성지우 2(1)/1930. 여성지우 2(2)/1930.4.5 여성지우 2(3)/1930.6.5	
25	630	여인 1(1)/1932.6.1 여인 1(2~3)/1932.7.28 여인 1(4)/1932.9.1 여인 1(5)/1932.10.1 여자계 2/1918.3.22 여자계 6/1921.1.11	
26	602	여자시론 1(1)/1920.1.24 여자시론 1(3)/1920.4.28 여학생 1(1)/1949.11.1 여학생 2(1)/1950.1.10 여학생 2(2)/1950.3.10 여학생 2(3)/1950.4.16 여학생 2(4)/1950.6.5 여학원 1/1946.1 우리가정/1929.9.18	
27	516	우리의 가뎡 1/1913.12.15 우리의 가뎡 2/1914.1.15 우리의 가뎡 3/1914.2.15 우리의 가뎡 4/1914.3.15 우리의 가뎡 5/1914.4.15 우리의 가뎡 6/1914.5.15 우리의 가뎡 7/1914.6.15 우리의 가뎡 8/1914.7.15 우리의 가뎡 9/1914.8.15	

권	쪽수	잡지명 / 발행일자	비고
28	492	우리의 가뎡 10/1914.9.15 우리의 가뎡 11/1914.10.15 우리의 가뎡 12/1914.11.15 우리집 1(3)/1932.5.29 우리집 1(4)/1932.8.29 우리집 1(5)/1932.12.13 우리집 2(6)/1933.3.11 우리집 2(7)/1933.6.10 우리집 2(10)/1934.4.13 우리집 4(12)/1934.11.30 우리집 5(4)/1936.6.12	
29	686	일본부인 1(1)/1944.4.3 일본부인 1(4)/1944.7.1 일본부인 1(5)/1944.8.1 일본부인 1(8)/1944.12.1 일본부인 2(2)/1945.2.1 일본부인 2(4)/1945.4.1 자선부인회잡지 1/1908.10.20 장한 1(1)/1927.1.10	
30	584	직업여성 1(1)/1950.6.1 현대가정공론 1/1931.6.20 현대부인 1(2)/1928.6.1 현대부인 1(4)/1928.7.20 현대여성 통권5/1933.2.28 활부녀 2(6)/1927.3.5	
31	662	가정의우(家庭の友)/통권30/1940.4.1 가정의우(家庭の友)/통권31/1940.5.1 가정의우(家庭の友)/통권32/1940.6.1 가정의우(家庭の友)/통권34/1940.8.1 가정의우(家庭の友)/통권35/1940.9.1 가정의우(家庭の友)/통권39/1941.1.1 여성문화 1(1)/1945.12.1 여성문화 1(2)/1946.8.1 여성조선 통권27/1932.11.14 여성조선 통권29/1933.1.1 위생과 화장 1(2)/1926.11.17	
32	690	부인 1(1)/1946.4.1 부인 1(3)/1946 부인 1(4)/1946.11.5 부인 2(1)/1947.1.15 부인 2(2)/1947.3.25 부인 2(3)/1947.4.25 부인 2(4)/1947.6.5 부인 2(5)/1947.8.15 부인 2(6)/1947.9.15 부인 2(7)/1947.11.10	

권	쪽수	잡지명 / 발행일자	비고
33	700	부인 3(1)/1948.1.15 부인 3(2)/1948.4.20 부인 3(3)/1948.8.1 부인 4(1)/1949.1.20 부인 4(3)/1949.4.30 부인 4(4)/1949.6.25 부인 4(6)/1949.11.15 부인 5(1)/1950 부인 5(2)/1950.4.18 부인 5(3)/1950.6.7	
34	784	새살림 1(2)/1947.3.10 새살림 1(3)/1947.5.3 새살림 1(4)/1947.7.1 새살림 1(5)/1947.8.1 새살림 1(7)/1947.11.1 새살림 2(1)/1948.1.31 새살림 2(2)/1948.3.25 새살림 2(4)/1948.8.10 새살림 2(5)/1948.12.5 새살림 4(2)/1949.5.20 새살림 4(5)/1949.12.10	
35	522	신여성 3(7)/1944.7.1 신여성 3(9)/1944.10.1 여성 1(1)/1936.4.1 여성 1(2)/1936.5.1 여성 1(3)/1936.6.1 여성 1(4)/1936.7.1 여성 1(5)/1936.8.1 여성 1(7)/1936.10.1 여성 1(9)/1936.12.1	
36	688	여성 2(3)/1937.3.1 여성 2(4)/1937.4.1 여성 2(5)/1937.5.1 여성 2(8)/1937.8.1 여성 2(9)/1937.9.1 여성 2(10)/1937.10.1 여성 2(11)/1937.11.1	
37	718	여성 3(1)/1938.1.1 여성 3(2)/1938.2.1 여성 3(3)/1938 여성 3(5)/1938.5.1 여성 3(6)/1938 여성 3(7)/1938.7.1 여성 3(9)/1938.9.1	

권	쪽수	잡지명 / 발행일자	비고
38	794	여성 4(4)/1939.4.1 여성 4(5)/1939.5.1 여성 4(6)/1939 여성 4(7)/1939 여성 4(8)/1939.8.1 여성 4(9)/1939.9.1 여성 4(10)/1939.10.1 여성 4(11)/1939.11.1	
39	604	여성 5(1)/1940.1.1 여성 5(5)/1940.5.1 여성 5(6)/1940.6.1 여성 5(7)/1940.7.1 여성 5(8)/1940.8.1 여성 5(9)/1940.9.1	

한국 교육의 전통적 기반으로서의 서원지(書院志)

임근실

1. 한국 서원지(書院志)의 성격

한국의 서원(書院)은 조선시대 정치·사상·문화의 중심적 역할을 하였고, 지방 향촌 사회에서 막강한 영향력을 발휘하는 기관이었다. 16세기 중엽 조선에서는 '서원(書院)'이란 새로운 교육 기관이 설립되기 시작하였다. 그 이후 조선의 서원은 존현(尊賢)으로 축약되는 배향인물에 대한 제향의식(祭享儀式)인 향사(享祀)와 강학(講學)으로 이야기되는 원생(院生)들의 교육 활동의 두 가지 기능을 주로 수행하며 운영되었다.[1] 그리고 서원과 관련한 제반 사항들은 개별 서원마다 '서원지(書院志)'로 정리되어 전해졌다. 서원지(書院志)란 해당 서원과 관련된

---

[1] 정만조, 『朝鮮時代 書院研究』, 집문당, 1997.

모든 자료를 수집 정리하여 몇 개의 항목으로 분류하여 놓은 특정 서원에 관한 자료집이라고 말할 수 있다.[2] 이러한 성격의 서원과 서원지는 지식 인문학의 주요한 연구 분야 중 하나할 수 있으며, 한국의 지식 기반과 지식 지형도 형성, 지식 사회화 과정을 다각적으로 분석할 수 있는 주제이다. 하지만 서원은 주로 향촌사회사를 중심으로 연구되었고, 그 기초 자료라 할 수 있는 서원지는 2000년 대 이후 연구가 시작된 신생 분야라 할 수 있다. 이 때문에 4차 산업 시대의 새로운 가치를 창조할 지식 인문학적 관점에서 서원지 데이터베이스를 구축하고, 이를 토대로 서원을 분석할 필요성이 있다. 그에 따라 파생될 연구 성과를 예상해본다면 크게 지식 기반 형성, 지식 지형도 재구성, 지식 사회화로 나누어 서술할 수 있겠다.

먼저, 서원지(書院志)를 통해 서원이 조선시대 지식 기반의 형성에 기여한 부분과 그 역할을 파악할 수 있다. 서원(書院)은 16세기 중엽부터 건립되기 시작하여, 20세기까지도 전통적 명맥을 유지하였고, 현재도 일정한 영향력을 지니고 있는 기관이다. 더구나 서원(書院)은 서원지(書院志)를 간행하여 해당 서원의 건립 배경, 연혁, 제향 인물의 전기(傳記), 학전(學田), 장서(藏書), 원규(院規) 등을 기록하여 보존하였다. 따라서 16세기~20세기 이후에 이르는 서원지(書院志)를 데이터베이스화한다면 각 서원별의 특성을 분석할 수 있는 기초 자료를 확보할 수 있을 것이다. 이를 토대로 서원별 지식 기반의 형성 과정을 규명하여 서원별 지식이 지닌 고유성, 해당 지역의 지식인이라는 지역성, 학문을 통한 계승 관계인 계통성 등을 확인할 수 있을 것이다. 예를 들어 조선 후기 정치·사회에 막대한 영향력을 미쳤던 화양서원

---

2) 정만조, 「조선시대 書院志 體例에 관한 연구」, 『韓國學論叢』 29, 국민대학교 한국학연구소, 2006, 371쪽.

(華陽書院)『화양지(華陽志)』의 경우에는 영조(英祖), 순조(純祖), 철종(哲宗) 등 여러 왕대(王代)에 초간(初刊)·중간(重刊) 등의 과정을 거치면 수록 내용이 추가되었다. 또한『화양지(華陽志)』는 지리지의 형식이라 할 수 있는『화양동지(華陽洞志)』, 「무이구곡도(武夷九曲圖)」의 예를 따른「화양구곡도(華陽九曲圖)」 등과 상호 보완 관계를 가지고 있다. 이와 같은 서원지의 여러 특성을 기반으로 서원을 분석한다면, 한국 서원이 변천하면서 일어난 지식 체계의 구축 과정과 사상계의 변화 양상을 파악할 수 있을 것이다.

두 번째, 서원지(書院志) 분석을 통해 조선시대 지식의 지형도를 제시할 수 있다. 서원지(書院志)를 데이터베이스화하여 지식 인문학적 관점에서 분류한다면, 16세기~20세기 이후에 이르는 시기별 구분과 각 지역을 중심으로 한 지역별 구분이 가능할 것이다. 이렇듯 시기별·지역별로 나누어 분석한다면 한국 서원의 제분야를 통시적·공시적으로 고찰이 가능하다. 따라서 1차적으로 특정 서원의 시대적 변천에 따른 변화 양상이 지역의 지식 지형도에 끼친 영향력을 분석하는 지역사적 연구가 가능할 것이다. 2차적으로는 지역별·학파별 지식 지형의 변화 양상을 서원이란 기관을 중심으로 파악할 수 있을 것이다. 특히 서원에서 강학(講學)한 인물이나 교유한 인물에 대한 기록—고왕록(考往錄), 강학록(講學錄), 심원록(尋院錄) 등—을 분석하여 이들의 거주지와 출신, 학맥(學脈) 등을 종합한다면, 해당 서원의 지식인 네트워크를 파악할 수 있을 것이다. 또 다른 예로 서원의 장서(藏書)는 지역사회의 도서관적 기능을 하였기에, 특정 시기 서원지의 장서록(藏書錄)을 분석하여 지식의 유통과 관련한 지식 지형도를 가늠할 수 있을 것이다. 또한 서원에서 간행되었던 서적인 서원지(書院志), 문집(文集), 성리서(性理書) 등을 파악하여 해당 서원 지식의 기반을 확인하고, 서적의 유통 과정을 분석하여 서원을 중심으로 한 지식 지형도를 파악할 수 있다.3) 또한 이 서적들의 성격을 규명한다면 서원의 지식 체계 구축과 공유를 확인하고,4) 해당 서원의 지식 네트워크를 제시할 수 있을 것이다. 더불어 서원의 지식 체계 구축은 곧 지식 권력의 창출과 연관성이 깊다고 할 수 있다. 이 때문에 서원지(書院志) 분석을 통한 지식 지형도의 확인은 지식 인문학의 본질적 가치와 연결된다고 할 수 있겠다.

세 번째, 지식 사회화 과정과 양상에 대한 다각적인 분석이 가능할 것이다. 1차적으로 개별 서원지(書院志)의 분석을 통하여 서원의 사회적 역할에 대한 연구를 할 수 있다. 그리고 서원에서 형성된 지식이 향촌 사회, 더 나아가 조선 지식인 전반에 파급되는 양상을 검토할 수 있을 것이다. 서원지(書院志)는 개별 서원의 자료가 수합되었기 때문에 각각의 특수성을 가지고 있으나, 각 시기별·지역별 분류를 기반으로 하여 공통성을 추출할 수 있다. 특히 각 학파별 서원지(書院志)를 분석하여 그들의 학설이 내포된 양상을 파악한다면, 학파별 지식 사회화 과정을 보여 줄 수 있을 것이다. 하나의 예시로 서원지(書院志)에 수록되어 있는 학규록(學規錄)의 분석을 들 수 있다. 개별 서원의 원규(院規)가 정립되는 과정은 그 서원을 운영한 지식인들의 지적 탐구 과정의 결과라고 할 수 있다. 따라서 특정 학파가 운영하는 서원의 학규(學規)를 공시적·통시적으로 분석한다면 그들의 교육 방침이 서원지(書院志)를 통해 공유·확대되어 간 양상을 확인할 수 있다.5) 이는

---

3) 임근실, 「16세기 書院의 藏書 연구」, 『韓國書院學報』 4, 한국서원학회, 2017.

4) 김정운, 「18세기 도동서원의 지식체계 구축과 공유」, 『韓國書院學報』 7, 한국서원학회, 2018.

5) 임근실, 「16세기 書院의 學規에 대한 검토와 그 특징」, 『韓國書院學報』 6, 한국서원학회, 2018.

지식 사회화를 여실히 보여주는 실제적인 사례라는 점에서 의미가 있다. 또한 그들이 만들어간 지식의 계보라 할 수 있는 도통(道統)에 대한 인식 역시 서원지(書院志)에 수록된 배향인물을 선정하는 논의에서 확인할 수 있다. 이와 같은 도통론(道統論)에 대한 분석은 서원(書院)이 가졌던 지식 권력을 당시 사회에 가시적으로 표출하였다는 점에서 사업의 아젠다와 밀접한 관련성을 가진 주제라고 할 수 있다.

이처럼 〈한국 서원지(書院志) 데이터베이스〉는 지식 인문학을 목표로 하는 단국대학교 HK+ 사업의 아젠다 특성화를 위한 연구 기반 조성에 있어 필수적인 사항이라 할 수 있다. 따라서 〈한국 서원지(書院志) 데이터베이스(이하 DB)〉는 조선시대 지식 기반의 형성 과정 및 지식 지형도 구축, 지식 사회화 양상을 확인할 수 있는 주제의 기초 자료 집성을 목표로 한다.

2. 선행연구

현재까지 정립되어 온 서원(書院)과 서원지(書院志)에 대한 선행 연구는 다음과 같다. 서원에 관한 기존 연구는 대체로 10가지 주제로 구분할 수 있고, 대표적인 선행연구를 소개하면 다음과 같다. 먼저 전체 연구에서 가장 많은 양을 차지하는 개별 지역 또는 특정 서원(書院)을 분석한 연구,6) 다음으로 교육사의 일환은 서원(書院)에서 이루어

---

6) 강상택, 「朝鮮後期 蔚山地域의 書院에 관한 고찰」, 『부산사학』 21, 1991; 강상택, 「朝鮮後期 昌寧地域의 書院과 役割」, 『역사와 세계』 19, 효원사학회, 1995; 고수연, 「18世紀 初 湖西地域 書院의 黨派的 性格: 朱子·宋時烈 祭享 書院을 中心으로」, 『역사와 담론』 29, 호서사학회, 2000; 김기승, 「牙山地域의 書院 硏究」, 『인문과학논총』 2, 1996; 김기승, 「조선시대 아산지역 서원의 배향인물」, 『순천향 인문과학논총』 19, 순천향대학교 인문과학연구소, 2007;

지는 교육[講學]을 대상으로 한 연구,7) 초창기 서원(書院)의 설립 과정

김기주, 「灆溪書院의 성격변화와 一蠹 鄭汝昌의 위상」, 『南冥學硏究』 52, 경상대학교 경상문화연구원, 2016; 김명숙, 「永興 龍江書院 硏究: 朝鮮後期 書院置廢의 한 事例」, 『韓國史硏究』 80, 한국사연구회, 1993; 김세용, 「오봉서원에 관한 일고찰」, 『江原史學』 19~20, 강원대학교 사학회, 2004; 김영규, 「知川書院」, 『중원문화논총』 10, 충북대학교 중원문화연구소, 2006; 김형수, 「17,18세기 상주선산권 지역사회와 서원사우의 동향」, 『영남학』 7, 영남문화연구원, 2005; 배재홍, 「조선후기 삼척의 용산서원과 재지사족」, 『대구사학』 82, 대구사학회, 2006; 서신혜, 「善山 지방 書院의 毀撤과 『烏有居士傳』」, 『퇴계학과 한국문화』 37, 경북대학교 퇴계연구소, 2005; 송석현, 「17세기 후반~18세기 초반 도남서원의 운영과 상주사족의 동향」, 『朝鮮時代史學報』 79, 조선시대사학회, 2016; 신경수, 「淸原에 있는 書院·祠宇·旌閭의 현황」, 『중원문화논총』 10, 충북대학교 중원문화연구소, 2006. 원영환, 「江原地方의 書院 硏究」, 『강원문화사연구』 3, 1998; 이경구, 「김원행의 실심강조와 석실서원에서의 교육활동」, 『진단학보』 88, 진단학회, 1999; 이수환, 「慶州 龜岡書院 硏究」, 『조선시대사학보』 34, 2005; 신경수, 「청원에 있는 書院 祠宇 旌閭의 현황」, 『중원문화논총』 10, 2006; 이병훈, 「朝鮮後期 慶州 玉山書院의 運營과 役割」, 영남대학교 박사논문, 2018; 이병훈, 「19~20세기 영남지역 향촌사회와 경주 옥산서원의 동향」, 『韓國書院學報』 4, 한국서원학회, 2017; 이수환, 「18~19세기 경주 옥산서원 원임직 유통을 둘러싼 적서간의 향전」, 『古文書硏究』 17, 한국고문서학회, 2000; 이수환, 「경주 구강서원 연구」, 『朝鮮時代史學報』 34, 조선시대사학회, 2005; 이수환, 「陶山書院 院任職 疏通을 둘러싼 嫡·庶간의 鄕戰」, 『민족문화논총』 12, 영남대학교 민족문화연구소, 1991; 이상원, 「배산서원을 통해 본 남명학의 전개」, 『남명학연구논총』 8, 남명학연구원, 2000; 이수환, 「울산 구강서원의 설립과 사액과정」, 『대구사학』 49, 대구사학회, 1995; 이재학, 「조선시대 청주 莘巷書院」, 『역사와실학』 21, 무악실학회, 2001; 이재학, 「청주지역의 書院·祠宇」, 『역사와실학』 19~20, 무악실학회, 2001; 이정우, 「17~18세기 在地 老·少論의 분쟁과 書院建立의 성격」, 『진단학보』 88, 진단학회, 1999; 이정우, 「17~18세기 초 청주지방 사족동향과 서원향전」, 『朝鮮時代史學報』 11, 조선시대사학회, 1999; 이정우, 「17~18세기 忠州지방 書院과 士族의 黨派的 性格」, 『한국사연구』 109, 한국사연구회, 2000; 이정우, 「19~20세기초 공주지방 유림의 동향과 향촌활동의 성격변화」, 『충북사학』 11~12, 충북대학교 사학회, 2000; 장동표, 「예림서원의 건립 중수와 김종직 추숭 활동」, 『역사와 경계』 64, 부산경남사학회, 2007; 전용우, 「遂菴 權尙夏와 湖西士林」, 『역사와 담론』 16, 호서사학회, 1988; 전용우, 「湖西書院 小考 1: 16~17세기초 湖西地方의 書院性向을 중심으로」, 『역사와 담론』 21~22, 호서사학회, 1994; 전용우, 「湖西 書院 小考 3: 18세기 湖西地方에 건립된 書院을 중심으로」, 『역사와 역사교육』 3(4), 웅진사학회, 1999; 전용우, 「華陽書院과 萬東廟에 대한 一 硏究」, 『역사와 담론』 18, 호서사학회, 1990; 전종한, 「충북지방 유교 문화지역의 형성과정과 영역성: 서원 건립의 확산과정과 분포패턴을 중심으로」, 『중원문화논총』 6, 충북대학교 중원문화연구소, 2002; 정만조, 「조선시대 파주 士族과 서원활동」, 『한국서원학보』 1, 한국서원학회, 2011; 조준호, 「송시열의 도봉서원 입향논쟁과 그 정치적 성격」, 『朝鮮時代史學報』 23, 조선시대학회, 2002; 조준호, 「조선후기 石室書院의 위상과 학풍」, 『朝鮮時代史學報』 11, 조선시대사학회, 1999.

7) 정순목, 『韓國書院教育制度硏究』, 영남대학교 민족문화연구소, 1979; 김자운, 「朝鮮時代 紹

에 초점을 맞춘 연구가 있으며,[8] 이황(李滉)의 서원론(書院論)을 중심으로 고찰한 연구,[9] 경제사적 관점에서 서원(書院)의 재정 기반과 경제 활동에 대한 연구,[10] 문중서원(門中書院)과 향촌 사회의 운영의 상관관계에 주목한 연구,[11] 서원(書院)의 인적 구성을 탐구한 연구,[12] 서원(書

修書院 講學 研究」, 한국학중앙연구원 박사논문, 2014. 김자운, 「19세기 소수서원『중용』 강회의 특징과 퇴계학의 분화: '호학(湖學)'의 계승과 분화를 중심으로」,『퇴계학논집』 19, 영남퇴계학연구원, 2016; 김자운, 「퇴계의 서원관과 조선후기 소수서원 講學의 변화」,『퇴계학논집』 18, 영남퇴계학연구원, 2016; 김자운, 「조선시대 서원교육의 公的 기반 변화와 그 대응」,『지방사와 지방문화』 18(2), 역사문화학회, 2015; 김자운, 「16세기 소수서원 교육의 성격」,『유교사상문화연구』 58, 한국유교학회, 2014; 문태순, 「교육기관으로서 서원의 성격 연구」,『교육문제연구소 논문집』 20(1), 慶熙大學校 教育問題研究所 論文集, 2004; 민병하, 「조선시대의 서원교육」,『大東文化研究』 17, 성균관대학교 대동문화연구원, 1983; 박종배, 「학규를 통해서 본 조선시대의 서원 강회」,『교육사학연구』 19, 교육사학회, 2009; 박종배, 「學規에 나타난 조선시대 서원교육의 이념과 실제」,『한국학논총』 33, 국민대학교 한국학연구소, 2010; 박종배, 「19세기 후반 武城書院의 講習禮에 관한 일 고찰」,『韓國書院 學報』 1, 한국서원학회, 2011.

8) 윤희면, 「白雲洞書院의 設立과 豊基士林」,『진단학보』 49, 1980; 안민엽, 「書院 勃興期 朝鮮 士林의 書院認識」, 국민대학교 석사논문, 2008.

9) 박양자, 「李退溪의 書院觀」,『퇴계학보』 83, 1995; 정만조(1997); 조준호, 「退溪 李滉의 서원 건립 활동과 서원론의 실현」,『역사문화논총』 2, 2006.

10) 이수환,『朝鮮後期 書院研究』, 일조각, 2001; 윤희면,『조선시대 서원과 양반』, 집문당, 2004; 강상택, 「朝鮮後期 嶺南地方 書院의 經濟的 基盤: 現 慶尙南道 地域을 中心으로」,『역사와 세계』 15~16, 부산대사학회, 1992; 민병하, 「조선서원의 경제구조」,『大東文化研究』 5, 성균관대학교 대동문화연구원, 1968; 윤희면, 「조선후기 서원의 경제기반」,『동아연구』 2, 서강대학교 동아연구소, 1983; 윤희면, 「조선후기 서원의 경제기반(2)」,『전남사학』 19, 호남사학회, 2002; 이수환, 「嶺南地方 書院의 經濟的 基盤」,『민족문화논총』 2~3, 영남대학교 민족문화연구소, 1982; 이수환, 「영남지방 서원의 경제적 기반 2」,『대구사학』 26, 대구사학회, 1984; 이수환, 「朝鮮後期 書院奴婢 身貢에 대한 연구」,『민족문화논총』 10, 영남대학교 민족문화연구소, 1989; 전형택, 「朝鮮後期 筆巖書院의 經濟基盤과 財政」,『역사학연구(구 전남사학)』 11, 전남사학회, 1997.

11) 조준호, 「17~18世紀 英陽地方 漢陽趙氏의 門中研究」,『북악사론』 4, 1997; 이해준,『朝鮮後期 門中書院 研究』, 경인문화사, 2008.

12) 손병규, 「조선후기 경주 옥산서원의 원속 파악과 운영」,『朝鮮時代史學報』 35, 조선시대사학회, 2005; 윤희면, 「朝鮮時代 書院 院任 研究」,『역사교육』 54, 역사교육연구회, 1993; 송정숙, 「紹修書院 任事錄 연구: 16, 17세기를 중심으로」,『서지학연구』 38, 서지학회, 2007; 송정숙, 「18·19세기 소수서원의 院生 연구: '소수서원 입원록(紹修書院 入院綠)' 제2권을 중심으로」,『서지학연구』 41, 서지학회, 2008.

院)의 제향의례(祭享儀禮)와 제물(祭物) 등을 설명한 연구,13) 서원(書院)
의 도서관 기능과 함께 장서(藏書)를 분석한 연구,14) 서원(書院)의 건축
및 조경을 다룬 연구15) 등이 있다.

서원지(書院志)를 다룬 연구는 2000년대 이후 시작되어 이제 초기
단계라 할 수 있으며, 연구사를 서술하면 다음과 같다. 『죽계지(竹溪
志)』에 대한 서지학적 연구,16) 중국 서원지(書院志)의 종류와 체례(體
例)의 특징을 분석한 연구,17) 서원지(書院志)의 분석에 기초하여 초창
기 서원의 성격을 검토한 연구가 있다.18) 또한 서원지(書院志) 편찬과
연관하여 그 편찬자의 의도를 고찰한 연구,19) 도통론(道統論)의 분기

---

13) 윤숙경, 「鄕校와 書院의 祭禮에 따른 祭需에 관한 연구」, 『한국식생활문화학회지』 13, 1998;
윤희면, 「조선시대 書院의 祭禮와 位次」, 『진단학보』 90, 2000; 김학수, 「17세기 초반 永川儒
林의 學脈과 張顯光의 臨皐書院 祭享論爭」, 『朝鮮時代史學報』 35, 조선시대사학회, 2005;
조준호, 「慶山地域 鄕校·書院의 祭享 笏記」, 『東洋禮學』 7, 동양예학회, 2002.

14) 배현숙, 「紹修書院 收藏과 刊行 書籍考」, 『서지학연구』 31, 서지학회, 2005; 배현숙, 「朝鮮朝
書堂의 書籍 刊行과 收藏에 관한 硏究」, 『서지학연구』 35, 한국서지학회, 2006; 윤상기,
「경남 함양군 서원판본에 대한 연구」, 『서지학연구』 32, 서지학회, 2005; 윤상기, 「조선조
경남지방의 서원판본」, 『書誌學硏究』 60, 한국서지학회, 2014; 윤희면, 「조선시대 서원의
도서관 기능 연구」, 『역사학보』 186, 역사학회, 2005; 이수환, 「영남서원의 자료 현황과
특징」, 『대구사학』 65, 대구사학회, 2001.

15) 이상해, 「陶山書堂과 陶山書院에 反影된 退溪의 書院 建築觀」, 『퇴계학보』 110, 2001; 김영모,
「조선시대 서원의 조경」, 『한국전통조경학회지』 23, 2005; 김정문, 「정읍 무성서원 및 주변
지역 정비 복원 기본계획」, 『한국전통조경학회지』 24, 한국전통조경학회, 2006; 노송호
외, 「향교 및 서원의 공간별 상징수목과 배식유형」, 『한국전통조경학회지』 24, 한국전통조
경학회, 2006; 노송호 외, 「鄕校와 書院의 입지 및 외부공간 분석을 통한 한국적 교육환경
모색」, 『한국전통조경학회지』 24, 한국전통조경학회, 2006; 이미영, 「조선시대 서원건축공
간에 나타난 미학사상연구」, 『한국패키지디자인학회 논문집』 19, 한국패키지디자인학회,
2006; 이승우, 「도산서원의 공간위계와 건축문화」, 『韓國思想과 文化』, 한국사상문화연구
학회, 2008; 이어령, 「도산서원의 공간 기호론적 해독」, 『기호학연구』 10, 한국기호학회,
2001; 최만봉, 「무성서원의 입지와 공간구성에 관한 연구」, 『한국전통조경학회지』 22, 한
국전통조경학회, 2004.

16) 옥영정, 「『竹溪志』의 編纂과 版本에 관한 書誌的 硏究」, 『書誌學硏究』 31, 2005.

17) 정만조(2006).

18) 조준호, 「書院志 分析을 통해 본 初期 書院의 성격」, 『韓國學論叢』 33, 2010; 이수환, 「星州
迎鳳書院 연구」, 『歷史敎育論集』 54, 2015.

를 서원지(書院志)를 통해 살핀 연구,[20] 서원지(書院志)에 수록된 학규 (學規)와 장서(藏書)를 분석한 연구,[21] 서원지(書院志)의 지식사적 의미를 다룬 연구[22] 등 서원지(書院志)에 대한 사례 연구들이 이루어진 상태이다.

이러한 연구들은 개별 서원지(書院志)에 대한 사례 연구로서 일정한 의미를 가지지만, 아직까지 서원지(書院志)에 대한 종합적인 연구는 이루어지지 않은 상황이다. 이와 같은 현상은 서원지(書院志)의 전체 규모에 대한 대략적인 조사조차 수행되지 않은 현실에서 기인한다. 현재까지 서원지(書院志)에 대한 사료적 중요성에도 불구하고, 종합적 수집이나 데이터 연구는 없는 실정이다. 서원지(書院志) 데이터베이스 구축 과정에서 요구되는 1차적인 자료 목록화와 자료 분포에 대한 분석도 이루어지지 않았다. 따라서 서원(書院) 연구에 대한 기초 자료의 확보로서 서원지(書院志)에 대한 데이터베이스 구축 과정은 매우 시급한 현안이라고 할 수 있다. 그러므로 이 글에서는 여러 서원지(書院志)를 영인하여 자료집으로 묶은 자료에 대한 현황을 먼저 다루고자 한다. 나아가 한국 서원지(書院志) 데이터베이스 구축을 위해 자료 분포와 목록에 대한 정리표를 소개하겠다. 먼저 서원지(書院志)를 영인한 자료집[23]에 대한 정리표는 아래와 같다.

19) 임근실, 「柳雲龍의 『吳山志』 편찬 의도」, 『韓國書院學報』 2, 한국서원학회, 2013.

20) 임근실, 「16세기 善山지역 서원 건립에 나타나는 道統意識: 金烏書院과 吳山書院을 중심으로」, 『退溪學報』 137, 2015.

21) 임근실, 「16세기 書院의 藏書 연구」, 『韓國書院學報』 4, 한국서원학회, 2017; 임근실, 「16세기 書院의 學規에 대한 검토와 그 특징」, 『韓國書院學報』 6, 한국서원학회, 2018.

22) 임근실, 「『迎鳳志』의 지식사적 의미」, 『民族文化論叢』 69, 2018.

23) 民族文化社, 『書院誌叢書』 1~9, 1987; 民昌文化社, 『朝鮮時代校院誌總錄』 1~2, 1992.

〈표 1〉 서원지(書院志) 영인자료 목록

번호	자료명	영인 목록
1	『書院誌叢書』 1	『東儒書院叢錄: 乾』, 『東儒書院叢錄: 坤』
2	『書院誌叢書』 2	『景老祠誌』, 『高城鄕校誌』, 『長山誌』, 『永陽鄕案放整錄』
3	『書院誌叢書』 3	『靖北院西賢實記』, 『長淵院誌』
4	『書院誌叢書』 4	『李巖書院誌』, 『紫溪誌』, 『鹿洞書院院誌』
5	『書院誌叢書』 5	『務安鄕校誌』, 『敬慕齋誌』, 『江陵鄕校實記』
6	『書院誌叢書』 6	『咸鏡聖院誌』, 『咸平鄕校誌』
7	『書院誌叢書』 7	『社門洞書院誌』, 『德川書院靑衿錄』, 『秀巖誌』
8	『書院誌叢書』 8	『永興鄕校誌』, 『靈光鄕校誌』, 『咸北茂山郡鄕校慕聖誌』
9	『書院誌叢書』 9	『忠賢書院誌』, 『武城書院院誌』, 『集成閣誌』
10	『朝鮮時代校院誌總錄』 1	『東國院宇錄』
11	『朝鮮時代校院誌總錄』 2	『俎豆錄』

〈표 1〉 서원지(書院志) 영인자료 목록을 보면 2종 11권의 자료집에서 약 25종의 서원지를 확인할 수 있다. 하지만 이 자료집들은 향교지(鄕校志)와 서원지(書院志)가 혼재되어 있고, 서원(書院)의 원생(院生) 명단인 청금록(靑衿錄)도 함께 수록되어 있어 상세하게 분류하여 재정리할 필요성이 있다.

따라서 이 글에서는 한국 서원지(書院志) 데이터베이스 구축을 위해 서원지 자료 분포와 목록에 대한 기본 사항을 조사한 목록표를 제시하고자 한다. 대상 자료는 국립중앙도서관, 서울대학교 규장각 한국학연구원, 한국학중앙연구원 장서각, 국회도서관, 각 대학도서관 등에서 검색된 서원지(書院志)로, 표를 통해 서지 항목을 정리하였다. 또한 연구 조사를 진행하면서 서원(書院)과 유사한 교육 기관인 향교(鄕校), 서당(書堂), 영당(影堂), 사우(祠宇), 서재(書齋), 정사(精舍) 등의 자료 목록도 확인할 수 있었다. 편의를 위해 서원지(書院志)와 유사 교육기관지를 구별하여 표로 정리하였다. 이때 유사 교육기관 중 향교(鄕校)가 가장 대표성을 가졌다 판단하여 향교지(鄕校志)를 대표 명칭으로 삼아 목록을 정리하였다. 이후 데이터베이스 구축의 기준을 보다 명확하게 설정한다면 이상의 구분 기준을 조정하여 새로운 목록으로 재정리할 수도 있을 것이다. 목록의 양이 방대하여 본문 이후에 부표로 수록하였다.

먼저, 3-1의 〈서원지(書院志) DB 목록〉를 살펴보면 서원지(書院志)는 약 190여 종을 확인할 수 있고, 이 중에서 해제가 존재하는 서원지는 약 4종(『高山書院誌』, 『考巖院誌』, 『崇烈書院誌』, 『竹溪志』)이며, 번역본은 약 3종(『竹溪志』, 『知川書院誌』, 『華陽志』)이다. 번역본의 서두에 해제가 존재하는 경우도 있으나 이를 모두 합해도 한손에 꼽을 수 있는 실정이다. 또한 4종의 해제는 모두 서울대학교 규장각 한국학연구원에서 온라인으로 제공되고 있다.

다음으로 3-2의 〈향교지(鄕校志) DB 목록〉을 살펴보면 향교지(鄕校志)를 포함한 유사 교육기관의 지(志)는 약 150여 종을 확인할 수 있고, 이 중에서 해제가 존재하는 자료는 약 2종(『武烈祠事實』, 『顯忠祠誌』)이며, 번역본은 약 1종(『陶溪精舍事蹟』)이다. 또한 2종의 해제는 모두 서울대학교 규장각 한국학연구원에서 온라인으로 제공되고 있다.

이상에서 살펴본 바와 같이 전체 340여 종에 이르는 서원(書院)과 유사 교육기관 자료의 해제와 국역(國譯)은 거의 없는 실정이라 할 수 있다. 현재 서울대학교 규장각 한국학연구원에서 온라인 서비스로 제공하는 서원지(書院志)의 해제 중 하나를 예시로 들어보면 다음과 같다.

위의 『고산서원지(高山書院誌)』의 해제를 살펴보면, 원고지 약 2매의 분량으로 서원지(書院志)의 기본적인 형태 서지 정보와 서원의 배향 인물, 창건 과정, 서원지의 편찬 과정을 간략히 적고, 그 이후 서원지의 목차와 권별 내용을 기록하고 있다. 이상의 해제를 통해 볼 때 기존 서원지(書院志)의 해제는 몇 건 되지도 않으며, 그 내용 역시 연구자의 연구를 위한 전문 해제라 보기엔 어려운 수준이다. 따라서 서원지(書院志)에 대한 기초 목록화와 해제 작업은 이제 시작해야만 하는 상황이라고 할 수 있다.

---

24) 서울대학교 규장각 한국학연구원 高山書院誌 해제.
(http://kyujanggak.snu.ac.kr/home/index.do?idx=06&siteCd=KYU&topMenuId=206&targetId=379)

그러므로 〈한국 서원지(書院志) 데이터베이스〉는 자료 분포 파악 및 목록화 과정을 거치고, 자료의 서지적 기초 해제를 작성하는 작업을 수행하여야 할 것이다. 먼저, 자료 분포 및 목록화를 위해 자료 성격에 대한 범위와 해당 자료의 성격에 대한 규정, 그에 따른 분류작업이 이루어져야 한다. 다음으로 〈한국 서원지(書院志) 데이터베이스〉의 항목 설정을 위하여 명확한 기준을 제시하고, 자료를 확인하기 위하여 목록에 들어갈 세부 항목을 설정하여야 한다. 이 과정에서 이어서 대상 자료로 분류된 서원지(복사본, 촬영본 등)를 확보하고, 자료에 대한 기초 해제 작업을 준비해야 할 것이다.

3. DB 목록

1) 서원지(書院志) DB 목록

번호	자료명	유형	자료형태	편저역자	간행정보	연도	소장처	해제	원문보기	비고
1	(國譯)知川書院誌	도서		慶州金氏桑村公派宗會(譯)		2006	단국대			國譯本
2	[花巖]書院追配事實	도서	筆寫本		槐山		국도			
3	佳山書院誌	도서	石版本	李永熙		1967	원광대			
4	佳山書院誌	도서	石版本	李冕雨		1968	국도		○	
5	葛川書院院誌	도서	石版影印本	朴護秀		1982(檀紀 4315)	부산대			
6	江城院誌	도서		李玟秀	江城書院	1915(乙卯)	조선대			
7	江城院誌	도서	石版本	白亨模	長城鄕校	1971	원광대			
8	江城院誌	도서	石印本		江城書院	1939	충남대			
9	溪山書院誌	도서	新鉛活字本	金在天	高敞溪山書院	1988	국도		○	

번호	자료명	유형	자료형태	편저역자	간행정보	연도	소장처	해제	원문보기	비고
10	景賢書院誌	도서	新鉛活字本 / 石印版	景賢書院誌會	羅州	1983 (癸亥)	용인대			
11	桂松書院誌	도서	石版本	桂松書院		1974 (甲寅)	전북대			
12	高山書院誌	도서		高山書院		1968	규장각	○		
13	古巖書院事實總錄	도서	木活字本	古巖書院	陜川 古巖書院	1823	경상대			
14	考巖書院誌	도서	木板本	金性溍		1817	국도		○	
15	考巖院誌	도서	木版本	金性溂(篇)		1821 (純祖 21)	규장각	○		
16	龜山書院誌	도서		宋升煥	龜山書院	1971	국도		○	
17	金谷書院誌	도서	石印本	吳世春(編)	論山 金谷書院	1981	국도			
18	洛峯書院事蹟	도서	寫本	編者未詳			국도		○	
19	南康院誌	도서	木活字版	朴桂華(篇)		1912	국도		○	
20	南康院誌	도서	鉛活字本	安斗煥(編)		1960	연세대			重刊本
21	濫溪書院尊衛錄	도서	木活字本	鄭淳永?		1902(壬寅)	단국대			
22	濫溪書院尊衛錄	도서	鉛活字本	濫溪書院		1962	국도		○	
23	南皐書院誌	도서	石印本	金徵洛	井邑 南皐書院	1977	단국대			
24	南山書院誌	도서	石印本	尹滋千			단국대			
25	南山書院誌	도서	鉛活字本	黃祥圭		1972	국도			
26	魯岡書院誌	도서	鉛活字本	金亨在(編)	論山 魯岡書院	1976 (光復後32 年丙辰)	연세대			
27	魯岡書院誌	도서	新活字本	梁哲容(編)	忠南 魯岡書院	1977 (光復後33)	국도		○	
28	鹿洞書院誌	도서	石版本	安敎煥	鹿洞書院	1939	국도		○	
29	丹邱院誌	도서	新鉛活字版本	李源轍(編)		1985	국도			
30	大溪書院事蹟	도서	筆寫本				계명대			
31	大勝書院誌	도서	寫眞板本	洪斗炫	全州 三省印刷社	2003	전주대			
32	德峰書院誌	도서	鉛印本	李殷弼	德峰書院	1986	국도			
33	德陽書院誌	도서	新鉛活字本	申奭均	谷城 德陽書院	1937	국도		○	
34	德陽院誌	도서	鉛印本	申鉉濟	谷城 德陽書院	1937	국도		○	

번호	자료명	유형	자료형태	편저역자	간행정보	연도	소장처	해제	원문보기	비고
35	德川書院誌	도서		김경수	산청	2017	경상대			
36	道溪書院誌	도서	石版本	道溪書院	榮州道溪書院	1965	국도		○	
37	道溪書院誌	도서	石版本	金洛杓(編)	長城編刊會	1975	국도		○	
38	陶山書院道會實記	도서	筆寫本	李艮齋			단국대			
39	道山書院事蹟	도서	筆寫本	金載章		1670	국도		○	
40	道山書院誌	도서	石印本	權正遠(著)		1978	충남대			
41	道巖書院事實	도서	筆寫本			1930頃	존경각			
42	道正書院事實	도서	筆寫本			미상	고려대			
43	道天書院誌	도서	石板本	道天書院		1964	국도		○	
44	東溪書院實紀	도서	筆寫本				국학진흥원			
45	東谷書院誌	도서	石版本	東谷書院	扶餘東谷書院		국도		○	
46	東山書院誌	도서	新鉛活字版本	黃祥奎(編)		1971	존경각			
47	東山書院誌	도서	石印版本	裵文準		1979(檀紀4312)	용인대			
48	東山書院誌續編	도서	鉛活字本	金三斗		1972	국도		○	
49	東儒書院叢錄	도서	筆寫本				국도		○	
50	東竹書院誌	도서	石版本	東竹書院編纂委員會	井邑東竹書院	1977	국도		○	
51	杜門洞書院誌	도서	新鉛活字本	孔聖學	開城杜門洞書院事務所	1937	국도		○	
52	杜門洞書院誌	도서	石版本	林河永	서울杜門洞慕忠事業會	1969	국도		○	
53	遯巖書院誌	도서	木板本				국도		○	
54	遯巖書院誌	도서	石印本			1958	국도		○	
55	遯巖書院誌	도서	石印版	金延洙(篇)		1958	국도		○	
56	濫溪書院誌	도서	木活字本				국도		○	
57	廬江志	도서	木版本	廬江書院(編)		1857	국도		○	
58	廬江志	도서	木版本		虎溪書院		단국대			
59	廬江志(及)續	도서	木版本		廬江書院		국회			
60	臨皐書院誌	도서	石印版				단국대			
61	萬東廟事實	도서	寫本			丙寅(?)	존경각			

번호	자료명	유형	자료형태	편저역자	간행정보	연도	소장처	해제	원문보기	비고
62	溟川書院事蹟	도서	筆寫本				국도		○	
63	武靈書院誌	도서			靈光	1977	조선대			
64	武城書院誌	도서	木活字本	崔成在(編)	武城書院	1884(高宗21)	국도		○	
65	武城書院院誌	도서	石版本	金煥豊	井邑武城書院	1931	국도		○	
66	武陽書院誌	도서	石版本	進修契(編)	淳昌武陽書院	1978	국도		○	
67	武陽院誌	도서	石版本	崔鍾涉	光州武陽書院	1934	국도		○	
68	武陽院誌	도서	石印版	鄭準源(編)		1958	존경각			
69	畝長書院誌	도서	石板本	李文彩		1969	국도		○	
70	文獻書院誌	도서	石印本	李伉珪	舒川文獻書院	1980(檀紀4313)	국도		○	
71	眉泉書院實記	도서	石版本	權井奎尹永夏	羅州眉泉書院講堂	1940(昭和 15)	국도		○	
72	泮谷書院誌	도서	寫眞版本	沈宜元	全州三省印刷社	1987(檀紀 4320)	국도		○	
73	盤龜書院誌	도서		盤龜書院	서울반구서원	2003	단국대		○	
74	白石院誌	도서	石印版本	金昌培(編)	金堤白石書院	1957	국도		○	
75	栢峴書院誌	도서	石板本	具吉祖	完州栢峴書院	1974	국도		○	
76	保寧院誌	도서	木活字版本	金容玩(編)		1934	국도		○	
77	鳳谷書院誌	도서	新鉛活字本	編纂會	論山	1987(檀紀4320)	국도		○	
78	鳳陽書院誌	도서	石版本	卞秀弘等(編)	淸道	1978	계명대			
79	四忠書院誌	도서	石印本	徐相春(篇)	京城四忠書院誌發行所	1935(昭和10, 乙亥)	국도		○	
80	尙州西山書院事實	도서	寫本	編者未詳			국도		○	西山書院事實의 이본으로 추정
81	西山書院事實	도서	筆寫本				국도		○	尙州西山書院事實의 이본으로 추정

번호	자료명	유형	자료형태	편저역자	간행정보	연도	소장처	해제	원문보기	비고
82	瑞山聖巖書院誌	도서	石版本	尹復榮		1959	춘호재			
83	西岳書志	도서	木版本	鄭克後(著)	慶州西岳書院	1916	국도		○	
84	西岳書院志	도서	木版本	鄭克後(著)	慶州金山齋	1925	국도			
85	西岳書院誌	도서	石印版	鄭克後(著)	京城金海金氏大同宗約所	1933	국도		○	
86	西岳志	도서	木版本	鄭克後(編)		1642(仁祖20)	장서각			
87	西岳誌	도서	新鉛活字版	鄭克後(篇)		1962	국도		○	
88	書院誌	도서	筆寫本			1799(嘉慶 4)	국도			
89	西齋實紀	도서	新鉛活字本	宋文燮, 宋永燮	高興齋洞書院	1971	국도			
90	石岡書院誌	도서	石版本	蔣炳璣等(編)	清道石岡書院	1961(辛丑)	국도		○	
91	雪齋書院誌	도서		雪齋書院編纂委員會	全南雪齋書院編纂委員會	1975	조선대			
92	聖巖書院誌	도서		鄭斗永 編	瑞山文化院	1996	국도		○	
93	紹修書院謄錄	도서	影印本	朝鮮史編修會 紹修書院(篇)	京城朝鮮總督府	1937(昭和12)	국도		○	
94	紹修書院立議	도서			順興紹修書院	甲申(?)	국도			
95	紹修書院誌	도서		安柾영남문헌연구소		2008	국도			
96	續修廉義院誌	도서	石版本	廉義書院		1959	국도		○	
97	松亭書院事蹟	도서	筆寫本				부산대			
98	秀巖院誌	도서	新活字本	李玟秀(編)	康津秀巖書院	1969	국도		○	
99	秀巖誌	도서	古活字本	李圭夏(編)	康津秀巖書院	1831	국도		○	
100	崇烈書院誌	도서	木活字本	朴元植		1862(哲宗13)	규장각			
101	勝盤院誌	도서	坊刻木活字本	柳命基	金堤勝盤院	1836	국도		○	

번호	자료명	유형	자료형태	편저역자	간행정보	연도	소장처	해제	원문보기	비고
102	承芳書院誌	도서	石版本	承芳書院	金堤 承芳書院	1983	원광대			
103	新山書院誌	도서		김경수	김해	2017	국도			
104	新安書院誌	도서	石印本	韓重錫(編)		1968	국도		○	
105	新浦書院事蹟	도서	筆寫本				단국대			
106	莘巷書院誌	도서		宋基永	清州 莘巷書院	2003	국도			
107	莘巷書院誌	도서	石印本	朴性仲		1900 이후	고려대			
108	楊江書院誌	도서	石版本	楊江書院		1938	국도		○	
109	楊根郡迷源書院事蹟成冊	도서	筆寫本			1868	국도		○	
110	梁山院誌	도서	石板本	廉成鉉	綾州鄉校	1933 (癸酉)	국도		○	
111	淵谷書院事蹟錄	도서	筆寫本	安仁煥	長興	1888 (高宗25)	계명대			長興淵谷書院 事蹟錄과 동일본 추정
112	淵谷書院誌	도서	鉛印本	金太璟	全南 淵谷書院	1990 (檀紀4323)	충남대			
113	廉義院誌	도서		杜成宅	沃溝	1992	국도		○	
114	廉義院誌	도서		高瑢鉉	沃溝 廉義書院	1933 (癸酉)	국도		○	
115	榮江書院誌	도서		李鍾奭		1947 (丁亥)	장서각		○	
116	靈溪書院誌	도서	石印本	宋升煥(編)		1981	국도		○	
117	詠歸書院誌	도서	鉛印本	許基洪(編)		1979	고려대			
118	迎鳳志	도서	木活字	盧慶麟(編)		1560	고려대			
119	五峯書院古蹟	도서	石板本	崔東吉	江陵 三山事齊	1931	국도			
120	吳山志	도서	木活字本	柳雲龍		1590 (宣祖23)	국도		○	
121	玉洞書院事實	도서	筆寫本			미상	국도			
122	王山誌	도서	木活字本	金尙坤	山淸金尙根	1925	국도		○	
123	玉川書院誌	도서		권준표	순천예술 문화재단	2008	광주도			
124	龍溪書院誌	도서	新鉛活字版本	宋升煥		1988	국도		○	
125	龍山書院事實	도서	木板本	龍山書院		1777 以後	국도		○	
126	龍山書院日記	도서	筆寫本	龍山書院		1643~1719 (肅宗8~19)	성암박			

번호	자료명	유형	자료형태	편저역자	간행정보	연도	소장처	해제	원문보기	비고
127	龍山書院誌	도서	石版本	龍山書院		1964	국도		○	
128	龍巖書院誌	도서		김경수	합천	2017	국도			
129	龍巖書院誌	도서	石版本	龍巖書院	長水龍巖書院	1978(檀紀4311)	국도		○	
130	龍章書院誌	도서	鉛活字本	李相儀(編)	南原	1965	고려대			
131	龍洲書院誌	도서	石版本	白相鉉(編)	龍洲書院	1936	국도		○	
132	龍津院誌	도서	石印本	黃義東(編)		1963	연세대			
133	龍湖書院誌	도서	新鉛活字版	龍湖書院(編)	南原龍湖書院	1986	존경각			
134	雲谷書院日記	도서	精寫本			丙戌(?)	국도			
135	雲谷書院誌	도서		忠北鄕土文化硏究所		2003	국도			
136	雲谷書院誌	도서				1897~1910(光武1~3)	단국대			1~2책: 광무1~3/ 3책: 1910년
137	月岡書院誌	도서	鉛活字本	月岡書院		1978	국도		○	
138	月峰書院文獻錄	도서	筆寫本	李碩弼			전남대			
139	月巖書院誌	도서	新鉛活字版本	權純命(篇)	高敞月巖書院	1974	국도		○	
140	月巖書院誌	도서		月巖書院復元推進委員會 編		2011	단국대			
141	葦溪書院追享實記	도서				1900頃	존경각			
142	臨皋書院事蹟	도서		臨皋書院		1725~1775(英祖年間)	성암박			
143	臨川書院遺錄	도서	電子復寫本				경상대			慶尙右道地域古文獻叢書
144	臨川書院節目	도서	電子復寫本				경상대			慶尙右道地域古文獻叢書
145	紫溪書院誌	도서		金峻坤		1926	국도		○	
146	長山院誌	도서	鉛活字本	丁東秀(編)	光州重川印刷社	1965(檀紀4298)	국도		○	
147	長淵院誌	도서	木活字本	文炳九等(編)	羅州	1928	국도		○	
148	長淵院誌	도서	古活字本	文秀士等編	潭陽	1929	국도		○	
149	長淵院誌	도서	石版本	文鶴錫	扶餘泉谷	1938	국도		○	

번호	자료명	유형	자료형태	편저역자	간행정보	연도	소장처	해제	원문보기	비고
150	長興淵谷書院事蹟錄	도서		安仁煥		1888 (高宗25)	고려대			淵谷書院事蹟錄과 동일본으로 추정
151	齋洞書院誌	도서		齋洞書院	高興 齋洞書院	1983	단국대			
152	全羅道順天府玉川書院事蹟錄	도서	筆寫本			1868	국도		○	
153	鼎山書院事蹟	도서	筆寫本			1612 (光海 4)	고려대			
154	鼎山志	도서	木板本	朴旨瑞(編)		1753 (英祖29)	국도		○	
155	鼎山志(幷)續	도서	木板本	朴旨瑞	鼎岡書院	1813 (崇禎三癸酉)	경상대			
156	竹溪書院誌	도서	寫眞版本	竹溪書院誌編集委員會	大田 回想社		국도			
157	竹溪志	도서		周世鵬(編) 安柾(譯)	영주 서림사	2009	단국대			國譯本
158	竹溪志	도서	木板本	周世鵬			규장각	○	○	
159	竹溪志	도서	木活字版本	周世鵬(編)		1900頃	장서각			
160	竹溪誌	도서	木板本	周世鵬		1544 (中宗39)	고려대			初刊本
161	竹溪誌	도서	木活字本	周世鵬		1864 (哲宗 14)	국도		○	
162	竹溪誌	도서	木活字本	周世鵬		1884 (高宗21)	국도		○	
163	竹溪誌尊賢錄	도서	木板	朱世鵬(編)		1909	국도		○	
164	竹林書院誌	도서	石版本	宋在晟		1959	전남대			
165	竹林書院誌	도서	石版本	李東淵(編)		1962	국도		○	
166	竹樹書院誌	도서		변시연	大田 學民文化社	2001	국도		○	
167	竹亭書院誌	도서	石印本			1971	단국대			
168	中洞書院誌	도서	石印本	李相學(編) 李煥浩(校)		1986	국도		○	
169	芝陰書院誌	도서	石版本	柳炳泰	芝陰書院誌刊行所	1978	고려대			
170	知川書院誌	도서	石版本	金商鶴(編)	忠州	1939 /1940	국도		○	

번호	자료명	유형	자료형태	편저역자	간행정보	연도	소장처	해제	원문보기	비고
171	車山書院誌	도서	石版本	朴載訓	淸道車山書院誌	1983	국도			
172	滄洲書院誌	도서	筆寫本			1977 ?	국도		○	
173	靑溪書院誌	도서		金容淳		1957	국도		○	
174	淸河書院誌	도서	石版本	李明坤	淸河書院	1992	전주대			
175	忠賢書院誌	도서	活字本	金泳根 (篇)		1862 (哲宗14, 癸亥?)	국도		○	
176	楓溪書院誌	도서	鉛印本	李相儀		1913 (癸丑)	장서각			
177	楓溪書院誌	도서	新鉛活字版	黃鶴周(編)		1973	국도		○	
178	筆巖書院藏書	도서		河西記念會		1997	국도			
179	筆巖書院誌	도서	石版本	邊時淵(編)	長城文苑編刊會	1975	국도			
180	荷江書院誌	도서	石印本	金鍾聲, 金容駿, 權寧珏(編)	中原荷江書院	1977 (檀紀4310)	존경각			
181	咸鏡聖院誌	도서	鉛活字本	崔眞淳	甲山咸鏡聖院	1935	국도		○	
182	咸陽灆溪書院尊衛錄	도서	鉛活字本	灆溪書院		1962	국도		○	
183	合湖書院誌	도서	石印本	林憲斌(編)		1954	국도		○	
184	華東書院誌	도서	石印本	成夏潤(等編)	進修堂	1972 (壬子 仲春)	장서각			
185	華陽誌	도서		한석수(譯)	한솔	2007	단국대			國譯本
186	華陽志	도서	木活字版	宋周相(編)		1861 (哲宗 12)	국도		○	增修本
187	華陽志	도서	寫本	宋周相(篇)		1900年代	존경각			
188	華陽誌	도서	木版本	宋周相		1747 (英祖 23)	전남대			初刊本
189	華陽誌	도서	木版本	宋周相		1807 (3周 丁卯)	국도		○	
190	黃岡院誌	도서	石印本影印本	李學根(編)	全州正文社	1961 (檀紀4294)	연세대			
191	孝巖書院誌	도서	石版本	安承圭	論山孝巖書院	1935 (昭和 10)	국도		○	
192	孝巖書院誌	도서	鉛印本	安承圭(編)	京城孝巖書院	1935	고려대			

번호	자료명	유형	자료형태	편저역자	간행정보	연도	소장처	해제	원문보기	비고
193	休亭書院誌	도서	筆寫影印本	金珠鉉	大田回想社	1997	국도		○	
194	興巖書院事實錄	도서	筆寫本				국도		○	

2) 향교지(鄕校志) DB 목록

번호	자료명	유형	자료형태	편저역자	간행정보	연도	소장처	해제	원문보기	비고
1	介川精舍誌	도서	石版本	介川精舍	長城 介川精舍誌 編輯所	1969	국도		○	
2	劍山祠誌幷麟訣文	도서	鉛活字本	具滋凡	舒川	1989	국도		○	
3	景老祠誌	도서	鉛活字本	全恒植	北靑 景老祠	1927	국도		○	
4	敬慕齋誌	도서		鄭관희	公州 敬慕齋	1937	국도		○	
5	景賢祠誌	도서	木活字本	宋祖憲		1935	단국대			
6	景賢祠誌	도서	木活字本	宋祖憲		1936	국도			
7	繼陽祠誌	도서	石版本	金智煥	全羅北道 繼陽祠	1971 (辛亥)	전주대			
8	高敞院宇誌	도서			高敞	1964	국도		○	
9	曲阜闕里院誌	도서	新鉛活字本	鹿洞書院 (篇)	始興 鹿洞書院	1931	국도			
10	曲阜聖廟慰安事實記	도서	鉛活字本	鹿洞書院	京城	1931	국도		○	
11	冠峰祠誌	도서	新鉛活字本	魯炳粲	祠誌編輯委員會	1985	경기대			
12	龜淵祠誌	도서	石印本	廉琮洙	永昭齋	1968 (檀紀 4301)	용인대			
13	金谷祠誌	도서	新式鉛活字本	文玉鉉 安時魯	光州	1966	전주대			
14	金谷誌	도서	木活字本	丁允杓	金山 金谷祠	1932	국도		○	
15	錦湖祠誌	도서	新鉛活字本	羅枰均	羅州	1978	국도		○	
16	箕山壇祠誌	도서	新鉛活字本	申明欽		1980刊	존경각			

번호	자료명	유형	자료형태	편저역자	간행정보	연도	소장처	해제	원문보기	비고
17	吉祥祠誌	도서	石版本	吉祥祠誌刊行所		1950	고려대			
18	吉城君祠宇誌	도서	木版本	許祥(編)	咸鏡道 吉州溟川書院	1817(崇禎190, 丁丑 10月)	연세대			
19	南關影堂誌	도서	木活字本	崔在奎	全州鄕校	1924	국도		○	
20	南岳祠誌	도서	石印本		南岳祠	1964(甲辰)	용인대			
21	南陽祠誌	도서		洪淳民	서울南陽洪氏大宗中中央宗會	1971	국회			
22	南原校誌	도서	新鉛活字版	南原鄕校(編)	南原鄕校	1970	국도		○	
23	魯城闕里誌	도서	印書體木活字版	朴炳文(篇)	論山闕里祠	1933	국도		○	
24	魯城闕里誌	도서		孔敏洙	魯城	1859(哲宗 10)	국도		○	
25	鹿門精舍勸膀帖	도서	筆寫本	訥隱		1933	국도			
26	大東祠院誌	도서	石版本	鄭琮源		1955(乙未)	장서각			
27	大老祠誌	도서		大老祠儒會	驪州大老祠儒會	1985	국도		○	
28	大巖精舍誌	도서	石版本	全河泰	全河泰	1972	국도			
29	德溪祠誌	도서	石印版本	盧甲永李一根		1970	존경각			
30	德林祠誌	도서	鉛活字本	柳漢相	光山德林祠	1985	국도		○	
31	德山誌	도서	石印本	李秉鶴德山精舍	德山精舍	1973	국도		○	
32	陶溪精舍事蹟	도서		權虎基(譯)	盈德陶溪精舍事蹟國譯刊行委員會	2013	단국대		○	國譯本
33	道南誌	도서	新鉛活字本	南教喆	慶州止淵精舍	1925(大正 14)	국도		○	壇祠
34	道統祠誌	도서	鉛活字本	安明植	晉州一鵬精舍	1964(檀紀4297)	국립		○	
35	東國闕里誌	도서	木活字本	孔明烈(篇)	水原闕面祠	1839(憲宗 5)	국도		○	
36	東魯祠誌	도서	石印本	宋炳瓘		1967(丁未)	충남대			

번호	자료명	유형	자료형태	편저역자	간행정보	연도	소장처	해제	원문보기	비고
37	東津祠誌	도서	石版本	趙敏植(編)	谷城東津祠	1966(丙午)	국도		○	
38	杜洞祠誌	도서	木活字本	金再奎		1854(哲宗 5)	대구가톨릭대			
39	登臨祠誌	도서	石版本	鄭琮源		1962	전남대			
40	萬谷祠誌	도서	新鉛活字本	奉萬洪奉正淳	長城靑友出版社	1966(檀紀 4299)	고려대			
41	萬賴祠誌	도서	石版本	趙完相		1973	고려대			
42	萬壽祠誌	도서		萬壽祠	長城萬壽祠	1973	전남대			
43	梅洞祠誌	도서		梅洞祠	光州梅洞祠	1988(檀紀 4321)	조선대			
44	茅山祠誌	도서	石印版	鄭泓采		1971 跋	충남대			
45	慕聖誌	도서	鉛活字本	朴東翼		1937	국도		○	咸北茂山郡鄉校慕聖誌와 동일본 추정
46	慕聖誌	도서	石版本	盧甲泳	谷城	1966	국도		○	
47	慕賢祠誌	도서	影印本				국회		○	附沂川書院誌
48	武烈祠事實	도서	筆寫本				규장각			
49	務安鄉校誌	도서	石版本	朴㙊相	務安郡鄉校	1932	국도		○	
50	武烈祠誌	도서	鉛活字本	陳善洙	武烈祠	1905	국도			
51	文簡祠誌	도서		韓瑞愚	東海	1985	조선대			
52	密陽朴氏糾正公波鳳棲齋誌	도서	鉛活字本	鳳棲齋	全州鳳棲齋	1964	국도		○	
53	盤溪祠誌	도서	石版本	丁泰重		庚子	국도			
54	盤溪祠誌	도서	石印版	曹秉儀(篇)	光州	1960	존경각			
55	柄山祠誌	도서	木活字本	朴昌瑛朴羲永		1849	국도		○	
56	秉天祠誌	도서	石版本	池應鉉吳東洙	光州	1941	국도		○	
57	寶城宣氏江陵五忠祠誌	도서	石印本	閔南植		1980	용인대			
58	報遠齋誌	도서	石版本	李鐘雷	慶州李氏霽亭先生墓舍營建會	1959	국도			
59	鳳山祠誌	도서	鉛活字本	鳳山祠誌任員會	鳳山祠誌儒會所	1979	국도		○	

번호	자료명	유형	자료형태	편저역자	간행정보	연도	소장처	해제	원문보기	비고
60	鳳山影堂誌	도서	石版本	朴夏炯, 崔允煥		1962	국도		○	
61	社洞祠誌	도서	石版本	金容根	社洞書院	1965	계명대			
62	社洞祠誌	도서	木活字本	金國落 金國洪	山淸 忠壯祠	1854 (哲宗 5)	국도		○	
63	泗山祠誌	도서		孔學源	長城 書林精舍	1951 (辛卯)	전북대			
64	三默齋誌	도서	新鉛活字本	金世煥	山淸 三默齋	1988	존경각			
65	棲山齋誌	도서	木活字本	吳敬煥	吳敬煥	1904 (光武 8)	국도		○	
66	西峴祠誌	도서	石板本	高光準	井邑	1986 (丙寅)	전남대			
67	誠久祠誌	도서	木活字本	卞應洙		1922	국도			
68	世德祠誌	도서	鉛活字本	朴昌鉉	永同 密陽朴氏僕 射公派宗約 所	1985	국도			
69	松陽祠誌	도서	石版本	鄭晙洙		1955 (乙未)	전주대			
70	松陽祠誌	도서	新鉛活字版本	愼思範(篇)	靈巖 二友講堂	1971	국도			
71	水落影堂誌	도서	木活字本	李必榮		1900 (光武 4)	국도		○	
72	崇德祠誌	도서	石印本	德星書院	燕岐 德星書院	1991 (檀紀 4324)	단국대			
73	魯城闕里祠新安誌	도서	石版本	朴在鳳	扶餘	1936 (昭和 11)	국도		○	
74	新安誌	도서	石版本	朱顯基 編; 朴炳文 校	扶餘	1936	국도		○	魯城闕里 祠新安誌 와 동일본 추정
75	鴨溪祠誌	도서	丁酉字板	陸洪鎭(編)		1800 (正祖24)	존경각			
76	陽湖影堂志	도서	金屬活字本(整理字)	李裕元, 金基纘	鎭川 陽湖影堂	1868 (高宗 5)	국도			
77	蓮城齋誌	도서	石板本	姜大崑	綾州鄕校	1966	국도		○	
78	榮江祠誌	도서	鉛印本	榮江祠	大田 譜典出版社	1986 (丙寅)	충남대			
79	靈光院字誌	도서		靈光鄕校	靈光鄕校	1980	국도		○	
80	靈山祠誌	도서	新活字本	宋升煥	大田 譜典出版社	1987	원광대			

번호	자료명	유형	자료형태	편저역자	간행정보	연도	소장처	해제	원문보기	비고
81	靈巖鄕祠誌	도서	新鉛活字本	魯炳燦	靈巖鄕祠會	1976	전남대			
82	永玉兩祠志	도서	木活字本		玉果扶義堂	1905(光武 9)	전주대			
83	五峯祠誌	도서	石版本	鄭友源		1943	고려대			
84	鰲山祠誌	도서	筆寫本	鄭圭綜		1943	국도		○	
85	五忠祠誌	도서	新鉛活字本	丁相忠	麗水	1977	고려대			
86	五賢祠誌	도서	新鉛活字版本	河千秀 等(編)		1986	존경각			
87	玉南祠誌	도서	鉛活字本	羅相珍	玉南祠	1986	국도			
88	玉山祠誌	도서		李建燮	서울全州李氏德陽君派蓬山君宗中	1999	국도			
89	玉山祠誌	도서	石板本	金亨在,金容寶		1966跋	국도		○	
90	玉堤祠誌	도서	石印本	高光斗	興德玉堤祠	1946	국도		○	
91	玉坪祠誌	도서	石版本	趙敏植		1964跋	존경각			
92	龍江祠誌	도서	石印本	廉琮洙		1962(檀紀 4295)	용인대			
93	牛山祠誌	도서	石印版本	金大鉉(編)		1987	국도		○	
94	雲谷祠誌	도서	鉛活字本	雲谷祠	高興雲谷祠	1975	국도		○	
95	雲湖祠誌	도서	石版本	金鶴炫	雲湖祠	1975	전주대			
96	遠德祠誌	도서	鉛活字本	朴淵浩		1974	국도		○	
97	遠慕齋重建誌	도서	石版本	鄭喆煥	淸州遠慕齋	1978	원광대			
98	遠慕齋重建誌	도서	鉛活字本	鄭憲國	鄭卓淵	1992	국도		○	
99	遠慕齋誌	도서	新鉛活字本	鄭載遇	咸悅永慕齋	1927	전남대			文英公鄭需(高麗)墓山誌
100	柳川祠誌	도서		柳川祠誌編纂委員會	和順柳川祠儒會所	1993	조선대			
101	栗里祠誌	도서	寫本	申錫九(編)		朝鮮末期	존경각			
102	日新齋誌	도서	石版本	方敬植(編)	釜山昳堂印刷社	1975	계명대			
103	臨川誌	도서	轉寫本			朝鮮後紀	국도			

번호	자료명	유형	자료형태	편저역자	간행정보	연도	소장처	해제	원문보기	비고
104	長山誌	도서	石版本	黃洙建	昌原 長山齋	1933	국도		○	
105	壯烈祠誌	도서		壯烈祠	光州 壯烈祠	1975	원광대			
106	壯烈祠誌	도서	石印版	金鎬永(篇)	光州 壯烈祠	1975	국도		○	
107	壯烈祠誌	도서		장열사 보존회		2015	국도			
108	靖北祠四賢實紀	도서	鉛活字本	安鳳郁	鏡城 靖北院	1934	국도			
109	鼎山祠誌	도서	影印本	曺秉枓	全州 鼎山祠	1988	국도		○	
110	靜會堂誌	도서	木活字本	金志洙		1909	국도		○	
111	竹山祠誌	도서	鉛活字本	李玟秀	和順 竹山講堂	1970 (檀紀 4303)	국도		○	
112	竹川祠誌	도서	新鉛活字本	魏啓虎	長興 竹川祠	1984	전남대			
113	至德誌	도서	木板本	李克善	秋城 夢漢閣	1852	국도			
114	集成閣誌	도서	石版本	崔敬柱		1925	국도		○	
115	集成祠誌	도서	印書體木活字版	柳春淵 安東燮(篇)	羅州 玉振堂	1935	국도		○	
116	彰烈祠志	도서	木板本	李端夏		1718 (肅宗 44)	국도		○	後刷本
117	彰烈祠誌	도서	木版本	李端夏(輯)		1773 (英祖 49)	국도		○	
118	青溪精舍實記	도서	木活字本	金昊柱	光州 東谷	1916	국도		○	
119	淸溪誌	도서	古活字本(坊刻木活字)	鄭象奎	晋州 龍山齋	1903 (壬寅)	국도		○	
120	忠烈祠志	도서	筆寫本	梁勳錫		1903 (光武 7)	국도		○	
121	忠烈祠志	도서	木版本	嚴璹(編)		1808 (純祖 8)	국도		○	
122	忠愍祠志	도서	新鉛活字本		寶城麗水 忠愍祠	1981 (檀紀4314)	부산대			
123	忠節祠誌	도서	石板本	忠節祠講堂		1985	국도		○	
124	忠孝祠誌	도서	石板本	崔允煥		1973 (癸丑)	국도		○	
125	七賢祠誌	도서	木板本	柳自永	蔚山 楊亭	1939 識	국도		○	

번호	자료명	유형	자료형태	편저역자	간행정보	연도	소장처	해제	원문보기	비고
126	枕泉齋誌	도서	鉛活字本	裵榮淳	大田回想社	1982	국도		○	
127	妥靈祠誌	도서	新鉛活字本	河柱炯	南海妥靈祠	1973	전북대			
128	平山祠誌	도서	石版本	平山祠	平山祠	1961	국도		○	
129	褒忠祠誌	도서	鉛印本	柳思敬		1959	중앙대			
130	表忠祠志	도서	木板		濟州	1767 (英祖 45)	국도		○	
131	鶴山祠誌	도서	石板本	金鍾洙	光山鶴山祠	1975	국도		○	
132	海望祠誌	도서	石版本	海望祠		1962 (檀紀 4295)	국도		○	
133	玄洲祠誌	도서	石版本	玄洲祠		1973	국도		○	
134	顯忠祠誌	도서	木活字本	白鳳奭(編)		1869 (高宗 6)	규장각		○	
135	虎溪祠誌	도서	鉛活字本	虎溪祠	淳昌虎溪祠	1976	국도		○	
136	湖山齋誌	도서	木板本	李鍾文		1961	경상대			
137	華南祠誌	도서	木活字本	華南祠	淳昌華南祠	1949	국도		○	
138	花潭祠誌	도서	石板本	花潭祠誌刊所		1955	국도		○	
139	華山影堂誌	도서	石版本	朴泳恩	公州華山影堂	1961	전남대			
140	華山齋誌	도서	鉛活字本	鄭寅哲	釜山華山齋	1963	국도		○	
141	華城闕里誌	도서	鉛活字本	權泰宇	京城車奎範家	1928	국도		○	
142	花巖祠誌	도서	木活字本	尹在玉	京城申鉉台	1927 (昭和 2)	국도		○	
143	花巖祠誌	도서	石板本	金錫民	光山花巖祠崇節堂	1985 (檀紀4218)	국도			
144	和陽祠誌	도서	新鉛活字本	金源根	高敞和陽祠	1982	존경각			
145	黃山祠誌	도서	石版本		黃山祠儒會所	1974	전주대			

참고문헌

단행본

윤희면, 『조선시대 서원과 양반』, 집문당, 2004.

이수환, 『朝鮮後期 書院研究』, 일조각, 2001.

이해준, 『朝鮮後期 門中書院 研究』, 경인문화사, 2008.

정만조, 『朝鮮時代 書院研究』, 집문당, 1997.

정순목, 『韓國書院敎育制度研究』, 영남대학교 민족문화연구소, 1979.

정순우, 『서원의 사회사』, 태학사, 2013.

논문

강상택, 「朝鮮後期 嶺南地方 書院의 經濟的 基盤: 現 慶尙南道 地域을 中心
으로」, 『역사와 세계』 15~16, 부산대사학회, 1992.

강상택, 「조선후기 울산지역의 서원에 관한 고찰」, 『역사와 경계』 21, 부산
경남사학회, 1991.

강상택, 「朝鮮後期 昌寧地域의 書院과 役割」, 『역사와 세계』 19, 효원사학
회, 1995.

고수연, 「18世紀 初 湖西地域 書院의 黨派的 性格: 朱子·宋時烈 祭享 書院
을 中心으로」, 『역사와 담론』 29, 호서사학회, 2000.

김경란, 「18~19세기 書院의 良丁募入形態 변화와 政府의 對策」, 『한국사학
보』 2, 고려사학회, 1997.

김기승, 「牙山 地域의 書院 研究: 牙山 地域 儒學의 地域을 중심으로」, 『순
천향 인문과학논총』 2, 순천향대학교 인문과학연구소, 1996.

김기승, 「조선시대 아산지역 서원의 배향인물」, 『순천향 인문과학논총』 19, 순천향대학교 인문과학연구소, 2007.

김기주, 「灆溪書院의 성격변화와 一蠹 鄭汝昌의 위상」, 『南冥學研究』 52, 경상대학교 경상문화연구원, 2016.

김명숙, 「永興 龍江書院 研究: 朝鮮後期 書院置廢의 한 事例」, 『韓國史研究』 80, 한국사연구회, 1993.

김세용, 「오봉서원에 관한 일고찰」, 『江原史學』 19~20, 강원대학교 사학회, 2004.

김영규, 「知川書院」, 『중원문화논총』 10, 충북대학교 중원문화연구소, 2006.

김영모, 「조선시대 서원의 조경」, 『한국전통조경학회지』 23, 한국전통조경학회, 2005.

김자운, 「19세기 소수서원 『중용』 강회의 특징과 퇴계학의 분화: '호학(湖學)'의 계승과 분화를 중심으로」, 『퇴계학논집』 19, 영남퇴계학연구원, 2016.

김자운, 「퇴계의 서원관과 조선후기 소수서원 講學의 변화」, 『퇴계학논집』 18, 영남퇴계학연구원, 2016.

김자운, 「朝鮮時代 紹修書院 講學 研究」, 한국학중앙연구원 박사논문, 2014.

김자운, 「조선시대 서원교육의 公的 기반 변화와 그 대응」, 『지방사와 지방문화』 18(2), 역사문화학회, 2015.

김자운, 「16세기 소수서원 교육의 성격」, 『유교사상문화연구』 58, 한국유교학회, 2014.

김정문, 「정읍 무성서원 및 주변지역 정비 복원 기본계획」, 『한국전통조경학회지』 24, 한국전통조경학회, 2006.

김학수, 「17세기 영남학파의 정치적 분화」, 『朝鮮時代史學報』 40, 조선시대사학회, 2007.

김학수, 「17세기 초반 永川儒林의 學脈과 張顯光의 臨皐書院 祭享論爭」, 『朝鮮時代史學報』 35, 조선시대사학회, 2005.

김해영, 「조선 초기 문묘 향사제에 대하여」, 『朝鮮時代史學報』 15, 조선시대학회, 2000.

김형수, 「17,18세기 상주선산권 지역사회와 서원사우의 동향」, 『영남학』 7, 영남문화연구원, 2005.

노송호 외, 「향교 및 서원의 공간별 상징수목과 배식유형」, 『한국전통조경학회지』 24, 한국전통조경학회, 2006.

노송호 외, 「鄕校와 書院의 입지 및 외부공간 분석을 통한 한국적 교육환경 모색」, 『한국전통조경학회지』 24, 한국전통조경학회, 2006.

문태순, 「교육기관으로서 서원의 성격 연구」, 『교육문제연구소 논문집』 20(1), 慶熙大學校 敎育問題研究所 論文集, 2004.

민병하, 「조선서원의 경제구조」, 『大東文化硏究』 5, 성균관대학교 대동문화연구원, 1968.

민병하, 「조선시대의 서원교육」, 『大東文化硏究』 17, 성균관대학교 대동문화연구원, 1983.

박기용, 「도학적 이상세계를 희구한 정여창: 남계서원편」, 『선비문화』 2, 남명학연구원, 2004.

박양자, 「이퇴계의 서원관」, 『退溪學報』 83, 퇴계학연구원, 1994.

박양자, 「주자의 서원관」, 『동방학지』 88, 연세대학교 국학연구원, 1995.

박종배, 「학규를 통해서 본 조선시대의 서원 강회」, 『교육사학연구』 19, 교육사학회, 2009.

박종배, 「學規에 나타난 조선시대 서원교육의 이념과 실제」, 『한국학논총』 33, 국민대학교 한국학연구소, 2010.

박종배, 「19세기 후반 무성서원(武城書院)의 강습례(講習禮)에 관한 일 고찰」, 『韓國書院學報』 1, 한국서원학회, 2011.

배재홍, 「조선후기 삼척의 용산서원과 재지사족」, 『대구사학』 82, 대구사학회, 2006.

배현숙, 「紹修書院 收藏과 刊行 書籍考」, 『서지학연구』 31, 서지학회, 2005.

배현숙, 「朝鮮朝 書堂의 書籍 刊行과 收藏에 관한 研究」, 『서지학연구』 35, 한국서지학회, 2006.

변시연, 「하서선생과 필암서원」, 『상서』 4, 한국장서가회, 1982.

서신혜, 「善山 지방 書院의 毁撤과 『烏有居士傳』」, 『퇴계학과 한국문화』 37, 경북대학교 퇴계연구소, 2005.

손병규, 「조선후기 경주 옥산서원의 원속 파악과 운영」, 『朝鮮時代史學報』 35, 조선시대사학회, 2005.

손숙경, 「조선후기 경주 龍山書院의 經濟基盤과 지역민 지배」, 『古文書研究』 5, 한국고문서학회, 1994.

송석현, 「17세기 후반~18세기 초반 도남서원의 운영과 상주 사족의 동향」, 『朝鮮時代史學報』 79, 조선시대사학회, 2016.

송정숙, 「紹修書院 任事錄 연구: 16, 17세기를 중심으로」, 『서지학연구』 38, 서지학회, 2007.

송정숙, 「18·19세기 소수서원의 院生 연구: 「소수서원 입원록(紹修書院 入院綠)」 제2권을 중심으로」, 『서지학연구』 41, 서지학회, 2008.

송준식, 「남명학파의 서원건립운동」, 『南冥學研究』 15, 남명학연구소, 2003.

신경수, 「淸原에 있는 書院·祠宇·旌閭의 현황」, 『중원문화논총』 10, 충북대학교 중원문화연구소, 2006.

안민엽, 「書院 勃興期 朝鮮 士林의 書院認識」, 국민대학교 석사논문, 2007.

오인환, 「『남명집』 釐正本의 성립」, 『남명학』 3, 남명학연구원, 1995.

원영환, 「江原地方의 書院 研究: 文岩書院을 중심으로」, 『강원문화사연구』

3, 강원향토문화연구회, 1998.

유기선, 「17~18세기 尙州鄕校의 靑衿儒生」, 『韓國書院學報』 5, 한국서원학회, 2017.

윤상기, 「경남 함양군 서원판본에 대한 연구」, 『서지학연구』 32, 서지학회, 2005.

윤상기, 「조선조 경남지방의 서원판본」, 『書誌學硏究』 60, 한국서지학회, 2014.

윤숙경, 「향교와 서원의 제례에 따른 제수에 관한 연구」, 『韓國食生活文化學會誌』 13(4), 한국식생활문화학회, 1998.

윤희면, 「백운동서원의 설립과 풍기사림」, 『진단학보』 49, 진단학회, 1980.

윤희면, 「조선시대 서원의 도서관 기능 연구」, 『역사학보』 186, 역사학회, 2005년.

윤희면, 「조선시대 書院의 祭禮와 位次」, 『진단학보』 90, 진단학회, 2000.

윤희면, 「朝鮮時代 書院 院任 硏究」, 『역사교육』 54, 역사교육연구회, 1993.

윤희면, 「조선후기 서원의 경제기반」, 『동아연구』 2, 서강대학교 동아연구소, 1983.

윤희면, 「조선후기 서원의 경제기반(2)」, 『전남사학』 19, 호남사학회, 2002.

이경구, 「김원행의 실심강조와 석실서원에서의 교육활동」, 『진단학보』 88, 진단학회, 1999.

이미영, 「조선시대 서원건축공간에 나타난 미학사상연구」, 『한국패키지디자인학회 논문집』 19, 한국패키지디자인학회, 2006.

이병훈, 「19~20세기 영남지역 향촌사회와 경주 옥산서원의 동향」, 『韓國書院學報』 4, 한국서원학회, 2017.

이병훈, 「朝鮮後期 慶州 玉山書院의 運營과 役割」, 영남대학교 박사논문, 2018.

이상원, 「배산서원을 통해 본 남명학의 전개」, 『남명학연구논총』 8, 남명학
    연구원, 2000.

이상필, 「泰安朴氏 門中과 南冥學 繼承 樣相」, 『南冥學研究』 15, 慶尙大學校
    南冥學研究所, 2003.

이상해, 「도선서당과 도산서원에 반영된 퇴계의 서원건축관」, 『退溪學報』
    110, 퇴계학연구원, 2001.

이상현, 「月川 趙穆의 陶山書院 從享論議: 17세기 嶺南士族 動向의 一端」,
    『북악사론』 8, 북악사학회, 2001.

이수환, 「18~19세기 경주 옥산서원 원임직 유통을 둘러싼 적서간의 향전」,
    『古文書研究』 17, 한국고문서학회, 2000.

이수환, 「경주 구강서원 연구」, 『朝鮮時代史學報』 34, 조선시대사학회,
    2005.

이수환, 「陶山書院 院任職 疏通을 둘러싼 嫡·庶간의 鄕戰」, 『민족문화논총』
    12, 영남대학교 민족문화연구소, 1991.

이수환, 「영남서원의 자료 현황과 특징」, 『대구사학』 65, 대구사학회, 2001.

이수환, 「嶺南地方 書院의 經濟的 基盤」, 『민족문화논총』 2~3, 영남대학교
    민족문화연구소, 1982.

이수환, 「영남지방 서원의 경제적 기반 2」, 『대구사학』 26, 대구사학회,
    1984.

이수환, 「울산 구강서원의 설립과 사액과정」, 『대구사학』 49, 대구사학회,
    1995.

이수환, 「朝鮮後期 書院奴婢 身貢에 대한 연구」, 『민족문화논총』 10, 영남
    대학교 민족문화연구소, 1989.

이수환, 「晦齋 李彦迪과 玉山書院」, 『경주사학』 16, 경주사학회, 1997.

이승우, 「도산서원의 공간위계와 건축문화」, 『韓國思想과 文化』, 한국사상

문화연구학회, 2008.

이어령, 「도산서원의 공간 기호론적 해독」, 『기호학연구』 10, 한국기호학회, 2001.

이재학, 「조선시대 청주 莘巷書院」, 『역사와실학』 21, 무악실학회, 2001.

이재학, 「청주지역의 書院·祠宇」, 『역사와실학』 19~20, 무악실학회, 2001.

이정우, 「17~18세기 在地 老·少論의 분쟁과 書院建立의 성격」, 『진단학보』 88, 진단학회, 1999.

이정우, 「17~18세기 초 청주지방 사족동향과 서원향전」, 『朝鮮時代史學報』 11, 조선시대사학회, 1999.

이정우, 「17~18세기 忠州지방 書院과 士族의 黨派的 性格」, 『한국사연구』 109, 한국사연구회, 2000.

이정우, 「19~20세기초 공주지방 유림의 동향과 향촌활동의 성격변화」, 『충북사학』 11~12, 충북대학교 사학회, 2000.

이정우, 「조선후기 재지사족의 동향과 유림의 향촌지배」, 『朝鮮時代史學報』 7, 조선시대사학회, 1998.

이천승, 「農巖 김창협의 사상과 洛學으로의 경향」, 『朝鮮時代史學報』 29, 조선시대사학회, 2004.

이해준, 「朝鮮後期 門中書院 研究」, 국민대학교 박사논문, 1994.

임근실, 「16세기 書院의 藏書 연구」, 『한국서원학보』 4, 한국서원학회, 2017.

임근실, 「16세기 書院 學規에 대한 검토와 그 특징」, 『한국서원학보』 6, 한국서원학회, 2018.

임근실, 「16세기 善山지역 서원 건립에 나타나는 道統意識: 金烏書院과 吳山書院을 중심으로」, 『退溪學報』 137, 퇴계학연구원, 2015.

임근실, 「柳雲龍의 『吳山志』 편찬의도」, 『한국서원학보』 2, 한국서원학회, 2013.

임근실, 「『迎鳳志』의 지식사적 의미」, 『민족문화논총』 69, 민족문화연구소, 2018.

장동표, 「예림서원의 건립 중수와 김종직 추승 활동」, 『역사와 경계』 64, 부산경남사학회, 2007.

전용우, 「遂菴 權尙夏와 湖西士林」, 『역사와 담론』 16, 호서사학회, 1988.

전용우, 「朝鮮朝 書院.祠宇에 對한 一考察」, 충남대학교 박사논문, 1985.

전용우, 「湖西書院 小考 1: 16~17세기초 湖西地方의 書院性向을 중심으로」, 『역사와 담론』 21~22, 호서사학회, 1994.

전용우, 「湖西 書院 小考 3: 18세기 湖西地方에 건립된 書院을 중심으로」, 『역사와 역사교육』 3~4, 웅진사학회, 1999.

전용우, 「華陽書院과 萬東廟에 대한 一 研究」, 『역사와 담론』 18, 호서사학회, 1990.

전종한, 「충북지방 유교 문화지역의 형성과정과 영역성: 서원 건립의 확산과정과 분포패턴을 중심으로」, 『중원문화논총』 6, 충북대학교 중원 문화연구소, 2002.

전형택, 「설재서원 소장의 조선초기 나주 정씨 고문서 자료」, 『古文書研究』 26, 한국고문서학회, 2005.

전형택, 「朝鮮後期 筆巖書院의 經濟基盤과 財政」, 『역사학연구(구 전남사학)』 11, 전남사학회, 1997.

정만조, 「17~18世紀의 書院·祠宇에 대한 試論: 特히 士林의 建立活動을 中心으로」, 『韓國史論』 2, 서울대학교 인문대학 국사학과, 1975.

정만조, 「17세기 중반 漢黨의 정치활동과 國政運營論」, 『한국문화』 23, 서울대학교 한국문화연구소, 1999.

정만조, 「서원에 거는 오늘날의 기대」, 『선비문화』 8, 남명학연구원, 2005.

정만조, 「조선시대 書院志 體例에 관한 연구」, 『한국학논총』 29, 국민대학교 한국학연구소, 2007.

정만조, 「조선시대 파주 士族과 서원활동」, 『한국서원학보』 1, 한국서원학회, 2011.

정만조, 「最近의 書院硏究 動向에 관한 檢討」, 『한국학논총』 18, 국민대학교 한국학연구소, 1996.

정만조, 「退溪學派의 書院(敎育)論」, 『남명학연구』 9, 慶尙大學校 南冥學硏究所, 1999.

정락찬, 「주희의 서원 교육 방법론」, 『교육철학』 24, 한국교육철학회, 2003.

정순목, 「書院文化의 傳承과 學統意識」, 『민족문화논총』 11, 영남대학교 민족문화연구소, 1990.

정순목, 「朱晦菴과 李退溪의 書院敎育論比較」, 『退溪學報』 53, 퇴계학연구원, 1987.

정순우, 「고문서를 통해서 본 경남지역 서원과 향교의 특성」, 『慶南文化硏究』 22, 경상대학교 경남문화연구소, 2000.

조준호, 「17~18 세기 英陽地方 漢陽趙氏의 門中硏究: 士族家門의 確立과 變遷의 한 事例」, 『북악사론』 4, 북악사학회, 1997.

조준호, 「송시열의 도봉서원 입향논쟁과 그 정치적 성격」, 『朝鮮時代史學報』 23, 조선시대학회, 2002.

조준호, 「조선후기 石室書院의 위상과 학풍」, 『朝鮮時代史學報』 11, 조선시대사학회, 1999.

조춘호, 「慶山地域 鄕校·書院의 祭享 笏記」, 『東洋禮學』 7, 동양예학회, 2002.

지두환, 「朝鮮前期 文廟儀禮의 整備過程」, 『한국사연구』 75, 한국사연구회, 1991.

채휘균, 「조선시대 초기서원의 설립배경과 성격」, 『교육철학』 20, 한국교육철학회, 2002.

최광만, 「『서원등록』 분석」, 『한국교육사학』 40(1), 한국교육사학회, 2018.

최근묵, 「우암송시열의 文廟 및 書院從祀」, 『百濟研究』 15, 충남대학교 백제연구소, 1984.

최만봉, 「무성서원의 입지와 공간구성에 관한 연구」, 『한국전통조경학회지』 22, 한국전통조경학회, 2004.

한문종, 「전북지방사 자료의 연구 (1): 전북지방의 서원, 사우에 대한 시고: 『전북 원우록(院宇錄)』을 중심으로」, 『全羅文化論叢』 3, 전북대학교 전라문화연구소, 1989.

한문종, 「전통기 사회에 있어 지방의 사회운동: 전북지방의 서원사우의 부설운동」(제2부 전환기에 있어서 전북지역의 문화사회운동), 『全羅文化論叢』 5, 전북대학교 전라문화연구소, 1992.

한국의 종교지(宗敎知) 관련 자료

김묘정·김우진

1. 종교 문헌의 성격

종교는 지식인문학의 중심적인 연구 분야 중 하나로, 다른 여러 학문 분야의 기반이 될 뿐만 아니라 한·중·일 지식 형성과 발전 과정을 검토하기 위한 초석이라고 할 수 있다. 그에 따라 종교 문헌을 제대로 이해하기 위해서는 종교를 인문학적 방법에서 고찰하고, 지식이라는 관점으로 파악하는 데 연구의 초점을 맞춰야 한다. 그럼에도 불구하고 연구 대상으로써의 종교는 정의를 규정하기에도 매우 복잡하고 다차원적이며 문헌의 양도 실로 방대하다는 점에서 분석상의 여러 어려움이 있다. 이에 이 글에서는 종교의 성격을 규정하고 범주를 나눔으로써 종교 문헌의 특징을 밝히고자 한다. 더 나아가 종교 문헌이 향후 지식 기반 형성·지식 지형도 재구성·지식 사회화 측면에서 어떤 가치를 창출할 수 있을지 검토하고자 한다. 이를 통해 지식 창출과 확산 과정을 추론하는 제반 학문으로써 종교 문헌이 큰 의미를 지니고 있음을 확인할 수 있겠다.

종교(宗敎, religion) 개념에 대한 논의는 초월성의 정의,[1] 인간적 측면에서의 정의,[2] 조작적 정의[3] 외에도 각 학자별로 다기한 양상을 보인다. 또한 각 나라마다 종교의 종류가 다양하므로 하나의 실체로 언급하기도 어려운 실정이다. 이에 이 글에서는 종교를 개별 문화권의 역사적 맥락 속에서 구축된 인식 세계로 정의한 후 한국 종교라는 범주 안에서 '기독교', '불교', '동학·천도교' 크게 세 가지로 분류하여 해당 문헌을 확인하고자 한다. 기독교의 경우 서양에서 유래한 종교이므로 천주교, 개신교, 안식교 등을 하나로 묶어 유형화하는 작업이 가능하다고 보았으며,[4] 연원이 상이한 불교는 별도로 분류하였다. 또한 동학에서 파생된 천도교를 동일한 범주에 포섭시켜 다루고자 했음을 밝히는 바이다.

위에서 언급한 종교를 대상으로 문헌들을 구분하는 방법으로는 '사용 목적별 종교 문헌 분류 기준'을 따르고자 한다. 기존 연구 방법론을 살펴보면 피터슨(Stephen Peterson)이 소스 문헌(source literature), 비평 문

---

1) 로버트슨(Frederick William Robertson, 1816~1853)은 종교를 경험적인 것과 초경험적인 것으로 구분한 뒤 전자를 후자에 종속시키는 것이라고 논한 바 있다.
2) 브래들리(Francis Herbert Bradley, 1846~1924)는 '종교란 인간 존재의 모든 면으로부터 선의 완전한 실재를 표현하고자 하는 시도'라고 언급했다.
3) 기어츠(Clifford Geertz, 1926~)의 종교 개념을 도식화하여 '1. 종교는 작용을 하는 상징체계이다. 2. 그 작용은 인간에게 강력하고 포괄적이며 지속적인 기분과 동기를 확립한다. 3. 존재에 대한 일반적 질서의 개념을 부여한다. 4. 이들 개념을 진실한 것으로 생각하게 하는 분위기를 조성하게 한다. 5. 이러한 기분과 동기에 비할 데 없는 현실감을 부여한다.' 라고 언급한 바 있다.
4) 허재영, 「한국 근현대 종교 관련 문헌의 분포와 국문 사용 실태 연구」, 『한말연구』 51, 한말연구학회, 2019, 6쪽 참고.

헌(critical literature), 역사적 문헌(historical literature)의 세 가지 유형으로 구분한 바 있으며, 블래 재크와 애버사(R. Blazek and E. Aversa)가 사적 종교(personal religion), 신학(theology), 종교 철학(philosophy of religion), 종교 과학(science of religion)의 네 가지 유형으로 분류한 바 있으나,5) 각 항목에 속하는 문헌을 실질적으로 분류할 수 없다는 한계를 지니고 있기 때문이다. 이에 종교 관련 문헌으로는 '교류 관련 문헌(성경, 불경, 기타 종교의 교리서, 교리 해설서)', '의례(종교 의식 및 행사와 관련한 문헌)', '대중 독서물(대중을 대상으로 한 전교물)', '종교 연구 관련물(불교사, 기독교사 등 학리적 차원의 연구물)', '대중 잡지 및 신문류'6)에 해당하는 자료를 연구 대상으로 삼고자 한다.

이와 같은 종교 문헌을 개관하는 작업은 종교 지식 규명 측면에서 새로운 연구 성과를 견인할 수 있는 토대가 되리라 여긴다. 기대성과를 적시해보면, 첫 번째로는 종교 지식기반 형성 과정의 메커니즘을 규명할 수 있다는 점이다. 기본적으로 종교 지식 저본에 해당하는 문헌 검토를 통해 원초적인 지식 기반 파악이 가능하다. 또한 종교 지식이 어떤 토양 위에서 생성되었으며, 한국 사회의 흐름과 맞물려 종교 지식의 확산 경로를 추적할 수 있겠다. 그 밖에도 종교 문헌을 통해 새로운 관념이나 종교를 수용할 때 기존 지식 체계를 어떻게 활용하는지 고찰할 수 있으므로7) 지식 체계의 수용, 변형, 창출 과정을 도출할 수 있으리라 본다.

---

5) 김에스더, 「우리나라 종교학 문헌의 인용 분석에 관한 연구」, 중앙대학교 석사논문, 2016, 24쪽.

6) 허재영, 「한국 근현대 종교 관련 문헌의 분포와 국문 사용 실태 연구」, 『한말연구』 51, 한말연구학회, 2019, 13쪽.

7) 김경남, 「지식 지형의 변화에 따른 조선 후기(18~19세기) 종교문헌과 언어문제」, 『우리말 연구』 54, 우리말학회, 2018, 111~112쪽.

두 번째로는 종교 문헌을 통해 지식 지형도를 구상할 수 있다는 것이다. 종교 문헌을 공시적·통시적 고찰의 대상으로 삼아 종교사, 종교 사상, 의례의 변이 과정을 추적할 수 있겠다. 서양 종교의 경우 종적 측면에서 해당 시기별로 수용 양태가 다르므로 이를 규명함으로써 지식 지형의 변화를 파악할 수 있다. 또한 번역 과정에서의 어휘 선택뿐만 아니라 한글 사용 방식에도 일부 변화가 일어나고 있으므로 지식 지형의 변화 차원에서 논의가 가능하다.8) 잡지나 대중 교리서의 경우 시기별 간행 현황을 파악하고 종교 지식권력의 창출과 확산 양상을 확인함으로써 계보를 그려내 지식 지형도를 구축할 수 있다고 판단된다.

세 번째로는 지식 사회화 양태 분석이 가능한데, 기본적으로 종교 지식이 어떤 방식을 통해 파급되는지 검토할 수 있다. 종교 문헌의 경우 각 종교별 정착 과정의 특수성을 보이지만, 출판문화를 통해 포교 활동을 지속했다는 공통점을 지니기에 종교 지식 사회화 방식을 분석할 수 있다. 서양 종교의 경우 선교 초기부터 문서 출판에 노력을 가하면서 출판을 선교 방법의 하나로 정착시키고자 했기에 지식 사회화 과정을 명확하게 제시할 수 있으리라 본다. 그 밖에도 기독교·불교 잡지와 천도 교단에서 간행한 출판물의 특징을 파악해 출판과 유통 과정상의 특징을 연구할 수 있다. 또한 지식 사회화 양상을 밝히기 위해서는 해당 종교 지식이 영향력을 확산하면서 어떤 사회적 의미를 지니는지 고찰하는 작업이 필요한데, 대표적으로 동학은 한·중·일이 동학농민운동이라는 사건과 연계되어 있으므로 거시적인 시야 속에서 종교 지식의 영향력을 고찰할 수 있다는 점에서 의미를 지닌다.

---

8) 김경남(2018: 109).

지금까지 살펴본 바 있듯 종교 문헌은 양의 방대함만큼이나 무한한 연구 성과를 견인할 수 있는 학문 영역이라고 할 수 있다. 지식인문학 연구에 있어서도 종교 문헌은 제반 학문 분야로써 충분한 연구 가치를 함유하고 있으며, 지식 기반, 지식 지형도, 지식 사회화 과정을 규명하기 위해서도 반드시 필요한 문헌임이 자명하다고 할 수 있다. 이에 종교 문헌이 한·중·일 지식 발전 및 확산의 과정과 지식권력의 영향력을 밝히는 과정 속에서 학문적으로도 주요 성과를 창출하는데 기여할 것으로 판단된다.

2. 선행연구 및 DB 구축 사례

1) 기독교

기독교 문헌의 DB 구축을 진행하기에 앞서 선행 연구의 경향성을 파악하여 지식 기반 구축 측면에서 기독교 관련 DB가 지니는 의미를 확인하고자 한다. 이에 이 글에서는 3가지 분류 기준을 적용하여 선행 연구사를 검토하였다. 기독교 출판 관련 연구 성과, 기독교 잡지 및 기독교 신문에 대한 연구, 대한기독교서회에 대한 연구와 대한기독교 서회에 대한 기관사 저술 현황을 순차적으로 고찰하도록 하겠다.

첫째, 기독교 출판과 관련된 연구 성과이다. 선교 초기부터 일제강점기에 이르기까지 기독교 출판사, 일반 기독교 출판물, 찬송가, 신문, 잡지 등의 현황과 그 내용을 개관하며, 일제하 기독교 출판의 성격을 분석한 연구가 있다. 각 시기별 기독교 출판의 성격을 구분하고 기독교 출판 역사를 운동사적 관점에서 서술했다는 점에서 의미가 있다.[9]

그리고 한국 기독교 출판의 태동과 정착 과정의 특수성을 당시 시대적 상황과 연계시켜 고찰한 연구도 진행되었다. 개화기라는 특수한 시대적 상황을 정치적 상황, 사회 문화적 상황, 종교적 상황으로 구분하여 살펴보았다는 특징을 지니고 있다. 또한 출판인인 선교사들을 주요 연구 대상으로 삼아 그들의 역할을 검토하였다. 즉, 선교사들이 복음 전파와 계몽사업의 일환으로 근대적인 내용과 형태를 지닌 신문과 잡지들을 창간, 출판문화 발전에 크게 기여했다는 점에 주목하였다.10) 아울러 초기 개신교의 출판 활동 전반에 관한 논의가 진행된 바 있으며11) 한국 기독교 문사 간행사를 총괄한 연구를 비롯해12) 한국 기독교 출판 역사에서의 주요 도서 목록을 정리하고 소개한 연구,13) 한국 기독교 문서 운동사 연구의 성과들을 집약적으로 정리하는 동시에 신·구교를 망라한 초교파적 범주로 서지학적 검토를 시도한 연구도 있다. 역사적인 관점에서의 교회사를 서술했으며 성서, 신문, 잡지, 찬송가, 기독교 및 교양서적, 성서 교재와 공과 등 다양한 문서 매체들을 종합적으로 소개하고 그 특징과 역사적 의미들을 정리했다는데 의미가 있겠다.14) 그 밖에도 일제하 기독교 출판 현황만을 중점적으로 다룬 자료도 존재한다. 이는 기존의 시기 구분과는 차별

---

9) 이만열, 『韓國基督教文化運動史』, 대한기독교서회, 1987.

10) 김철영, 「개화기 한국 기독교 출판에 관한 연구」, 경희대학교 석사논문, 2003; 홍승표, 「일제하 한국 기독교 출판 동향 연구: '조선예수교서회'를 중심으로」, 연세대학교 박사논문, 2015; 김양선, 「한국 기독교 초기 간행물에 관하여」, 『김성식박사화갑기념논문집』, 고려대학교 출판부, 1968.

11) 장영화, 「초기 개신교의 출판 활동에 관한 연구」, 중앙대학교 박사논문, 1994.

12) 김봉희, 「한국 기독교 문서 간행에 관한 연구」, 연세대학교 박사논문, 1984; 김봉희, 『한국 기독교 문서 간행사 연구』, 이화여자대학교 출판부, 1987.

13) 한영제, 『한국 기독교 문서운동 100년』, 기독교문사, 1987.

14) 이덕주, 「한국 기독교 문서운동 개관」, 『한국기독교정기간행물100년』, 기독교문사, 1987.

화되어 있으며 각 시대의 정치적, 문화적, 환경적 요인보다는 기독교 언론 출판을 수행하는 '사람'과 그 '출판 재정의 부담 주체'에 초점을 맞춘 독특한 관점을 견지했음을 볼 수 있다.15) 조금 더 미시적인 시각으로 접근한 성과로는 주로 감리교를 주축으로 수행된 출판 활동의 구체적 면면들을 살펴본 연구가 있으며,16) 기독교 출판 편집인의 의식 구조를 파악하고자 한 논문이 보인다.17)

둘째, 기독교 잡지와 신문에 대한 연구를 살펴보고자 한다. 우선 각 시기별 주요 기독교 잡지들의 면면을 소개하면서 기초 자료인 기독교 신문과 잡지들의 목록을 수록하고 있는 단행본이 있다.18) 또한 개신교 선교사들의 내한 이후 개신교 내에서 발행된 정기간행물들의 내용과 성격에 대해 개관한 연구가 보이며, 이는 일제 강점기의 언론과 출판 상황을 이해하는 중요한 기초적 연구 성과라는 점에서 의미가 있다.19) 기독교와 한국의 출판문화를 개관한 후 기독교 잡지의 출현과 성격을 고찰한 논문을 들 수 있는데, 이 연구의 경우 시대 구분과 서지적 분석을 함께 진행했다는 특징을 보인다.20) 또한 기독교 잡지의 발행 현황, 잡지사의 조직 현황을 비롯해 잡지 출판에 있어서의 현실 인식, 기독교 잡지의 특성에 관한 인식을 연구한 성과가 확인된다.21) 신문과 관련해서는 기독교 신문의 사적 고찰과 발전 방

---

15) 윤춘병, 『韓國基督敎新聞·雜誌百年史 1885~1945』, 감리교신학대학교 출판부, 2003.

16) 윤춘병, 『韓國監理敎會出版文化研究』, 감리교신학대학교 출판부, 2005.

17) 윤세민, 「기독교 출판 편집인의 의식 구조에 관한 연구」, 중앙대학교 석사논문, 1993.

18) 한영제, 『한국기독교정기간행물100년』, 기독교문사, 1987.

19) 이덕주, 「한국기독교 신문·잡지 개관」, 『한국기독교정기간행물100년』, 기독교문사, 1987.

20) 김주평, 임동빈, 「기독교에 관련된 한국의 잡지에 관한 연구」, 『釜山女子專門大學論文集』 21, 부산여자대학교, 1999.

21) 금진우, 「기독교 전문 잡지 실태에 관한 연구」, 『일러스트레이션학연구』 54, 한국일러스트학회, 2002.

향성이 논의된 바 있다.[22]

셋째, 대한기독교서회에 대한 연구와 대한기독교서회의 기관사 저술 양상이다. 먼저 서회가 창립 70주년을 기념하여 펴낸 대한기독교서회의 첫 역사서를 확인할 수 있다. 구체적으로, 회관의 건축과 신축, 게일과 본윅 선교사의 주요 활동, 서회의 주요 출판물 소개(주일학교 공과, 기독신보(基督申報), The Korea Mission Field, 찬송가만 소개), 재단법인의 성립 과정과 창립 50주년 기념사업 등에 대한 서술 등으로 구성되어 있음을 볼 수 있다. 그러나 동시에 일부 인물의 행적과 외적 사업(회관 건축, 재단법인, 창립 50주년 기념사업 등)에 대한 소개에 그친다는 한계를 지니고 있다.[23] 다음으로 한국기독교 선교 백 주년을 맞아 펴낸 단행본이 있는데, 서회의 역사를 통사적으로 개관한 후에 서회활동의 영역을 출판기획, 재정조달, 판매와 보급의 세 영역으로 구분하여 각 부문별로 100년의 역사를 선별적으로 재구성하고 있다는 점이 특징적이다. 서회에서 발간된 도서 목록의 정리를 처음으로 시도했다는 점에서 의미를 지닌다.[24] 또한 출판 기관으로서의 서회의 정체성과 성격에 대해 근본적인 성찰을 시도한 성과가 있는데, 일제 강점기의 격동하는 사회 변화 속에서 선교기관으로서의 정체성, 국민 계몽의 거점으로서의 정체성 사이에서 고민하고 충돌하는 서회의 내적·외적 갈등 요인과 이 두 지점의 조화 문제를 거론하고 있다.[25] 그리고 서회 관련 1차 사료들을 면밀히 분석한 후 서회의 인사, 경영, 도서보급과 유통현황, 수익과 재무구조, 주요 간행 서적 등에 대한

---

22) 박에스더, 「한국 기독교 신문의 사적 고찰과 발전 방향에 관한 연구 기독교 주간 신문을 중심으로」, 중앙대학교 석사논문, 1996.

23) 김춘배, 『大韓基督敎書會略史』, 대한기독교서회, 1960.

24) 이장식, 『大韓基督敎書會百年史』, 대한기독교서회, 1984.

25) 민경배, 「대한기독교서회와 한국교회」, 『基督敎思想』 265, 대한기독교서회, 1980.

보다 실증적인 분석을 시도한 연구도 확인된다. 충실한 사료 비평과 각종 데이터 분석을 통해 일제 강점기 서회 경영과 출판사업의 현황을 보다 실제적으로 파악하는데 보다 충실한 정보를 제공했다는 점에서 의미를 지닌다.26) 일제하 서회 출판 도서들의 신학적 성격과 경향을 분석한 첫 시도도 포착된다. 해방 전에 서회에서 발간된 신학서적들의 면면을 대략적으로 분석했으며 해방 전에 서회에서 간행된 신학서적들을 성서신학, 조직신학, 교회사, 교리와 신조, 기독교 윤리, 목회학(실천신학), 경건과 신앙생활의 일곱 가지 분류로 간략히 소개, 분석하였다.27) 그 밖에도 문헌정보학적 관점에서 서회의 출판문화에 대한 공헌과 기여를 분석한 연구가 있으며28) 역사학자의 관점에서 서회의 출판의 성격을 '복음전도', '기독교 문화운동', '한국 신학의 개화와 지도력 양성', '민족운동의 기지로서의 역할'에 주목하여, 서회가 단순한 출판의 기능을 넘어 한글을 가꾸고 보급한 측면, 국민을 계몽한 출판문화운동의 측면, 민족의식과 민주의식을 일깨운 정치운동의 측면에 주목하기도 했다.29) 이와 같은 맥락으로 서회 창립의 역사는 한국의 지성사적 문화를 선교 방법론으로 접목시킨 적절한 시도였다고 평하면서 서회 창설을 통해 한글을 비롯한 민족문화의 가치가 재발견되고 '민족교회'가 수립될 근거가 마련되었음을 논의하기도 했다.30)

---

26) 이덕주, 「대한기독교서회 100년」, 『基督敎思想』 378, 대한기독교서회, 1990, 75~109쪽.

27) 이장식, 「한국 교회의 신학발전과 대한기독교서회의 출판」, 『基督敎思想』 378, 대한기독교서회, 1990, 32~44쪽.

28) 김봉희, 「한국 最古의 출판사인 서회의 출판문화에의 공헌」, 『基督敎思想』 378, 대한기독교서회, 1990, 45~55쪽.

29) 서굉일, 「한국 교회사 속에서 본 서회 100년의 의미」, 『基督敎思想』 378, 대한기독교서회, 1990, 13~22쪽.

30) 서정민, 「한국 역사와 대한기독교서회」, 『基督敎思想』 618, 대한기독교서회, 2010, 22~34쪽.

이상 서양 종교 관련 연구의 학문적 동향을 파악한 결과, 서양 종교 DB 구축은 종교 지식을 확인하기 위해 반드시 필요한 선행 작업이라고 할 수 있겠다. 현재 국립 및 사립 박물관과 각종 연구기관, 여러 대학의 도서관 등에서는 다양한 종류의 기독교 관련 문헌을 개별적으로 소장하고 있으며, 이를 정리한 문헌 목록을 내부적으로 보유하고 있는 것으로 확인된다. 하지만 각 기관에서 소장하고 있는 기독교 문헌을 종합하여 사료의 이미지, 자료의 해제, 색인, 교감, 표점 등을 총체적으로 제공해주는 DB 사업이 이루어져 있지 않은 실정이다. 즉, 서양 종교학 분야는 학술적 가치가 높음에도 불구하고 체계적으로 디지털화되지 않아 각 기관이나 연구자 개개인이 기초 학문 자료를 폐쇄적으로 소장하고 있다는 병폐를 가지고 있는 것이다. 이는 기본적으로 사업의 규모가 방대한데다, 동일한 기독교라고 하더라도 역사적 흐름과 교리의 해석 등에 따라 천주교·개신교·정교회 등으로 다양하게 분파되었기 때문에 각 종파의 종교적 이념에 기반하는 문헌을 중심으로 소장하고 있고, 상대적으로 상호 포괄적으로 교류할 필요성이 적었던 것이 주요한 이유로 보인다. 하지만 기독교 기록유산의 보존과 확산, 창조적인 기독교 문화 생산을 위한 지식의 공유, 기독교 관련 연구자들에게 유의미한 자료를 제공하기 위해서는 각 기관에서 검색이 가능했던 데이터를 종합하는 작업과 함께 다양한 연구 자료에 대한 접근이 용이하도록 시스템을 구축해야 할 필요성이 있다. 이런 과정을 통해 기독교 관련 메타데이터를 확보하고 기초 학문 자료의 검색 기능을 강화한다면 향후 기독교 연구 분야 활성화에 큰 공헌을 하리라 기대된다.

2) 불교

(1) 선행연구

불교 문헌 DB 구축을 진행하기에 앞서 선행 연구의 경향성을 파악하여 지식 기반 구축 측면에서 불교 DB가 지니는 의미를 확인하고자 한다. 이에 이 글에서는 아홉 가지 분류 기준을 적용하여 선행 연구사를 검토하고자 한다. 불교사, 불교 사상, 불교 경전, 불교 의례, 불교 정책, 불교 대중서, 불교 문학, 불교 잡지에 대한 연구 현황을 순차적으로 고찰하도록 하겠다. 이를 통해 선행 연구의 전반적인 경향을 파악함으로써 본 DB 구축 사업의 변별력을 고안할 수 있을 것이다.

불교 관련 선행 연구사를 살펴보면 첫 번째로는 불교사를 다룬 연구를 들 수 있다. 사건과 인물을 중심으로 자료를 소개하고 설명을 붙인 권상노의 개설적 통사가 있으며,[31] 그 이후 수집 가능한 모든 자료를 망라하면서도 해설과 평가를 덧붙인 이능화의 저서가 발간됨으로써 한국불교사의 기틀이 마련되었다.[32] 1920년대 이후에도 문헌 조사 및 정리가 이뤄짐에 따라 주제별 불서 목록인 『조선불교총서』를 비롯해 우리나라 사찰의 위치와 연혁 등을 모두 다룬 권상노의 『한국사찰전서』가 만들어지면서 연구의 기본 토대가 구축되어갔다. 그 이후 삼국, 고려, 조선, 근대로 나누어 한국불교사를 개설한 연구 성과도 이룩되면서 활발한 연구 성과가 축적되었다.[33]

두 번째로는 불교 사상에 대한 것으로 주로 조선시대 불교 사상에

---

31) 권상노, 『조선불교약사』, 신문관, 1917.
32) 이능화, 『조선불교통사』, 신문관, 1918.
33) 김영수, 『조선불교사고』, 중앙불교전문학교, 1939(민속원, 2002 복간).

대한 연구가 축적되었다. 조선 전기에는 자료의 한계로 인해 연구 범위가 제한되었으나 조선 후기에는 대체로 간화선 위주의 선풍과 19세기 선 논쟁, 그리고 선교 조선 후기 거사들의 불교사상과 관련해 선에 대한 이해와 관음의 영험을 추구하면서 신비적인 도가적 취향과 내세적인 신앙관 그리고 선교겸수의 전통에 관심이 모아졌다.34) 또한 유학자의 불교인식 양상을 비롯해 유불일치 및 삼교회통론(三教會通論)에 대한 연구도 이루어졌다. 이처럼 불교 사상은 선정(禪淨) 결합과 같은 혼합적 성향을 띠면서 다양하게 전개되었다고 할 수 있다.35)

세 번째는 불교 경전에 대한 연구 성과로 우선 불경 번역과 관련된 연구가 대표적인데 훈민정음 창제 직후 조성된 언해 불경을 다룬 연구가 있으며,36) 한역 불전의 한글 번역에 나타나는 경향성이 밝혀진 바 있다.37) 그 밖에도 불경의 한글 번역 실태와 인식 양상이 다뤄졌으며,38) 불경의 한글 번역과 연관시켜 한국 사회의 근대성을 논의하기도 했다.39)

네 번째는 불교 의례에 대한 연구이다. 불교 의례는 기본적으로 밀교적 성격과 여러 예술 분야의 복합적 특성이 강하게 나타난다는 특징을 보인다. 그에 따라 조선시대와 근대 시기의 의례는 무엇보다

---

34) 김용태, 「조선 시대 불교 연구의 성과와 과제」, 『韓國佛教學』 68, 한국불교학회, 2013.
35) 김경집, 「조선후기 불교사상의 전개: 19세기를 중심으로」, 『동악어문학』 48, 동악어문학회, 2007.
36) 김무봉, 「불교경전(佛教經典) 한글 번역의 역사와 과제: 불경언해와 간경도감(刊經都監)」, 『동아시아불교문화』 6, 동아시아불교문화학회, 2010.
37) 신규탁, 「한역불전의 한글 번역에 나타난 경향성 고찰: 간경도감 백용성 이운허 김월운 스님들의 경우를 중심으로」, 『동아시아불교문화』 6, 동아시아불교문화학회, 2010.
38) 김종인, 「20세기 초 한국 불교 개혁론에서 불경의 한글 번역에 대한 인식」, 『종교연구』 55, 한국종교학회, 2009.
39) 김종인·허우성, 「불경의 한글 번역과 한국사회의 근대성」, 『동아시아불교문화』 6, 동아시아불교문화학회, 2010.

기복 신앙과 관련이 있고, 의식 자체에 예술적 특징을 가미하여 신앙심을 더욱 고취 시켰다는 논지의 연구가 진행된 바 있다.[40)

다섯 번째는 불교 정책에 대한 연구로 『조선왕조실록』을 통해 조선 초의 불교 정책을 배불의 관점에서 다룬 연구 성과가 있으며 여말 선초의 불교 정책이 종합적으로 정리되었다.[41) 그 밖에도 18세기 후반 정조대의 친불교적 정책을 고찰하고 19세기 정치세력의 중앙에 위치했던 노론의 불교관을 다룬 논문도 확인된다.[42)

여섯 번째는 대중을 상대로 한 종교서에 대한 연구를 들 수 있는데, 주로 불가의 영험성에 초점이 맞춰진 영험기와 승전류가 연구의 대상이 되었다. 이 중 영험기는 일반 대중을 영험 수혜의 주체로 설정했기에 불가의 민중 지향적 글쓰기의 한 형태라고 할 수 있다. 영험기류는 불교 관련 기록물 가운데 가장 체험화된 하층 지향적인 글쓰기로 동아시아 초기 서사에서 매우 중요한 위치를 차지한다는 점에서 이와 관련된 선행 연구는 의미를 지닌다.[43)

일곱 번째로는 불교 문학에 대한 연구이다. 불교 문학에 대한 논의

---

40) 박범훈, 『한국 불교 음악사 연구』, 장경각, 2002; 이미향, 「釋門儀範歌曲篇의 음악유형 연구」, 『한국불교학』 47, 한국불교학회, 2007; 채혜련, 『영산재와 범패: 이론 및 분석편』, 국학자료원, 2011; 법현, 『불교 의식 음악 연구』, 운주사, 2012; 남희숙, 「조선후기 불서 간행 연구: 진언집과 불교 의식집을 중심으로」, 서울대학교 박사논문, 2004; 홍윤식, 「朝鮮後期佛敎의 信仰儀禮와 民衆佛敎」, 『한국불교사의 연구』, 교문사, 1988; 홍윤식, 『불교 문화와 민속』, 동국대학교 출판부, 2012.

41) 이봉춘, 「朝鮮初期 排佛史 硏究: 王朝實錄을 中心으로」, 동국대학교 박사논문, 1991; 한우근, 『유교 정치와 불교』, 일조각, 1993.

42) 김준혁, 「朝鮮後期 正祖의 佛敎認識과 政策」, 『중앙사론』 12, 중앙사학연구소, 1999; 조성산, 「19세기 전반 노론계 불교 인식의 정치적 성격」, 『韓國思想史學』 13, 한국사상사학회, 1999.

43) 김승호, 「불교적 영웅고: 승전류를 중심으로」, 『한국문학연구』 12, 고려대학교 민족문화연구원 한국문학연구소, 1989; 정환국, 「불교 영험 서사의 전통과 『법화영험전(法華靈驗傳)』」, 『古典文學硏究』 40, 한국고전문학회, 2011; 전선영, 「불교 영험담의 비교연구」, 『동악어문학』 58, 동악어문학회, 2012; 정환국, 「나려 시대 불교 영험 서사의 유형과 서사적 특질」, 『大東文化硏究』 93, 성균관대학교 대동문화연구원, 2016.

는 국문학계에서 주로 다뤄졌는데, 『한국불교문학연구논저목록Ⅰ』
운문편에서는 향가 관계 논저, 고려가요(고려 시대 문학) 관계 논저,
선시 관계 논저, 악장 관계 논저, 한시 관계 논저, 강창 관계 논저,
시조 관계 논저, 가사 관계논저, 민요 관계 논저, 현대시 관계 논저,
기타 불교문학 관계 논저, 경전문학 불교예술 관계 논저, 외국불교
문학 연구논저, 불교와 언어 관계 논저가 연구 대상이 되었다. 다음으
로 『한국불교문학연구논저목록Ⅱ』 산문편에 의거해 연구 현황을 살
펴보면 불교 설화 관계 논저, 영험담 관계논저, 승전 서사문학 관계논
저, 불교계 고소설 관계논저, 아동문학 희곡 관계 논저, 현대소설 불교
소설 관계논저, 판소리 무가 연희극 관계논저, 불교민속과 구비 문학
관계논저, 불교문학 이론 관계 논저, 불교와 불교문학의 일반론 관계
논저가 있다. 그에 따라 경전의 문학성을 검토한 연구 성과44)를 시작
으로 불교 문학과 사상이 일정 부분 해명되었다.45) 그 밖에도 불교
문학 전반에 대한 단행본46)을 비롯해 불교 문학 연구 자료집이 출간
되었으며,47) 불교 문학 이론에 관한 검토도 이루어졌다.48) 미시적으

---

44) 박찬두, 「경전 문학의 가능성과 경전의 문학성」, 『불교 문학이란 무엇인가』, 동화출판사,
　　1991.
45) 이만, 『불교 문학과 사상: 문학을 위한 불교 언어와 사상』, 부흥기획, 2001.
46) 동국대학교 한국문학연구소 편, 『불교 문학 연구의 모색과 전망』, 역락, 2005; 동국대학교
　　한국문학연구소 편, 『불교 문학과 불교 언어』, 이회문화사, 2002; 김잉석, 「불타와 불교문
　　학」, 『한국 불교 문학연구』, 동국대학교 출판부, 1988; 홍기삼, 「한국 불교 문학론」, 『한국
　　불교 문학연구』(상), 동국대학교 출판부, 1988; 홍윤식 외 공저, 『불교 문학 연구 입문』(산
　　문·민속편), 동화출판공사, 1991; 박찬두·홍기삼 외, 『불교문학이란 무엇인가』, 동화출판
　　사, 1991; 인권환, 『한국 불교 문학 연구』, 고려대학교 출판부, 1999; 이진오, 『한국 불교
　　문학의 연구』, 민족사, 1997.
47) 박찬두 편, 『한국 불교 문학 연구자료 목록집』, 한국불교문학사연구회, 1991; 이상보 외,
　　『불교 문학 연구 입문: 율문·언어편』, 동화출판공사, 1991; 이철교·이동규 공편, 『한국
　　불교관계 논저 종합목록』(하), 고려대장경연구소출판부, 2002; 한국문학연구소 편, 『한국
　　불교 문학 연구』(상·하), 동국대학교 출판부, 1988.
48) 김운학, 『불교문학의 이론』, 일지사, 1981.

로는 불교계 서사문학이 연구되었으며[49] 불교 설화를 연구한 업적도 보인다.[50] 또한 화엄 사상과 반야, 월인석보의 문학성을 다루기도 했다.[51] 또한 동아시아 불교문학까지 다뤄졌기에 중국 불교 문학과 관련된 연구,[52] 일본 불교 문학과 관련된 연구[53] 등을 확인할 수 있다.

여덟 번째로는 불교 잡지에 대한 연구를 살펴보고자 한다. 우선 잡지 번역과 관련해서는 근대불교 번역론에 대한 연구사 검토를 토대로 불교 잡지 번역 담론 연구의 현황과 과제를 제기한 사례가 있으며,[54] 1910년대~1930년대 불교 잡지를 통해 근대 불교잡지의 한글 인식과 한글문화운동에 관해 고찰한 연구가 있다.[55] 내용적 연구로는 근대 불교 잡지의 성격과 사회 인식의 전환 양상을 다룬 논문을 들 수 있으며,[56] 잡지를 통해 한국 불교의 정체성이 밝혀졌다.[57] 미시적

49) 사재동, 「불교계 서사문학의 연구」, 『어문연구』 12, 어문연구회, 1983.

50) 황패강, 『신라 불교 설화 연구』, 일지사, 1975.

51) 김용태, 「화엄 사상의 문학적 접근」, 『禪的 상상력과 문예비평』(김용태 평론집), 1995; 김용태, 「만아의 문학적 의미」, 『현대문학』 125, 현대문학, 1965; 강기선, 『화엄경의 문학성 연구』, 운주사, 2013; 사재동, 『월인석보의 불교문화학적 연구』, 중앙인문사, 2006; 김무숙, 「화엄경의 문학적 검토」, 『동의어문론집』 11, 동의대학교 국어국문학과, 1998; 김무숙, 「한국 불교 소설의 '화엄경' 수용 양상 연구」, 동아대학교 박사논문, 1999.

52) 정규복, 「불교와 중국 문학」, 『중국연구』 10, 건국대학교 중국문제연구소, 1991; 조명화, 「불교와 중국 문학」, 『서원대학교 논문집』 23, 서원대학교, 1989; 조명화, 「중국불교의 전기 문학」, 『한국불교학』 16, 한국불교학회, 1991; 조명화, 「중국 불교의 유기 문학」, 『인문 과학논문집』 2, 서원대학교 인문과학연구소, 1993; 조명화, 『중국 불교의 송찬 문학』, 동국 대학교 불교문화연구원, 2011.

53) 한재용, 「일본 고전문학의 불교 사상적 경도 연구」, 『논문집』 6, 경남대학교 교육대학원, 1992; 조기호, 「일본 근대문학과 불교」, 『일본어문학』 10, 한국일본어문학회, 2001; 진명순, 「일본에서의 불교와 근대문학의 관련성」, 인하대학교 한국학연구소, 2008.

54) 김종진, 「근대 불교잡지의 번역담론」, 『불교학연구』 54, 불교학연구회, 2018.

55) 김종진, 「근대 불교잡지의 한글인식과 한글문화운동」, 『불교학연구』 43, 불교학연구회, 2015.

56) 이기운, 「한국 근대 불교잡지에 나타난 사회인식의 근대적 전환: 수양론(修養論)을 중심으로」, 『한국선학』 24, 한국선학회, 2009.

57) 송현주, 「근대 한국불교의 종교 정체성 인식: 1910~1930년대 불교잡지를 중심으로」, 『불교

으로는 개별 잡지에 대한 연구가 진행되었는데 일례로 1935년 발간된 『금강산(金剛山)』 잡지가 연구 사례를 들 수 있다.[58]

이와 같은 성과를 기반으로 향후 불교의 문헌사적 양상을 동아시아라는 구도 속에서 폭넓게 다룬다면 보다 새로운 시각으로 조망할 수 있으리라 여긴다.

(2) DB 구축 사업 사례

한국불교학계에서 현재까지 이룬 대표적 DB 관련 선행 사업을 정리해보면 다음과 같다. 고려대장경연구소에서는 한일 공동 초조대장경 디지털DB구축, 고려대장경 지식베이스 구축, 판본별 대장경 목록 정리 및 해제 작성, 고려장, 돈황 문헌 대조 연구, 불교 언어, 화엄사 화엄석경 보존복원 사업을 진행하였다. 그 밖에도 동국대학교 전자불전연구소에서 한국불교전서 DB를 구축한 바 있으며, 동국대학교 불교학술원에서 진행한 불교 기록문화유산 불교학 자료 아카이브 구축 사업을 실행했음을 확인할 수 있다. 이처럼 한국불교학계의 아카이브는 디지털화하는 작업을 비롯해 디지털화된 데이터에 기술을 가미해 의미 단락 및 맥락을 데이터에 기록하는 단계로까지 나아간 상황이다.[59]

불교 기록유산의 아카이브 구축은 불교 기록유산의 보존, 문화 공공재로써 문화생산을 위한 집단 지식의 전수와 공유, 불교 문화유산

학연구』 7, 불교학연구회, 2003.

58) 이경순, 「1930년대 중반 불교계의 『金剛山』 잡지 발간과 그 의의」, 『불교학연구』 51, 불교학연구회, 2017.

59) 박보람, 「디지털 인문학 시대, 불교학의 현재와 미래」, 『21세기 과학과 불교』, 동국대학교 불교문화연구원 인문한국(HK)연구단, 2016.

을 지키고 유관 연구자에게 유용한 자료를 제공을 위해서 필요한 작업이라고 할 수 있다.[60] 자세히 살펴보면, 〈고려대장경지식베이스〉 사업은 고려 초조대장경과 재조대장경 그리고 자료의 해제, 색인, 감교록, 자종분석, 각수 DB, 이체자전, 이체자 DB, 표점 데이터, 불교용어 사전, 이용자 중심 자종 분석 및 범위 설정 이미지 태깅, 인경본 서지정보, 원문 데이터 및 인경본 참고 정보 및 이미지 연동 서비스가 가능하여 데이터의 보존 및 활용 부분을 충족하는 시스템으로 아카이브 구축 세 번째 단계의 활용 역할이 가능하리라 기대된다.[61] 다음으로 〈『교장총록』[62] DB 구축〉 사업은 서지학 및 불교학 분야의 전문 연구진이 『교장총록』 수록 장소에 대한 문헌 목록 및 현존 유통 자료를 조사하고 연구하는 방식으로 진행되었다. 2012년부터 5년 간 『교장총록』 목록 연구 및 국내·외 현존 유통본 실측 조사 후 서지학적, 불교학적 연구논문을 발표했으며 유통본 이미지 자료를 확보하여 『교장총록』 DB 구축을 하고 있다.[63] 또한 동국대학교에서 개설한 〈한국불교전서〉 사업은 신라 시대부터 조선시대까지 한국인에 의해서 편찬된 불교 관련 저술을 집대성한 것이다. 신라 시대의 원측의 『반야심경찬』에서부터 구한말 보정의 『염불요문과해』까지 총 180여 명의 322종 저술이 '시대별, 저자별'로 분류되어 수록되어 있다. 한국불교

---

60) 이재수, 「스마트 미디어 시대의 불교 기록문화유산 아카이브의 방향」, 『대각사상』 18, 대각사상연구원, 2012.

61) 고려대장경연구소 편, 『(21세기 디지털 대장경) 고려대장경지식베이스』, 고려대장경연구소, 2013.

62) 『신편제종교장총록(新編諸宗敎藏總錄)』(이하 교장총록(敎藏總錄)이라 약칭)은 經·律·論 三藏에 대한 여러 諸宗의 가르침과 그 결과물인 주석서 및 찬술서를 집대성한 章疏의 目錄으로 『교장총록』, 『高麗敎藏』, 『義天錄』이라고도 한다.

63) 최애리, 「『新編諸宗敎藏總錄』 所收 現存本의 調査現況과 DB 活用方案」, 『인문콘텐츠』 50, 인문콘텐츠학회, 2018.

의 사상사를 총체적으로 조명할 수 있는 1차 자료이다. 이 목록집에는 삼국 시대부터 조선시대(1896)까지 찬술된 불서와 문헌자료의 목록을 현존본뿐만 아니라 산실된 것까지 전부 수록하였다. 이후 '불전간행위원회'를 설치하고 총 10권의 한불전를 발간할 계획을 세웠다. 한불전은 본서 10권과 보유 4권 총 14권인데 삼국 시대 3권, 고려 시대 3권, 조선시대 4이며, 보유편은 편찬 과정에서 새로 추가된 것이다. 1979년 1월 제1권이 발간되었고, 본서 제10권은 1989년 11월 발간되었다. 이후 보유편 제14권이 발간된 것은 2004년 12월이었다. 현재 디지털화하는 작업을 마치고 사이트를 통해 원문을 서비스하고, 그 저본이 되는 다양한 전적을 집성하여 이미지와 부가정보를 공개하는 과정 중에 있다.

이처럼 학술 연구의 새로운 방향성을 제시하는 DB 구축은 향후 한국 불교 연구의 활성화를 도모하는 동시에 불교 자료의 대중화에 기여할 것으로 판단된다. DB를 통한 각종 자료의 검색 시스템 구축과 디지털 서비스는 제공은 앞으로 우리가 이뤄나가야 할 성과라고 할 수 있다. 조선시대 불교의 경우 양적 측면에서 다수의 불서가 간행된 때이며, 새로운 자료 발굴 작업을 비롯해 심도 있는 번역 작업이 진행되고 있어 DB 구축에 따른 파생효과가 상당하리라 예측된다. 따라서 새로운 자료의 광범위한 데이터 구축 작업은 본 사업단에서 지속적으로 구축해 나가야 할 중요 성과라고 할 수 있다. 다만, 불교 관련 문헌의 경우 여타 종교보다 DB 구축이 어느 정도 되어 있는 상태이므로 본 사업단에서 유의미한 결과를 도출하기 위해서는 기존의 연구 성과를 기반으로 하여 개별 사찰이나 도서관 및 개인이 소장하고 있는 문헌 발굴, 선서(善逝)·의례(儀禮)·사적기·잡지 등 자료의 성격에 따라 구체적이고 세부적인 그룹화 등을 통한 변별력이 요구된다. 이러한 전제조건을 바탕으로 본 사업에서 대상으로 하는 타 종교(기독교·동학 등)와의 목록화 작업이 함께 이루어진다면, 불교 연구자는 물론 보다 다양한 종교 관계 연구자에게 개성 있는 시각과 아이디어, 연구 방법론 등을 제공해 줄 수 있을 것으로 기대된다.

3) 동학·천도교

(1) 선행연구

동학·천도교에 관한 문헌 DB 구축을 진행하기에 앞서 기존의 연구를 파악하고 이를 바탕으로 지식 기반 구축 측면에서 동학·천도교 DB가 지니는 의미를 확인하고자 한다. 이에 여기에서는 크게 두 가지 측면으로 구분하여, 정치·역사·사상적인 측면에서 동학과 천도교의 탄생과 민족운동·민족종교로서의 발전 양상을 다루고, 지식사적인 측면에서 동학·천도교와 관련된 다양한 문헌자료들을 분석한 선행연구를 검토하도록 하겠다. 이를 통해 본 본 사업단에서 구축하고자 하는 동학·천도교 등 문헌 DB 작업에서 활용할 수 있는 연구 방향을 확인할 수 있을 것으로 기대한다.

동학 그리고 천도교에 관해 기존에 다양한 연구들이 진행되었는데,[64] 첫째, 동학과 천도교의 정치·역사·사상적인 측면에서의 연구 성과들을 살펴보자. 우선 동학 연구는 특히 역사학계에서 동학사상과 동학농민운동을 중심으로 연구가 다수 축적되었다. 민중사학이 등장

---

64) 동학 혹은 천도교 관련 논문이나 연구사 자료는 매우 방대한데, 이에 대해서는 다음의 논문들을 참고한다(박맹수, 「동학농민혁명 관계 참고문헌목록」, 『동학농민혁명과 사회변동』, 한울, 1993; 「동학·천도교관계 논저목록」, 『신인간』, 신인간사, 1990).

하는 사회적 분위기 속에 동학농민운동은 아래로부터의 혁명을 통해 조선 봉건사회 해체의 결정적 계기로 평가받았다. 이에 동학에 관한 연구는 동학이 동학농민운동으로 확대·발전하고 조선 정부를 비롯해 청과 일본을 대상으로 항거하는 역사적 전개 과정을 따라 그들이 주창한 내용을 중심으로 정치 개혁적 측면에서 분석 등을 연구함으로써 민족운동 혹은 민족종교로서 그 위상을 보강하였다.65) 그리고 1894년 동학농민운동 이후의 동향, 즉 동학에서 천도교로의 개편과 영학당 및 활빈 등의 항일운동에 관한 다방면의 연구가 본격화하였다.66)

---

65) 민족운동·민족종교로서 동학을 이해한 논문으로는 고건호, 「韓末 新宗教의 文明論: 東學·天道教를 中心으로」, 서울대학교 박사논문, 2002; 김용휘, 「侍天主思想의 變遷을 통해 본 東學연구」, 고려대학교 박사논문, 2004; 김선경, 「갑오농민전쟁과 민중의식의 성장」, 『사회와 역사』 64, 한국사회사학회, 2003; 이영호, 「갑오농민전쟁 이후 동학농민의 동향과 민족운동」, 『역사와 현실』 3, 한국역사연구회, 1990; 「1894년 농민전쟁의 사회경제적 배경과 변혁주체의 성장」, 『1894년 농민전쟁연구』 1, 역사비평사, 1991; 「농민전쟁 이후 농민운동조직의 동향」, 『1894년 농민전쟁연구: 농민전쟁의 전개 과정』 4, 역사비평사, 1995; 정창렬, 「동학농민혁명 연구의 어제, 오늘 그리고 내일」, 『동학농민혁명의 동아시아적 의미』, 서경, 2002; 홍동현, 「'새로운 민중사'의 등장과 새로운 동학농민전쟁史 서술에 대한 모색」, 『남도문화연구』 27, 순천대학교 남도문화연구소, 2014; 「새로운 민중사 연구로 가는 旅程: 배항섭의 『9세기 민중사 연구의 시각과 방법』을 읽고」, 『조선시대사학보』 76, 조선시대사학회, 2016 등이 있고, 정치 개혁적 측면에 대한 연구로는 김경택, 「한말 동학교문의 정치개혁 사상연구」, 연세대학교 석사논문, 1990; 김도형, 『대한제국기의 정치사상연구』, 지식산업사, 1994; 이은희, 「동학교단의 갑진개화운동에 대한 연구」, 연세대학교 석사논문, 1990; 이용창, 「동학·천도교단의 민회 설립운동과 정치세력화 연구(1896~1906)」, 중앙대학교 박사논문, 2004 등이 있다.

66) 배항섭, 「1894년 동학농민군의 반일항쟁과 '민족적대연합' 추진」, 『군사』 35, 국방부 군사편찬연구소, 1997; 성주현, 「동학혁명 참여자의 혁명 이후 활동」, 『문명연지』 6(1), 한국문명학회, 2005; 「박인호계의 동학혁명과 그 이후 동향」, 『동학학보』 17, 동학학회, 2009; 엄찬호, 「차기석계 동학농민혁명군의 활동과 이후 동향」, 『강원사학』 25, 강원대학교 강원사학회, 2011; 이영호, 「대한제국시기 영학당 운동의 성격」, 『한국민족운동사연구』 5, 한국민족운동사연구회, 1991; 이은희, 「동학교단의 '갑진개화운동'(1904~1906)에 대한 연구」, 연세대학교 석사논문, 1991; 조태규, 「구한말 평안도지방의 동학: 교세의 신장과 성격에 대한 검토를 중심으로」, 『동아연구』 21, 서강대학교 동아연구소, 1990; 최기영, 「한말 동학의 천도교로의 개편에 관한 검토」, 『한국학보』 76, 일지사, 1994; 형문태, 「1904·5년대 동학운동에 대한 일고찰: 일진회·진보회를 중심하여」, 『사학논지』, 한양대학교 사학과, 1977; 홍동현, 「한말·일제시기 문명론과 동학란 인식」, 연세대학교 박사논문, 2018.

다음으로, 동학이 3.1운동을 거치면서 기독교・불교와 함께 민족의 3대 종교의 하나로 부상하게 되는 관계를 규명하는 연구가 이루어졌다. 3.1운동 당시 운동에 참여했던 천도교계의 인물과 활동을 살펴봄으로써 천도교의 역할과 위상을 분석하는 것으로 시작하여 3.1운동을 통해 천도교의 인내천 사상이 어떻게 구현되었는지 확인하는 작업이 있었다.[67) 그리고 3.1운동이 전 지역으로 확장되는 과정에서 수원이나 전남 등 지방에서 시행된 3.1운동에서의 천도교 역할,[68) 1914년 제1차 세계대전이 발발하자 본격적인 항일운동을 준비하기 위해 청년층으로 구성된 천도 구국단과 당시 선언서를 보급했던 보성사를 중심으로 한 제2독립 선언서 발표에 관한 연구가 있었다.[69) 나아가 3.1운동 시행에 주체적인 역할을 했던 천도교인들이 대통령제 임시정부를 조직하고자 했던 구체적인 조직안과 상해로 망명하면서 대한민국 임시정부를 선포하는 과정과 정치세력의 규합 등에 대한 연구도 진행되었다.[70) 아울러 이런 천도교의 활동에 대해 일제의 탄압과 회

67) 朴賢緒, 「三一運動과 天道敎界」, 『三一運動 50周年 記念論集』, 동아일보사, 1969; 李炫熙, 「三一運動 裁判記錄을 통해서 본 天道敎 代表者들의 態度 分析」, 『韓國思想』 12, 한국사상연구회, 1974; 崔東熙, 「天道敎와 3・1 運動」, 『韓國社會와 宗敎』, [출판사 불명], 1989; 黃善嬉, 「천도교의 인내천사상과 3・1운동 연구」, 『水邨 朴永錫 敎授 華甲紀念 韓國史學論叢(下)』, 탐구당, 1992.

68) 성주현, 「수원지역의 3・1운동과 제암리 학살사건에 대한 재조명」, 『수원문화사연구』 4, 수원문화사연구회, 2001; 이동근, 「수원 3・1운동에서 천도교의 역할: 우정・장안면을 중심으로」, 『경기사학』 7, 경기사학회, 2003; 조규태, 「전남지역 천도교인의 3・1운동」, 『동학연구』 17, 한국동학학회, 2004.

69) 이현희, 「천도교의 구국정신과 기여도」, 『한국사상』 18, 한국사상연구회, 1981; 이현희, 「제2독립선언서의 사적의미」, 『동국사학』 15~16, 동국사학회, 1981.

70) 이현희, 「大韓民國 臨時政府의 樹立計劃과 天道敎」, 『한국사상』 20, 한국사상연구회, 1985; 「천도교의 임시정부 수립 시말: 서울지방의 民間政府 樹立 意志」, 『향토서울』 48, 서울특별시사편찬위원회, 1989; 이현주, 「3・1운동직후 '국민대회'와 임시정부수립운동」, 『한국근현대사연구』 6, 한국근현대사학회, 1997; 고정휴, 「3・1운동과 천도교단의 임시정부 수립 구상」, 『한국사학보』 3~4, 고려사학회, 1998; 조규태, 「천도교단과 대한민국임시정부」, 『한국민족운동사연구』 23, 한국민족운동사연구회, 1999.

유책을 다룬 연구가 이어졌으며,71) 최근에는 치밀한 자료 분석과 비
판적 시각을 바탕으로 1937년 친일적 행보를 정리하고 분석하였다.72)

　마지막으로 1990년대부터는 천도교 세력 자체에 대한 연구가 본격
적으로 이루어졌다. 1920년대 두 차례 있었던 천도교 신·구파 분열을
검토함으로써 이들 계파의 활동이 일제 강점기 민족해방운동에서의
역할을 확인하는 방향으로 진행되었다.73) 이를 통해 천도교 세력의
민족운동의 실상을 파악할 수 있었으며,74) 나아가 민족운동을 분석함
에 있어 천도교의 교리와 종교운동의 일환으로 평가하는 등 종교적
측면을 강화하는 연구75) 및 문화운동으로서의 천도교의 성격과 활동
에도 주목되는 연구가 진행되었다.76)

---

71) 姜東鎭,『日帝의 韓國侵略政策史』, 한길사, 1984.

72) 김정인,「일제강점기 천도교단의 민족운동연구」, 서울대학교 박사논문, 2002.

73) 천도교의 분화와 각파에서 단행한 민족운동을 다룬 연구는 다음과 같다. 金正仁,「1910~25
　　년간 天道敎勢力의 動向과 民族運動」,『韓國史論』32, 서울대학교 국사학과, 1994;「일제강
　　점기 천도교단의 민족운동 연구」, 서울대학교 박사논문, 2002; 박찬승,『한국 근대 정치사
　　상사 연구』, 역사비평사, 1992; 李庸昌,「1920年代 天道敎의 紛糾와 民族主義運動」, 중앙대
　　학교 석사논문, 1993(『한국근현대이행기연구』, 신서원, 2001 재수록); 이진구,「천도교 교
　　단조직의 변천과정에 관한 연구: 연원제를 중심으로」,『종교학연구』10, 서울대학교 종교
　　학회, 1991; 鄭用書,「日帝下 天道敎 靑年黨의 運動路線과 政治思想」,『韓國史硏究』105, 한국
　　사연구회, 1999; 조규태,「천도교연합회의 변혁운동: 항일정신과 동학이념의 추구와 관련
　　하여」,『한국근현대사연구』4, 한국근현대사학회, 1996;「천도교 구파와 신간회」,『한국근
　　현대사연구』7, 한국근현대사학회, 1997;「1920년대 천도교의 문화운동연구」, 서강대학교
　　박사논문, 1998.

74) 성주현,「1920년대 경기도지역 천도교와 청년동맹」,『경기사학』4, 경기사학회, 2000;「1920
　　년대 천도교의 민족협동전선론과 신간회의 참여와 활동」,『동학학보』10, 동학학회, 2005;
　　이준식,「최동휘의 민족혁명운동과 코민테른」,『역사와 현실』32, 한국역사연구회, 1999;
　　曺圭泰,「1920년대 천도교연합회의 변혁운동」,『한국근현대사연구』4, 한울, 1996;「천도교
　　청년동맹의 조직과 활동」,『충북사학』9, 충북대학교 사학회, 1997;『천도교의 민족운동
　　연구』, 선인, 2006; 장석흥,「천도교 구파와 6·10만세운동」,『북악사론』4, 북악사악회,
　　1997.

75) 김도형,「1920년대 천도교계의 민족운동연구」,『역사와 현실』30, 한국역사연구회, 1998.

76) 윤해동,「한말 일제하 천도교 김기전의 '근대' 수용과 '민족주의'」,『역사문제연구』1, 역사
　　문제연구소, 1996; 許洙,「일제하 李敦化의 사회사상과 天道敎」, 서울대학교 박사논문,

둘째, 지식사적인 측면에서 동학·천도교와 관련한 문헌연구가 있다. 우선, 동학의 교리 관련 문헌으로서는 『동경대전(東經大全)』을 들수 있다. 『동경대전』은 최제우(崔濟愚)에 의해 간행된 동학의 대표적인 경전으로 동학사상을 이해하는 데 필수적인 사료이다. 특히 『동경대전』은 당대의 지식층을 의식하고 쓴 글로서, 동학의 종교적인 내용을 합리적으로 해석하여 한문으로 신중히 재구성한 경전이다. 『동경대전』에 대한 기본적인 연구사는 박맹수에 의해서 정리되었다. 그는 해제·주석·번역으로 구분하여 연구사를 검토하고, 『동경대전』의 간행 경위와 여러 판본을 분석하여 편차까지 구성한 연구를 진행하였다.[77] 아울러 사상적인 측면에서 최제우의 『동경대전』과 『용담유사』를 비교·대조하거나 대종교의 『삼일신고』를 비교함으로써 동학의 교리에 대해 특징을 유추하는 연구가 있었다.[78] 또한 문학적 측면에서 『동경대전』의 내용 자체를 대상으로 하여 그 역사적 연혁, 종교적인 철학, 그리고 주요개념을 추론하고, 당대의 현실 부조리 속에 동학주문 21자를 중심으로 최제우가 강조한 시천주(侍天主) 사상을 분석하였다.[79] 그리고 서지학에서는 『동경대전』 그 자체를 중심으로 하여 구

2005; 曺圭泰, 「1920年代 天道教의 文化運動研究」, 서강대학교 박사논문(조규태, 『천도교 문화운동론과 문화운동』, 국학자료원, 2006 재수록).

[77] 朴孟洙, 「『東經大全』에 대한 基礎的 研究: 『東經大全』 研究成果를 中心으로」, 『정신문화연구』 34, 한국학중앙연구원, 1988.

[78] 김연선, 「『東經大全』과 '龍潭遺詞'의 比較研究」, 동국대학교 석사논문, 1991; 김정선, 「『동경 대전(東經大全)』과 『용담유사(龍潭遺詞)』의 비교연구(比較研究)」, 『동악어문학』 26, 동악어 문학회, 1991; 문명숙, 「『동경대전』과 『용담유사』에 나타난 동학의 종교사상: 최제우의 신 체험을 중심으로」, 『종교신학연구』 9, 서강대학교 신학연구소, 1996; 신철하, 「동학과 동아시아: 『도덕경(道德經)』과 『동경대전(東經大全)』에 대한 몇 주석」, 『국제어문학회 학술 대회 자료집』, 국제어문학회, 2018; 엄진성, 「『동경대전』과 『삼일신고』에 나타난 천인(天 人)의 관계연구」, 『민족문화논총』 59, 민족문화연구소, 2015; 李康沃, 「『東經大全』과 『龍潭 遺詞』의 敍述原理」, 『민족문화연구총서』 19, 영남대학교 민족문화연구소, 1998; 이근모, 「東學의 『東經大全·龍潭遺詞』에 나타난 人間教育觀 연구」, 한국교원대학교 석사논문, 1998.

성과 내용, 그리고 동학의 여러 요소를 확인하였으며, 최근에는 최초의 목판본인 1880년의 『동경대전』이 새로 발견되어 가장 오래된 판본임을 증명하였다.[80]

다음으로, 대중을 대상으로 한 전교물로써 동학·천도교의 사상을 담고 있는 『용담유사』에 관한 연구이다. 『용담유사』 역시 최제우가 지은 것으로 '후천개벽사상'이라는 동학사상의 근간을 이루고 있다. 기본적으로는 한문으로 된 『동경대전』과 함께 동학의 기본 경전으로 볼 수 있으나 동학의 이념을 누구나 쉽게 이해하고 따를 수 있도록 국문으로 쓰고 가사의 형식을 빌려서 표현하였기 때문에 대중을 대상으로 한 문헌으로 분류할 수도 있겠다. 이런 『용담유사』에 관한 연구는 문학·사상·국어학 측에서 주로 다뤄졌으며,[81] 특히 민중들의 민권과 평등사상, 인권사상, 자주 의식의 고찰 측면에서 한국 민주주의의 발전에 기여했다는 논리로 연결되고 있다.[82]

---

79) 김경탁, 「동학의 『동경대전』에 관한 연구: 그 주요개념의 분석과 화합」, 『아세아연구』 14, 고려대학교 아세아문제연구소, 1971; 박유미, 「崔濟愚의 呪文修行論에 대한 硏究: 『東經大全』을 中心으로」, 성균관대학교 석사논문, 2007; 신상구, 「『東經大全』 所載 水雲의 『絶句』 詩 硏究」, 『동학연구』 27, 한국동학학회, 2009; 안창범, 「『동경대전』의 역사적 연구」, 『동학학보』 2, 동학학회, 2000; 최동희, 「『동경대전』의 종교철학적인 이해」, 『동학학보』 2, 동학학회, 2000.

80) 尹錫山, 「『東經大全』 연구」, 『동학연구』 3, 한국동학학회, 1998; 「새로 발견된 목판본 『동경대전』에 관하여」, 『동학학회』 20, 한국동학학회, 2010; 조용욱 『『동경대전』의 구성과 내용』, 역사공간, 2011.

81) 서영석, 「『용담유사』의 '하날님' 연구: 국어학적 분석을 중심으로」, 『동학연구』 5, 한국동학학회, 1999; 「『용담유사』의 국어학적 고찰」, 『신라문화』 22, 동국대학교 신라문화연구소, 2003.

82) 류해춘, 「동학가사에 나타난 근대의식과 남녀평등」, 『어문학』 140, 한국어문학회, 2018; 박세준, 「수운 최제우와 근대성」, 『한국학논집』 73, 계명대학교 한국학연구원, 2018; 양삼석, 「수운 최제우의 사상에 나타난 이데올로기성과 정치 인식: 『용담유사』를 중심으로」, 『민족사상』 5, 한국민족사상학회, 2011; 「수운 최제우의 남녀평등관」, 『민족사상』 6, 한국민족사상학회, 2012; 오세출, 「용담유사(龍潭遺詞)에 나타난 사상적(思想的) 배경고(背景攷)」, 『동악어문학』 15, 동악어문학회, 1981; 「崔水雲과 『龍潭遺詞』」, 『동학연구』 창간호,

한편, 학리적 차원의 연구물로서 동학의 형성과 동학농민운동의 역사를 기록한『동학사(東學史)』에 대한 연구도 진행되었다. 1924년 전후 오지영(吳知泳)이 저술한『동학사』는 동학농민운동 연구와 진행 그리고 인식에 관해 연구함에 있어 가장 중요한 사료 역할을 담당하고 있다. 이는 그가 동학농민운동에 직접 참여했기에 어떤 사료보다 신빙성을 담보하고 있기 때문이다. 다만 오지영이 동학농민운동 이후 40년이 지난 뒤의 기억과 견문의 내용을 바탕으로 편집했다는 한계가 있다. 이에『동학사』의 초고본과 간행본을 검토하여 그 편찬 경위를 살피거나,[83]『동학사』와 기타 사료와의 비교 대조 분석을 통해 동학농민운동의 실체에 접근하고자 하는 연구가 이루어졌다.[84]

마지막으로, 천도교단에서 간행한 출판물에 대한 연구이다. 주요 대상은 천도교의 기관지였던『개벽』·『천도교회월보』·『신인간』·『별건곤』등인데, 이들 출판물은 조선인에 의해 발행되었던 다른 잡지들이 대부분 단기간 발행에 그쳤던 것과 다르게 장기간 이루어졌다. 그 가운데 1920년대 초부터 조선의 사상적 흐름을 주도해 나갔던『개벽』은 매체적 성격과 사상을 분석하는 측면에서 가장 많은 주목을 받았다.[85] 이는『개벽』이 종교 잡지에 국한되기 보다는 다양한 담론과 사상을 인도하였던 공공의 매체로 인식됐으며, 일제강점기 엄혹한 감시 속에『개벽』이 내포하고 있는 사상적인 다층성과 표현의 공론장으로서의 역할을 인정받았기 때문이다.

한국동학학회, 1997.

83) 김정인, 「『동학사』의 편찬 경위」, 『한국사연구』170, 한국사연구회, 2015.

84) 배항섭, 「『동학사』의 제1차 동학농민전쟁 전개과정에 대한 서술 내용분석」, 『한국사연구』170, 한국사연구회, 2015.

85) 류석환, 「개벽사의 출판활동과 근대잡지」, 성균관대학교 석사논문, 2006; 최수일, 『『개벽』연구』, 소명출판, 2008.

『개벽』에 대한 연구는 『개벽』이 다뤄오던 논설의 사상적 흐름의 변모에 집중되었다. 특히 『개벽』이 현실 개혁을 기반으로 한 문화운동 중심에서 점차 이념적으로 사회주의 세력이 대두되면서 출판물 속에 그 노선의 전환이 드러나고, 결국에는 이로 인해 폐간에 이르기까지 일련의 현상들이 밝혀졌다.[86] 또한 『개벽』을 매체로서의 측면을 중시하여 게재된 작품, 작가, 그리고 편집권의 문제를 둘러싼 연구도 진행되어, 식민지 시대 조선과 조선인의 자화상과 함께 현실 인식과 비판, 그리고 담론적 현실과 전망을 분석하였다.[87] 엄혹한 일제 강점

86) 김근수 「『개벽』지 소고」, 『아세아연구』, 고려대학교 아세아문제연구소, 1966; 김은미, 「『개벽』지에 관한 연구: 논설에 나타난 민족계몽의식을 중심으로」, 중앙대학교 석사논문, 1985; 오영근, 「『개벽』에 관한 서지적 연구」, 청주대학교 석사논문, 1994; 이문태, 「『개벽』지 소설 연구」, 동아대학교 석사논문, 2000; 인권환 「『개벽』지의 문학사적 고찰」(한국사상연구회 편, 『최수운연구』, 원곡문화사, 1974); 최수일, 「1920년대 문학과 『개벽』의 위상」, 성균관대학교 박사논문, 2001; 한재근, 「『개벽』지의 소설 연구」, 연세대학교 석사논문, 1976; 한기형, 「『개벽』의 종교적 이상주의와 근대문학의 사상화」, 『상허학보』 17, 상허학회, 2006; 「식민지 검열정책과 사회주의 관련 잡지의 정치 역학: 『개벽』과 『조선지광』의 역사적 위상 분석과 관련하여」, 『한국문학연구』 30, 고려대학교 민족문화연구원 한국문학연구소, 2006; 「배제된 전통론과 조선인식의 당대성: 『개벽』과 1920년대 식민지 민간학술의 일단」, 『상허학보』 36집, 상허학회, 2012; 허수, 「일제하 이돈화의 사회사상과 천도교」, 서울대학교 박사논문, 2005; 「1920년대 초 『개벽』 주도층의 근대사상 소개양상: 형태적 분석을 중심으로」, 『역사와 현실』 67호, 한국역사연구회, 2008; 「1920년대 『개벽』의 정치사상: '범인간적 민족주의'를 중심으로」, 『정신문화연구』, 한국학중앙연구원, 2008.
87) 강호정, 「석송 김형원 시 연구: 잡지 『開闢』과 『生長』사이」, 『한국학연구』 47, 숙명여자대학교 한국학연구소, 2013; 김건우, 「『개벽』과 1920년대 초반 문학담론의 형성」, 『한국현대문학연구 19』, 한국현대문학회, 2006; 김정인, 「『개벽』을 낳은 현실, 『개벽』에 담긴 희망」, 『역사와 현실』 57, 한국역사연구회, 2005; 김한식, 「잡지의 서적 광고와 내면화된 근대: 『청춘』과 『개벽』을 중심으로」, 『상허학보』 16, 상허학회, 2006; 박현수, 「1920년대 전반기 미디어에서 나도향 소설의 위치: 『동아일보』, 『개벽』 등을 중심으로」, 『상허학보』 42, 상허학회, 2014; 「1920년대 문예지의 선후감 및 월평 연구: 『朝鮮文壇』·『開闢』을 중심으로」, 『비평문학』 41, 한국비평문학회, 2011; 손유경, 「『개벽』의 신칸트주의 수용 양상 연구」, 『철학사상』 23, 서울대학교 철학사상연구소, 2005; 유승환, 「1920년대 초중반의 인식론적 지형과 초기 경향소설의 환상성: 『개벽』과 『조선지광』의 인식론적 담론을 중심으로」, 『한국현대문학연구』 23, 한국현대문학회, 2007; 이경돈, 「1920년대초 민족의식의 전환과 미디어의 역할」, 『사림』 23, 수선사학회, 2005; 이지영, 「1920년대 계몽적 글쓰기 공간으로서의 『開闢』: 『開闢』에 나타난 '생활'과 '언론'의 기표를 중심으로」, 『국어문학』 68, 국어문학회,

기 시대의 출판물인 만큼『개벽』을 둘러싼 검열의 문제도 중요한 연구 대상이었다. 그래서 당대의 검열제도나 압수되어 삭제된 기사의 실증적 복원을 중심으로 한 연구를 통해『개벽』이 갖고 있던 검열에 맞서는 항일적인 상징성이 부각되었다.[88] 근래에는『개벽』과 검열제도가 억압과 피억압이라는 단순한 구도에서 벗어나 보다 복잡한 권력들이 얽혀 있다는 사실을 분석하기도 하였다.[89]

『개벽』이 폐간된 이후 개벽사에서 발간된 대중 잡지 형태의 출판물 연구도 진행되었다. 우선 1910년 8월 15일에 창간된『천도교회월보』은 출판의 자유를 박탈당한 현실에서 한국소설의 동학 담론의 시발점이었으며, 순한문 혹은 국한문 혼용체로 구성되어 계몽잡지로서의 역할을 담당했다는 의의를 밝혔다.[90] 1925년 천도교 분파 이후 신파에서 창간한『신인간』은 그 내용적인 면에서 1920년대『개벽』에서 나타난 문화운동의 연장선상에서 이루어졌으며, 그 서지적 연구와 내용분석을 중심으로 하여 천도교 신파가 중일전쟁 이후 친일로 전향한 논리가 밝혀졌다.[91]『별건곤』은『개벽』이 폐간된 이후 발간된 잡지였다. 당시 검열 상황이 매우 민감한 시기였기 때문에 자연히 정치

2018; 차혜영, 「1920년대 지(知)의 재편과 타자 표상의 상관관계:『개벽』의 해외관련 기사를 중심으로」,『역사와 현실』57, 한국역사연구회, 2005.

88) 최수일, 「근대문학의 재생산 회로와 검열:『개벽』을 중심으로」,『대동문화연구』53집, 성균관대학교 대동문화연구원, 2005.

89) 한기형, 「식민지 검열 정책과 사회주의 관련 잡지의 정치 역학:『개벽』과『조선지광』의 역사적 위상 분석과 관련하여」,『한국문학연구』30집, 고려대학교 민족문화연구원 한국문학연구소, 2006.

90) 김정인, 「1910년대『天道敎會月報』를 통해서 본 민중의 삶」,『한국문화』30, 서울대학교 한국문화연구소, 2002; 우수영, 「『천도교회월보(天道敎會月報)』수록 소설의 담론 전개」,『현대소설연구』64, 현대소설학회, 2016.

91) 김미영, 「일제하 천도교신파의『신인간』지 연구」, 충남대학교 석사논문, 2004; 「천도교신파의 민족종교 회복운동과 방향전환 논리: 일제하『신인간』기사를 중심으로」,『한국근현대사연구』54, 한국근현대사학회, 2010.

및 사상에 대해서 다루지 않고 단순히 '취미와 실익 잡지'로서의 성향이 분석되었으며,[92] 최근에는 삭제 기사를 통해 당시 식민지 검열의 기준을 확인하는 동시에 사회적 측면에서 독자와 대중성을 중점적으로 밝힌 논문도 있다.[93] 이외에도 천도교에서 진행된 간행 자체에 초점을 맞춰 출판과 유통 및 편집자들에 대한 연구도 확인된다.[94] 한편, 개벽사에서 출판한 잡지 『신여성』·『부인』을 통해 근대 여성을

92) 이용희, 「1920~30년대 단편 탐정소설과 탐보적 주체 형성과정 연구」, 성균관대학교 석사논문, 2009; 家永祐子, 「『개벽』과 『별건곤』을 통해본 한국인의 한국자랑」, 『인문과학연구』 33, 강원대학교 인문과학연구소, 2012; 김경미, 「『별건곤』 서사 독물의 대중성에 대한 매체 전략연구」, 『어문학』 133, 한국어문학회, 2016; 「『별건곤』의 순수 '소설'과 '취미독물'의 상관성 연구」, 『어문학』 135, 한국어문학회, 2017; 김도경, 「대중잡지 『별건곤』의 여성운동과 여성운동자 재현 방식」, 『우리말글』 71, 우리말글학회, 2016; 김영주, 「1920~1930년대 매체의 '시' 인식과 활용방식: 『別乾坤』을 중심으로」, 『문화와 융합』 40, 한국문화융합학회, 2018; 김진량, 「근대 잡지 『별건곤』의 "취미담론"과 글쓰기의 특성」, 『어문학』 88, 한국어문학회, 2005; 이경돈, 「『별건곤』과 근대 취미독물」, 『대동문화연구』 46, 대동문화연구원, 2004; 박숙자, 「1920년대 취미독물에 나타난 여성 인물의 재현 양상: 『별건곤』을 중심으로」, 『여성문학연구』 14, 한국여성문학학회, 2005; 이승윤, 「근대 대중지의 '역사' 수용 방식과 글쓰기 전략: '별건곤'을 중심으로」, 『韓國文學論叢』 56, 한국문학회, 2010; 정가람, 「1920~30년대 대중잡지 『별건곤』의 역사 담론 연구: 역사적 사건과 인물의 재현 방식을 중심으로」, 『대중서사연구』 20, 대중서사학회, 2014; 최배은, 「『별건곤』 게재 '탐사 기사'의 '재미'를 창출하는 서술 방식 연구」, 『대중서사연구』 20, 대중서사학회, 2014.

93) 정가람, 「1920~30년대 대중잡지 『별건곤』의 역사 담론 연구: 역사적 사건과 인물의 재현 방식을 중심으로」, 『대중서사연구』 20, 대중서사학회, 2014; 김도경, 「식민지 검열과 대중 잡지 『별건곤』의 불온성」, 『어문학』 130, 한국어문학회, 2015; 김경미, 「『별건곤』 서사 독물의 대중성에 대한 매체 전략연구」, 『어문학』 133, 한국어문학회, 2016.

94) 김웅조, 「천도교의 문화운동」, 『인문과학연구』 2, 성신여자대학교 인문과학연구소, 1983; 「천도교의 잡지간행과 문화운동」, 『동학혁명백주년기념논총』(하), 동학혁명100주년기념사업회, 1994; 송민호, 「1920년대 근대 지식 체계와 『개벽』」, 『한국현대문학연구』 24, 한국현대문학회, 2008; 송민호, 「일제 강점기 근대 지식 체계와 『개벽』」, 한국현대문학회 2008년 제1차 전국학술발표대회, 2008; 이연복, 「천도교 청년당과 신문화운동: 출판활동을 중심으로」, 『한국사상』 12, 한국사상연구회, 1974; 李要燮, 「天道教의 雜誌刊行에 關한 研究: 『開闢』을 중심으로」, 중앙대학교 석사논문, 1994; 정용서, 「1930년대 개벽사 발간 잡지의 편집자들」, 『역사와 현실』 57, 한국역사연구회, 2015.8; 崔起榮, 『天道教의 國民啓蒙運動과 「萬歲報」의 發刊』, 일조각, 1991; 최수일, 「『개벽』의 출판과 유통: 1~30호를 중심으로」, 『민족문학사연구』 16, 민족문학사학회, 2000; 「1920년대 문학과 『개벽』의 위상」, 성균관대학교 박사논문, 2002.

분석한 성과도 있다. 물론 잡지에 게재된 여성 작가들이라는 비록 매우 제한된 자료와 대상의 한계가 존재하고 있으나, 개별 근대 여성의 신원이나 행적, 생각 등의 일면을 확인하고 있다는 점에서 의의가 있겠다. 나아가 사회경제사적 측면에서 여성들이 각종 단체 운동과 사회적 활동을 통해 결집하고 담론적 의제를 창출하며 신여성을 재현하는 양상을 분석하기도 하였다.[95]

이상 동학·천도교 관련 선행 연구를 살펴본 결과, 동학·천도교의 문헌연구는 DB에서 제시하고 있는 사료 혹은 출판물이 직접적인 연구 대상이 되어 그 자체에 대한 분석이 이루어진 반면, 이외에는 동학과 천도교의 성격, 현상과 전개, 의의 등을 도출하기 위한 연구 자료로서 활용되고 있음을 확인할 수 있다. 즉, 필요에 따라 혹은 주제에 따라 일부분의 자료만이 선별되고 활용되고 있는 양상이다. 따라서 본 사업단에서 구축하는 동학·천도교에 대한 DB 작업을 통해 자료 수합이 이루어진다면, 동학·천도교 연구에 있어 다양한 사료를 바탕으로 시대의 흐름에 따라 통시적·복합적·융합적인 교차 검증을 통해 입체화된 연구가 가능할 것으로 기대된다.

---

95) 이상경, 「『부인』에서 『신여성』까지: 근대 여성 연구의 기초자료」, 『근대서지』 2, 근대서지학회 2010; 「근대 문헌에 대한 열정과 완벽주의가 만들어낸 『부인』과 『신여성』 완질 영인본」, 『근대서지』 5, 근대서지학회, 2012; 김수진, 「신여성담론 생산의 식민지적 구조와 『신여성』」, 『경제와사회』, 비판사회학회, 2006.

(2) DB 구축 사업 사례

동학·천도교에 대한 DB사업 진행에 앞서, 기존에 선행되었던 디지털화 작업 현황을 확인할 필요가 있다. 동학·천도교와 관련하여 가장 적극적인 디지털화 사업은 동학농민혁명기념재단을 중심으로 진행되었다. 물론 동학농민혁명은 동학이 등장하고 사회적 불합리함 속에 민중과 결합되면서 발현된 사건이기 때문에 본질적인 결이 다르기는 하나, 혁명의 사상적 기반을 차지하므로 불가분의 관계이다. 이에 동학농민혁명기념재단에서는 동학농민혁명 종합지식정보시스템을 운영하면서 자료와 연구 논저, 연표, 일지 등 다양한 정보를 제공하고 있다. 그 가운데 특히 기존에 간행된『동학농민전쟁사료총서』1~29권 (1996, 동학농민전쟁 백주년 기념사업추진위원회 편, 사운연구소 발행)의 사료들은 해제와 함께 이미지까지 확인할 수 있다. 본 총서는 총 164종으로 개인 및 정부 자료, 일본 자료 및 동학 관련 사료들까지 망라되어 있는 방대한 자료로, 주제별 및 일자별 검색이 가능하다. 뿐만 아니라, 동학농민혁명 참여자 97명에 대한 후손들의 증언까지 별도의 항목을 만들어 연구자에게 다양한 방면으로의 정보를 참고할 수 있다.

여기에 더해 본 사업단에서 구상하고 있는 동학·천도교 DB 사업은 시대를 전근대에 국한하지 않고 대한제국기·일제강점기 등을 포함한 근대까지 확장시켜 총망라하고자 한다. 기존의 자료집성에 포함되지 않는 순수 종교로서의 동학 및 천도교에 대한 자료 및 전근대에서 근대에 이르기까지 장기간에 걸쳐 출판된 자료들을 함께 수집해야 본 사업에 가치와 의미가 있을 것으로 판단되기 때문이다. 아울러 국내 소장 자료에서 그치지 않고 일본 국립 공문서관, 일본 외교 사료관 등에서 제공하는 사료나 중국에서 청 조정에 보고한 사료 등을 수집할 예정이다.

이와 같은 자료의 종합적인 확대는 유관 연구자들에게 유의미한 자료를 제공함으로써 다음과 같은 차별화를 확인할 수 있을 것이다. 첫째, 종교로서의 동학과 천도교의 심화연구가 가능하다. 기존에는 시대와 상황에 따른 단편적이고 지엽적인 연구가 대다수 이루어졌다면, 다양한 사료를 바탕으로 동학과 천도교 자체에 대한 심화 연구를 통해 조선후기에서 일제강점기의 사회상과 종교상의 역학관계를 보다 구체적이고 입체적으로 이해할 수 있을 것이다. 다음으로, 동학과 천도교의 종교적·문화적·사회적·지식사적 성향의 변화 양상 연구도 가능하다. 전근대 조선 조정의 적폐를 대상으로 새로운 세상을 추구하며 성립한 동학은 이후 손병희에 의해 천도교로 바뀌면서 그 대상이 식민지 일제로 변경되었다. 이런 일련의 시대적 흐름 속에 동학 혹은 천도교에서 타도의 대상이 바뀜에 따라 그 종교적·문화적·사회적·지식사적 양상이 종적 횡적으로 어떻게 변화되는지 확인할 수 있을 것으로 보인다. 마지막으로, 동아시아의 국제적인 시각에서 동학과 천도교의 이해가 가능해질 것으로 기대된다. 기본적으로 동학과 천도교는 전근대에서 근대에 걸쳐 조선-중국[청]-일본이 정치·외교·사회·군사적으로 복잡하게 얽혀 있는 주제인 만큼, 중국과 일본 양 국가에서 동학과 천도교에 관해 파악하고 보고하는 사료가 존재한다. 예를 들어, 1935년 조선총독부는 무라야마 지준(村山智順) 등을 통해 조선의 민속종교[유사종교]에 대한 조사를 실시하였다. 이에 무라야마는 조선의 민속종교를 동학계(東學系), 우치계(吽哆系), 불교계(佛敎系), 숭신계(崇神系), 유교계(儒敎系)로 분류하여 분포 상황과 교세, 신앙 의식, 영향 등에 대해 분석하여 보고하였다. 약 1000페이지에 달하는 무라야마의 보고서는 1930년대 조선의 민속종교에 대한 현황을 확인

할 수 있는 귀중한 자료이다. 이는 물론 식민통치를 목적으로 하는
의도를 담고 있으나, 도표와 수치를 동반하는 본 자료를 통해 제3의
외국인이 바라본 조선의 민속종교, 특히 동학의 변화 양상을 파악할
수 있다. 이처럼 동학과 천도교에 대해 국내외 자료를 종합함으로써
동아시아 국제적인 시각에서 비교·분석할 수 있는 좋은 기회가 될
것으로 기대된다.

3. DB 목록

1) 서양종교(천주교·개신교·정교회) DB 목록

번호	자료명	유형	자료형태	편저역자	간행정보	연도	소장처	해제	원문보기	비고
1	대한예수교장로회 헌법	도서	國文	郭安連(Charles Allen Clark, 美)		1954	한글박 민박			천주교
2	요한복음전	도서	國文	말콤 펜윅, 徐景祚		1891	한글박			천주교
3	성경직해	도서	國文			1903	한글박	○		천주교
4	성경직해	도서	國文			1904	한글박	○		천주교
5	성경직해	도서	國文	閔德孝(校/法)	京城府 明治町 天主堂內 聖書活版所	1897~1895	한글박	○		초판본 천주교
6	天主敎要理問答	도서	影印本 國文	원아드리아노 (Larribeau, Adrien Joseph, 원형근)	天主敎會聖書活版所	1934	한글박 가톨릭대			천주교
7	神明初行 上下	도서	鉛活字本 國文	안안도니 (安敦尹, 法) 민아오스딩 (閔德孝, 감준/法)	京成部明治町 天主堂內 聖書活版所	1899	한글박 가톨릭대			1864년 초판본 간행 천주교

번호	자료명	유형	자료형태	편저역자	간행정보	연도	소장처	해제	원문보기	비고
8	周年瞻禮廣益	도서	鉛活字本國文	민아오스딩(閔德孝, 감준/法)	京城府明治町 天主堂內 聖書活版所	1908	한글박가톨릭대			천주교
9	聖經直解廣益 셩모령보쳠례셩경	도서	筆寫本國文	崔昌顯(譯)			한글박			천주교
10	텬쥬셩교공과 데이권	도서	鉛活字本國文	민아오스딩(閔德孝, 감준/法)		1906	한글박			천주교
11	聖經直解廣益 봉지후뎨ㅅ쥬일셩경	도서	筆寫本	崔昌顯(譯)			한글박			천주교
12	聖經直解	도서	鉛活字本國文	민아오스딩(閔德孝, 校/法)	明治町 天主堂內 聖書活版所	1903~1904	한글박			중간본천주교
13	한국천주교회사	도서	鉛活字本國文	샤를르 달레(Charles Dallet)	Paris: Victor Palme	1874	한글박			초판본천주교
14	천주셩교공과 제3권	도서	鉛活字本國文	민아오스딩(閔德孝, 감준/法)		1908	한글박			천주교
15	천주셩교공과 제4권	도서	鉛活字本國文	민아오스딩(閔德孝, 감준/法)		1908	한글박			천주교
16	텬쥬셩교교례규	도서	新鉛活字本國文	다블뤼(Daveluy, 安敦伊, 編)		1903	한글박			천주교
17	텬쥬셩교교례규	도서	新鉛活字本國文	다블뤼(Daveluy, 安敦伊, 編)		1887	한글박			천주교
18	셩모셩월	도서	新鉛活字本國文	민아오스딩(閔德孝, 감준/法)	성서활판소	1910	한글박			천주교
19	천주가사집	도서	筆寫本國文	민극기(삼세대의), 최양업(사향가)		19세기말~20C세기초	한글박			천주교
20	성교요리문답	도서	鉛活字本國文	민아오스딩(閔德孝, 감준/法)		1903	한글박			개신교
21	聖經直解廣益 卷九	도서	筆寫本	崔昌顯(譯)			한글박			개신교
22	天路歷程 상,하	도서	木版本	존 번연(John Bunyan), 제임스 게일(James Scarth Gale, 奇一, 譯)	삼문출판사 The trilingual press	1895	한글박			초판본개신교

번호	자료명	유형	자료형태	편저역자	간행정보	연도	소장처	해제	원문보기	비고
23	시편	도서				1906~1907	한글박			개신교
24	감리회문답	도서				1911.07	한글박			개신교
25	성경직해	도서	國文				최용신기념관			천주교
26	성경직해 권2	도서	國文		京城府 明治町 天主教堂	1921	최용신기념관			천주교
27	성경전서	도서			조선성서공회	1939	최용신기념관			개신교
28	쥬관 성경견셔	도서			경성대영성셔공회	1930	최용신기념관			개신교
29	聖經道理	도서			대한예수교서회	1908	최용신기념관			개신교
30	찬송가	도서				1930년대	최용신기념관			개신교
31	찬송가	도서			조선야소교서회	1932	최용신기념관			개신교
32	긔도의 사람	도서	國文	E.M. Bounds	조선야소교서회	1932	최용신기념관			개신교
33	主日學校教授法	도서			總理院教局	1939	최용신기념관			개신교
34	主日學校 少年部 教科書 卷二	도서		주일학교부(編)	개신교 조선 감리회 총리원 교육국	1936	최용신기념관			개신교
35	전단지	문서					최용신기념관			개신교
36	주일학교 조직과설비	도서		조선 주일학교 연합회, 한석원(編)	서울 새동무사	1922	최용신기념관			개신교
37	신증 복음가	도서		한국 성결교 (동양선교회, 編)		1924	최용신기념관			증판본 개신교
38	예수교 종교교육 심리학	도서		郭安連(Charles Allen Clark, 美)	조선 주일학교 연합회	1927	최용신기념관			개신교
39	聖經辭典	사전	鉛活字本	장로교신학교 교사회(編)	조선야소교서회	1927	최용신기념관			개신교
40	주일학교 교수법	도서		조선평양신학교 교수·선교사 郭安連(Charles Allen Clark, 美)	조선예수교 장로회총회	1933	최용신기념관			개신교

번호	자료명	유형	자료형태	편저역자	간행정보	연도	소장처	해제	원문보기	비고
41	農村教會讀本	도서		펠튼, 정일형(譯)	감리교회 출판부 재판본	1940	최용신 기념관			개신교
42	基督教의 眞髓	도서		양형기(譯)	개신교조선 감리회 총리원교육국	1932	최용신 기념관			개신교
43	新約全書 査經寶鑑	도서		李明稙	동양선교회 성결교회출판부	1938	최용신 기념관			개신교
44	무듸행슐	도서			조선예수교 서회	1926	최용신 기념관			무듸(William.R.Moody) 업적서
45	구약전서 1, 2	도서			미국 성서공회	1911	최용신 기념관			개신교
46	구약개역	도서			大英聖書公會	1937	최용신 기념관			개신교
47	세계를 인도하는 자	도서		고든(Gordon), 안세환(譯)	조선예수교 서회	1920	최용신 기념관			개신교
48	신입교인필지	도서			조선예수교 서회	1922	최용신 기념관			개신교
49	天路歷程	도서		존 번연 (John Bunyan), 제임스 게일 (James Scarth Gale, 奇一, 譯)		1919	최용신 기념관			개신교
50	예수교長老會 禮式書	도서	國漢文混用	君芮彬(美), 鄭敬德(印刷)	朝鮮基督教 彰文社印刷部	1925	청량산박			朝鮮基督教彰文社 판매 개신교
51	예수교長老會 憲法	도서	國漢文混用	郭安連(Charles Allen Clark, 美/編)	朝鮮耶蘇教 書會	1930	청량산박			개신교
52	갱졍교ㅅ·긔	도서		富斗一(英) 牧師, 馬三悅(發行)	福音印刷合 資會社(朝 鮮耶蘇教)	1913.05	청량산박			개신교
53	神學指南	도서		선교사 엥겔 (G. Engel, 濠/編)	조선예수교 장로회신학교	1918.03	청량산박			개신교
54	쥬일안식량론	도서		孟義窩(美), 班禹巨(英, 發行)	啓文社	1922.04	청량산박			개신교
55	요한복음공과	도서		선교사 어드만(W. C. Erdman, 美)			청량산박			개신교

번호	자료명	유형	자료형태	편저역자	간행정보	연도	소장처	해제	원문보기	비고
56	주일학교 교수법	도서		조선 평양신학교 교수 郭安連 (Charles Allen Clark, 美)	조선예수교 장로회총회 종교교육부	1933.05.01 재판본	청량산박			개신교
57	쥬일원리발명 (主日原理發明)	도서			冠樵堂	1929.10.05	청량산박			개신교
58	교사양성과 (甲編)	도서		鄭仁果, 姜炳周(編)			청량산박			개신교
59	新約聖書全解	도서					민박			일어 개신교
60	舊約全書	도서	國文				민박			개신교
61	宣敎案內狀	도서	國文				민박			개신교
62	성경젼셔 권일	도서	國文				민박			개신교
63	讚揚曲集	도서					민박			개신교
64	창셰긔	도서	國文				민박			개신교
65	셩례죠	도서	國文				민박			개신교
66	빌네몬주셕	도서	國文				민박			개신교
67	천주교요리문답	도서	國漢文混用				민박			개신교
68	聖公會公禱文	도서	國漢文混用				민박			개신교
69	구약사긔	도서	國文				민박			개신교
70	성경요리문답	도서	國文				민박			개신교
71	유다셔주석	도서	國漢文混用				민박			개신교
72	신입교인필지	도서	國漢文混用				민박			개신교
73	성모셩월	도서	國文				민박			개신교
74	구약사긔	도서	國漢文混用				민박			개신교
75	구약젼셔	도서	筆寫本				민박			개신교
76	簡易鮮漢文 新約	도서	國漢文混用				민박			개신교
77	예수행적 (耶蘇行蹟)	도서	國文				민박			개신교
78	周年瞻禮廣益 四卷	도서	國文				민박			개신교
79	主敎要旨	도서	國文				민박			개신교
80	에베소인셔주셕	도서	國文				민박			개신교

번호	자료명	유형	자료형태	편저역자	간행정보	연도	소장처	해제	원문보기	비고
81	찬양가	도서	國文				민박			개신교
82	성경략론 (聖經略論)	도서					민박			개신교
83	神命初行 上	도서	國文				민박			개신교
84	요한일이삼셔 주석	도서	國漢文混用				민박			개신교
85	죠선어성가 (朝鮮語聖歌)	도서	國文				민박			개신교
86	大韓예수教長老會憲法	도서	國漢文混用				민박			개신교
87	성찰긔략 (省察記略)	도서	國文				민박			개신교
88	新敎之起源	도서	國文				민박			개신교
89	眞理本原	도서	國漢文混用				민박			개신교
90	私禱文	도서	國漢文混用				민박			개신교
91	베드로전후주셕	도서	國文				민박			개신교
92	舊約史記	도서	國文				민박			개신교
93	텬쥬성교례규 (天主聖敎禮規)	도서	國漢文混用				민박			개신교
94	單卷 聖經註釋	도서	國漢文混用				민박			개신교
95	聖經辭典	도서	國漢文混用				민박			개신교
96	성경직해	도서	國文				민박			개신교
97	彌撒經本	도서	國文				민박			개신교
98	데살노니가전후주석	도서	國漢文混用				민박			개신교
99	四史聖經	도서	國漢文混用				민박			개신교
100	성경직히	도서	國文				민박			개신교
101	성경총론	도서	國漢文混用				민박			개신교
102	성경개역	도서	國漢文混用				민박			개신교
103	신약전셔 관쥬	도서	國漢文混用				민박			개신교
104	지요지뮬라전	도서	國漢文混用				민박			개신교

번호	자료명	유형	자료형태	편저역자	간행정보	연도	소장처	해제	원문보기	비고
105	主日學校禮拜指導方法	도서	國漢文混用				민박			개신교
106	裴尼復興史	도서	國漢文混用				민박			개신교
107	新約全書	도서	國漢文混用				민박			개신교
108	신약전셔 찬송가 합부	도서	國漢文混用				민박			개신교
109	悔罪直指	도서	筆寫本國文				민박			개신교
110	教父들의 信仰	도서	國漢文混用				민박			개신교
111	神命初行 下	도서	筆寫本國文				민박			개신교
112	로동과 긔독교	도서	國漢文混用	山室軍平(日), 朴源轍(譯)	조선예수교서회		민박			개신교
113	進教切要	도서	筆寫本國文				민박			개신교
114	셩교요리문답(聖教要理問答)	도서	筆寫本國文				민박			개신교
115	셩찰긔략(省察記略)	도서	筆寫本國文				민박			개신교
116	안인거 일(安引車 壹)	도서	國文				민박			개신교
117	야고보주석	도서	新活字本國漢文混用				민박			개신교
118	셩상경	도서	國文				민박			개신교
119	최신 유년쥬일학교 교수법	도서	國漢文混用				민박			개신교
120	闢邪論	도서	筆寫本				국박			개신교
121	聖經直解	도서		귀스타브 뮈텔(G. C. M. Mutel, 法)			국박			개신교
122	성교절요(聖教切要)	도서	國文	베르뇌(Berneu, 張敬一, 法)			국박			개신교
123	聖母聖月	도서	筆寫本	민아오스딩(閔德孝, 감준/法)			국박			개신교

번호	자료명	유형	자료형태	편저역자	간행정보	연도	소장처	해제	원문보기	비고
124	성찰긔략	도서	國文	다블뤼(Marie-Nicolas-Antoine Daveluy, 安敦伊, 法/編), 베르뇌(Berneu, 張敬一, 法/編)			국박			개신교
125	聖敎要理問答	도서		베르뇌(Berneu, 張敬一, 法) 外			국박			개신교
126	셩모셩월 (聖母聖月)	도서	國文	민아오스딩 (閔德孝, 감준/法)	경성종현천 주당		청주박			개신교
127	텬쥬셩교공과 (天主聖敎功課)	도서		민아오스딩 (閔德孝, 감준/法)		1917	청주박			개신교
128	新約聖書	도서	鉛活字本			1935	청주박			개신교
129	聖經直解	도서					홍주성 역사관			천주교
130	天主敎要理	도서					홍주성 역사관			천주교
131	天主聖功課	도서	國文				홍주성 역사관			천주교
132	聖敎要理問答	도서	國文				홍주성 역사관			천주교
133	聖敎の本	도서					홍주성 역사관			일본어 번역. 영국 인쇄 천주교
134	聖經直解上下	도서					홍주성 역사관			천주교
135	省察記略	도서					홍주성 역사관			천주교
136	포켓 성서	문서					부시박			1908년 기재 개신교
137	잔여 전도책 목록	도서	國文				부시박			개신교
138	노인문답	도서	國文				전주역사			천주교
139	천주성교예규	도서					전주역사			천주교
140	천주교요리문답	도서					전주역사			천주교
141	누가복음젼	도서	鉛活字本 國文	헨리 아펜젤러 (Henry Gerhard Appenzeller, 美)		1890	역박			개신교

번호	자료명	유형	자료형태	편저역자	간행정보	연도	소장처	해제	원문보기	비고
142	유년쥬일학교: 寄書	도서	印刷本	李貞贊	監理教會協成神學校	1917.08	국도		○	개신교
143	유년쥬일학교 의견도 (幼年主日學校의傳道)	도서	印刷本	리용도	朝鮮耶蘇教書會	1921.03	국도		○	개신교
144	죠션유년쥬일학교의문뎨 (朝鮮幼年主日學校問題)	도서	印刷本	제명사	朝鮮耶蘇教書會	1919.10	국도		○	개신교
145	(중등)쥬일학교공과. 第1,3~4호	도서	印刷本	朝鮮耶蘇教書會	朝鮮耶蘇教書會	1913	국도		○	개신교
146	고등반쥬일성경공과 第4호	도서	印刷本	朝鮮耶蘇教書會	朝鮮耶蘇教書會	1914	국도		○	개신교
147	教會社會事業	도서	印刷本	郭安連 (Charles Allen Clark, 美, 編)	朝鮮耶蘇教書會	1932	국도		○	개신교
148	基督教와 그 眞理	도서	印刷本	賀川豊彦(日), 趙信一(譯)	朝鮮耶蘇教書會	1931	국도		○	개신교
149	基督教辯證論	도서	印刷本	Floyd E. Hamilton	朝鮮耶蘇教書會	1929	국도		○	개신교
150	牧會學	도서	印刷本	郭安連(Charles Allen Clark, 美)	朝鮮耶蘇教書會	1936	국도		○	개신교
151	모세제도의 공과	도서	印刷本	元杜尤 (Lillias Horton Underwood, 美)	朝鮮耶蘇教書會	1913	국도		○	개신교
152	聖經辭典	도서	印刷本	長老教神學校教師會	朝鮮耶蘇教書會	1927	국도		○	개신교
153	끄렌넷의 선교력사	도서	印刷本	William Guest, 李源謨(譯)	朝鮮耶蘇教書會	1934	국도		○	개신교
154	舊約史記	도서	印刷本	蘇安論	朝鮮耶蘇教書會	1913	국도			개신교
155	朝鮮長老教會政治	도서	印刷本	郭安連 (Charles Allen Clark, 美, 編)	朝鮮耶蘇教書會	1919	국도		○	개신교
156	베드로 전후주석	도서	印刷本	蘇安論	朝鮮耶蘇教書會	1929	국도		○	개신교
157	科學과 宗教	도서	印刷本	潘福奇, 金鳴善	朝鮮耶蘇教書會	1926	국도		○	개신교
158	성경략론	도서	印刷本	포웰(譯)	朝鮮耶蘇教書會	1915	국도		○	개신교

번호	자료명	유형	자료 형태	편저역자	간행 정보	연도	소장처	해제	원문 보기	비고
159	예수의 復活	도서	印刷本	James Orr, 白南奭(譯)	朝鮮耶蘇教 書會	1930	국도		○	개신교
160	禁酒實話集	도서	印刷本	李孝德(編)	朝鮮耶蘇教 書會	1936	국도		○	개신교
161	勇鬪的成功家	도서	印刷本	Archer Wallace, 曹正煥(譯)	朝鮮耶蘇教 書會	1933	국도		○	개신교
162	(계단공과)소 년부교과서: 교사용제일편	도서	印刷本	金俊玉	朝鮮耶蘇教 書會	1926	국도		○	개신교
163	三大秘訣: 성령밧는 세가지비결	도서	印刷本	吳世光(譯)	朝鮮耶蘇教 書會	1915	국도		○	개신교
164	牧師必携	도서	印刷本	郭安連(Charles Allen Clark, 美)	朝鮮耶蘇教 書會	1932	국도		○	개신교
165	예수행적도	도서	印刷本	맥칼리 부인 (L. H. McCully)	朝鮮耶蘇教 書會	1921	국도		○	개신교
166	금쥬미담	도서	印刷本	크리스틴 아이 틴링(Christine I. Tinling)	朝鮮耶蘇教 書會	1923	국도		○	개신교
167	(增訂)萬宗一 鬵	도서	印刷本	崔炳憲	朝鮮耶蘇教 書會	1927	국도		○	개신교
168	뿌커 티 와싱톤自敍傳	도서	印刷本		朝鮮耶蘇教 書會	1935	국도		○	개신교
169	남감리교회 도리와 쟝정	도서	印刷本		朝鮮耶蘇教 書會	1915	국도		○	개신교
170	個人傳道	도서	印刷本	J.W. 매후드 (J. W. Mahood), W. D. 레이날드 (J. W. Reynald), 이태두(共譯)	朝鮮耶蘇教 書會	1918	국도		○	개신교
171	(朝鮮)農村教 會事業	도서	印刷本	오천영	朝鮮耶蘇教 書會	1930	국도		○	개신교
172	삼대성도의 사적	도서	印刷本	윤가태	朝鮮耶蘇教 書會	1937	국도		○	개신교
173	끄렐넷의 선교력사	도서	印刷本	이원모	朝鮮耶蘇教 書會	1934	국도		○	개신교
174	성신충만한 생활	도서	印刷本	존 맥닐, 변영서(譯)	朝鮮耶蘇教 書會	1933	국도		○	개신교
175	신입교인 인도	도서	印刷本	閔老雅	朝鮮耶蘇教 書會	1922	국도		○	개신교
176	이기는 生活: 그리스도의 人格과 事役	도서	印刷本	루스 팩슨 (R. Paxon), 소열도(譯)	朝鮮耶蘇教 書會	1933	국도		○	개신교

번호	자료명	유형	자료형태	편저역자	간행정보	연도	소장처	해제	원문보기	비고
177	長老敎會史典彙集	도서	印刷本	郭安連 (Charles Allen Clark, 美)	朝鮮耶蘇敎書會	1918	국도		○	개신교
178	예수의 復活	도서	印刷本	제임스 오르 (James Orr), 백남석(譯)	朝鮮耶蘇敎書會	1930	국도		○	개신교
179	(사복음종합) 예수 일대기	도서	印刷本	소안론	朝鮮耶蘇敎書會	1936	국도		○	개신교
180	라벗 마못 내외의 사적	도서	印刷本	E. D. 합벌트, 윤가태(譯)	朝鮮耶蘇敎書會	1933	국도		○	개신교
181	성경략론	도서	印刷本	포웰	朝鮮耶蘇敎書會	1915	국도		○	개신교
182	舊新約聯絡史	도서	印刷本	부두일, 송기억(譯)	朝鮮耶蘇敎書會	1927	국도		○	개신교
183	人生의 旅行	도서	印刷本	야마무로 군헤이, 조신일(譯)	朝鮮耶蘇敎書會	1936	국도		○	개신교
184	베드로 전후주석	도서	印刷本	소안논	朝鮮耶蘇敎書會	1929	국도		○	개신교
185	(최신)유년주일학교교수법	도서	印刷本	남궁혁	朝鮮耶蘇敎書會	1922	국도		○	개신교
186	류락황도긔	도서	印刷本	기일	朝鮮耶蘇敎書會	1924	국도		○	流落荒島記 개신교
187	(계단공과)초등과 교과서: 敎師用制1年	도서	印刷本	홍병선	朝鮮耶蘇敎書會	1926	국도		○	개신교
188	牧師之法	도서	印刷本	郭安連(Charles Allen Clark, 美)	朝鮮耶蘇敎書會	1919	국도		○	개신교
189	포로시터 후션지셔 강회	도서	印刷本	어도만	朝鮮耶蘇敎書會	1928	국도		○	개신교
190	基督敎辯證論	도서	印刷本	F. E. 하밀톤	朝鮮耶蘇敎書會	1929	국도		○	개신교
191	쥬재림론	도서	印刷本		朝鮮耶蘇敎書會	1922	국도		○	개신교
192	禁酒實話集	도서	印刷本	이효덕	朝鮮耶蘇敎書會	1936	국도		○	개신교
193	牧師必携	도서	印刷本	郭安連(Charles Allen Clark, 美)	朝鮮耶蘇敎書會	1932	국도		○	개신교
194	(근세)주일학교 교수법	도서	印刷本	홍병선	朝鮮耶蘇敎書會	1922	국도		○	개신교

번호	자료명	유형	자료형태	편저역자	간행정보	연도	소장처	해제	원문보기	비고
195	工夫聖經	도서	印刷本	존 웨들 (John Weaver Weddell), R. T. Coit(譯), C. W. Cho(譯)	朝鮮耶蘇教書會	1929	국도		○	개신교
196	希伯來史記	도서	印刷本	기이부	朝鮮耶蘇教書會	1921	국도		○	개신교
197	텬로지명	도서	印刷本	배위량	朝鮮耶蘇教書會	1922	국도		○	개신교
198	신약부녀들	도서	印刷本	오천영	朝鮮耶蘇教書會	1933	국도		○	개신교
199	諺說抄集. 1~3	도서	印刷本	밀너, 에푸 에쓰	朝鮮耶蘇教書會	1913	국도		○	개신교
200	科學과 宗教	도서	印刷本	반복기 김명선	朝鮮耶蘇教書會	1926	국도		○	개신교
201	바울의 오도전서	도서	印刷本	E. M. 케불	朝鮮耶蘇教書會	1913	국도		○	개신교
202	요翰行跡	도서	印刷本	남행리	朝鮮耶蘇教書會	1920	국도		○	개신교
203	칼빈의 생애와 그 사업	도서	印刷本	김태복	朝鮮耶蘇教書會	1942	국도		○	개신교
204	(增訂)萬宗一轡	도서	印刷本	최병헌	朝鮮耶蘇教書會	1927	국도		○	개신교
205	耶蘇의 社會制	도서	印刷本	하리영	朝鮮耶蘇教書會	1930	국도		○	개신교
206	희생의 불	도서	印刷本	양익환	朝鮮耶蘇教書會	1935	국도		○	개신교
207	그리스도교의 신앙	도서	印刷本	금삼통륜, 배위량(譯)	朝鮮耶蘇教書會	1922	국도		○	개신교
208	近代之成功者	도서	印刷本	최상현	朝鮮耶蘇教書會	1932	국도		○	개신교
209	여호수아 강회	도서	印刷本	남행리	朝鮮耶蘇教書會	1928	국도		○	개신교
210	그리스도행적	도서	印刷本	제임스 스토커 (James Stalker), 하이영(譯)	朝鮮耶蘇教書會	1921	국도		○	개신교
211	꿈에 본 仙女	도서	印刷本	김태오(編)	朝鮮耶蘇教書會	1932	국도		○	개신교
212	西部戰線은 조용하다	도서	印刷本	Erich Maria Remarque, 피득(Alexander A. Pieters, 譯)	朝鮮耶蘇教書會	1930	국도		○	개신교

번호	자료명	유형	자료형태	편저역자	간행정보	연도	소장처	해제	원문보기	비고
213	유몽긔담 (牖蒙奇談)	도서	印刷本	A. H. Norton, 최두헌(譯)	朝鮮耶蘇教書會	1928	국도		○	第1卷 개신교
214	쇼영웅	도서	印刷本	Frances Eliza Hodgson Burnett, J. S. Gale(譯), 이원모(譯)	朝鮮耶蘇教書會	1925	국도		○	개신교
215	演經坐談	도서	印刷本	기일	朝鮮耶蘇教書會	1923	국도		○	개신교
216	(계단공과)유치부교과서	도서	印刷本	노돈	朝鮮耶蘇教書會	1926	국도		○	개신교
217	흑쥰마	도서	印刷本	Anna Sewell, Mary Hillman(譯)	朝鮮耶蘇教書會	1927	국도		○	개신교
218	(번역요한)신횡록	도서	印刷本	배위량	朝鮮耶蘇教書會	1921	국도		○	개신교
219	누상비결	도서	印刷本	오천영	朝鮮耶蘇教書會	1934	국도		○	개신교
220	(최근)주일학교론	도서	印刷本	아더드린 (W.A. Athearn), 한석원(譯)	朝鮮耶蘇教書會	1922	국도		○	개신교
211	(미감리교회)교의와 도래	도서	印刷本	기이부	朝鮮耶蘇教書會	1921	국도		○	개신교
212	성경디지문답	도서	印刷本	포웰	朝鮮耶蘇教書會	1915	국도		○	개신교
213	예수의 비유주석	도서	印刷本	민노아	朝鮮耶蘇教書會	1920	국도		○	개신교
214	四福音論	도서	印刷本	허세실	朝鮮耶蘇教書會	1923	국도		○	개신교
215	南監理教會 道理와 章程: 1918年原本	도서	印刷本	양주삼	朝鮮耶蘇教書會	1919	국도		○	개신교
216	헨으리마틴	도서	印刷本	윤가태	朝鮮耶蘇教書會	1923	국도		○	개신교
217	예수행적도	도서	印刷本	맥칼리	朝鮮耶蘇教書會	1921	국도		○	개신교
218	聖바울: 旅行者及로마 市民	도서	印刷本	W. M. 램쉬, 오천영(譯), 강운림(譯)	朝鮮耶蘇教書會	1930	국도		○	개신교
219	루터의 偉跡	도서	印刷本	백남석	朝鮮耶蘇教書會	1929	국도		○	개신교
220	오백문답	도서	印刷本	노해리	朝鮮耶蘇教書會	1923	국도		○	개신교

번호	자료명	유형	자료형태	편저역자	간행정보	연도	소장처	해제	원문보기	비고
221	교회사기	도서	印刷本	마틴 스콥(Martin Schaub), 기이부(譯)	朝鮮耶蘇教書會	1922	국도		○	개신교
222	쥬일학교 성양성공과	도서	印刷本	허대전	朝鮮耶蘇教書會	1917	국도		○	개신교
223	(대부흥가)핀니 自敍傳	도서	印刷本	칼스 C. 핀니(Charles C. Finney), 최상현(譯)	朝鮮耶蘇教書會	1935	국도		○	개신교
224	教會社會事業	도서	印刷本	郭安連(Charles Allen Clark, 美)	朝鮮耶蘇教書會	1932	국도		○	개신교
225	基督教와 그 眞理	도서	印刷本	가가와 도요히꼬(賀川豊彦, 日) 조신일(譯)	朝鮮耶蘇教書會	1931	국도		○	개신교
226	예례미야 講義	도서	印刷本	郭安連(Charles Allen Clark, 美, 編), 고인위(編)	朝鮮耶蘇教書會	1927	국도		○	개신교
227	텬로력정. 1	도서	印刷本	요한 번연, James Scarth Gale(譯)	朝鮮耶蘇教書會	1926	국도		○	개신교
228	信仰이란 무엇인가	도서	印刷本	멧츤, 함일돈(譯)	朝鮮耶蘇教書會	1929	국도		○	개신교
229	朝鮮長老教會政治	도서	印刷本	郭安連(Charles Allen Clark, 美)	朝鮮耶蘇教書會	1919	국도		○	개신교
230	남감리교회 도리와 장정	도서	印刷本	기의남	朝鮮耶蘇教書會	1915	국도		○	개신교
231	耶蘇의 人格	도서	印刷本	기일(共著), 파락만(共著)	朝鮮耶蘇教書會	1921	국도		○	개신교
232	예수의 재림	도서	印刷本	J. S. 게일	朝鮮耶蘇教書會	1913	국도		○	개신교
233	셩교총론	도서	印刷本	헨리 셸던(Henry Sheldon), 도이명(譯)	朝鮮耶蘇教書會	1916	국도		○	개신교
234	悔罪直指	도서	印刷本	안안도니		1812	국도		○	개신교
235	天路歷程	도서	木板本	奇一(譯)	元山: 聖會	1894	국도		○	개신교
236	성경직해	도서	鉛活字本	閔德孝(校)		1897	국도		○	
237	성경직해	도서	鉛活字本	元亨根(編)		1938	국도		○	
238	성경직해	도서	鉛活字本	閔德孝(校)		1904	국도		○	
239	성경직해	도서	鉛活字本	閔德孝(校)		1895	국도			

번호	자료명	유형	자료형태	편저역자	간행정보	연도	소장처	해제	원문보기	비고
240	聖經直解	도서	中國木板本	陽馬諾(譯)			국도			
241	마가복음주석	도서	鉛活字本	李源兢(譯)	東洋書院	1911	국도		○	
242	요한일이삼셔주석	도서	新活字本	閔溶鎬(譯)	東文館	1912	국도			
243	皇極經世易知	도서	中國木板本	何夢瑤		1887	국도		○	
244	聖經	도서	木板本	金周熙(校)		1929	국도			
245	三聖經直講	도서	中國木板本	悟眞子(編注)		1863	국도			
246	聖經要道	도서	中國鉛活字本	安保羅		1896	국도		○	
247	(訂正增補)聖經要領	도서	鉛活字本	安秉翰		1922	국도			
248	改譯聖經	도서	鉛活字本	許曄		1962	국도			
249	聖經入門	도서	中國木板本	韶波		1889	국도			
250	묵시록주석	도서	鉛活字本	閔溶鎬(編)		1913	국도			
251	쥬년첨례광익	도서	鉛活字本	백요왕(譯注)		1885	국도			
252	쥬년첨례광익	도서	鉛活字本	閔德孝(編)		1908	국도		○	
253	텬쥬셩교공과	도서	鉛活字本	閔德孝(編)		1913	국도		○	
254	텬쥬셩교례규	도서	鉛活字本	백요왕(編)			국도			
255	텬쥬셩교례규	도서	鉛活字本	閔德孝(編)		1896	국도			
256	텬쥬셩교공과	도서	新鉛活字本	민아오스딩(閔德孝, 감준/法)		1913	국도		○	
257	텬쥬셩교공과卷1	도서	鉛活字本	민아오스딩(閔德孝, 감준/法)		1898	국도			
258	텬쥬셩교백문답	도서	鉛活字本	백요왕(編)		1884	국도			
259	신명초행	도서	鉛活字本	閔德孝(編)		1908	국도		○	
260	신명초행	도서	鉛活字本	안안도니(編), 閔德孝(감준)		1899	국도			
261	예수행적기념시	도서		奇一(英)	朝鮮耶蘇教書會	1911	국도		○	
262	만국쥬일공과	도서	印刷本	奇一(英)	聖經月報社	1912	국도		○	
263	牖蒙續編	도서	新鉛活字本	奇一(英), 李昌植(校)	廣學書舖	1909	국도			
264	쥬년첨례광익	도서	鉛活字本	閔德孝(編)		1908	국도		○	

번호	자료명	유형	자료형태	편저역자	간행정보	연도	소장처	해제	원문보기	비고
265	쥬년첨례광익	도서	鉛活字本			1884	국도		○	
266	복리젼셔	도서	筆寫本				국도		○	
267	신약젼셔	도서	鉛活字本	金榮官(譯)	東亞基督隊	1938	국도		○	
268	新約全書註釋	도서	新鉛活字本	何進善, 理雅各		1904	국도			
269	盛世芻堯	도서	鉛活字本	馮秉正, 高尚德 雷孝思, 宋君榮			국도		○	
270	盛世芻堯	도서	中國木板本	馮秉正, 高尚德 雷孝思, 宋君榮		1863	국도		○	
271	聖教切要	도서	中國木板本	白多瑪		1842	국도			
272	지요지뮬라젼	도서		元杜字夫人, 朝鮮耶穌教書會(編)		1922	국도		○	
273	韓國聖經大全集	도서		韓國教會史文獻研究院(編), 李樹廷(編)	韓國教會史文獻研究院	2002	국도			
274	쥬교요지	도서	新鉛活字本	閔德孝(編)	天主堂	1909	국도		○	
275	쥬교요지	도서	新鉛活字本			1887	국도		○	
276	셩교졀요	도서					국도			
277	改譯聖經	도서	鉛活字本	許曄	聖公會	1938	국도			
278	셩교졀요	도서	新式活字本	白多馬		1884~1890	규장각	○		
279	新約全書	도서	石版本	聖書公會(編)		1616~1911	규장각	○		
280	新約全書	도서	石版本	聖書公會(編)		1616~1911	규장각	○		
281	福利全書	도서	筆寫本				규장각	○		
282	福利全書	도서	筆寫本				규장각	○		
283	天主教圖處刑圖 및 遺品	그림號牌	筆寫本				규장각	○	○	天主教徒를 迫害하는 그림과 號牌
284	교우필지	도서	筆寫本	정요셉(編譯)		1894	규장각	○		
285	텬로역뎡(天路歷程)	도서	木版本	John Bunyan(英), J. S. Gale(譯/美), 金俊根(揷畵/朝鮮)			규장각	○		
286	稗叢	도서	筆寫本			19世紀中盤	규장각	○		
287	죠만민광(照萬民光)	도서	新式活字本		英國聖教會	1894	규장각	○		

번호	자료명	유형	자료형태	편저역자	간행정보	연도	소장처	해제	원문보기	비고
288	쥬교요지	도서	重刊新式活字本諺解本	丁若鍾(朝鮮), 민안스딩(閔Austin, 감준)		1906	규장각	○		
289	셩교졀요	도서	新式活字諺解本	白多馬, 백요왕(Blanc, 감준)		1884~1890	규장각	○		
290	新約全書	도서	鉛印本		京城大英聖書公會	1911	장서각			
291	新約全書v1	도서	鉛印本		京城大英聖書公會	1911	장서각			
292	新約全書大旨	도서	鉛印本	韓承坤(編)	平壤光明書館	1911	장서각			
293	新約全書.全	도서	鉛印本	大英聖書公會(編)	大英聖書公會	1911	장서각			
294	新約全書大旨v1	도서	鉛印本	韓承坤(編)	平壤光明書館	1911	장서각			
295	新約全書大旨.全	도서	鉛印本	韓承坤(編)	平壤光明書館	1911	장서각			
296	신명초	도서	鉛印本	안안도니(編)			장서각			
297	셩교졀요	도서	中國木板本	白多馬(編)			장서각			
298	쥬년첨례광익	도서	鉛印本	민안스딩(編)		1899	장서각			
299	쥬년첨례광익	도서	鉛印本	배요왕(編)		1885	장서각			
300	新約聖書馬可傳	도서	新鉛活字影印本			1877	숭실대			
301	훈아진언	도서	新鉛活字影印本			1894	숭실대			
302	신약마가전복음셔언히	도서		李樹廷			숭실어문학회			
303	訓兒眞言	도서	新鉛活字影印本			1894	숭실대			
304	眞理本原	도서	新鉛活字	元亨根(원아드리아노, 編/佛)	京城府明治町天主教會	1934	가톨릭대			
305	眞理本原	도서	新鉛活字	閔德孝(編/佛)	京城府明治町天主堂	1927	가톨릭대			
306	彌撒經本	도서	新鉛活字	洪泰華(編/獨), 신보나파시오(감준)	德源:聖芬道修道院,	1938	가톨릭대			
307	四史聖經	도서		한바오로, 元亨根(원아드리아노, 감준/佛)	京城府明治町天主教堂	1922	가톨릭대			

번호	자료명	유형	자료형태	편저역자	간행정보	연도	소장처	해제	원문보기	비고
308	四史聖經	도서		한바오로, 민아오스딩 (閔德孝, 감준/法)	京城府明治町 天主堂內 聖書活版所,	1910	가톨릭대			
309	야고보주셕	도서	新活字本	閔濬鎬(編)	東洋書院	1912	경상대 단국대			
310	天道遡原	도서	新鉛活字本	丁韙良		1899	국민대			
311	天路歷程	도서	國文	존 버니언, 이현주(譯)	범우사	1991	지성문화사			
312	詩篇撮要	도서		알렉산더 피터스						
313	개화기 국어자료집성 성서문헌편	도서	影印本	박이정		1996				
314	예수셩교 누가복음젼셔	도서		John Ross(編) 이응찬(譯) 백홍준(譯) 서상륜(譯)		1882				
315	예수셩교요안 늬복음젼셔	도서		John Ross(編) 이응찬(譯) 백홍준(譯) 서상륜(譯)		1882				
316	예수셩교셩셔 누가복음 뎨자행적	도서		John Ross(編) 이응찬(譯) 백홍준(譯) 서상륜(譯)		1883				
317	예수셩교셩서 요안늬복음	도서		John Ross(編) 이응찬(譯) 백홍준(譯) 서상륜(譯)		1883				
318	예수셩교셩서 맛딕복음	도서		John Ross(編) 이응찬(譯) 백홍준(譯) 서상륜(譯)		1884				
319	예수셩교셩서 말코복음	도서		John Ross(編) 이응찬(譯) 백홍준(譯) 서상륜(譯)		1884				
320	예수셩교셩서 요안늬복음 이비쇼셔신	도서		John Ross(編) 이응찬(譯) 백홍준(譯) 서상륜(譯)		1885				

번호	자료명	유형	자료형태	편저역자	간행정보	연도	소장처	해제	원문보기	비고
321	예수성교전서	도서		John Ross(編) 이응찬(譯) 백홍준(譯) 서상륜(譯)		1887				
322	죠션그리스도인회보	잡지 주간	國文	아펜셀러	정동 감리교 선교부	1897.02.02	한국감리 교회			기독교
323	그리스도신문	잡지 주간	國文	언더우드	정동	1897.04.01	한교문연			기독교
324	대한그리스도인회보	잡지 주간	國文			1897.12.08	국도			기독교
325	신학월보	잡지 월간	國文	조원시 (조 헤버 존스)	제물포 우현각	1900.12 ~1910	한기역연			기독교
326	예수교서회보	잡지 월간	國文	빈의사 벤부인	예수교서회	1904.12				기독교
327	가정잡지	잡지 월간	國文	유성준, 유일선	상동교회 청년학원	1906.06.23	연세대			기독교
328	寶鑑	잡지 주간		드망즈	경향신문사	1906.10 ~1910	연세대			
329	예수교신보	잡지 격주	國文	기일(게일)	정동 감리장로 연합신문	1907.12.10 ~ 1910.02.21	한교문연			기독교
330	宗古聖教會月報	잡지 월간			대한성공회 기관지	1908.06	연세대	○		기독교
331	大道	잡지 월간	國文	李德(C.F.Reid)	미국 桑港 한인감리교 회	1908.12.21				기독교
332	구세신문	잡지 월간	國文	허가두 (Hoggard)	황성 평동 구세군 총사령부	1909.07.01	국도		○	기독교
333	예수교회보	잡지 주간	國文	언더우드	기일 목사 가(家)	1910.02.28 ~ 1914.08.18	한교문연			기독교
334	셰텬ᄉ의긔별	잡지 월간	國文	사업태(M. Scharffenberg), 전시설 (C.L.Butterfield)	뎨칠일안식 일 예수재림교 회	1910.10.20 ~1944.06	국도		○	1947.10.2(속간 時兆 전신 기독교
335	時兆月報	잡지 월간		表求萬(發行), 史嚴泰(編)	시조월보사	1910.10	국도			기독교 안식교
336	時兆	잡지 월간		吾璧(발행), 禹國華(編)	時兆社	1910.10 ~1944.06	국도 연세대			안식교

번호	자료명	유형	자료형태	편저역자	간행정보	연도	소장처	해제	원문보기	비고
337	그리스도회보	잡지 격주	國文	奇義男(Cram)	북부사동 기의남 저(邸)	1911.01.31				강제병합 직후 기독교계 처음 발행 잡지 기독교
338	만인보		國文	만국성경연구회 대표자 R.R.헐리스터	만국성경연구회	1913.01.25				일명 여호아의 증인 관련 신문 기독교
339	중앙청년회보	잡지 월간	國漢文混用	조선중앙기독교 청년회 총무대변 巴樂萬(F.S.Brockman, 美)	경성 종로 조선중앙기독교 청년회	1914.09.14	국도			기독교
340	靑年會報	잡지 월간		巴樂萬	朝鮮中央基督靑年會	1914.09	연세대			기독교
341	公道	잡지 월간	國漢文混用	강매, 신홍우	공도사	1914.10.15	국도			기독교
342	긔독신보 (基督申報)	잡지 주간	國漢文混用	奇義男 (W.G.Cram)	조선야소교 내 기독신보사	1915.12.08 ~ 1937.08.01				기독교
343	神學世界	잡지 격월	國漢文混用	하리영(河鯉泳, R.A.Hardie)	감리교회 협성신학교	1916.01 ~ 1940.08	고려대 연세대 총신대			한국교회사 문헌연구소 영인 기독교
344	敎會指南	잡지 월간		오버그어크트, 吳壁(發行)	제칠일안식일 예수재림교회	1916.07	국도			1941.4 교회지 남으로 개제 1944년 폐간 1945.12 복간 기독교
345	朝鮮正敎報	잡지 월간	國漢文混用	주교 巴禹 (A.Paul, 露)	정동 露國 正敎會堂	1917.02.25	국도			기독교 정교
346	基督敎靑年	잡지 월간			日本 朝鮮留學生基督靑年會	1917.11	연세대			1920年 1月 16號부터 「現代」로 改題. 1935年부터 「福音」으로 改題 기독교
347	主日學校研究	잡지 격월		韓錫源	主日學校研究社	1918.01	연세대			기독교
348	聖經雜誌	잡지 격월	國漢文混用	기일	조선야소교서회	1918.02.28	연세대			기독교
349	神學指南	잡지 계간	國漢文混用	王吉志 (G. Engel, 英)	조선야소교서회	1918.03.30 ~1940.10	한기역연			영인본 기독교

번호	자료명	유형	자료형태	편저역자	간행정보	연도	소장처	해제	원문보기	비고
350	宣教百年紀念會誌	잡지월		許雅各梁柱三	南監理教會	1919.01				기독교
351	選民	잡지월간	國漢文混用	강매	경성부 체부동 선민사	1919.01.30	연세대			기독교
352	主日學界	잡지월간		강매	경성부 체부동 선민사	1919.01	국도			창간호로 종간
353	主日學界先生	잡지월간		스톡스, 기무옥	남감리교회 주일학교부	1919.01				
354	現代	잡지격월	國漢文混用	백남훈	동경 조선기독교 청년회	1920.01.31				기독 청년 후신 1923년에는 젊은이로 개제 기독교
355	世光	잡지월간	國漢文混用	都瑪蓮(M.B.Stokes)	춘천군 춘천면 위동리 세광사	1920.01.20				기독교
356	靑年	잡지월간	國漢文混用	홍병선, 파락만(F.M.Brockman)	경성 중앙기독교 청년회 청년잡지사	1921.03.12~1940				기독교
357	半島之光	잡지월간	國漢文混用	전남 광주군 계천면 양림, 남궁혁, 이인식	경성 야소교서회 평양 광명서관	1921.09.10				기독교
358	活泉	잡지월간	國漢文混用	이명직, 길보른(E.A.Kilbourune, 編)	경성부 죽첨정 동양선교회 성결교회 출판부	1922.11.25	국도			국제아카데미에서 영인본 출판 기독교
359	新生命	잡지주간	國漢文混用	君芮彬(E.W.Koons)	주식회사 기독교 창문사	1923.07.16	연세대			『창조』 동인이 다수 참여 기독교
360	時兆	잡지월간	國漢文混用	王大雅(T.S.Wangerin, 編), 禹國華(E.J.Urquhart, 發行)	제7일 안식일 예수재림교회 시조사	1923.09.00	연세대			『세턴스의 괴별』 후신 1916년 7월 『시조월보』 개제 기독교/안식교
361	主日學校新誌	잡지월간				1924				기독교

번호	자료명	유형	자료 형태	편저역자	간행 정보	연도	소장처	해제	원문 보기	비고
362	쥬일세계	잡지 월간	國漢文混 用	치비 에비슨, 김재형(編)	조선 경성 주일세계사	1925.06.11	연세대			기독교
363	神學報	계간	國漢文混 用	고려위, 나부열 (장로교회 선교사)	평양 조선야소교 장로회신학 교 학우회	1925.07.13				기독교
364	주일학교잡지	잡지 월간	國漢文混 用	許大殿	경성 종로 조선주일학 교연합회	1925.07.16	연세대			1929.10.9. 이후 『종교교육 』으로 변경 기독교
365	眞生	잡지 월간	國漢文混 用	安大善 (W.Anderson)	경성 기독청년 면려회 조선연합회	1925.09.01	국도			기독교
366	아희생활	잡지 월간	國漢文混 用	정인과, 나의수	경성부 홍파교 아희생활사	1926.03.01	연세대			기독교
367	使命	잡지 격월	國漢文混 用	최승만 (이기윤, 윤권)	재일 동경 조선기독교 청년회	1926.03.01	연세대			기독교
368	慶北老會教會 報	잡지 월간	國漢文混 用	安斗華(E.Adams)	대구성경학 교	1926.09.26				기독교
369	收穫運動	잡지 월간		表萬來(發行)	時兆社	1926.04				안식교
370	士官	잡지 격월	國漢文混 用	杜永瑞	경성서대문 구세군 조선본영	1927.02.01	국도			일제말 폐간, 광복 후 복간 기독교
371	聖書講臺	잡지 월간	國漢文混 用	김성여	평남 덕천군 덕천면 성서강대사	1927.07	국도		○	기독교
372	聖書朝鮮	잡지 계간 월간	國漢文混 用	정상훈, 유석동	동경시 성서조선사	1927.07.01	국도			8호부터 경성부 외룡강면 공덕리 활인동 성서조선 사에서 발행 기독교
373	느릅나무			黃錫禹	長春	1927.07				
374	幼年申報	잡지 월간	國漢文混 用	牟義理 (E.M.Mowry)	평양 노회 주일학교 협의회	1928				기독교

번호	자료명	유형	자료형태	편저역자	간행정보	연도	소장처	해제	원문보기	비고
375	節制生活	잡지격월	순국문(추정)	오기선	평양감리교절제생활사	1928.01.23	연세대			금주금연지 기독교
376	新生	잡지월간	國漢文混用	金炤(J.F.Genso), 유형기	경성 서대문 신생사	1928.10.01	국도			기독교
377	주일학교선생	잡지월간	순국문	김준옥(編), 도마련(M.B.Stokes, 發行)	조선 남감리교회	1929.01.25	연세대			1933년 이후까지 발행 추정 기독교
378	농촌청년	잡지월간	國漢文混用	홍병선(主幹), 潘河斗(B.D.Barnhart, 發行)	조선기독교 청년연합회 청년잡지사	1929.02.01	연세대			기독교
379	燈臺	잡지월간	國漢文混用	牟義理(E.M.Mowry)	평양노회 주일학교 협의회	1929.05.01~1930	연세대			기독교
380	농민생활	잡지월간	國漢文混用	尹山溫(G.S.McCune), 채필근	평양 대찰리 농민생활사	1929.06.14~1942				광복 후 서울에서 복간 기독교
381	우리가정	잡지월간		禹國華	時兆社	1929.09	국도			『아단문고 미공개 자료 총서 2014』에 수록 안식교
382	宗教教育	잡지월간		郭安連	朝鮮主日學校聯合會	1930.01	연세대			1931年 2卷 2號부터 基督教宗教教育」으로 改題
383	時中	잡지월간		金彰漢	大聖院	1930.03				
384	基督教 宗教教育	잡지월간		朝鮮 主日學校 聯合會		1930	연세대			기독교
385	종교교육	잡지월간	國漢文混用	郭安連(Charles Allen Clark, 美)	조선주일학교 연합회	1930.01.01				『주일학교잡지』후신 기독교
386	카도릭 朝鮮	잡지월간			가톨릭조선사	1931				천주교
387	당성黨聲	잡지월간		鄭應奉	天道教靑友黨	1931				천주교
388	節制	잡지부정기	國漢文混用	許魚源	경성 조선여자기독교 절제회 연합회	1931.01.31	연세대			기독교

번호	자료명	유형	자료형태	편저역자	간행정보	연도	소장처	해제	원문보기	비고
389	勉勵會報	잡지 월간	國漢文混用	安大善 (W.J.Anderson)	경성 기독청년 면려회 조선연합회	1931.01.09 ~1635.12	연세대			기독교
390	게자씨	잡지 월간	國漢文混用	金鎭鴻	평양부 신양리 게자씨사	1931.06 ~1939.12	정독 도서관			『신앙세계』로 개제 기독교
391	우리집	잡지 계간	國文	蔡富仁(A.B.Chaffin, 編), 許乙(W.J.Hall, 發行)	가정사(기독교 조선감리회 촐리원 교육국)	1931.12.10 ~1937.06	연세대			기독교
392	信仰生活	잡지 월간	國漢文混用	김인서(金麟瑞)	평양 신앙생활사	1932.01	서울대 연세대			기독교
393	天國福音	잡지 월간	國漢文混用	이승원	경기도 시흥 천국복음사	1932.10.01	연세대			기독교
394	宗教時報	잡지 월간	國漢文混用	정인과(編), 허대전(發行)	장로회총회 종교교육부	1932.12.08 ~1935.12	국도			기독교
395	信仰世界	잡지 월간			신앙세계사	1932	연세대			
396	節制	잡지 월간		蔡富仁	조선여자기독절제회	1933.01	연세대			
397	會報	잡지 부정기	國漢文混用	최승만	재일본 동경 조선기독교 청년회	1933				기독교
398	감리회보	잡지 월간	國漢文混用	양주삼(編), 기이부(發行)	경성 기독교 조선감리회 총리원	1933.01.20	연세대			1937년 2월 『조선감리회보』로 개제 기독교
399	靈光	잡지 월간	國漢文混用	이석락(李晳洛)	만주 봉천시 영광사	1933.03.01	국도			기독교
400	아이동무	잡지 월간	國漢文混用	尹山溫 (G.S.McCune)	평양 신양리 아이동무사	1933.05.15	연세대			기독교
401	카토릭 靑年	잡지 월간		元亨根	카토릭 청년사	1933.06	연세대			천주교
402	조선 주일학교 연합회보	잡지 월간	國漢文混用	노보을(美)	조선 주일학교 연합회	1933.07.01				기독교
403	靈界	잡지 월간	國漢文混用	황국주	경성 종로 영계사	1933.11.23	연세대			기독교
404	예수	잡지 월간	國漢文混用	박계주(編), 백남주(發行)	평양 예수교회 중앙선도원	1934.01.13	연세대			기독교

번호	자료명	유형	자료형태	편저역자	간행정보	연도	소장처	해제	원문보기	비고
405	카도릭 硏究	잡지월간		L.E. 모리스	카도릭연구사	1934.01	연세대이대			천주교
406	眞光	잡지월간	國漢文混用	유기태	동경 진광사	1934.02				기독교
407	한인긔독교보	잡지월간	國文	박동완	하와이호놀룰루한인긔독교보사	1934.07.01~1945	연세대			기독교
408	기쁜소식	잡지월간	國漢文混用	이명직(主幹),박부락(發行)	동양선교회성결교회출판부	1934.11.05~1941.10	연세대			기독교
409	火柱	잡지월간	國漢文混用	이석락(編),안두화(E.Adams,發行)	대구부 신정화주사	1934.12.01				기독교
410	聖火	잡지월간	國漢文混用	정남수(編),都瑪蓮(M.B.Stokes, 發行)	경성부필운동성화사	1935.01.22~1942.4				기독교
411	主校指南	잡지계간	國漢文混用	박부락	경성성결교회유년주일학교직원연합회	1935.4.30				기독교
412	童話少年少女雜誌	잡지월간	國漢文混用	최인화	경성부 종로동화사	1936.01.18	연세대			기독교
413	復活運動	잡지월간	國漢文混用	김재형	경성 종로부활사	1936.01.11	연세대			기독교
414	카토릭 少年	잡지월간		裵光被(編),白化東(發行)	카토릭소년사	1936.03	서울대			천주교
415	說敎	잡지월간	國漢文混用	김규당	평양부관후리 설교사	1936.06.25~1941.11	연세대			기독교
416	基督敎報	잡지주간	國漢文混用	정인과, 허대전	경성 종로기독교보사	1936.11.21~1938.7.29				기독교
417	福音運動	잡지월간	國漢文混用	최석주(主幹),김옥남(編)	일본 동경복음운동사	1937.01.01	연세대			기독교
418	慶南敎會報	잡지월간	國漢文混用	孟皓恩(J.S.McRae)	마산시상남동경남노회종교교육부	1937.01.01				기독교
419	새사람	잡지월간		田榮澤	복음사	1937.01	연세대			기독교
420	빛	잡지월간		葛聖烈	빛 사	1937.02				기독교

번호	자료명	유형	자료형태	편저역자	간행정보	연도	소장처	해제	원문보기	비고
421	聖貧	잡지월간	國漢文混用	송창근(主幹), 梅見旋(J.N.Mckenzie, 編)	부산 좌천동 성빈학사	1937.04.01				기독교
422	十字軍	잡지월간	國漢文混用	김재준(編), 이태준(發行)	간도 용정가 신앙운동사	1937.05.10	연세대			기독교
423	十字架	잡지월간	國漢文混用	송태용	경성 십자가사	1937.06.20	연세대			기독교
424	靑年時代			金鶴炯(普成學校學生)	조선 기독교 청년회	1938.03	국도		○	기독교
425	療養村	잡지월간	國漢文混用	賀樂(H.Sherrood)	해주 구세요양원 출판부	1938.05.01	연세대			기독교
426	愛隣	잡지계간	國漢文混用	鄭志强(編), 安道宣(A.G.Anderson, 發行)	평양부 남산정 평양 애린원	1938.07.18	연세대			기독교
427	우리 靑年	잡지월간				1939				기독교
428	신앙세계	잡지월간	國漢文混用	김상권	평양부 창전리 신앙세계사	1939.12.07	연세대			기독교
429	長老會報	잡지주간	國漢文混用	오문환, 정대희	장로회 총회사무국	1940.01.24	국도			기독교
430	活信仰	잡지월간	國漢文混用	안영섭	경성부 북아현정 활신앙사	1940.02.15				기독교
431	기독교신문	잡지주간	國漢文混用	朴本淵瑞(編), 德川仁果(정인과 창씨개명, 발행)	기독교신문 협회	1942.04.29 ~ 1944.08.15	연세대			선교국 영인 기독교
432	天主教新聞	신문	佛文				홍주성역 사관	○		
433	神學世界	잡지		선교사 하리영(河鯉泳, 英)	감리교회협 성신학교	1923~1939	처용신기 넘관			
434	基督教朝鮮監理會 東部·中部·西部·第一回聯合 年會會錄	문서 회의록				1931.06.10 ~06.19	처용신기 넘관	○		
435	時兆月報	잡지		C.L 버터필드(發行)	제7안식일 예수재림교 회	1917	처용신기 넘관			기독교
436	조선감리교회 조직에 대한 성명서	문서				1930	처용신기 넘관	○		

번호	자료명	유형	자료형태	편저역자	간행정보	연도	소장처	해제	원문보기	비고
437	主一學校雜誌	잡지		許大殿 (編·發行/美)	株式會社彰文社印刷部	1925.04	청량산박			기독교
438	眞生	잡지		안대선(安大善, 編·發行/美)	漢城圖書株式會社	1925.09 ~1930.03	청량산박			基督教靑年勉勵會朝鮮聯合會 발행 기독교
439	活泉	잡지				1922.11 ~1942.12	청량산박 민박			대한성결교회 발행 기독교
440	活泉	잡지			東洋宣教會活泉雜誌社	1922~1930	국도			기독교
441	聖火	잡지		정남수	京城 聖火社	1935.01.22	청량산박			기독교
442	說教	잡지 월간		金圭唐(編·發行)	說教社	1937	청량산박			기독교
443	洗禮教人名簿	문서 명부					청량산박	○		
444	尺谷長老教勉勵會會錄	문서 회의록				1921.05 ~1924.01	청량산박	○		

2) 불교 DB 목록

번호	자료명	유형	자료형태	편저역자	간행정보	연도	소장처	해제	원문보기	비고
1	釋門喪儀抄	도서	木版本	覺性		1657	국도	○		
2	釋門家禮抄	도서	古活字本	眞一	高麗大藏經委員會	1660		○		
3	海東高僧傳	도서		覺訓 李炳薰(譯)	乙酉文化社	1975		○		
4	華嚴經論會釋	도서			玄音社	1998		○		
5	蒙庵大師文集	도서	筆寫本	蒙庵				○		
6	大華嚴法界圖	도서	筆寫本					○		
7	十玄談要解	도서	木版本				단국대	○		
8	月渚堂大師集	도서		月渚道安	普賢寺	1717		○		
9	奇巖集	도서	木版本	奇巖法堅			성균관대	○		
10	鏡巖集	도서	木版本	鏡巖應允	碧松寺	1804		○		
11	鰲巖集	도서	木版本	毅旻		1792	한중연	○		
12	大東禪教考	도서		丁若鏞				○		

번호	자료명	유형	자료형태	편저역자	간행정보	연도	소장처	해제	원문보기	비고
13	虛靜集	도서	木版本	法宗		1732	규장각	○		
14	甘露法會	도서		葆光居士		1883	규장각	○		
15	太古和尙語錄	도서	木活字本	普愚			동국대	○		
16	勸念要錄	도서	木版本	普雨	華嚴寺		규장각	○		
17	茶松文稿	도서	筆寫本	寶鼎			송광사 성보 박물관	○	○	
18	茶松詩稿	도서		寶鼎			송광사	○	○	
19	首楞嚴經環解刪補記	도서	筆寫本	普幻			동국대	○	○	
20	少林通方正眼	도서	筆寫本	有炯			용화사	○	○	
21	月城集	도서	木版本	費隱			국도	○	○	
22	克庵集	도서	木活字本	師誠			규장각	○		
23	曾谷集	도서	新鉛活字本	致益		1934	동국대	○		
24	浮休堂大師集	도서	木版本	善修		1620	동국대	○		
25	櫟山集	도서	古活字本	善影		1888	국도	○	○	
26	鏡虛集	도서	新鉛活字本	惺牛	中央禪院	1943	성암박	○		
27	栢庵集	도서	筆寫本	性聰			송광사	○		
28	混元集	도서	木活字本	世煥		1912	계명대	○		
29	無用堂遺稿	도서		秀演	松廣寺	1724	국도	○	○	
30	翠微大師詩集	도서		成守初	國立中央圖書館	1995	국도	○		
31	野雲大禪師文集	도서	木版本	時聖		1827	국도	○	○	
32	松雲大師奮忠紓難錄	도서		惟情 南鵬 (編) 申維翰(校)		1739	국도	○	○	
33	影海大師詩集抄	도서		若坦	松廣寺	1801	송광사	○		
34	鞭羊堂集	도서	木版本	彦機		1634	규장각	○		
35	法華靈驗傳	도서		了圓	朝鮮佛書刊行會	1931	국도	○		
36	現行西方經	도서	木版本	元旵	七佛寺	1710	단국대	○		
37	好隱集	도서	木版本	有璣			규장각	○		
38	四溟堂大師集	도서	木版本	惟政			국도	○		
39	禪源溯流	도서	木版本	有炯		1889	용화사	○	○	
40	鏡巖集	도서	木版本	應允			국도	○	○	

번호	자료명	유형	자료형태	편저역자	간행정보	연도	소장처	해제	원문보기	비고
41	鰲巖集	도서	木版本	毅旻	內延山大悲庵	1792	국도	○	○	
42	白花道場發願文	도서	木版本影印本	義相	寶蓮閣	1979	단국대	○		
43	茶神傳	도서	筆寫本	意恂		1830	동국대	○		
44	東茶頌	도서	筆寫本	意恂		1831년 이후	아모레퍼시픽	○		
45	禪門四辨漫語	도서	新活字本	意恂		1913	가톨릭대	○		
46	一枝庵文集	도서	筆寫本	意恂		1890	동국대	○		
47	震默祖師遺蹟夊	도서	木版本	意恂		1857	동국대	○		
48	艸衣詩藁	도서	木版本	意恂		1979	원광대	○		
49	無量壽經述義記	도서		義寂	眞宗學研究所	1940	국도	○	○	
50	大覺國師文集	도서		義天	京城帝國大學	1931	국도	○	○	
51	大覺國師外集	도서		義天	海印寺	1931	국도	○	○	
52	釋苑詞林	도서		義天			(日)東洋文庫	○		
53	圓宗文類	도서		義天			(日)龍谷大	○		
54	仁嶽集	도서		義沾		1797	국도	○		
55	靑梅集	도서	筆寫本	印悟	權相老	1900	동국대	○		
56	靜觀集	도서	木版本	一禪	安心寺	1641	고려대	○		
57	無竟室中語錄	도서	木版本	子秀	新興寺	1738	동국대	○		
58	無竟集	도서		子秀	新興寺	1738	규장각	○		
59	佛祖眞心禪格抄	도서	筆寫本				동국대	○		
60	雪潭集	도서		自優		1773	국도	○	○	
61	海鵬集	도서	筆寫本	展翎			연세대	○		
62	觀世音菩薩妙應示現濟衆甘露	도서		正觀		1878	국도	○	○	
63	大東禪教考	도서	筆寫本	丁若鏞			(日)天理大	○		
64	禪源諸詮集都序分科	도서	木版本	淨源			봉암사	○		
65	御製花山龍珠寺奉佛祈福偈	도서		正祖		1795	한중연	○		

번호	자료명	유형	자료형태	편저역자	간행정보	연도	소장처	해제	원문보기	비고
66	法集別行錄節要私記解	도서	木版本	定慧	吉祥庵		동국대	○		
67	澄月大師詩集	도서	木版本	正訓		1832	계명대	○		
68	龍潭集	도서	木版本	龍潭	臺巖庵	1768	동국대	○		
69	慈悲道場懺法集解	도서	木版本	祖丘			고인쇄박	○		
70	看話決疑論	도서		知訥	能仁菴	1604	국도	○	○	
71	駕洛國首露王事蹟	고문헌	筆寫本				원각사	○		
72	伽倻山遊尋錄	고문헌				16世紀	원각사	○		
73	伽倻山海印寺古籍	고문헌	木版本				원각사	○		
74	各國約章合編	고문헌				1887	원각사	○		
75	覺說梵網經	고문헌	新鉛活字本			1933	원각사	○		
76	覺說梵網經	고문헌	鉛活字本			1933	죽림정사	○		
77	覺頂心觀音正土摠持經	고문헌	新鉛活字本	白相奎(編)		1922	죽림정사	○		
78	覺海日輪	고문헌	新鉛活字本	白相奎(編)		1930	죽림정사	○		
79	簡牘會粹_표제무	고문헌	木版本				용흥사	○		
80	圓頓看話合論	고문헌	木版本	知訥		1604	용흥사	○		
81	朝鮮佛教月報	잡지월간		權相老	朝鮮佛教月報社	1912.02	국도	○		1913년11월「海東佛教」로 改題
82	海東佛教	잡지월간		朴漢永	海東佛教社	1913.11~1914.06	국도한중연	○		
83	佛教振興會月報	잡지월간		李能和	佛教振興會本部	1915.03	국도	○	○	
84	朝鮮佛教界	잡지월간		李能和	佛教振興會本部	1916.04	국도	○		1916.06.
85	朝鮮佛教叢報	잡지월간		李能和	二十本山聯合事務所	1917.03	한중연	○		1935
86	惟心	잡지월간		李光鍾	京城:惟心社	1918	국도	○	○	
87	鷲山寶林	잡지월간		李鍾天	梁山通度寺內	1920.01	국도	○		종간호 6호.(1920.10)
88	潮音			朝鮮佛教青年會通度寺支會	朝鮮佛教青年會通度寺支會	1920.12	국도	○		

번호	자료명	유형	자료형태	편저역자	간행정보	연도	소장처	해제	원문보기	비고
89	佛日	잡지월간		金世瑛	佛日社	1924.07	고려대 연세대	○		
90	佛教	잡지월간		權相老	佛教社	1924.07	동국대 연세대	○		1924년 7월부터 1933년 7월까지 통권 108호를 발행한 뒤 休刊 경남삼본산 종무협회에 의해 193○년 3월에 다시 1호부터 續刊되었으며 1941년 9월호(신3집)부터는 조선불교 조계종 총본사 태고사로 간행 주체가 변경되어 1944년 12월의 6집까지 발행
91	佛教	잡지월간		權相老	佛教社	1925	동국대	○		
92	佛青運動	잡지월간		金尙昊	朝鮮佛教靑年總同盟	1931.08	연세대	○		
93	禪苑	잡지월간		金寂音	禪學院	1931.10	연세대	○		창간호 (창잡 14-4): 李基烈文庫제2○ (1932년2월)~제○호(1935년10월)
94	關西佛教					1931		○		
95	佛教時報					1935.08		○		
96	金剛山	잡지월간		權相老	금강산사	1935.09~1936.06	동국대	○		통권10호
97	慶北佛教					1936		○		
98	佛教(新)	잡지월간		林元吉	불교사	1937.03~1944.01		○		
99	弘法友	잡지월간		李在福	弘法講友會	1938.03	연세대	○		
100	琢磨					1938		○		
101	圓宗雜誌	잡지월간		金元淳	圓佛教社	1910.01		○		원불교

3) 동학·천도교 DB 목록

번호	자료명	유형	자료형태	편저역자	간행정보	연도	소장처	해제	원문	비고
1	討匪大略: 東學亂	도서	筆寫本				국도		○	
2	討匪大略: 東學亂	도서	筆寫本				국도		○	
3	東學史	도서	影印本	오지영	亞細亞 文化社	1973	국도		○	
4	東學史	도서	影印本	오지영, 이규태(校注)	文宣閣	1973	국도		○	
5	東學史	도서	影印本	오지영, 이장희(校注)	博英社	1974	국도		○	
6	東經大全	도서	影印本	崔濟愚	汎友社	1994	국도			
7	東經大全	도서	鉛活字本	天道教中央 總部			국도		○	
8	東經大全	도서	木活字本	天道教中央 總部			국도		○	
9	東經大典	도서		天道教中央 總部		1907	국도		○	
10	東經大全	도서	石版本	金周熙(校注)		1976	국도		○	
11	東經大全: 弓乙編	도서	石版本	金周熙(校注)		1922	국도		○	
12	東經大典	도서	石板本	李龍根	青林教 中央總部	1932	국도		○	
13	東經大典	도서	鉛活字本	天道教中央 總部(編)	天道教 中央總部	1907	국도			
14	갑오잡기 詐欺賭博團	신문			每日申報社	1932	국도		○	
15	東學文書	도서			驪江出版社	1985	국도			
16	東學亂記錄 (上, 下)	도서	鉛活字本	國史編纂委 員會(編)		1959	국도		○	
17	天經正義	도서		朴晶東(編), 朴衡采(校閱)	侍天教本部	1914	국도		○	
18	天經正義: 附龍潭訣釋贊	도서		崔東變(編)	侍天教本部	1915	국도		○	
19	侍天教歷史	도서	鉛活字本	崔琉鉉	侍天教總部	1920	국도		○	
20	侍天教典	도서	鉛活字本	崔琉鉉	朝鮮印刷社	1913	국도		○	
21	侍天教祖遺蹟 圖志	도서	鉛活字本	朴晶東	侍天教本部	1919	국도		○	

번호	자료명	유형	자료형태	편저역자	간행정보	연도	소장처	해제	원문	비고
22	侍天教宗繹史	도서	鉛活字本	朴晶東	侍天教本部	1915	국도		○	
23	天道教會月報	잡지	鉛活字本		天道教會	1910.08.15 ~ 1938.09	국도		○	第6號~10號
24	三壽要旨	도서	鉛活字本	天道教(編)			국도		○	
25	天約宗正	도서	鉛活字本	天道教中央總部(編)	普文社	1907	국도		○	序: 朴寅浩
26	天約宗正	도서	鉛活字本	季冬中央總部(編)		1907	국도		○	序: 朴寅浩
27	天道教理	도서	筆寫本	天道教中央宗理院 大領 鄭廣朝 外 7人 發給		1931	국도		○	
28	天道教理	도서	筆寫本				국도		○	
29	觀感錄	도서	筆寫本	宋一濂(編)			국도		○	
30	觀感錄	도서	木板本	朴毅長	朴顯周 等	1847	국도		○	
31	觀感錄	도서	鉛活字本	天道教(編)	中央總部		국도		○	普文社藏板
32	觀感錄	도서	新鉛活字本	天道教中央總部(編)	普書館	1907	국도		○	
33	觀感錄	도서	鉛活字本	天道教中央總部(編)	天道教中央總部	1905	국도		○	
34	觀感錄:(幷)續編	도서	木版本	朴政杰 外(編)		1789	국도		○	
35	天道教創建錄	잡지	影印本		開闢社	2007	국도		○	
36	天道教志	잡지	鉛活字本	天道教(編)		1906	국도		○	
37	侍天教月報	잡지		侍天教月報社(發行)	侍天教月報社	1911~1913	국도		○	
38	至氣今至	잡지			侍天教堂宗教本部	1913~1920	국도		○	
39	正理大全	도서	新鉛活字本	崔琉鉉	侍天教總部	1910	국도		○	
40	淸州李氏世譜	문서	古活字本	李承模(編)	侍天教傳教堂	1917	국도		○	
41	是儀經教	도서		權秉悳(編)	侍天教總部	1915	국도		○	
42	玄覺正要	도서	鉛活字本	李寅相(編), 崔琉鉉	侍天教總部	1920	국도		○	
43	三易大經	도서	石板本	李容儀(編)	侍天教性理修養院	1935	국도		○	
44	靈蹟實記	도서	鉛活字本	丁元燮(編)	侍天教總部	1915	국도		○	
45	龍潭訣釋贊	도서	鉛活字本	朴晶東(編)	侍天教本部	1914	국도		○	

번호	자료명	유형	자료형태	편저역자	간행정보	연도	소장처	해제	원문	비고
46	東學兼教授先生案	도서	筆寫本				규장각	○		
47	黃海道東學黨征討略記	도서	筆寫本	鈴木彰		1895	규장각	○		
48	東學黨征討略記	도서	筆寫本	鈴木彰		1895	규장각	○		
49	東學黨征討人錄	도서	筆寫本	軍部(朝鮮)		1863~1907	규장각	○		
50	東學書96)	도서	影印本			1863~1907	규장각	○	○	
51	甲午軍功錄	도서	筆寫本	李王職實錄編纂會(編)			장서각			
52	兩湖右先鋒日記	도서	金屬活字本	壯衛營		1894	장서각			
53	兩湖右先峰日記	도서	再鑄整理字版	壯衛營		1894	장서각			
54	天經正義	도서	新鉛活字本	朴晶東		1914	장서각			
55	札移電存案	문서	筆寫本	李王職實錄編纂會(編)			장서각			
56	甲午軍功錄	도서	筆寫本	李王職實錄編纂會(編)		1900	장서각			
57	嶠南公蹟	도서	筆寫本	朴齊寬		1871	장서각			
58	啓草存案	문서	筆寫本	李王職實錄編纂會(編)			장서각			
59	啓下各衙門狀本存案	문서	筆寫本	李王職實錄編纂會(抄錄)			장서각			
60	開國五百三年十二月啓下各衙門狀本存案 全	문서	筆寫本	李王職實錄編纂會(編)		1927	장서각			
61	啓下狀本存案	문서	筆寫本	李王職實錄編纂會(編)		1927~1940	장서각			
62	忠毅公家狀	도서	筆寫本	洪世泳		1927	장서각			
63	完山留陣時各邑守令及閭里大小民人等軍需補助成冊	문서	筆寫本	李王職實錄編纂會(編)		1894	장서각			
64	全璘準供草	문서	筆寫本	李王職實錄編纂會(編)			장서각			
65	李南珪疏本	문서	筆寫本	李南珪		1893	장서각			
66	秘書類纂	도서	筆寫本	李王職實錄編纂室(編)			장서각			

번호	자료명	유형	자료형태	편저역자	간행정보	연도	소장처	해제	원문	비고
67	天道敎經典上下	도서	謄寫本	한빛회(編)		1952	장서각			
68	侍天敎祖遺蹟圖誌		鉛印本				장서각			圖, 肖像
69	覺道合成歌	문서		도화덕화신민			한글박		○	
70	龍潭遺詞	도서	筆寫本	최제우		1921	한글박			
71	警運歌	도서	木版本	김주희		1929	한글박			夢中運動歌, 上作書 수록
72	東學歌詞	도서	筆寫本				한글박			採芝歌
73	창덕가	도서	木版本	김주희		1925	한글박			
74	水雲心法講義	도서		李敦化	天道敎中央宗理阮布德課編輯室	1926	한글박			
75	平和文	도서	石印本國漢文混用				한글박			
76	龍潭遺詞	도서	筆寫本	최제우			한글박			
77	人乃天要義	도서		李敦化	開闢社	1924	한글박			朴鍾鶴印
78	천도교경전	포덕문	筆寫本	최제우			한글박			
79	出世歌		筆寫本				한글박			
80	天道敎志	도서				대한제국기	한글박			
81	천도교요람용담유사	도서		崔時亨	天道敎南海敎區	1959	한글박			
82	채지가	문서					한글박			
83	東學農民革命史料叢書97)	도서	影印本				동농혁단국편	○	○	
84	天道敎書		謄寫本				단국대			
85	大道眞法		筆寫本				단국대			附: 天道呪
86	天道敎創建史		影印本	李敦化	景仁文化社	1970~1982	단국대			
87	天道敎布敎文						민박			
88	東經大全						전주역사			
89	東經大全			중앙총부(編)			전주역사			
90	천도교구내전주상업회사발급문서	문서					전주역사		○	
91	용담유사	도서					전주역사			
92	天道敎文書	문서	印刷本				홍주성역사관			

번호	자료명	유형	자료형태	편저역자	간행정보	연도	소장처	해제	원문	비고
93	東經大全和訓小敍	도서	印刷本	崔濟愚		1918	대흥사			『동경대전』일어번역판
94	開闢	잡지월간	國漢文混用			1926.02.01	최용신기념관			
95	侍天敎月報	잡지월간	印刷本	丁元燮(編)	侍天敎月報社	1911.02~				
96	侍天敎宗會報	잡지월간	印刷本	李範喆(編)	中央侍天敎會本部	1915.09~1916.03				
97	至氣今至	잡지월간	印刷本	李顯基(編)	侍天敎宗務本部	1917.02~				
98	靈友	잡지	印刷本	李顯奎(編)	侍天敎靑年會	1922.08~				
99	黨聲	잡지월간	印刷本	鄭應奉(編)	天道敎靑友黨	1931				
100	룡천검	잡지월간	印刷本	李正旭(編)	룡천검사(시천교중앙종무부)	1932.07~1936	고려대			
101	婦人	잡지	印刷本	開闢社(編)	開闢社	1922	국도			
102	新女性	잡지	印刷本	開闢社	開闢社	1923.09~1934.08	국도			
103	어린이	잡지	印刷本	開闢社	開闢社	1923~1929	국도			
104	學生	잡지	印刷本	開闢社	開闢社	1929~1930	국도			
105	彗星	잡지	印刷本	開闢社	開闢社	1931.03~1932.04	국도			
106	第一線	잡지	印刷本	開闢社	開闢社	1932~1933	국도			
107	別乾坤	잡지	影印本	開闢社	景仁文化社	1977	국도			1926.11~1934.6

96) 전체 30권 15책으로 되어 있는 『東學書』의 각 권에 대한 세부 사료는 다음과 같다. 卷1: 東學呪文靈符. 卷2: 水雲齋文集, 通章(立議謹通, 敬通噴明道心, 通諭, 敬通, 踐實勸學文, 辨論八節韻, 修道法, 敬通, 立義通文各道東學儒生議送單子, 題音, 甘結, 敬通, 修德行道法文, 警心法). 卷3: 東學呪文靈符(呪文 30여 편, 劒歌, 入道行實, 祝文, 修道映天之門, 符籍 14편). 卷4~5: 東學徒上疏文. 卷6: 東學聖經大典(布德文, 論學文, 修德文, 呪文, 祝文, 絶句, 訣, 和決詩, 歎道儒心急, 興比歌, 偶吟, 座箴, 詠宵, 題書, 筆法, 流高吟, 通文, 通論, 布德式, 入道式致祭式, 祭需式. 卷7: 東學呪文解義, 儀式. 卷8: 東學內修道. 卷9~11: 東學文書. 卷12: 東學敬通文. 卷13: 東學聖經大典. 卷14: 東學布德文, 修德文. 卷15: 東學理氣大全, 東學書式, 東學靈呪. 卷16~29: 東學文書. 卷30: 上疏文單子.

97) 전체 30권으로 되어 있는 『東學農民革命史料叢書』의 각 권에 대한 세부 사료는 다음과 같다. 권1: 梧下記聞, 東學史(草稿本), 권2: 聚語, 時聞記, 略史, 歲藏年錄, 嶺上日記, 經亂錄,

4) 기타 종교 잡지 DB 목록

번호	자료명	유형	자료형태	편저역자	간행정보	연도	소장처	해제	원문	비고
1	大東斯文會報	잡지	印刷本	崔永斗	大東斯文會	1920.04	국도			유교
2	時中	잡지	印刷本	金彰漢	大聖院	1930.03				유교
3	嶺南明德	잡지월간	印刷本	小貫賴次	경북유도연합회	1932.10				유교
4	普天教譜	잡지	印刷本	李昊祥	普天教鎭正院	1922.07				보천교

通論東學徒文, 羅巖隨錄, 公山剿匪記, 石南歷事, 권3: 金若濟日記, 南遊隨錄, 白石書牘, 권4: 錦藩集略, 固城府叢瑣錄, 河陽行遣日記, 大韓季年史, 錦營來札, 권5: 林下遺稿, 甲午事記, 東學文書, 隨錄, 曉諭文, 甲午略歷, 권6: 兩湖招討謄錄, 兩湖電記, 東匪討錄, 南征日記, 甲午實記, 東徒問辨, 권7: 錦城正義錄, 擧義錄, 聚義錄, 金洛喆歷史, 金洛鳳履歷, 日史, 金相轍履歷行狀, 朴鳳陽經歷書, 鳳南日記, 권8: 順天府捕捉東徒姓名成冊, 光陽縣捕捉東徒姓名成冊, 光陽蟾溪驛捕捉東徒姓名成冊, 全羅道各邑所捉東徒數爻及所獲汁物幷錄成冊, 全羅道各邑所獲東徒數爻及將領姓名竝錄成冊, 廉記, 梅泉集, 剛齋遺稿, 蘭坡遺稿, 蓮坡集, 五南集, 思復齋集, 復齋集, 松沙集, 勉菴集, 六有齋遺稿, 蒼園文錄, 壺山集, 永懷堂史輯, 永懷記, 金箕述 文書, 道人經過來歷 등 文件, 韓達文 獄中書信, 羅州名錄, 권9: 避亂錄, 洪鼎紀事, 甲午動亂錄, 甲午記事, 義山遺稿, 권10: 復菴私集, 文章峻 歷史, 昌山后人 曹錫惠歷史, 錦山義兵殉義碑, 洪城金石文, 慕忠祠戰亡將卒氏名錄, 湖沿招討營各邑節義烈行人姓名成冊, 時經錄, 宣諭榜文竝東徒上書所志謄書, 권11: 甲午斥邪錄, 召募日記, 召募事實, 慶尙道召募營錢穀穀入下實數成冊, 討匪大略, 東擾日記, 記聞錄, 農山集, 柳下集, 柏谷誌, 권12: 沙亭日記, 甲午日記, 鄭雲慶家 東學古文書, 東匪討論, 臨瀛討匪小錄, 甲午海營匪擾顚末, 東學黨征討略記, 黃海道東學黨征討略記, 全州府前全羅道各邑上納中匪類所奪錢木米太區別成冊, 全羅道各邑每四邑作統規模關辭條約別錄成冊, 嶠南隨錄, 권13~14: 巡撫先鋒陣謄錄, 권15: 兩湖右先鋒日記, 권16: 巡撫使各陣傳令, 先鋒陣傳令各陣, 先鋒陣書目, 先鋒陣日記, 先鋒陣各邑了發關及甘結, 先鋒陣呈報牒, 先鋒陣上巡撫使書(附雜記), 巡撫使呈報牒, 日本士官函牘, 李圭泰往復書竝墓誌銘, 谷城郡守報狀, 권17: 啓草存案, 札移電存案, 狀啓, 남졍록, 東學黨征討人錄, 甲午軍功錄, 各陣將卒成冊, 권18: 全琫準供草, 重犯供草, 李秉輝供草, 李埈鎔供草, 東學關聯判決宣告書, 路程略記, 권19: 日本外交文書, 日本外務省外交史料館所藏文書(1), 권20: 日本外務省外交史料館所藏文書(1), 권21: 日本外務省外交史料館所藏文書(2), 권22~23: 二六新報, 時事新報, 東京朝日新聞, 萬朝報, 國民新聞, 東京日日新聞, 大阪朝日新聞, 大阪每日新聞, 권24~25: 東亞先覺志士記傳, 洪疇遺績, 天佑俠, 玄洋社社史, 秘教類纂 朝鮮交涉資料, 東學黨, 東學黨視察日記, 甲午朝鮮內亂始末, 內亂實記 朝鮮事件, 朝鮮暴動實記, 日淸交戰錄, 日淸戰爭實記, 日淸戰役間ニ於ケル帝國駐箚部隊ノ行動, 권25: 京城府史, 권26: 慶州版 東經大全, 木川版 東經大全, 戊子版 東經大全, 癸未版 용담유사, 癸巳版 용담유사, 권27: 崔先生文集道源記書, 大先生主文集, 大先生事蹟, 本教歷史, 甲午東學亂, 권28: 天道教書, 권29: 侍天教宗繹史, 東學道宗繹史, 高興郡教區歷史, 南原郡宗理院, 天道教任實教史.

번호	자료명	유형	자료형태	편저역자	간행정보	연도	소장처	해제	원문	비고
5	崇神會月報	잡지월간	印刷本	許榕	숭신회월보사	1931.11				
6	琢磨	잡지월간	印刷本	鄭昌允	탁마사	1938.02				
7	眞光	잡지월간	印刷本	劉基泰	진광사	1934.02	연세대			

참고문헌

단행본

강기선, 『화엄경의 문학성 연구』, 운주사, 2013.

강동진, 『日帝의 韓國侵略政策史』, 한길사, 1984.

고려대장경연구소 편, 『(21세기 디지털 대장경) 고려대장경지식베이스』, 고려대장경 연구소, 2013.

권상노, 『조선불교약사』, 신문관, 1917.

김도형, 『대한제국기의 정치사상연구』, 지식산업사, 1994.

김봉희, 『한국 기독교 문서 간행사 연구』, 이화여자대학교 출판부, 1987.

김영수, 『조선불교사고』, 중앙불교전문학교, 1939(민속원, 2002 복간).

김운학, 『불교문학의 이론』, 일지사, 1981.

김춘배, 『大韓基督敎書會略史』, 대한기독교서회, 1960.

동국대학교 한국문학연구소 편, 『불교 문학 연구의 모색과 전망』, 역락, 2005.

동국대학교 한국문학연구소 편, 『불교 문학과 불교 언어』, 이회문화사, 2002.

박범훈, 『한국 불교 음악사 연구』, 장경각, 2002.

박찬두 편, 『한국 불교 문학 연구자료 목록집』, 한국불교문학사연구회, 1991.

박찬두·홍기삼 외, 『불교문학이란 무엇인가』, 동화출판사, 1991.

박찬승, 『한국 근대 정치사상사 연구』, 역사비평사, 1992.

법현, 『불교 의식 음악 연구』, 운주사, 2012.

사재동, 『월인석보의 불교문화학적 연구』, 중앙인문사, 2006.

윤춘병, 『韓國基督教新聞·雜誌百年史1885~1945』, 감리교신학대학교 출판부, 2003.

윤춘병, 『韓國監理教會出版文化硏究』, 감리교신학대학교 출판부, 2005.

이능화, 『조선불교통사』, 신문관, 1918.

이만, 『불교 문학과 사상: 문학을 위한 불교 언어와 사상』, 부흥기획 출판부, 2001.

이만열, 『韓國基督教文化運動史』, 대한기독교서회, 1987.

이상보 외, 『불교 문학 연구 입문: 율문·언어편』, 동화출판공사, 1991.

이용창, 『한국근현대이행기연구』, 신서원, 2001.

이장식, 『大韓基督教書會百年史』, 대한기독교서회, 1984.

이진오, 『한국 불교 문학의 연구』, 민족사, 1997.

이철교·이동규 편, 『한국 불교관계 논저 종합목록(하)』, 고려대장경연구소 출판부, 2002.

인권환, 『한국 불교 문학 연구』, 고려대학교 출판부, 1999.

조규태, 『천도교 문화운동론과 문화운동』, 국학자료원, 2006.

조규태, 『천도교의 민족운동 연구』, 선인, 2006.

조명화, 『중국 불교의 송찬 문학』, 동국대학교 불교문화연구원, 2011.

조용욱 『『동경대전』의 구성과 내용』, 역사공간, 2011.

채혜련, 『영산재와 범패: 이론 및 분석편』, 국학자료원, 2011.

최기영, 『天道教의 國民啓蒙運動과 「萬歲報」의 發刊』, 일조각, 1991.

최수일, 『『개벽』 연구』, 소명출판, 2008.

한국문학연구소 편, 『한국 불교 문학 연구』(상·하), 동국대학교 출판부, 1988.

한영제, 『한국 기독교 정기간행물 100년』, 기독교문사, 1987.

한영제, 『한국 기독교 문서운동 100년』, 기독교문사, 1987.

한우근, 『유교 정치와 불교』, 일조각, 1993.

홍윤식, 『불교 문화와 민속』, 동국대학교 출판부, 2012.

홍윤식 외 공저, 『불교 문학 연구 입문』(산문·민속편), 동화출판공사, 1991.

황패강, 『신라 불교 설화 연구』, 일지사, 1975.

논문

家永祐子, 「『개벽』과 『별건곤』을 통해본 한국인의 한국자랑」, 『인문과학연구』 33, 강원대학교 인문과학연구소, 2012.

강호정, 「석송 김형원 시 연구: 잡지 『開闢』과 『生長』 사이」, 『한국학연구』 47, 숙명여자대학교 한국학연구소, 2013.

고건호, 「韓末 新宗教의 文明論: 東學·天道敎를 中心으로」, 서울대학교 박사논문, 2002.

고정휴, 「3·1운동과 천도교단의 임시정부 수립 구상」, 『한국사학보』 3~4, 고려사학회, 1998.

금진우, 「기독교 전문 잡지 실태에 관한 연구」, 『일러스트레이션학연구』 54, 한국일러스트학회, 2002.

김건우, 「『개벽』과 1920년대 초반 문학담론의 형성」, 『한국현대문학연구』 19, 한국현대문학회, 2006.

김경남, 「지식 지형의 변화에 따른 조선 후기(18~19세기) 종교문헌과 언어 문제」, 『우리말연구』 54, 우리말학회, 2018.

김경미, 「『별건곤』 서사 독물의 대중성에 대한 매체 전략연구」, 『어문학』 133, 한국어문학회, 2016.

김경미, 「『별건곤』의 순수 '소설'과 '취미독물'의 상관성 연구」, 『어문학』 135, 한국어문학회, 2017.

김경집, 「조선후기 불교사상의 전개: 19세기를 중심으로」, 『동악어문학』 48, 동악어문학회, 2007.

김경탁, 「동학의 『동경대전』에 관한 연구: 그 주요개념의 분석과 화합」, 『아세아연구』 14, 고려대학교 아세아문제연구소, 1971.

김경택, 「한말 동학교문의 정치개혁 사상연구」, 연세대학교 석사논문, 1990.

김근수, 「『개벽』지 소고」, 『아세아연구』, 고려대학교 아세아문제연구소, 1966.

김도경, 「식민지 검열과 대중잡지 『별건곤』의 불온성」, 『어문학』 130, 한국어문학회, 2015.

김도경, 「대중잡지 『별건곤』의 여성운동과 여성운동자 재현 방식」, 『우리말글』 71, 우리말글학회, 2016.

김도형, 「1920년대 천도교계의 민족운동연구」, 『역사와 현실』 30, 한국역사연구회, 1998.

김무봉, 「불교경전(佛敎經典) 한글 번역의 역사와 과제: 불경언해와 간경도감(刊經都監)」, 『동아시아불교문화』 6, 동아시아불교문화학회, 2010.

김무숙, 「화엄경의 문학적 검토」, 『동의어문론집』 11, 동의대학교 국어국문학과, 1998.

김무숙, 「한국 불교 소설의 '화엄경' 수용 양상 연구」, 동아대학교 박사논문, 1999.

김미영, 「일제하 천도교신파의 『신인간』지 연구」, 충남대학교 석사논문, 2004.

김미영, 「천도교신파의 민족종교 회복운동과 방향전환 논리: 일제하 『신인간』 기사를 중심으로」, 『한국근현대사연구』 54, 한국근현대사학회, 2010.

김봉희, 「한국 기독교 문서 간행에 관한 연구」, 연세대학교 박사논문, 1984.

김봉희, 「한국 最古의 출판사인 서회의 출판문화에의 공헌」, 『基督敎思想』 378, 대한기독교서회, 1990.

김선경, 「갑오농민전쟁과 민중의식의 성장」, 『사회와 역사』 64, 한국사회 사학회, 2003.

김수진, 「신여성담론 생산의 식민지적 구조와 『신여성』」, 『경제와사회』, 비판사회학회, 2006.

김승호, 「불교적 영웅고: 승전류를 중심으로」, 『한국문학연구』 12, 고려대 학교 민족문화연구원 한국문학연구소, 1989.

김양선, 「한국 기독교 초기 간행물에 관하여」, 『김성식박사화갑기념논문 집』, 고려대학교 출판부, 1968.

김에스더, 「우리나라 종교학 문헌의 인용 분석에 관한 연구」, 중앙대학교 석사논문, 2016.

김연선, 「'東經大全'과 '龍潭遺詞'의 比較研究」, 동국대학교 석사논문, 1991.

김영주, 「1920~1930년대 매체의 '시' 인식과 활용방식: 『別乾坤』을 중심으 로」, 『문화와 융합』 40, 한국문화융합학회, 2018.

김용태, 「반야의 문학적 의미」, 『현대문학』 125, 현대문학, 1965.

김용태, 「화엄 사상의 문학적 접근」, 『禪的 상상력과 문예비평』(김용태 평 론집), 1995.

김용태, 「조선 시대 불교 연구의 성과와 과제」, 『韓國佛敎學』 68, 한국불교 학회, 2013.

김용휘, 「侍天主思想의 變遷을 통해 본 東學연구」, 고려대학교 박사논문, 2004.

김은미, 「『개벽』지에 관한 연구: 논설에 나타난 민족계몽의식을 중심으로」, 중앙대학교 석사논문, 1985.

김응조, 「천도교의 문화운동」, 『인문과학연구』 2, 성신여자대학교 인문과학연구소, 1983.

김응조, 「천도교의 잡지간행과 문화운동」, 『동학혁명백주년기념논총(하)』, 동학혁명100주년기념사업회, 1994.

김잉석, 「불타와 불교문학」, 『한국 불교 문학연구』, 동국대학교 출판부, 1988.

김정선, 「『동경대전(東經大全)』과 『용담유사(龍潭遺詞)』의 비교연구(比較研究)」, 『동악어문학』 26, 동악어문학회, 1991.

김정인, 「1910~25년간 天道敎勢力의 動向과 民族運動」, 『韓國史論』 32, 서울대학교 국사학과, 1994.

김정인, 「1910년대 『天道敎會月報』를 통해서 본 민중의 삶」, 『한국문화』 30, 서울대학교 한국문화연구소, 2002.

김정인, 「일제강점기 천도교단의 민족운동 연구」, 서울대학교 박사논문, 2002.

김정인, 「『개벽』을 낳은 현실, 『개벽』에 담긴 희망」, 『역사와 현실』 57, 한국역사연구회, 2005.

김정인, 「20세기 초 한국 불교 개혁론에서 불경의 한글 번역에 대한 인식」, 『종교연구』 55, 한국종교학회, 2009.

김정인, 「『동학사』의 편찬 경위」, 『한국사연구』 170, 한국사연구회, 2015.

김종인·허우성, 「불경의 한글 번역과 한국사회의 근대성」, 『동아시아불교문화』 6, 동아시아불교문화학회, 2010.

김종진, 「근대 불교잡지의 한글인식과 한글문화운동」, 『불교학연구』 43, 불교학연구회, 2015.

김종진, 「근대 불교잡지의 번역담론」, 『불교학연구』 54, 불교학연구회, 2018.

김주평, 임동빈, 「기독교에 관련된 한국의 잡지에 관한 연구」, 『釜山女子專門大學論文集』 21, 부산여자대학, 1999.

김준혁, 「朝鮮後期 正祖의 佛教認識과 政策」, 『중앙사론』 12, 중앙사학연구소, 1999.

김진량, 「근대 잡지 『별건곤』의 "취미담론"과 글쓰기의 특성」, 『어문학』 88, 한국어문학회, 2005

김철영, 「개화기 한국 기독교 출판에 관한 연구」, 경희대학교 석사논문, 2003.

김한식, 「잡지의 서적 광고와 내면화된 근대: 『청춘』과 『개벽』을 중심으로」, 『상허학보』 16, 상허학회, 2006.

남희숙, 「조선후기 불서 간행 연구: 진언집과 불교 의식집을 중심으로」, 서울대학교 박사논문, 2004.

류석환, 「개벽사의 출판활동과 근대잡지」, 성균관대학교 석사논문, 2006.

류해춘, 「동학가사에 나타난 근대의식과 남녀평등」, 『어문학』 140, 한국어문학회, 2018.

문명숙, 「『동경대전』과 『용담유사』에 나타난 동학의 종교사상: 최제우의 신 체험을 중심으로」, 『종교신학연구』 9, 서강대학교 신학연구소, 1996.

민경배, 「대한기독교서회와 한국교회」, 『基督教思想』 265, 대한기독교서회, 1980.

박맹수, 「『東經大全』에 대한 基礎的 研究: 『東經大全』 研究成果를 中心으로」, 『정신문화연구』 34, 한국학중앙연구원, 1988.

박맹수, 「동학·천도교관계 논저목록」, 『신인간』, 신인간사, 1990.

박맹수, 「동학농민혁명 관계 참고문헌목록」, 『동학농민혁명과 사회변동』, 한울, 1993.

박보람, 「디지털 인문학 시대, 불교학의 현재와 미래」, 『21세기 과학과 불교』, 동국대불교문화연구원 인문한국(HK)연구단, 2016.

박세준, 「수운 최제우와 근대성」, 『한국학논집』 73, 계명대학교 한국학연구원, 2018.

박숙자, 「1920년대 취미독물에 나타난 여성 인물의 재현 양상: 『별건곤』을 중심으로」, 『여성문학연구』 14, 한국여성문학학회, 2005

박에스더, 「한국 기독교 신문의 사적 고찰과 발전 방향에 관한 연구 기독교 주간 신문을 중심으로」, 중앙대학교 석사논문, 1996.

박유미, 「崔濟愚의 呪文修行論에 대한 研究: 『東經大全』을 中心으로」, 성균관대학교 석사논문, 2007.

박찬두, 「경전 문학의 가능성과 경전의 문학성」, 『불교 문학이란 무엇인가』, 동화출판사, 1991.

朴賢緒, 「三一運動과 天道敎界」, 『三一運動 50周年 記念論集』, 동아일보사, 1969.

박현수, 「1920년대 문예지의 선후감 및 월평 연구: 『朝鮮文壇』·『開闢』을 중심으로」, 『비평문학』 41, 한국비평문학회, 2011.

박현수, 「1920년대 전반기 미디어에서 나도향 소설의 위치: 『동아일보』, 『개벽』 등을 중심으로」, 『상허학보』 42, 상허학회, 2014.

배항섭, 「1894년 동학농민군의 반일항쟁과 '민족적대연합' 추진」, 『군사』 35, 국방부 군사편찬연구소, 1997.

배항섭, 「『동학사』의 제1차 동학농민전쟁 전개과정에 대한 서술 내용분석」, 『한국사연구』 170, 한국사연구회, 2015.

사재동, 「불교계 서사문학의 연구」, 『어문연구』 12, 어문연구회, 1983.

서굉일, 「한국 교회사 속에서 본 서회 100년의 의미」, 『基督敎思想』 378, 대한기독교서회, 1990.

서영석, 「『용담유사』의 '하날님' 연구: 국어학적 분석을 중심으로」, 『동학연구』 5, 한국동학학회, 1999.

서영석, 「『용담유사』의 국어학적 고찰」, 『신라문화』 22, 동국대학교 신라문화연구소, 2003.

서정민, 「한국 역사와 대한기독교서회」, 『基督敎思想』 618, 대한기독교서회, 2010.

성주현, 「1920년대 경기도지역 천도교와 청년동맹」, 『경기사학』 4, 경기사학회, 2000.

성주현, 「수원지역의 3·1운동과 제암리 학살사건에 대한 재조명」, 『수원문화사연구』 4, 수원문화사연구회, 2001.

성주현, 「1920년대 천도교의 민족협동전선론과 신간회의 참여와 활동」, 『동학학보』 10, 동학학회, 2005.

성주현, 「동학혁명 참여자의 혁명 이후 활동」, 『문명연지』 6(1), 한국문명학회, 2005.

성주현, 「박인호계의 동학혁명과 그 이후 동향」, 『동학학보』 17, 동학학회, 2009.

손유경, 「『개벽』의 신칸트주의 수용 양상 연구」, 『철학사상』 23, 서울대학교 철학사상연구소, 2005.

송민호, 「일제 강점기 근대 지식 체계와 『개벽』」, 한국현대문학회 2008년 제1차 전국학술발표대회, 2008.

송민호, 「1920년대 근대 지식 체계와 『개벽』」, 『한국현대문학연구』 24, 한국현대문학회, 2008.

송현주, 「근대 한국불교의 종교 정체성 인식: 1910~1930년대 불교잡지를 중심으로」, 『불교학연구』 7, 불교학연구회, 2003.

신규탁, 「한역불전의 한글 번역에 나타난 경향성 고찰: 간경도감 백용성 이운허 김월운 스님들의 경우를 중심으로」, 『동아시아불교문화』 6, 동아시아불교문화학회, 2010.

신상구, 「『東經大全』 所載 水雲의 『絶句』 詩 研究」, 『동학연구』 27, 한국동학학회, 2009.

신철하, 「동학과 동아시아: 『도덕경(道德經)』과 『동경대전(東經大全)』에 대한 몇 주석」, 『국제어문학회 학술대회 자료집』, 국제어문학회, 2018.

안창범, 「『동경대전』의 역사적 연구」, 『동학학보』 2, 동학학회, 2000.

양삼석, 「수운 최제우의 사상에 나타난 이데올로기성과 정치 인식: 『용담유사』를 중심으로」, 『민족사상』 5, 한국민족사상학회, 2011.

양삼석, 「수운 최제우의 남녀평등관」, 『민족사상』 6, 한국민족사상학회, 2012.

엄진성, 「『동경대전』과 『삼일신고』에 나타난 천인(天人)의 관계연구」, 『민족문화논총』 59, 민족문화연구소, 2015.

엄찬호, 「차기석계 동학농민혁명군의 활동과 이후 동향」, 『강원사학』 25, 강원대학교 강원사학회, 2011.

오세출, 「용담유사(龍潭遺詞)에 나타난 사상적(思想的) 배경고(背景攷)」, 『동악어문학』 15, 동악어문학회, 1981.

오세출, 「崔水雲과 『龍潭遺詞』」, 『동학연구』 창간호, 한국동학학회, 1997.

오영근, 「『개벽』에 관한 서지적 연구」, 청주대학교 석사논문, 1994.

우수영, 「『천도교회월보(天道敎會月報)』 수록 소설의 담론 전개」, 『현대소설연구』 64, 현대소설학회, 2016.

유승환, 「1920년대 초중반의 인식론적 지형과 초기 경향소설의 환상성:

『개벽』과 『조선지광』의 인식론적 담론을 중심으로」, 『한국현대문학연구』 23, 한국현대문학회, 2007.

윤석산, 「『東經大全』 연구」, 『동학연구』 3, 한국동학학회, 1998.

윤석산, 「새로 발견된 목판본 『동경대전』에 관하여」, 『동학학회』 20, 한국동학학회, 2010.

윤세민, 「기독교 출판 편집인의 의식 구조에 관한 연구」, 중앙대학교 석사논문, 1993.

윤해동, 「한말 일제하 천도교 김기전의 '근대' 수용과 '민족주의'」, 『역사문제연구』 1, 역사문제연구소, 1996.

이강옥, 「『東經大全』과 『龍潭遺詞』의 敍述原理」, 『민족문화연구총서』 19, 영남대학교 민족문화연구소, 1998.

이경돈, 「1920년대초 민족의식의 전환과 미디어의 역할」, 『사림』 23, 수선사학회, 2005.

이경돈, 「『별건곤』과 근대 취미독물」, 『대동문화연구』 46, 대동문화연구원, 2004

이경순, 「1930년대 중반 불교계의 『金剛山』 잡지 발간과 그 의의」, 『불교학연구』 51, 불교학연구회, 2017.

이근모, 「東學의 『東經大全·龍潭遺詞』에 나타난 人間教育觀 연구」, 한국교원대학교 석사논문, 1998.

이기운, 「한국 근대 불교잡지에 나타난 사회인식의 근대적 전환: 수양론(修養論)을 중심으로」, 『한국선학』 24, 한국선학회, 2009.

이덕주, 「한국 기독교 문서운동 개관」, 『한국기독교정기간행물100년』, 기독교문사, 1987.

이덕주, 「대한기독교서회 100년」, 『基督教思想』 378, 대한기독교서회, 1990.

이동근, 「수원 3·1운동에서 천도교의 역할: 우정·장안면을 중심으로」, 『경기사학』 7, 경기사학회, 2003.

이문태, 「『개벽』지 소설 연구」, 동아대학교 석사논문, 2000.

이미향, 「釋門儀範歌曲篇의 음악유형 연구」, 『한국불교학』 47, 한국불교학회, 2007.

이봉춘, 「朝鮮初期 排佛史 硏究: 王朝實錄을 中心으로」, 동국대학교 박사논문, 1991.

이상경, 「『부인』에서 『신여성』까지: 근대 여성 연구의 기초자료」, 『근대서지』 2, 근대서지학회 2010.

이상경, 「근대 문헌에 대한 열정과 완벽주의가 만들어낸 『부인』과 『신여성』 완질 영인본」, 『근대서지』 5, 근대서지학회, 2012.

이승윤, 「근대 대중지의 '역사' 수용 방식과 글쓰기 전략: '별건곤'을 중심으로」, 『韓國文學論叢』 56, 한국문학회, 2010.

이연복, 「천도교 청년당과 신문화운동: 출판활동을 중심으로」, 『한국사상』 12, 한국사상연구회, 1974.

이영호, 「갑오농민전쟁 이후 동학농민의 동향과 민족운동」, 『역사와 현실』 3, 한국역사연구회, 1990.

이영호, 「1894년 농민전쟁의 사회경제적 배경과 변혁주체의 성장」, 『1894년 농민전쟁연구』 1, 역사비평사, 1991.

이영호, 「대한제국시기 영학당 운동의 성격」, 『한국민족운동사연구』 5, 한국민족운동사연구회, 1991.

이영호, 「농민전쟁 이후 농민운동조직의 동향」, 『1894년 농민전쟁연구: 농민전쟁의 전개 과정』 4, 역사비평사, 1995.

이요섭, 「天道敎의 雜誌刊行에 關한 硏究: 『開闢』을 중심으로」, 중앙대학교 석사논문, 1994.

이용창, 「1920年代 天道敎의 紛糾와 民族主義運動」, 중앙대학교 석사논문,

1993.

이용창, 「동학·천도교단의 민회 설립운동과 정치세력화 연구(1896~1906)」, 중앙대학교 박사논문, 2004.

이용희, 「1920~30년대 단편 탐정소설과 탐보적 주체 형성과정 연구」, 성균관대학교 석사논문, 2009

이은희, 「동학교단의 갑진개화운동에 대한 연구」, 연세대학교 석사논문, 1990.

이장식, 「한국 교회의 신학발전과 대한기독교서회의 출판」, 『基督敎思想』 378, 대한기독교서회, 1990.

이재수, 「스마트 미디어 시대의 불교 기록문화유산 아카이브의 방향」, 『대각사상』 18, 대각사상연구원, 2012.

이준식, 「최동휘의 민족혁명운동과 코민테른」, 『역사와 현실』 32, 한국역사연구회, 1999.

이지영, 「1920년대 계몽적 글쓰기 공간으로서의 『開闢』: 『開闢』에 나타난 '생활'과 '언론'의 기표를 중심으로」, 『국어문학』 68, 국어문학회, 2018.

이진구, 「천도교 교단조직의 변천과정에 관한 연구: 연원제를 중심으로」, 『종교학연구』 10, 서울대학교 종교학회, 1991.

이현주, 「3·1운동직후 '국민대회'와 임시정부수립운동」, 『한국근현대사연구』 6, 한국근현대사학회, 1997.

이현희, 「三一運動 裁判記錄을 통해서 본 天道敎 代表者들의 態度 分析」, 『韓國思想』 12, 한국사상연구회, 1974.

이현희, 「제2독립선언서의 사적의미」, 『동국사학』 15~16, 동국사학회, 1981.

이현희, 「천도교의 구국정신과 기여도」, 『한국사상』 18, 한국사상연구회, 1981.

이현희, 「大韓民國 臨時政府의 樹立計劃과 天道敎」, 『한국사상』 20, 한국사 상연구회, 1985.

이현희, 「천도교의 임시정부 수립 시말: 서울지방의 民間政府 樹立 意志」, 『향토서울』 48, 서울특별시사편찬위원회, 1989.

인권환 「『개벽』지의 문학사적 고찰」, 한국사상연구회 편, 『최수운연구』, 원곡문화사, 1974.

장석흥, 「천도교 구파와 6·10만세운동」, 『북악사론』 4, 북악사학회, 1997.

장영화, 「초기 개신교의 출판 활동에 관한 연구」, 중앙대학교 박사논문, 1994.

전선영, 「불교 영험담의 비교연구」, 『동악어문학』 58, 동악어문학회, 2012.

정가람, 「1920~30년대 대중잡지 『별건곤』의 역사 담론 연구: 역사적 사건 과 인물의 재현 방식을 중심으로」, 『대중서사연구』 20, 대중서사 학회, 2014.

정규복, 「불교와 중국 문학」, 『중국연구』 10, 건국대학교 중국문제연구소, 1991.

정용서, 「日帝下 天道敎 靑年黨의 運動路線과 政治思想」, 『韓國史硏究』 105, 한국사연구회, 1999.

정용서, 「1930년대 개벽사 발간 잡지의 편집자들」, 『역사와 현실』 57, 한국 역사연구회, 2015.8.

정창렬, 「동학농민혁명 연구의 어제, 오늘 그리고 내일」, 『동학농민혁명의 동아시아적 의미』, 서경, 2002.

정환국, 「불교 영험 서사의 전통과 『법화영험전(法華靈驗傳)』」, 『古典文學 硏究』 40, 한국고전문학회, 2011.

정환국, 「나려 시대 불교 영험 서사의 유형과 서사적 특질」, 『大東文化硏究』 93, 대동문화연구원, 2016.

조규태, 「1920년대 천도교연합회의 변혁운동」, 『한국근현대사연구』 4, 한울, 1996.

조규태, 「천도교연합회의 변혁운동: 항일정신과 동학이념의 추구와 관련하여」, 『한국근현대사연구』 4, 한국근현대사학회, 1996.

조규태, 「천도교 구파와 신간회」, 『한국근현대사연구』 7, 한국근현대사학회, 1997.

조규태, 「천도교청년동맹의 조직과 활동」, 『충북사학』 9, 충북대학교 사학회, 1997.

조규태, 「1920年代 天道敎의 文化運動研究」, 서강대학교 박사논문, 1998.

조규태, 「천도교단과 대한민국임시정부」, 『한국민족운동사연구』 23, 한국민족운동사연구회, 1999.

조규태, 「전남지역 천도교인의 3·1운동」, 『동학연구』 17, 한국동학학회, 2004.

조기호, 「일본 근대문학과 불교」, 『일본어문학』 10, 한국일본어문학회, 2001.

조명화, 「불교와 중국 문학」, 『서원대학교 논문집』 23, 서원대학교, 1989.

조명화, 「중국불교의 전기 문학」, 『한국불교학』 16, 한국불교학회, 1991.

조명화, 「중국 불교의 유기 문학」, 『인문과학논문집』 2, 서원대학교 인문과학연구소, 1993.

조성산, 「19세기 전반 노론계 불교 인식의 정치적 성격」, 『韓國思想史學』 13, 한국사상사학회, 1999.

조태규, 「구한말 평안도지방의 동학: 교세의 신장과 성격에 대한 검토를 중심으로」, 『동아연구』 21, 서강대학교 동아연구소, 1990.

진명순, 「일본에서의 불교와 근대문학의 관련성」, 인하대학교 한국학연구소, 2008.

차혜영, 「1920년대 지(知)의 재편과 타자 표상의 상관관계: 『개벽』의 해외 관련 기사를 중심으로」, 『역사와 현실』 57, 한국역사연구회, 2005.

최기영, 「한말 동학의 천도교로의 개편에 관한 검토」, 『한국학보』 76, 일지사, 1994.

최동희, 「天道教와 3·1 運動」, 『韓國社會와 宗教』, [출판사 불명], 1989.

최동희, 「『동경대전』의 종교철학적인 이해」, 『동학학보』 2, 동학학회, 2000.

최배은, 「『별건곤』 게재 '탐사 기사'의 '재미'를 창출하는 서술 방식 연구」, 『대중서사연구』 20, 대중서사학회, 2014.

최수일, 「『개벽』의 출판과 유통: 1~30호를 중심으로」, 『민족문학사연구』 16, 민족문학사학회, 2000.

최수일, 「1920년대 문학과 『개벽』의 위상」, 성균관대학교 박사논문, 2002.

최수일, 「근대문학의 재생산 회로와 검열: 『개벽』을 중심으로」, 『대동문화연구』 53집, 성균관대학교 대동문화연구원, 2005.

최애리, 「『新編諸宗教藏總錄』 所收 現存本의 調査現況과 DB 活用方案」, 『인문콘텐츠』 50, 인문콘텐츠학회, 2018.

한기형, 「식민지 검열 정책과 사회주의 관련 잡지의 정치 역학: 『개벽』과 『조선지광』의 역사적 위상 분석과 관련하여」, 『한국문학연구』 30집, 고려대학교 민족문화연구원 한국문학연구소, 2006.

한기형, 「『개벽』의 종교적 이상주의와 근대문학의 사상화」, 『상허학보』 17, 상허학회, 2006.

한기형, 「배제된 전통론과 조선인식의 당대성: 『개벽』과 1920년대 식민지 민간학술의 일단」, 『상허학보』 36집, 상허학회, 2012.

한재근, 「『개벽』지의 소설 연구」, 연세대학교 석사논문, 1976.

한재용, 「일본 고전문학의 불교 사상적 경도 연구」, 『논문집』 6, 경남대학교 교육대학원, 1992.

허수, 「일제하 李敦化의 사회사상과 天道敎」, 서울대학교 박사논문, 2005.

허수, 「1920년대 초『개벽』주도층의 근대사상 소개양상: 형태적 분석을 중심으로」, 『역사와 현실』 67호, 한국역사연구회, 2008.

허수, 「1920년대『개벽』의 정치사상: '범인간적 민족주의'를 중심으로」, 『정신문화연구』, 한국학중앙연구원, 2008.

허재영, 「한국 근현대 종교 관련 문헌의 분포와 국문 사용 실태 연구」, 『한말연구』 51, 한말연구학회, 2019.

형문태, 「1904~5년대 동학운동에 대한 일고찰: 일진회·진보회를 중심하여」, 『사학논지』, 한양대학교 사학과, 1977.

홍기삼, 「한국 불교 문학론」, 『한국 불교 문학연구(상)』, 동국대학교 출판부, 1988.

홍동현, 「'새로운 민중사'의 등장과 새로운 동학농민전쟁史 서술에 대한 모색」, 『남도문화연구』 27, 순천대학교 남도문화연구소, 2014.

홍동현, 「새로운 민중사 연구로 가는 旅程: 배항섭의 『9세기 민중사 연구의 시각과 방법』을 읽고」, 『조선시대사학보』 76, 조선시대사학회, 2016.

홍동현, 「한말·일제시기 문명론과 동학란 인식」, 연세대학교 박사논문, 2018.

홍승표, 「일제하 한국 기독교 출판 동향 연구: '조선예수교서회'를 중심으로」, 연세대학교 박사논문, 2015.

홍윤식, 「朝鮮後期佛敎의 信仰儀禮와 民衆佛敎」, 『한국불교사의 연구』, 교문사, 1988.

황선희, 「천도교의 인내천사상과 3·1운동 연구」, 『水邨 朴永錫 敎授 華甲紀念 韓國史學論叢(下)』, 탐구당, 1992.

문지(文知) 유통의 사례로서 중국 시문 자료

유진희

1. 중국 시문 자료의 성격

조선시대에는 인쇄술이 매우 발달하고 문화 의식이 강하여 좋은 책들이 많이 간행되었다. 그중에서도 중국 글을 익히기 위한 문장 교과서로서 중국의 시문선집도 여러 가지가 간행되었다.[1] 이뿐만 아니라 조선의 문인들은 이 시문선집을 바탕으로 스스로 중국 시문선집을 편찬하기도 하였다. 이는 조선의 문인들이 중국의 시문학에 대해 얼마나 깊은 이해를 가지고 있었는지 짐작할 수 있게 한다. 또 중국에서 간행된 시선집의 확인을 통해 조선에서 간행된 중국 시선집이나, 조선 문인들에 의해 다시 편집된 시선집들의 특징을 보다 구체적으로

---

[1] 김학주, 『조선시대 간행 중국문학 관계서 연구』, 서울대학교 출판부, 2000, 45쪽.

확인할 수 있다.

이 글에서는 중국 시문 자료 DB를 통해 문학이라는 인문학적 지식이 문헌을 통해 어떻게 창출되고 유통되고 수용되었는지 검토하고자 한다. 이를 바탕으로 중국 시문선집이 지식 기반 형성·지식 지형도 재구성·지식 사회화의 측면에서 어떠한 의미를 가지고 있는지 확인할 수 있을 것이다.

먼저 시문선집을 편찬하기 위한 선시(選詩)의 과정을 지식의 창출과 형성이라는 시각으로 이해한다면,2) 시문선집의 간행 현황을 파악하고 그 특징을 도출하여 시문학이라는 인문학 지식이 어떻게 확립되고 형성되었는지 확인할 수 있다. 여러 차례 꾸준히 간행되는 시문선집들을 분석하면 그 책을 간행한 문인들의 문학 의식과 문장관(文章觀)을 확인할 수 있다.3) 이것은 특정 시대의 주류였던 지식 기반을 확인하는 작업이 될 것이다. 또한 특정 시문선집을 학습하는 것은 개인의 시문학론을 형성하는 계기로 작용할 수 있기 때문에, 간행된 시문선집으로 시문학을 학습하는 것은 지식을 습득하는 과정으로 볼 수 있다. 지식의 습득을 통해 개인의 지식 기반을 형성하고, 이를 바탕으로 같은 지식을 공유하는 사람들은 지식 집단을 형성할 수 있다.

중국 시문 자료 DB를 통해서 지식 지형도를 재구성할 수 있다. 중국에서 최초로 간행된 시문선집은 지식 생산의 출발점으로 이해할 수 있다. 지식 생산의 출발점의 의미를 가지는 중국 시문선집의 의미를 분석하는 것은 지식 지형도를 구성하는 기초 작업이 될 수 있다. 또 중국에서 각 시기별로 많이 간행된 시문선집의 특징을 파악하고 한국

---

2) 최석원, 「明代 詩選集을 통해 본 唐詩에 대한 지식의 창출과 수용」, 『중국문학』 96, 한국중국어문학회, 2018, 122쪽.

3) 김학주(2000: 46).

과 일본에서 시기별로 많이 받아들이고 재가공한 시문선집들이 가지는 특징을 도출할 수 있다. 이를 통해 지식 확산의 가시적인 경로를 확인하고 지식 지형의 통시적·공시적 변화를 읽어낼 수 있을 것이다.

마지막으로 지식 사회화의 측면에서 중국 시문 자료 DB를 분석할 수 있다. 특정 시문선집은 조선에 유입되고 조선의 문인들은 중국의 시문선집을 재가공하여 별개의 시문선집을 내놓기도 하였다. 이것으로 지식이 유통되는 경로와 그것이 조선에서 다시 어떻게 확산되는지를 확인할 수 있다. 또 중국본과 한국본 시문선집을 비교하여 확산 과정과 변모 양상을 분석하는 작업도 가능할 것이며, 어떤 성격의 시문선집들이 유행하고 도태되는지 그 양상을 밝힐 수 있을 것이다. 이런 작업들을 통해 통시적으로 중국 시문선집이 한·중·일에 어떠한 영향력을 가지고 있었는지 파악할 수 있을 것이다.

이처럼 중국 시문 자료 DB를 통해 문학이라는 지식이 시문선집을 통해 형성되고 창출되는 양상을 확인할 수 있으며 그것을 통시적인 시각에서 조망하여 사적 맥락을 분석할 수 있으며, 시문선집이 유통되고 재가공되는 현상도 파악할 수 있다. 이런 관점에서 중국 시문 자료 DB 작성은 지식 기반 형성·지식 지형도 재구성·지식 사회화를 파악하기 위해 의미 있는 작업이 될 것이다.

2. 선행연구

중국 시문 자료와 관련하여 DB가 구축된 사례는 아직 없는 것으로 확인된다. 단국대학교 HK+ 사업에서 진행하는 중국 시문 자료 DB의 구축은 선행연구를 종합하여 중국 시문 자료를 제시한다는 점에서

의의를 찾을 수 있다.

조선시대 간행 중국 시문선집 연구의 방향은 크게 세 가지로 볼수 있다. 먼저 중국의 각 시대별 시선집의 조선 수용에 관한 방향이다. 당대(唐代), 송대(宋代), 금대(金代), 원대(元代) 등 각 시대의 시선집들이 조선에 수용된 양상에 대한 연구가 이루어졌다. 다음은 특정 시대의 시선집을 두루 연구한 것이 아닌 개별 시선집에 관한 연구도 진행된 바 있다. 또한 우리나라에서 조선 사람에 의해 발간된 한국본 중국 시선집에 관한 연구도 진행되었다.

조선시대에 간행된 중국 시문선집을 가장 넓은 범위에서 연구한 것은 김학주이다. 김학주4)는 조선 간 중국 문학 관계 문헌을 시문집, 시문선집, 소설·어류, 시문론·운서로 나누어 그 개략적인 상황을 살피고 이를 통해 본 문학사적인 특징을 밝히고 개별 서적에 관한 연구를 진행하였다. 김학주는 시문선집류의 특징을 서술하였다. 시문집류의 간행에 영향을 준 요소로 첫째, 고문가(古文家)의 존숭, 둘째, 강서시파(江西詩派)의 영향, 셋째, 성리학의 성행, 넷째, 당시(唐詩) 자체의 기호, 다섯째, 명나라에 사대하려던 풍조, 여섯째, 비문학적인 동기 등여섯 가지를 꼽았는데, 이것들이 시문선집 간행의 특징에도 해당되는 것이라고 밝혔다.

강성위5)는 송 이후 선시집의 성행 배경과 그 특징에 대하여 연구하였다. 송(宋) 이래로 시선집이 대량으로 출현하게 된 배경으로 선시(選詩) 전통의 확립과 시화(詩話)의 흥성, 편집가(編輯家)의 출현과 장서(藏書)의 기풍, 과거제도와 군주의 시가 창양(倡揚)을 들어 설명하였다.

---

4) 김학주(2000).

5) 강성위, 「宋 以後 詩選集의 盛行 背景과 그 特徵에 관한 一考察」, 『중국문학』 34, 한국중국어문학회, 2000.

선시의 특징으로는 선시관(選詩觀)의 은장(隱藏), 특정 조대(朝代)에의 편중, 선시 목적의 다양화를 들었다. 이러한 논의를 토대로 시사(詩史)의 무대에서 당시에 밀려 가장자리에 위치하였던 송시를 주시하고 이에 대한 고대 중국인들의 인식의 궤적을 선시를 통해 탐색하고자 하였다.

류화정[6]은 그의 논문에서 조선 전기 송시풍의 유행의 원인을 밝혔다. 중국 시학서의 성격이 조선 전기 시풍의 형성에 영향을 미쳤다고 보았다. 세종 때부터 계미자를 계량하여, 갑인자를 만들고 인쇄 방법의 개선하여 유가 경전을 비롯한 다방면의 서적의 인쇄가 진행되었고 문학 텍스트의 간행 역시 활발하게 진행되었음을 밝히고 조선 전기 (세종 연간~선조 연간)에 간행된 중국 시학서를 정리하였다. 조선 전기에 수용된 송대 시론서 및 시화집과 원대의 시선집의 공통적인 성격은 신유학의 영향 아래 학시(學詩)를 강조한 송대 시론을 지향하고 있다는 점을 밝혔다.

노경희[7]는 16~8세기 명, 조선, 에도문단에서 당시선집이 편찬·간행되었던 사정에 대해 고찰하였다. 조선의 문인들에게 있어 중국의 당시선집은 자신의 시론을 세우기 위한 참고서로서의 역할을 하였으며, 에도의 지식인은 중국의 당시선집을 가지고 당시를 배우기 위한 하나의 통로로 사용하였다고 하였다. 이런 차이점이 생기게 된 원인에는 중국 문화를 수용하는 통로, 그것을 향유하는 계층, 출판문화의 발달 정도 등 문학 외적인 기반의 차이가 주요한 원인이 된다고 하였다.

---

6) 류화정, 「조선전기의 중국 詩學書와 宋詩風의 관계에 관한 연구」, 부산대학교 석사논문, 2012.

7) 노경희, 「17,8세기 조선과 에도 문단의 당시선집(唐詩選集) 수용과 간행 양상 비교 연구」, 『다산과현대』 3, 연세대학교 강진다산실학연구회, 2010.

김기완[8]은 19세기 조선의 금·원대시 수용의 문제를 논하였으며 여러 장르의 자료를 수집 및 개관하여 청대 문학과 그 동향을 비교하였다. 이를 통해 조선 후기 시론·시단에서 금·원시가 갖는 비중과 의미를 살피고자 하였다. 조선 후기에 금·원대시가 호평되는 것은, 특정 시대만 높게 평가하는 기준이 약화되고 문학의 내질이나 다른 기준으로 시를 평가하는 현상과 연관됨을 밝혔다.

최석원[9]은 명대에 간행된 당시선집에 대하여 연구하였다. 명대의 당시선집의 간행 상황을 총체적으로 파악하여 개괄하였다. 그 중 고병(高棅)의 『당시품휘(唐詩品彙)』, 이반룡(李攀龍)의 『당시선(唐詩選)』, 종성(鍾惺), 담원춘(譚元春)의 『당시귀(唐詩歸)』와 같은 대표적인 당시선집에 수집되어 있는 당시(唐詩)와 선록(選錄)의 과정을 통한 당시(唐詩)의 수용과 재생산 과정에 대하여 고찰하였다. 조선에서는 명대의 당시선집을 저본으로 하여 당시를 선하였다. 이렇듯 명대의 주요 당시선집은 동아시아에서 당시를 시학의 전범으로 만드는 역할을 하였다고 밝혔다.

특정 시대의 시선집이 아닌 개별 시선집에 대한 연구도 진행되었다. 김상일[10]은 원대의 방회가 편찬한 『영규율수(瀛奎律髓)』의 체재와 조선에서의 간행과 수용의 의미를 살폈다. 김성일은 방회가 강서시파의 시풍을 좇아 그 영향력을 확대하기 위하여 『영규율수』를 편찬하였다고 하였다고 밝혔다. 또 『영규율수』의 체재를 통해 그것의 성격을 첫째, 당송대 작가의 율시선집, 둘째, 분류형 시선집, 셋째, 시비평집

---

8) 김기완, 「조선후기의 금·원대시 수용 연구」, 연세대학교 박사논문, 2017.

9) 최석원(2018).

10) 김상일, 「『영규율수』와 조선시대 수용의 의미」, 『한국문학연구』 23, 동국대학교 한국문학연구소, 2000.

으로 규정하였다. 『영규율수』에 대한 인식은 조선 전기 해동강서시파의 시와 시단 활동을 이해하는 발판이 되며, 학시의 안내서 또는 전범서로서의 가치가 크다고 밝히고 있다.

백승호[11]는 방회의 『영규율수』와 기윤의 『영규율수간오(瀛奎刊誤聿髓)』의 연장선상에 있는 이정직의 『율수간오정선(聿髓刊誤精選)』을 아울러 연구하였다. 이정직의 『율수간오정선』이 점하는 위치를 살펴보기 위해 조선시대 『영규율수』의 간행 상황을 살펴보았다. 방회가 『영규율수』를 편찬한 뒤 방회의 시각이 후대 문인들에게 비판을 받아왔지만 『영규율수』는 율시를 분류별로 묶은 선집이라는 특징과, 희귀한 당·송 문인들의 선집이라는 두 가지 특징 때문에 후대에까지 시학습서로 읽혀왔다고 하였다. 기윤의 『영규율수간오』는 방회의 편향됨을 수정하고 비평을 보완한 책인데 이 역시 기윤의 시각이 개입된 저술이었고, 이정직의 『율수간오정선』은 고아하고 순정한 시풍을 높이 평가한 기윤의 시각을 시법이라는 측면에서 보완한 조선시대 『영규율수』 수용사에서 의미 있는 저작임을 밝혔다.

김희경[12]은 송대(宋代)의 시인인 주필(周弼)이 엮은 『삼체시(三體詩)』 편제(編制)의 특징 체계를 정리하고 각각의 편제에 따른 시를 감상하고 그 타당성의 여부를 검토하였다. 『삼체시』의 입문서로서의 역할은 장법(章法)의 구분뿐 아니라, 예외적 시격(詩格)들의 시들도 선별해 두고 한시의 체제를 빠짐없이 논하여 후학들에게 도움을 주는 면에서도 확인된다고 하였다.

김현주[13]는 당대(唐代)의 작품을 대상으로 하여 전당(全唐)의 시를

---

11) 백승호, 「朝鮮時代 『瀛奎聿髓』 간행과 『聿髓刊誤精選』」, 『서지학보』 30, 한국서지학회, 2006.

12) 김희경, 「『三體詩』 연구: 詩格을 중심으로」, 전남대학교 석사논문, 2007.

13) 김현주, 「『唐音』 硏究」, 경북대학교 석사논문, 2010.

일정한 체재 하에 분류한 『당음(唐音)』을 연구하였다. 이 논문은 크게 『당음』 자체에 대한 연구와 『당음』이 조선조에 수용되어 당대에 미친 영향을 확인한 연구이다. 『당음』이 조선조 문단에 담당한 문예적 기능을 첫째, 당시학습 교과서로서의 기능, 둘째, 『당음』을 비롯한 중국 시선집이 당시풍으로의 시풍 혁신에 중요한 독서 경험을 제공하였다는 점, 셋째, 한국본 중국 시선집의 편찬에 영향을 미쳤다는 점으로 나누어 밝혔다.

전염순14)은 조선시대에 간행된 『당시품휘』의 수용 양상과 그 의미에 대하여 연구하였다. 『당시품휘』를 연구 대상으로 삼고자 하는 이유를 『당시품휘』가 명대(明代) 초기의 시관(詩觀)을 반영하였고 이후 명대 시단에 영향을 미쳤던 선집일 뿐만 아니라, 조선에서 가장 인정받았던 당시(唐詩) 학습의 전범으로 조선에서도 수차례 간행된 중요한 선집이기 때문이라고 밝혔다.

국내에서 조선 사람이 편찬한 중국 시선집에 관한 연구도 이루어진 바 있다. 황위주15)는 조선시대에 한국본 중국 시선집을 독자적으로 편찬할 수 있었던 것은 국가의 우문 정책과 대규모 편찬 사업의 분위기가 문학적 역량을 강조하는 지식인 사회의 풍조와 결부됨으로써 가능하였고, 다양한 중국 문집과 시문선집을 널리 간행 보급함으로써 자체적인 중국 시문선집을 편찬할 수 있는 자료와 경험을 축적할 수 있었기 때문이라고 하였다. 중국 시선집의 편찬은 당시의 문단이 중국 시문학 전반에 대한 광범위한 독서와 깊은 이해를 가지고 있었음을 새삼 확인시켜 주었고, 한문단의 전체적 지향이 본질적으로 당송시적 전범과

---

14) 전염순, 「조선시대 『唐詩品彙』의 간행과 수용」, 고려대학교 박사논문, 2018.
15) 황위주. 「한국본중국시선집의 편찬에 대한 연구」, 『동아인문학』 3, 동아인문학회, 2003.

깊이 연계되어 있었던 사실을 동시에 증명해 준다고 하였다.

이민정16)은 조선 전기 최초로 편찬된 한국본 중국 시선집인『당송팔가시선(唐宋八家詩選)』의 구성 체제와 수록 양상을 분석하였다. 시선집의 편찬 목적과 세종대 관인 문학의 일면을 파악하였으며, 안평대군과 그의 시선집이 조선 전기 문학사에 미친 영향력과 그 의미에 대해 검토하였다.『당송팔가시선』의 의의를 첫째, 당대 문단의 흐름을 반영하였다는 점, 둘째, 새로운 시풍을 주도한 책이었다는 점으로 나누어 밝혔다.

금지아17)는 조선시대에 편찬된 당시선집을 집중적으로 조명하여 연구하였다. 금지아는 이 연구에서 조선시대에 편찬된 18종의 당시선집을 소개하며 조선에 수용된 중국 문학과 사상의 수용 시기, 수용 경로, 수용 방법을 보여주는 직접적이고 기초적인 자료임을 밝혔다. 조선 중·후기의 학당론(學唐論)이 주체적으로 반영된 선집으로 중국의 한시 선집을 그대로 습용한 것이 아니라, 다시 조선에서 개편되었다는 점에서 의의를 찾을 수 있다고 하였다. 또한 이 과정에서 한국본의 고유한 특징과 독창성을 발견할 수 있고, 한국본의 새로운 학술적 가치를 부여할 수 있을 것이라고 보았다.

이외에 17세기 초 허균, 신흠, 이수광과 같은 시론가들의 중국 시선집 수용 양상을 밝힌 조융희18)의 연구나 조선에서 간행된 한국 시선집의 연구를 위해 한국본 중국 시선집과 중국에서 간행된 중국 시선집을 부분적으로 연구한 최은주19)의 연구도 있다. 심경호20)는 조선

---

16) 이민정,「『唐宋八家詩選』研究」, 경북대학교 석사논문, 2011.

17) 금지아,「조선시대 唐詩選集의 편찬양상 연구」,『중국어문학논집』84, 중국어문학연구회, 2014.

18) 조융희,「17세기 초 詩論家들의 中國詩選集 수용 양상」,『한국고전연구』7, 한국고전연구학회, 2001.

전기만을 대상으로, 중국의 시선집 및 시 주석서 가운데 어떤 것들이
수용되었고, 그 수용이 조선 전기 한시의 변화에 어떤 영향을 끼쳤는
지 연구하였다.

본 DB 작성을 위한 선행연구 표를 다음과 같이 제시한다.

〈표 1〉 조선시대 시문선집 간행 현황[21] 및 도서관 별 검색 건수

연번	編者 時代	編者 (注者)	書名	국립중앙 도서관	연세대	비고
1	漢	劉向	楚辭集注	8	6	
2			楚辭後語	36	13	
3	宋	朱熹	楚辭辨證	8	0	
4	梁	蕭統	文選	66	32	
5			新刊類編歷擧三場 文選古賦	3	0	
6			新刊類編歷擧三場 文選對策	4	0	
7			文選對策輯略	0	0	
8	元	劉仁初	選賦抄評注解刪補	3	15	
9			選詩演義	3	0	
10			選文撰英	0	0	
11			賦選	9	2	
12			律賦表箋	0	0	
13		李昉	文苑英華	12	14	
14		黃堅	詳說古文眞寶大全	491	61	
15		眞德秀	西山先生眞文忠公文章正宗	23	0	
16	宋		續眞文忠公文章正宗	4	0	
17		謝枋得	疊山先生批點文章軌範	40	2	
18		樓昉 (李樗)	迂齋先生標記崇古文訣	0	0	
19			聖宋名賢五百家播芳大全文 粹	4	0	

---

19) 최은주, 「17世紀 詩選集 編纂에 대한 硏究」, 경북대학교 박사논문, 2006.

20) 심경호, 「中國詩選集 및 詩註釋書의 受容과 朝鮮前期 漢詩의 變化」, 『한국어문학국제학술포
   럼 학술대회』 6, 한국어문학국제학술포럼, 2007.

21) 김학주(2000: 7~9).

연번	編者 時代	編者 (注者)	書名	국립중앙 도서관	연세대	비고
20		李伯璵	文翰類選大成	22	2	
21		吳訥	文章辨體	9	2	
22		胡時化	名世文宗	16	0	
23			唐宋八大家文鈔	5	12	
24			漢人文選	0	0	
25			韓柳李杜蘇黃詩文	0	0	
26			大宋眉山蘇氏家傳心學文集 大全	9	4	
27	明	茅坤	大宋眉山蘇氏家傳文集大全	0	0	
28			歐蘇手柬抄選	25	5	
29			歐蘇手簡	13	0	
30			宋朝表牋總類	0	0	
31			聖元名賢五百家播芳大全文 粹	0	0	
32			儷語類編	1	0	
33		趙仁奎	儷文抄	43	1	
34			儷文集成	10	1	
35	淸	王士禎	古詩選	13	3	
36		方回	瀛奎律髓	13	0	
37	元	元好問 (郝天挺)	唐詩鼓吹	17	2	
38			新刻蘇板古本句解唐詩鼓吹 大全	7	0	
39	明	朱紹· 朱積	鼓吹續編	4	0	
40	元	于濟	精選唐宋十家聯珠詩格	0	0	
41		王安石	唐百家詩	12	4	
42	宋		唐百家詩呂溫集	0	0	
43		朱熹	訓蒙絶句	2	0	
44			唐詩品彙	85	17	
45	明	高棅	唐詩正音抄	4	0	
46			唐詩正音輯注	82	12	
47	宋	趙蕃· 韓淲	唐詩絶句	4	2	
48	明	姜麟	雅音會編	9	0	

연번	編者時代	編者(注者)	書名	국립중앙도서관	연세대	비고
49			風雅翼選詩補注	0	0	
50			風雅翼選詩補遺	0	0	
51			風雅翼選詩續編	0	0	
52	元	劉履	唐詩彙選	4	1	劉履의 唐詩彙選으로 확정할 수 있는 것이 없음(cf. 표3 이수광의 『唐詩彙選』)
53			五言唐音	27	2	
54			唐律集英	1	0	
55		張士弘(張震)	唐詩始音輯注	30	5	
56		張士弘	唐詩遺響	0	0	
57			東萊先生唐詩祥節	0	0	
58			宋詩正韻	2	0	
59			皇明五大家詩文抄	0	0	
60	宋	呂本中	皇明五大家文抄	0	0	
61			皇明五大家律詩抄	0	0	
62			皇明五大家律續抄	0	0	
63			大明一統志詩詠集類	0	2	
64			大明一統賦	3	0	

〈표 2〉 명대 당시선집 간행현황[22) 및 도서관 별 검색 건수

연번	서 명	편찬자	국립중앙도서관	연세대	비고
1	光岳英華	許中麓	0	0	
2	律詩類編	王螢	0	0	
3	七言集句詩	孫賁	1	0	
4	唐人絕句精華	宋棠	0	0	
5	唐詩詠史絕句	楊廉	0	0	
6	唐詩品彙	高棅	85	17	〈표 1〉과 중복
7	唐詩分類精選	呂炯	0	0	
8	唐詩正聲	高棅	12	0	
9	唐律詩選	王行	0	0	

---

22) 최석원(2018: 109~110).

연번	서 명	편찬자	국립중앙도서관	연세대	비고
10	盛唐詩選	吳復	0	0	
11	盛唐遺音	尙冕	0	0	
12	唐賢永嘉雜咏	미상	0	0	
13	唐賢昆山雜詠	미상	0	0	
14	唐賢金精山詩	미상	0	0	
15	唐賢君山詩	미상	0	0	
16	唐賢岳陽樓詩	미상	0	0	
17	唐律類鈔	蔡雲程	0	0	
18	唐雅	胡纘宗	1	0	저자가 張之象으로 되어 있음
19	唐詩類苑	張之象	1	0	
20	唐詩選	李攀龍	66	2	
21	唐詩紀	黃德水, 吳琯 等	2	0	
22	彙編唐詩十集	唐汝詢	0	0	
23	唐詩解	唐汝詢	18	1	
24	唐詩十二家類選	張居仁	0	0	
25	唐樂府	吳勉學	0	0	
26	唐詩七言律選	劉生穌	0	0	
27	增定評注唐詩正聲	郭濬	0	0	
28	唐詩合選	趙完璧	1	0	
29	全唐風雅	韋一鳳	0	0	
30	唐詩廣選	凌宏憲	1	0	
31	詳注百家唐詩會選	徐克	0	0	
32	唐詩分類繩尺	徐用吾	0	0	
33	唐詩艶逸品	楊肇祉	0	0	
34	唐詩歸	鍾惺, 譚元春	10	1	
35	唐詩鏡	陸時雍	0	0	
36	唐詩選脈會通評林	周珽	0	0	

〈표 3〉 조선시대 당시선집 간행현황[23) 및 도서관 별 검색 건수

연번	선집명	저자	국립중앙도서관	연세대	비고
1	唐詩彙選	李睟光	4	5	옥산서원, 취암문고 잔본, 연세대 잔본 연세대본 가운데 저자가 확정된 것이 아니면 어떤 것이 이수광의 唐詩彙選인지 확인하기 어려움 (cf. 표1 劉履의 『唐詩彙選』)
2	唐詩選	許筠	0	0	
3	唐絶選刪	許筠	2	0	
4	四體盛唐	許筠	0	0	
5	唐律廣選	李敏求	22	4	
6	唐詩類選	閔晉亮	2		
7	唐百家詩刪	金錫胄	0		
8	唐律輯選	任堕	0		
9	手書唐五言古詩	任堕	0		
10	歌行六選	任堕	0		
11	唐詩五言	任堕	1	1(당시오언초)	
12	千首唐絶	安鼎福	4		
13	百選詩	安鼎福			
14	三唐律選	吳載純	0		
15	唐律集英	張混	1		
16	全唐近體選	申緯	1		
17	唐詩畵意	申緯	1	2	장서각, 버클리대ASAMI,
18	唐律彙髓	李祥奎	0	2	연세대 유일본

3. DB 목록

DB 목록은 1) 조선시대 간행 시문선집, 2) 명대에 간행된 당시선집 3) 조선시대에 편찬된 당시선집의 세 가지로 나누어 제시한다. 먼저

---

23) 금지아(2014: 269).

조선시대 간행 시문선집의 DB 목록은 조선시대에 간행된 시선집과 문선집을 망라하여 확인할 것이다. 김학주는 시문선집류의 특징 가운데 당시(唐詩) 자체의 기호와 명나라에 사대하려던 풍조를 언급한 바 있다. 이러한 이유에서 명대에 간행된 당시선집의 DB 목록과 조선시대에 조선 문인에 의해 편찬된 당시선집 명대에 간행된 당시선집을 확인하고자 한다. 명대에 간행된 당시선집의 DB 목록은 그것이 조선에 유통되어 현재 그 문헌을 찾아볼 수 있는지 여부를 확인하는 데에 큰 도움이 된다. 조선시대에 편찬된 당시선집 DB 목록에서는 중국시에 대한 조선 문인들의 관심과 애호, 그리고 그것을 자주적으로 소화하고자 한 기풍을 확인할 수 있다.

검색작업은 국립중앙도서관의 단행자료(고서)와 한국고전적종합목록, 연세대학교 도서관의 소장 자료(고서) 가운데 표제어가 일치하는 것을 바탕으로 하였다. 연세대학교 도서관에서 자료를 추가로 검색한 이유는 국립중앙도서관의 검색 결과에 이곳의 자료가 일부 포함되어 있지 않기 때문임을 밝힌다.

1) 조선시대 간행 시문선집

번호	자료명	유형	자료 형태	편저역자	간행정보	연도	소장처	해제	원문 보기	비고
1	楚辭集注	도서	中國木板本	朱熹 較訂			국도			
2	楚辭集注	도서	原刻景印	朱熹 撰	臺北: 藝文印書館		영남대			
3	楚辭集注 1~4	도서	木板影印本	朱熹(宋) 撰	臺北: 藝文印書館	1965 (民國54)刊	충남대			
4	楚辭集注	도서	木版	朱 熹(宋) 集註		1882 (光緖8)	장서각			
5	楚辭集注	도서	木板本 (中國)	朱熹(宋) 集註	中國: 聽雨齋		연세대			

번호	자료명	유형	자료 형태	편저역자	간행정보	연도	소장처	해제	원문 보기	비고
6	楚辭後語	도서	訓鍊都監字本	朱熹 撰			국도		○	
7	楚辭後語	도서	甲寅字飜刻板本	朱熹(宋) 撰			존경각			
8	楚辭後語	도서	木活子本 (訓鍊都監字本)	朱熹(宋) [註]			계명대			
9	楚辭後語	도서	木版本	朱熹(宋) 著			장서각			附: 楚辭辯證
10	楚辭後語	도서	庚子字復刻本	朱熹(宋) 著		1454 (端宗2)	장서각			附: 楚辭辯證
11	楚辭後語	도서	金屬活字本 (戊申字)	朱熹(宋) 集註			연세대			
12	楚辭辯證	도서	木版本	朱熹(宋) 撰			장서각			
13	楚辭辯證	도서	倣甲寅字本	朱熹(宋) 撰			장서각			
14	文選	도서	古活字本 (訓鍊都監字)	蕭統 編; 李喜 等註			국도		○	
15	文選	도서	筆寫本				경상대			
16	文選	도서	金屬活字本 (甲寅字)	蕭統(梁) 撰; 李善(唐) 註		1469~1494 (成宗 年間)	규장각	○	○	
17	文選	도서	木版本	蕭統(梁)撰; 李善(唐) 等註	洛陽: 山本平左衛 門常知	1662 (寬文2)刊	장서각			
18	文選	도서	石版本 (中國)	蕭統(梁) 撰; 李善(唐) 注			연세대			
19	新刊類編歷擧 三場文選古賦 卷5~8	도서	木板本	劉仁初 編集			경기대			
20	新刊類編歷擧 三場文選古賦 卷1~4	도서	木板本(庚子 字飜刻)	劉仁初(元) 編	密陽府	1454 (端宗 2)刊	성암박			
21	新刊類編歷擧 三場文選古賦	도서	木板	劉仁初(元) 編		1454 (端宗 2)	장서각			
22	新刊類編歷擧 三場文選對策	도서	木板本	劉仁初(元) 編			규장각	○	○	
23	新刊類編歷擧 三場文選對策 卷1~3	도서	金屬活字本 (庚子字)	劉仁初(元) 編		1420~1433 (世宗2~15) 刊	성암박			
24	選賦抄評注解 刪補	도서	木板本 (後刷)				국도		○	
25	選賦抄評註解 刪補	도서	筆寫本	蕭統(梁) 撰集			연세대			
26	選賦抄評註解 刪補	도서	木版	昭明太子 統(梁) 集			장서각			

번호	자료명	유형	자료형태	편저역자	간행정보	연도	소장처	해제	원문보기	비고
27	選詩演義	도서	影印本 (庚子字)	曾原一 撰	서울: 國立中央圖書館	1989	국도			
28	選詩演義	도서	金屬活字本 (庚子字)	曾原一(宋) 撰			(일) 봉좌문고			
29	賦選	도서	金屬活字本 (乙亥字小字)				영남대			
30	賦選	도서	金屬活子本 (乙亥小字)			1545~1567 (明宗年間)	규장각	○	○	
31	賦選	도서	金屬活字本 (乙亥字)				연세대			
32	文苑英華 卷334~335	도서	古活字本 (丙子字)	李昉 等奉勅纂		1536 (中宗31)	국도		○	
33	文苑英華 目錄1, 本文1~100 (卷1~100)	도서	筆寫本	太宗皇帝 命編		986 (雍熙3)	국도		○	
34	文苑英華 全卷冊	도서	丙子字本	李昉(宋); 等奉勅 編		1516 (中宗11)	장서각			
35	文苑榮華	도서	金屬活字本 (丙子字)	李昉(宋)… 等編; 彭叔夏(宋) 校正			연세대			
36	詳說古文眞寶 大全	도서	木板本	黃堅 編; 宋伯貞 音釋; 劉剡 校正			국도		○	
37	詳說古文眞寶 大全	도서	筆寫本	黃堅 編			국도		○	
38	詳說古文眞寶 大全	도서	筆寫本	黃堅(宋) 編; 宋伯貞(宋) 音釋; 劉剡(明) 校正			영남대			
39	詳說古文眞寶 大全	도서	金屬活字本 (甲寅字)	黃堅(宋) 編			연세대			
40	西山先生眞文忠公文章正宗 卷19	도서	金屬活字本 (甲辰字)	眞德秀(宋) 編			국도		○	
41	西山先生眞文忠公文章正宗	도서	金屬活字本 (庚子字)	眞德秀(宋) 類選; 顧錫疇 重訂			존경각			
42	西山先生眞文忠公文章正宗	도서	金屬活子本 (庚子字)	眞德秀(宋) 撰		1418~1450 (世宗 年間)	규장각	○	○	

번호	자료명	유형	자료형태	편저역자	간행정보	연도	소장처	해제	원문보기	비고
43	西山先生眞文忠公文章正宗	도서	木板本	眞德秀(宋) 撰		淸年間	단국대			
44	續眞文忠公文章正宗 卷38~40	도서	金屬活字本 (甲辰字)	鄭栢(明) 選輯			국도		○	
45	續眞文忠公文章正宗 卷22~25	도서	金屬活字本 (甲辰字)	鄭柏(明) 選輯		1556 (明宗11)	고려대			
46	續眞文忠公文章正宗 卷1~40	도서	金屬活字本 (甲辰字)	鄭柏(明) 選輯		1556 (明宗11)	고려대			
47	疊山先生批點文章軌範	도서	日本木板本	謝枋得 編著		1823 (文政6)	국도		○	
48	疊山先生批點文章軌範	도서	筆寫本	謝枋得(宋) 批点		1870 (高宗 7)寫	동국대			
49	疊山先生批點文章軌範1~2 (卷1~7)	도서	木板本	謝枋得(宋) 編次		13世紀 以後	규장각	○		
50	聖宋名賢五百家播芳大全文粹	도서	金屬活字本 (乙亥字)	魏齊賢(宋) 輯			(중) 북경대			
51	聖宋名賢五百家播芳大全文粹 卷1, 上, 中, 3下, 4上中下, 5上, 7下	도서	金屬活字本 (乙亥字)	魏齊賢(宋), 葉芬(宋) 共編		1542 (中宗 37)	성암박			
52	文翰類選大成 卷111	도서	金屬活字本 (乙酉字)	李佰璵(明) 編; 馮厚(明) 校訂		1486 (成宗 17)	국도		○	
53	文翰類選大成	도서	金屬活字本 (乙酉字本)	李伯璵(明) 編輯; 馮厚(明) 校正		1465~1468 (世祖11~ 14)刊	존경각			
54	文翰類選大成	도서	金屬活子本 (乙酉字)	李伯璵(明) 編輯; 馮厚(明) 校正		15世紀 後半	규장각	○		
55	文章辨體 卷26~28 卷36~37	도서	金屬活字本 (甲辰字)	吳訥 編		1555 (明宗 10)	국도		○	
56	文章辨體 卷50	도서	古活字本 (甲辰字)	吳訥 編集			국도		○	
57	文章辨體 卷7~10	도서	甲寅字本	吳訥(明) 編集		1555 (明宗 10)	충남대			

번호	자료명	유형	자료형태	편저역자	간행정보	연도	소장처	해제	원문보기	비고
58	文章辨體	도서	金屬活字本 (甲辰字)	吳訥(明) 編集.			연세대			
59	名世文宗	도서	木板本 (中國)	胡時化(明) 選輯; 陳仁錫(明) 訂正			충남대			
60	名世文宗	도서	木板本	胡時化(明) [編]			계명대			
61	名世文宗	도서	木活字本 (訓鍊都監字)	胡時化(明) 選輯; 陳仁錫(明) 訂正		1623~1649 (仁祖 年間)	규장각	○		
62	唐宋八大家文鈔	도서	中國木板本	茅坤 編; 茅著 訂			국도			
63	唐宋八大家文鈔	도서	淸版本, 中國木板本	茅坤 編			국도		○	
64	唐宋八大家文抄	도서	金屬活字本 (顯宗實錄字)	茅坤(明) 批評; 茅著(明) 重訂.			연세대			
65	大宋眉山蘇氏 家傳心學文集 大全 1~17	도서	金屬活字本 (丙子字)	蘇洵(宋) 等 著; 李良卿 校正		中宗年間	국도		○	
66	大宋眉山蘇氏 家傳心學文集 大全 全卷冊	도서	丙子字本	蘇洵; 蘇軾; 蘇轍(宋) 共著		1516 (中宗 11)	장서각			
67	大宋眉山蘇氏 家傳心學文集 大全 卷3~7	도서	石版本				경기대			
68	歐蘇手柬抄選	도서	木活字本	歐陽修(宋), 蘇軾(北宋) 共著	芮大僖		국도		○	
69	歐蘇手柬抄選	도서	木板本	歐陽脩; 蘇軾 共著		1674	국도		○	
70	歐蘇手柬抄選	도서	筆寫本	歐陽修(宋), 蘇軾(宋) 共著; 抄選者未詳			국도		○	
71	歐蘇手簡	도서	日本木板本			1645 (正保2)	국도		○	
72	歐蘇手簡	도서	筆寫本	歐陽修(宋), 蘇軾(北宋) 共著			국도			

번호	자료명	유형	자료형태	편저역자	간행정보	연도	소장처	해제	원문보기	비고
73	歐蘇手簡	도서	木版本	歐陽修(宋)·蘇軾(宋) 著; 大典禪師 関		1781 (天明1年)	규장각	○	○	
74	儷語類編 卷20	도서	金屬活字本 (甲辰字)	趙仁奎(明) 編		1542 (中宗 37)	성암박			
75	儷文抄	도서	筆寫本				국도		○	
76	儷文抄	도서	古活字本 (藝閣印書體字)				국도		○	
77	儷文抄 上, 下	도서	韓構字本	金錫胄 編		肅宗年間 (1674~1720?)	국도		○	
78	儷文抄	도서	金屬活字本 (韓構字版)	蘇軾(宋)… 等著		1678~1781	장서각			
79	儷文集成	도서	韓構字本	金鎭圭 編		1712 (肅宗38)	국도		○	
80	儷文集成	도서	初鑄韓構字本	金鎭圭 (朝鮮) 編		1711 (肅宗37)序	존경각			
81	古詩選	도서	顯宗實錄本	李敏敍 編		1685 (肅宗11)	국도		○	
82	古詩選	도서	筆寫本				원광대			
83	古詩選	도서	金屬活字本 (顯宗實錄字)				규장각	○	○	
84	瀛奎律髓 43~49	도서	木板本	方回 編撰			국도		○	
85	瀛奎律髓: 忠憤類 卷32	도서	金屬活字本 (丙子字)	方回 編			국도		○	
86	瀛奎律髓 卷11~15, 卷22~24	도서	木活字本 (訓鍊都監字)	方回(元) 撰; 郝天挺(元) 註			성암박			
87	唐詩鼓吹	도서	筆寫本				국학진흥원			
88	唐詩鼓吹	도서	甲寅字本	元好間(金) 著		成宗年刊	충남대			
89	唐詩鼓吹 卷1~4	도서	木板本 (中國)	元好間(金) 編; 郝天挺(元) 註; 廖文炳(元) 解		1746 (乾隆11)	고려대			
90	新刻蘇板古本句解唐詩鼓吹大全	도서	木板本 (後刷)	元好間 編; 郝天挺 註			국도		○	

번호	자료명	유형	자료형태	편저역자	간행정보	연도	소장처	해제	원문보기	비고
91	新刻蘇板古本句解唐詩鼓吹大全 卷1	도서	木板本	元好問(金) 編; 郝天挺(金) 編			충남대			
92	新刻蘇板古本句解唐詩鼓吹大全 全4卷2冊	도서	木板本	元好問(金) 編; 郝天挺(元) 註			장서각			
93	鼓吹續編 卷3~6	도서	金屬活字本 (甲寅小字)	朱紹(明); 朱積(明) 共編		1483 (成宗14)	국도		○	
94	鼓吹續編	도서	金屬活字本 (甲寅字)	朱紹(明) 著; 朱積(明) 輯		1483 (成宗14)	(일) 봉좌문고			
95	唐百家詩	도서	金屬活字本 (甲辰字)	呂溫(唐) 著; [朱警(唐)] 編		1568~1608 (宣祖年間)	국도		○	
96	唐百家詩	도서	木活字本				(일) 용곡대			
97	唐百家詩	도서	甲辰字本	王安石(宋) [編]		明宗 宣祖年間	계명대			
98	唐百家詩	도서	金屬活字本 (甲辰字)	王安石(宋) 編		1506~1567 (中宗~明宗 年間)	성암박			
99	訓蒙絶句	도서	木板本	朱晦菴(宋) 撰			국도		○	
100	唐詩品彙	도서	木板本	高棅(明) 編			국도			
101	唐詩品彙	도서	木板本	高棅 編; 張恂重 訂			국도		○	
102	唐詩品彙	도서	中國木板本	高棅 編			국도		○	
103	唐詩品彙	도서	木板本	高棅(明) 編		明朝後期刻 後刷	존경각			
104	唐詩品彙	도서	木板本	高棅(明) 編			영남대			
105	唐詩品彙	도서	木板本 (中國)	高棅(明) 編輯; 張恂(淸) 重訂	文錦堂		연세대			
106	唐詩品彙	도서	金屬活字本 (甲辰字)	高棅(明) 編輯; 張恂(明) 註			연세대			
107	唐詩品彙	도서	木板本	高棅(明) 編輯; 張恂(明) 重訂			연세대			

번호	자료명	유형	자료형태	편저역자	간행정보	연도	소장처	해제	원문보기	비고
108	唐詩正音抄	도서	金屬活字本(甲辰字)	楊士弘 編; 張震 註		1545(仁宗年間)	국도		○	
109	唐詩正音輯註	도서	木板本(覆刻)	楊士弘 編; 張震輯 註			국도		○	
110	唐詩正音輯註 卷5	도서	筆寫本	楊士弘 編; 張震 輯註			국도		○	
111	唐詩正音輯註 卷2上, 下	도서	金屬活字本(乙亥字)	張震(宋) 輯註; 楊士弘(元) 編次			성암박			
112	唐詩絶句 卷1~5	도서	木板本	謝枋得(宋) 註解			국도		○	
113	唐詩絶句	도서	新鉛活字本(日本)	趙蕃(宋); 韓淲(宋) 精選; 謝枋得 註解			고려대			
114	唐詩絶句	도서	金屬活字本(乙亥字)	趙蕃(宋), 韓淲(宋) 精選; 謝枋得(宋) 註解			연세대			
115	雅音會編 卷6	도서	古活字本(甲辰字)	康麟 編; 王鈍 校		1540(中宗35)	국도		○	
116	雅音會編 卷5	도서	木板本(覆刻)	康麟 編			국도		○	
117	雅音會編	도서	木板本	康麟(明) 編		1545(明嘉靖24)序	존경각			
118	唐詩彙選 卷6	도서	木活字本				영남대			
119	唐詩彙選 卷7	도서	木板本				경기대			
120	唐詩彙選 卷7	도서	木活字本			1600~1608(宣祖末年間)	성암박			
121	唐詩彙選 卷3	도서	木活字本				계명대			
122	五言唐音	도서	木板本	盧益亨 編			국도		○	
123	五言唐音	도서	木板本	銅峴		1810(純祖10)	규장각	○		
124	唐律集英 卷1~4	도서	木活字本			1810(純祖10)	고려대			

번호	자료명	유형	자료형태	편저역자	간행정보	연도	소장처	해제	원문보기	비고
125	唐詩始音輯註	도서	木板本	楊士弘(元) 編次; 張震(元) 輯註			국도		○	
126	唐詩始音輯註	도서	古活字本 (後期木活字)	楊士弘 編; 張震 輯註			국도		○	
127	唐詩始音輯註	도서	木板本	楊士弘(元) 編次; 張震(宋) 輯註			규장각	○		
128	宋詩正韻	도서	金屬活字本 (乙酉字體鐵割 鐩活字)	夢菴 編集			존경각			
129	宋詩正韻 卷4~6	도서	木活字本	柳希齡(朝鮮) 編		1506~1590 (中宗~宣祖 初年間)刊	성암박			
130	大明一統志詩詠集類	도서	金屬活字本 (乙亥字)	柳長全(?) 編.			연세대			
131	大明一統賦	도서	金屬活字本 (乙亥字)	莫旦(明) 撰			(일) 내각 문고			

2) 명대에 간행된 당시선집

번호	자료명	유형	자료형태	편저역자	간행정보	연도	소장처	해제	원문보기	비고
1	集句詩(七言)	도서	筆寫本							
2	唐詩正聲	도서	木板本	高棅(明) 選; 屠隆(明) 校刊			규장각	○	○	
3	唐詩正聲	도서	木板本	高棅(明) [編]			계명대			
4	唐詩正聲 1~2 (22卷中 卷7~ 9, 卷15~18)	도서	木板本	高棅(明) 編; 屠隆(明) 校刊			규장각	○	○	
5	唐詩正聲 卷1~22	도서	木板本	高棅(明) 編撰; 王懋明(淸) 校正			서울대			
6	詩正聲 卷1~22	도서	木板本	高廷禮(明) 輯	玉堂	1601 (萬曆 29)序	전남대			

번호	자료명	유형	자료형태	편저역자	간행정보	연도	소장처	해제	원문보기	비고
7	唐雅	도서	木板本	張之象(明) 編輯; 吳勉學(明) 校		1541 (嘉靖20)序	규장각	○		
8	唐詩類苑 卷1~11, 卷15~20, 卷24~200	도서	木板本	張之象(明) 纂輯	中國		서울대			
9	唐詩選	도서	日本木板本	李攀龍 編選		1797 (寬政9)	국도		○	
10	唐詩選	도서	筆寫本	李攀龍(明) 編; 鄭河永 書	能岩精舍	1911	국도			
11	唐詩選: 和訓五言律	도서	日本木板本	李攀龍 編		文化13 (1816)	국도			
12	唐詩選	도서	筆寫本				경상대			
13	唐詩選	도서	筆寫本				영남대			
14	唐詩紀 1~24 (目錄, 卷1~110)	도서	木板本	方一元(明) 彙編; 方天春(明) 重訂		1585 (萬曆13)	규장각			
15	唐詩記 1~20 (卷首, 卷1~170)	도서	木板本	黃德水(明); 吳琯(明) 彙編		1585 (萬曆13)序	규장각			
16	唐詩解 卷1~19, 卷46~50	도서	木板本	汝詢(明) 選釋	萬笈堂	1659 (順治 16)	국도			
17	唐詩解	도서	寫本	唐汝詢(淸) 選			충남대			
18	唐詩解 卷1, 卷11~15, 卷32~36, 卷46~50	도서	木板本	唐汝詢(淸) 撰		[明末年間] 刊	동국대			
19	唐詩解 卷44~46	도서		唐汝詢(淸) 選釋		19--	대구 가톨릭대			
20	唐詩解 卷1~49, 卷末	도서	木板本	唐汝詢(淸) 選釋	萬笈堂		서울대			
21	唐詩合選詳解 卷1~12	도서	木板本	劉文蔚(淸) 註釋	經元堂	1885 (光緒 11)	고려대			
22	李于麟唐詩廣選	도서	木板本	李攀龍(明) 編		1368~1644	규장각		○	
23	唐詩歸 卷26~29	도서	筆寫本	石友齊 重訂			국도			
24	古唐詩歸	도서	中國木板本	鍾惺; 譚元春 共評; 陸朗; 陸潤 共閱		崇禎年間 (1636~ 1644?)	국도			

번호	자료명	유형	자료형태	편저역자	간행정보	연도	소장처	해제	원문보기	비고
25	唐詩歸抄 全不分卷5冊	도서	筆寫本				한중연			
26	唐詩歸 卷1~36	도서	木板本(中國)	鍾惺(明) 重訂; 柳敳(明) 重訂			충남대			
27	唐詩歸 卷1~36	도서	木活字本				경기대			
28	唐詩品彙	도서	木版	高棅(明) 編			장서각			
29	唐詩品彙	도서	木版本	高棅(明) 編			장서각			
30	晚唐律詩選	도서	筆寫本			高宗年間	장서각			
31	唐雅	마이크로필름	木板本	張之象(明) 編輯	韓國學中央研究院	1982	장서각			
32	唐詩選 全	도서	日本木板本	李攀龍(明) 著	嵩山房	1835(天保6)	장서각			
33	唐詩解 全	도서	筆寫本			1916(丙辰)	장서각			
34	刪訂唐詩解	도서	木版	吳昌祺(清) 解; 査象瑛(清); 吳輾(清) 等參訂		1702(康熙41) 序	장서각			
35	唐詩歸抄	도서	筆寫本				장서각			
36	唐詩選	도서	木板本(中國)	李攀龍(明) 編選; 蔣一葵(明) 箋釋			연세대			
37	古唐詩選	도서	影印本(中國)	李滄溟(明) 原本; 吳吳山(清) 附注	掃葉山房	1928(民國 17)	연세대			
38	唐詩解	도서	木板本(中國)	唐汝詢(清) 選釋			연세대			
39	唐詩歸	도서	木板本(中國)	鍾惺(明); 譚元春(明) 選定			연세대			

3) 조선시대에 편찬된 당시선집

번호	자료명	유형	자료 형태	편저역자	간행정보	연도	소장처	해제	원문 보기	비고
1	唐絶選刪	도서	筆寫本	許筠 選			국도			
2	唐絶選刪	도서	影印本	許筠 選	國立 中央圖書館	1979	국도		○	
3	唐律廣選 卷6~7	도서	木板本	李敏求 編			국도			
4	唐律廣選	도서	木板本	李敏求(朝鮮) 選編			전남대			
5	唐律廣選	도서	筆寫本	李敏求(朝鮮) 編; [抄者未詳]			성암박			
6	唐律廣選	도서	筆寫本	李敏求(朝鮮) 選; 李文虎(朝鮮) 書		1875 (高宗12)	사우당 종택			
7	唐律廣選	도서	木板本				국학 진흥원			
8	唐詩類選	도서	木板本				부산대			
9	唐詩類選 上(1卷), 下(2卷)	도서	木板本	閔晉亮(朝鮮) 著	成川	1653	대구 가톨릭대			
10	唐詩五言	도서	筆寫本				경기대			
11	千首唐絶	도서	複寫本	安鼎福 編	國立 中央圖書館	1977	국도			
12	千首唐絶 卷1~3	도서	筆寫本	安鼎福 編		1772 (英祖48)	국도		○	
13	千首唐絶	도서	複寫本	安鼎福 編	國立 中央圖書館	1977	국도			
14	千首唐絶 卷1~3	도서	筆寫本	安鼎福 編		1772	국도		○	
15	唐律集英 卷1~4	도서	木活字本			1810 (純祖10)	고려대			
16	全唐近體選	도서	筆寫本	申緯(朝鮮) 編		1800~1834 (純祖年間)	규장각	○		
17	唐詩畵意 卷1~15	도서	筆寫本	紫霞山人(朝鮮) 鈔		1820 (純祖20)跋	국도			
18	唐律廣選	도서	木活字版	杜審言(唐) 等撰; 李敏求(朝鮮) 編		1634 (仁祖12)	장서각			
19	唐詩畵意	도서	筆寫本	紫霞山人		1880(庚辰)	장서각			
20	唐詩彙選	도서	木活字本(訓 鍊都監字)	李睟光(朝鮮) 編			연세대			

번호	자료명	유형	자료 형태	편저역자	간행정보	연도	소장처	해제	원문 보기	비고
21	唐詩彙選	도서	木活字本 (甲寅字體訓 鍊都監字)	李晬光(朝鮮) 編			연세대			
22	唐律廣選	도서	木活字本(訓 鍊都監字)	李敏求(朝鮮) 編			연세대			
23	唐律廣選	도서	木板本	李敏求(朝鮮) 編			연세대			
24	唐律廣選	도서	筆寫本	李敏求(朝鮮) 編			연세대			
25	唐詩五言鈔	도서	筆寫本				연세대			
26	唐詩畵意	도서	筆寫本	紫霞山人(朝鮮) 編			연세대			
27	唐律彙髓	도서	筆寫本	李祥奎(朝鮮) 編			연세대			

참고문헌

단행본

김학주, 『조선시대 간행 중국문학 관계서 연구』, 서울대학교 출판부, 2000.

논문

강성위, 「宋 以後 詩選集의 盛行 背景과 그 特徵에 관한 一考察」, 『중국문학』 34, 한국중국어문학회, 2000.

금지아, 「조선시대 唐詩選集의 편찬양상 연구」, 『중국어문학논집』 84, 중국어문학연구회, 2014.

김기완, 「조선후기의 금·원대시 수용 연구」, 연세대학교 박사논문, 2017.

김상일, 「『영규율수』와 조선시대 수용의 의미」, 『한국문학연구』 23, 동국대학교 한국문학연구소, 2000.

김현주, 「『唐音』 研究」, 경북대학교 석사논문, 2010.

김희경, 「『三體詩』 연구: 詩格을 중심으로」, 전남대학교 석사논문, 2007.

노경희, 「17,8세기 조선과 에도 문단의 당시선집(唐詩選集) 수용과 간행 양상 비교 연구」, 『다산과현대』 3, 연세대학교 강진다산실학연구회, 2010.

류화정, 「조선전기의 중국 詩學書와 宋詩風의 관계에 관한 연구」, 부산대학교 석사논문, 2012.

심경호, 「中國詩選集 및 詩註釋書의 受容과 朝鮮前期 漢詩의 變化」, 『한국어문학국제학술포럼 학술대회』 6, 한국어문학국제학술포럼, 2007.

이민정, 「『唐宋八家詩選』 研究」, 경북대학교 석사논문, 2011.

백승호, 「朝鮮時代『瀛奎聿髓』간행과『聿髓刊誤精選』」, 『서지학보』30, 한국서지학회, 2006.

전염순, 「조선시대『唐詩品彙』의 간행과 수용」, 고려대학교 박사논문, 2018.

조융희, 「17세기 초 詩論家들의 中國詩選集 수용 양상」, 『한국고전연구』7, 한구고전연구학회, 2001.

최석원, 「明代 詩選集을 통해 본 唐詩에 대한 지식의 창출과 수용」, 『중국문학』96, 한국중국어문학회, 2018.

최은주, 「17世紀 詩選集 編纂에 대한 硏究」, 경북대학교 박사논문, 2006.

황위주, 「한국본중국시선집의 편찬에 대한 연구」, 『동아인문학』3, 동아인문학회, 2003.

기획 단국대학교 일본연구소

허재영	단국대학교 일본연구소 소장
김묘정	단국대학교 일본연구소 HK 연구보조원
김우진	단국대학교 일본연구소 HK 연구보조원
김효정	단국대학교 일본연구소 HK 연구보조원
량야오중	단국대학교 일본연구소 HK 연구보조원
박나연	단국대학교 일본연구소 HK 연구보조원
유진희	단국대학교 일본연구소 HK 연구보조원
임근실	단국대학교 일본연구소 HK 연구보조원

지식인문학자료총서 DB1

지식 생산의 기반, 지형 변화, 사회화를 위한
DB 구축 이론과 실제

© 단국대학교 일본연구소, 2019

1판 1쇄 인쇄__2019년 04월 25일
1판 1쇄 발행__2019년 04월 30일

기　획__단국대학교 일본연구소
지은이__허재영·김묘정·김우진·김효정·량야오중·박나연·유진희·임근실
펴낸이__양정섭

펴낸곳__도서출판 경진
　　　　등록__제2010-000004호
　　　　이메일__mykyungjin@daum.net
　　　　사업장주소__서울특별시 금천구 시흥대로 57길(시흥동) 영광빌딩 203호
　　　　전화__070-7550-7776　팩스__02-806-7282

값 27,000원
ISBN 978-89-5996-033-0 93000